ELES NÃO SÃO LOUCOS

João Borges

ELES NÃO SÃO LOUCOS

Os bastidores da transição presidencial FHC-Lula

PORTFOLIO
PENGUIN

A Portfolio-Penguin é uma divisão da Editora Schwarcz s.a.

PORTFOLIO and the pictorial representation of the javelin thrower are trademarks of Penguin Group (usa) Inc. and are used under license. PENGUIN is a trademark of Penguin Books Limited and is used under license.

Grafia atualizada segundo o Acordo Ortográfico da Língua Portuguesa de 1990, que entrou em vigor no Brasil em 2009.

CAPA Thiago Lacaz
FOTO DE QUARTA CAPA Alan Marques/ Folhapress
PREPARAÇÃO Alexandre Boide
CHECAGEM Érico Melo
REVISÃO Luís Eduardo Gonçalves e Jane Pessoa

Dados Internacionais de Catalogação na Publicação (CIP)
(Câmara Brasileira do Livro, SP, Brasil)

Borges, João
    Eles não são loucos : Os bastidores da transição presidencial FHC-Lula / João Borges. — 1ª ed. — São Paulo : Portfolio-Penguin, 2022.

ISBN 978-65-5424-002-4

1. Cardoso, Fernando Henrique, 1931- 2. Silva, Luiz Inácio Lula da, 1945- 3. Brasil – Política e governo – 1995-2003 4. Brasil – Política e governo – 2003-2011 5. Brasil – Presidentes I. Título.

22-132355	CDD-320.981

Índice para catálogo sistemático:
1. Brasil : Política e governo   320.981

Cibele Maria Dias — Bibliotecária — CRB-8/9427

[2022]
Todos os direitos desta edição reservados à
EDITORA SCHWARCZ S.A.
Rua Bandeira Paulista, 702, cj. 32
04532-002 — São Paulo — SP
Telefone: (11) 3707-3500
www.portfolio-penguin.com.br
atendimentoaoleitor@portfoliopenguin.com.br

*A Carmen Luiza Vieira, pelo carinho,
pelo amor, pela presença constante e pela dedicação
incansável no aprofundamento das pesquisas e na
meticulosa organização do material.
Por todo o indizível.*

*A Antonio Borges, meu menino de todas as horas
do tempo e cujo olhar filial tanto me protege.*

SUMÁRIO

A IDEIA DE ESCREVER ESTE LIVRO me ocorreu no dia 1º de janeiro de 2003, enquanto assistia à apoteótica posse de Luiz Inácio Lula da Silva como presidente da República. Depcis de três derrotas consecutivas, nas eleições de 1989, 1994 e 1998, nas quais ficou em segundo lugar na disputa, o nordestino retirante e líder político decisivo na formação do Partido dos Trabalhadores (PT) finalmente chegava, por vias democráticas, ao comando máximo da nação, conquistado na eleição de outubro de 2002.

Eu me preparava para encerrar aquele que talvez tenha sido o mais intenso período de minha vida profissional. Em março, quando o Banco Central já estava sob a direção do governo petista — mais especificamente do banqueiro Henrique Meirelles —, deixei o comando da assessoria de imprensa do BC, função que havia assumido no início de 2000, quando recebi com surpresa o convite de Arminio Fraga, que nem sequer me conhecia pessoalmente.

Eu estava na confortável posição de diretor regional de jornalismo da Rede Bandeirantes em Brasília, e confesso que fui para a conversa com Arminio predisposto a recusar o convite que talvez recebesse, como me indicara a colega Claudia Safatle, que me sondara sobre a possibilidade de substituí-la no Banco Central. O encontro foi em um apartamento na Zona Sul do Rio de Janeiro. Fui recebido pessoalmente por ele, numa sala ampla, com poucos móveis e muitos livros espalhados pelo chão. A conversa foi agradável, direta e breve. Ali mesmo decidi dar uma guinada na minha vida profissional. Vinha trabalhando como repórter de economia desde 1977, quando comecei ainda como estudante, e havia ocupado vários cargos de chefia desde então. Mas ainda não havia respirado o oxigênio fora das redações e queria essa experiência.

O que me seduziu foi a possibilidade de acompanhar as reuniões do Comitê de Política Monetária (Copom), da diretoria do Banco Central e do Conselho Monetário Nacional, com acesso livre ao próprio Arminio Fraga e aos demais diretores da instituição, além do altamente qualificado quadro técnico do banco. Achei que valia a pena correr o risco de encarar uma função completamente nova e passar a conviver com personagens que não conhecia.

O ano de 2002 foi inesquecível — complexo, intenso, histórico e estressante, muito estressante. O governo Fernando Henrique Cardoso sofrera um choque negativo de avaliação por conta do racionamento de energia decretado no ano anterior. A escassez de eletricidade abortou o crescimento da economia, que se mostrava vigoroso desde o ano 2000 e se projetava de forma consistente para até 2002, como mostravam as expectativas de mercado.

A crise energética precipitou o processo sucessório. Segundo as pesquisas eleitorais, José Serra, o candidato do Partido da Social Democracia Brasileira (PSDB), então no governo, se revelava pouco competitivo. Quem despontava para a vitória a partir de abril era Lula — e essa expectativa gerava enormes incertezas sobre os rumos da economia, que evoluíram para uma grave crise. Quanto mais a situação se agravava, mais Lula se beneficiava eleitoralmente. E quanto mais ele crescia, maiores eram as incertezas, o que formava um coquetel tóxico.

A crise que ameaçava colapsar em 2002, ainda durante o governo Fernando Henrique, poderia inviabilizar também o mandado do vencedor, que assumiria em janeiro de 2003. O risco desse duplo suicídio produziu um fenômeno inesperado e talvez único na história: a apro-

12

ximação e a cooperação entre agentes das duas forças em disputa — tanto em termos econômicos como políticos, com a iniciativa de FHC de organizar previamente, antes mesmo da eleição, a transição de governo. A disputa eleitoral corria em seu leito próprio, transcorrendo em grande tensão. A retórica nos palanques, nas entrevistas e nos programas eleitorais era crispada, frequentemente agressiva.

Na posição privilegiada de assessor de imprensa com acesso amplo a reuniões, acompanhei esse dia a dia, pois estive em muitas das conversas secretas e vi a movimentação dos personagens nos bastidores. Sobrecarregada com a avalanche de eventos tanto na política como na economia, a imprensa não teve como se dedicar a explorar esse terreno fértil, mas pouco acessível, das articulações ocorridas naquele período.

Com a sensação de que muita coisa havia ficado submersa, pensei em escrever um livro para tentar evitar que muito do que vi e vivi ficasse esquecido numa espécie de arquivo morto da história. Por duas razões, esse sonho ficou na geladeira durante treze anos. Primeiro porque, consultando alguns personagens-chave, essenciais para a narrativa, me deparei com uma posição de cautela, sob o justificável argumento de que muitas daquelas informações, para um governo que se iniciava, eram extremamente sensíveis.

E, de fato, caso tivesse sido escrito em 2003, o livro seria muito diferente, pois a sucessão de eventos ao longo do tempo tem o poder de modificar, se não o passado, a leitura e a interpretação que fazemos a respeito dele — o presente modifica o nosso olhar sobre o passado. Além disso, em 2003, eu, que me imaginava muito bem informado sobre o que ocorrera durante o processo eleitoral, e depois na transição de governo, descobri o quanto ainda não sabia ao encontrar em meus entrevistados, tanto do governo Fernando Henrique (1995-2002) como do governo Lula (2003-10), a generosa disposição de revelar detalhes que eu desconhecia.

Revisitar o noticiário da época, que eu havia acompanhado diariamente durante todo o tempo, também revelou surpresas. Na convulsão noticiosa daqueles dias agitados, aspectos relevantes ficaram diluídos em meio aos textos jornalísticos, que naturalmente davam destaque à vertente mais aguda dos fatos. Reli quase tudo o que foi publicado pelos principais jornais e assisti a vídeos do noticiário televisivo. Ao mergulhar no passado, muitos detalhes afloraram, me permitindo estabelecer melhor os nexos e a sequência dos fatos.

Muita coisa aconteceu desde então. Já não são as mesmas as duas principais forças políticas, PT e PSDB, que disputaram o poder em seis eleições seguidas: 1994, 1998, 2002, 2006, 2010 e 2014. Alguns daqueles personagens que construíram o período histórico a que nos referimos já não estão entre nós. E os que ainda estão não são os mesmos. O tempo e os atos que praticaram, ou que simplesmente os atingiram de alguma maneira, os transformaram, ainda que sem negar ou renegar o que foram no passado.

Na elaboração deste livro, recorri basicamente a três recursos para levantar informações. Entrevistei mais de cem pessoas que estiveram direta ou indiretamente envolvidas nos acontecimentos narrados. Muitas preferiram usar a prerrogativa de falar em off, sem que suas identidades fossem reveladas. Além disso, os três anos em que chefiei a área de comunicação do Banco Central, de março de 2000 a março de 2003, deixaram impregnados em minha memória fatos, circunstâncias, diálogos e, sobretudo, a intensidade de determinados momentos da vida política e econômica daquele período. Participei das reuniões do Copom, da diretoria do Banco Central e do Conselho Monetário Nacional. Muito vi, ouvi e anotei. Acompanhei desde o início as articulações que levaram a uma aproximação entre a equipe econômica do governo Fernando Henrique e representantes dos candidatos de oposição, especialmente do PT, e que, mais adiante, envolveram diretamente Lula, já como presidente eleito. Por fim, mergulhei na pesquisa do que foi publicado nos principais jornais e revistas do país. Para minha surpresa, me deparei com detalhes que ficaram um pouco perdidos no turbilhão do noticiário e que se revelaram importantes para o encaixe dos fatos e para completar a narrativa.

Em suma, viajei no tempo para chegar aos dias de hoje. Sei que outros se ocuparão desse período por diferentes ângulos, preenchendo lacunas, ampliando o alcance da interpretação dos fatos. De minha parte, fui até onde pude. Durante a escrita deste livro, tive uma preocupação constante: a de não ser juiz dos homens e de seus atos. Não sei até que ponto posso afirmar que fui bem-sucedido nesse intento, mas posso garantir que foi um esforço sincero.

"Não vamos ganhar"

NO INÍCIO DE MAIO DE 2002, o presidente Fernando Henrique Cardoso chamou a seu gabinete o ministro da Fazenda, Pedro Malan, para uma avaliação do quadro econômico, fortemente influenciado pela dinâmica da eleição presidencial. Desde abril, os indicadores econômicos vinham piorando sistematicamente. O real se desvalorizava frente ao dólar, a bolsa caía, e os juros futuros no mercado financeiro subiam. O risco país — uma medida criada pelo mercado financeiro para dimensionar o grau de probabilidade, medido em pontos, de um governo não honrar o pagamento de sua dívida — também escalava. Coube ao presidente sintetizar a gravidade da situação e as complicações que viriam: "Malan, nós não vamos ganhar a eleição, e não vamos aguentar. Está na hora de conversar com o FMI".*

Dias antes, o presidente tinha entendido como preocupante sinal de alerta um telefonema do ex-presidente dos Estados Unidos, seu amigo Bill Clinton, cujo apoio foi decisivo para que o Brasil obtivesse, no final de 1998, o maior socorro externo já prestado a um país: 41,5 bilhões de

---

* As citações aqui reproduzidas, a não ser quando a fonte é especificada em nota, foram obtidas de entrevistas realizadas pelo autor. (N. E.)

dólares, de acordo com dados do próprio Fundo Monetário Internacional (FMI). Na conversa, Clinton se disse preocupado com a situação da Argentina e indagou o que poderia fazer para ajudar o Brasil. "Isso me preocupou, porque ele deve ter ouvido coisas não positivas sobre o Brasil em função da Argentina. Ato contínuo, falei com o Pedro Malan, informei-o desse problema, ele também se assustou", registrou o presidente em seus diários.

Naquele mês de maio, a troca de informações entre o presidente, Pedro Malan e Arminio Fraga eram quase diárias — por telefone, em reuniões no Palácio do Planalto ou, principalmente, à noite, no Palácio da Alvorada. E assim continuou até as eleições de outubro. Eram cada vez mais preocupantes os sinais de que a economia brasileira estava a caminho de uma nova fase de turbulências, sob influência, de um lado, da evolução do processo eleitoral, e, de outro, pelo agravamento da crise da Argentina, que àquela altura entrava em colapso.

O encontro entre Fernando Henrique e Malan, que serviu como ponto de partida para um novo processo de negociação com o FMI, não foi registrado pelos serviços de informação em tempo real nem pelos jornais do dia seguinte. Nenhuma informação oficial foi divulgada, e as em off não circularam.

A dramática conclusão do presidente da República vinha da percepção de que José Serra, o candidato de seu partido, o PSDB, tinha remotíssimas chances de vencer em outubro. O que FHC já contabilizava como provável resultado político numa eleição que ocorreria dali a cinco meses já estava afetando o dia a dia das operações no mercado financeiro. Na conversa com o ministro da Fazenda, Fernando Henrique justificou a necessidade de recorrer ao FMI: "Toda vez que o Lula faz um discurso, tem problema no mercado financeiro. Por isso nós não vamos aguentar".

De fato, investidores, nacionais e estrangeiros, já vinham precificando o risco da descontinuidade abrupta na política econômica que vigorava desde a implantação do real, em 1994. Serra era um crítico interno de vários pontos do Plano Real, mas não se duvidava de seu comprometimento com a austeridade na gestão dos gastos públicos — sua candidatura transmitia confiança a bancos, fundos de investimento e empresários em geral. Com ele, haveria mudanças na economia, mas dentro de pressupostos aceitáveis pelo mercado financeiro. A expectativa em relação a Lula era de que a política econômica de FHC seria virada do avesso. Muitos dos pilares que a sustentavam eram rejeitados nos discursos do candidato e de seus principais líderes e nos documentos do partido.

A geração de superávits primários, uma economia que se destinava a pagar parte dos juros da dívida e evitar que crescesse de forma descontrolada, era combatida pelo PT. O mesmo ocorria em relação à política monetária, com a calibragem da taxa de juros pelo Banco Central para controlar a inflação. Até mesmo o esforço do governo para ampliar as exportações era alvo de crítica por parte de Lula, com base na ideia de que era preciso priorizar o mercado interno.

O cenário que se desenhava era de que o Brasil caminhava para uma importante alternância de poder, depois de oito anos sob o comando do PSDB e da coalizão partidária que o apoiava. O que estava em questão, no entanto, era muito mais do que simplesmente a entrega da faixa presidencial a um vencedor da oposição. O risco, avaliava o presidente, era ver desmanchar-se a obra que o havia conduzido à vitória na eleição presidencial de oito anos antes — o Plano Real, que introduziu na economia uma nova moeda e encerrou um período inflacionário de duas décadas. Eleito e reeleito no primeiro turno em 1994 e 1998, o presidente via seu ciclo de governo se encerrar cinco meses antes de os votos serem contabilizados.

O quadro que se apresentava era de altíssima complexidade tanto no campo político como no econômico. Eleito, Lula governaria a partir de 1º de janeiro de 2003, mas as incertezas que o provável futuro governo petista gerava tinham potencial para desestabilizar a economia nos meses finais de Fernando Henrique, e a desestabilização também cobraria caro de quem assumisse o poder no ano seguinte. Lula, ou qualquer outro, teria de gastar muito capital político para reerguer o país do caos econômico que poderia se instalar entre a campanha eleitoral e a posse do vencedor.

A gestão do país naquelas circunstâncias era desafiadora. Ao convocar seu ministro da Fazenda no Palácio do Planalto, Fernando Henrique percebia que a economia já não dependeria mais apenas do manejo de ações típicas do Ministério da Fazenda e do Banco Central, como controle dos gastos públicos, calibragem de taxa de juros e de taxa de câmbio. O cenário eleitoral em evolução, alterando o ambiente político de forma dramática, com a sinalização dos candidatos de oposição de que, sendo um deles vencedor, mudanças radicais seriam feitas na condução da economia do país a partir de janeiro de 2003, faria com que a gestão econômica por si só perdesse eficácia, pois o foco de análise de economistas e investidores, nacionais e estrangeiros, passava a ser, progressivamente, as dúvidas e incertezas do que seria e como seria o governo a ser eleito em outubro. A questão central era que o presente já estava sendo contaminado pelo que se esperava do futuro — e o futuro, ao que tudo indica, estava passando para o campo adversário. Articular as ações do presente com os protagonistas do futuro era uma tarefa essencialmente política e nada trivial.

Não havia um roteiro prévio. A obra foi ganhando corpo ao sabor das urgências, à medida que o processo eleitoral avançava e a vitória do PT ficava cada dia mais próxima. Lula havia sido derrotado duas vezes por Fernando Henrique, em 1994 e 1998. Na eleição de 2002, desde as primeiras sondagens, ele despontava como favorito, mas, a partir de janeiro, em curva descendente. No entanto, na segunda quinzena de março, e de maneira ainda mais consistente a partir de abril, o candidato cresceu nas pesquisas e assumiu posição de confortável liderança.

Ao que tudo indicava, Lula venceria a eleição. E não apenas ele, mas também as principais lideranças do PT e, em especial, os economistas do partido, que mantinham sob fogo cerrado a política econômica executada por Malan e seu time de economistas. Um complicador adicional era que José Serra, ex-ministro do Planejamento e da Saúde, não defenderia a política econômica dos ataques da oposição — afinal, também era um de seus críticos. O candidato Serra e o governo que em tese representava mantiveram relações frias e distantes durante toda a campanha.

No debate entre as principais forças que disputavam o poder naquele ano, a política econômica do governo ficou sem defensor. Além de Lula, os demais candidatos de oposição prometiam mudanças radicais. Ciro Gomes, que havia sido filiado ao PSDB e ministro da Fazenda de setembro a dezembro de 1994, no início do Plano Real, concorria pelo então Partido Popular Socialista (PPS), sucedâneo do Partido Comunista Brasileiro, o PCB, e em 2019 rebatizado como Cidadania. Anthony Garotinho disputava pelo Partido Socialista Brasileiro (PSB). Com Lula à frente, o segundo lugar estava sendo disputado por Ciro, Garotinho e Serra.

Para "segurar a economia", Fernando Henrique considerava imprescindível um novo acordo com o FMI. O apoio financeiro externo reforçaria as defesas do real ante ataques especulativos. Com mais dólar em caixa, o governo teria melhores condições de honrar o fluxo de pagamentos externos daquele ano. Em tese, mas apenas em tese, isso evitaria uma corrida contra a moeda nacional.

A primeira etapa do acordo então vigente com o Fundo foi a liberação de 10 bilhões de dólares. No entanto, o volume de empréstimo previsto fora calculado para outro contexto. Ainda não se contava com a escalada de turbulências no mercado financeiro em razão do processo eleitoral. Em poucas semanas, porém, ficou claro que o montante liberado não seria suficiente para sustentar o real, que progressivamente se desvalorizava frente ao dólar. Para enfrentar a crise, seria necessário não só um novo acordo com o FMI, com valores bem maiores do que o anterior, mas também o apoio de outros organismos multilaterais, como o Banco Mundial (Bird), o Banco Interamericano de Desenvolvimento (BID), além do Tesouro americano, com o qual Malan e Arminio Fraga tinham boa interlocução. A equipe econômica teria de reorientar radicalmente a estratégia de ação e adotar medidas de emergência.

Os discursos de Lula, aos quais o presidente se referia, continham críticas às privatizações. Na retórica do PT, a venda de estatais não passava da entrega de bens públicos a interesses privados a preços de liquidação. Também era contestada a estratégia de gerar superávits primários nas contas públicas. Lula e lideranças do PT acusavam o governo Fernando Henrique de "subserviência ao FMI". O bordão "fora FMI" sintetizava o sentimento da militância em relação aos acordos da dívida externa ao longo dos anos. Para o governo Fernando Henrique, a política de gerar superávits nas contas públicas era uma disciplina necessária para evitar a expansão descontrolada da dívida. Para o PT, uma condenável forma de asfixiar os investimentos públicos.

Mesmo quando Lula e algumas lideranças do PT perceberam que seria necessário atualizar sua posição econômica por uma questão de governabilidade, estabilidade e cumprimento de contratos, a retórica nos palanques e nos programas eleitorais no rádio e na TV seguia hostil à política econômica. Se a estratégia de ataque ao flanco adversário havia tocado o coração do eleitorado e alavancado a candidatura nas pesquisas de intenção de voto, não haveria por que mudá-la durante a campanha.

A convergência de Lula para uma visão mais afastada do radicalismo na economia foi um processo demorado. E, também, doloroso, como reconheceram dois de seus mais próximos assessores: Gilberto Carvalho, que viria a ser chefe do gabinete pessoal de Lula, e Clara Ant, sua secretária de confiança antes, durante e depois das eleições.

Fernando Henrique Cardoso estava compreensivelmente angustiado. Até março de 2002, nada indicava que os termômetros da economia e da política viessem a registrar temperaturas máximas nos meses seguintes. Se estava correto o diagnóstico de que as aflições crescentes naquele momento se deviam às incertezas em relação ao futuro, então nada se resolveria se soluções não fossem pactuadas com quem estaria a cargo do futuro. Não era uma situação trivial. Tudo que acontecesse até 31 de dezembro de 2002 era de responsabilidade intransferível da gestão FHC, não importando que seus meses finais estivessem sendo fortemente afetados pelas incertezas geradas por um provável governo do PT.

Embora se beneficiasse eleitoralmente do ambiente de tensão e incertezas econômicas, à medida que a campanha avançava e a expectativa de vitória se consolidava, Lula percebeu que a erosão econômica do presente ameaçava seu futuro. Fernando Henrique vira nascer e crescer o líder sindical que agora se colocava em posição privilegiada para vencer a eleição presidencial contra o candidato do seu partido. Foram muitas as conversas entre os dois, uma delas transcorrida quase quatro anos antes. E a premência dos fatos e as circunstâncias históricas os colocariam frente a frente várias vezes nos meses seguintes.

Uísque no Alvorada

O ENCONTRO FOI ACERTADO em sigilo entre os três, sem passar pela mediação de assessores nem secretários. Pela natureza da conversa e pela volatilidade das circunstâncias políticas, entendeu-se que o diálogo só teria chances de desdobramentos positivos se ocorresse longe dos ouvidos da imprensa e na certeza de que o pacto de confidencialidade seria respeitado. Afinal, estariam frente a frente dois adversários políticos.

A memória de cada um preservou alguns detalhes preciosos e precisos, mas também difusos. No entanto, foram suficientes para reconstituir o clima da conversa e as circunstâncias em que se deu. De um lado, o personagem que acabara de ser derrotado; do outro, o vencedor. Ao terceiro, foi reservado o papel de confiável testemunha histórica.

"Cristovam, soube que o Lula está na cidade. Por que você não telefona para ele e, se ele concordar, vocês vêm hoje à noite para a gente conversar?" O telefonema foi dado pelo presidente Fernando Henrique, entre as vinte e as 21 horas do dia 10 de dezembro de 1998, ao então governador do Distrito Federal, Cristovam Buarque, que havia perdido por pequena margem a reeleição para Joaquim Roriz e encontrava-se em Águas Claras, sua residência oficial no cargo. "Telefonei para o Lula e transmiti a ele o convite do Fernando Henrique. Lula não aceitou, sem dar muita justificativa. Disse apenas que não era o momento", recorda-se Cristovam.

"Eu disse: Cristovam, se não for hoje então não vai ter mais, vamos esquecer isso", foi a reação de Fernando Henrique à resposta, segundo relato do próprio ex-presidente. O momento seguinte é narrado por Cristovam: "Meia hora depois o Lula me liga e diz que havia mudado de ideia, que gostaria de conversar com Fernando Henrique".

Conhecedor de como as coisas funcionavam no PT e no entorno de Lula, Cristovam Buarque, que na época era filiado ao partido, disse que, quando recebeu o telefonema de Lula, pensou consigo mesmo: "Ele deve ter consultado alguém, provavelmente o Zé Dirceu". Ao próprio José Dirceu, perguntei se tinha conhecimento daquele encontro no Alvorada, e ele me disse que se lembrava, mas não em detalhes. "O Lula não iria num encontro daqueles sem me consultar! Eu era o presidente do partido. É por isso que eu me recordo do encontro." Como Cristovam não havia comentado sobre a reação de Fernando Henrique ao receber a negativa ao convite, Lula nunca soube que o então presidente disse que, não fosse naquele dia, a conversa não aconteceria.

"Logo depois da eleição, num evento com empresários, Sérgio Andrade, da Andrade Gutierrez, me entrega um papel e diz: esse é o telefone do Lula, liga pra ele", lembrou FHC. "Eu achei estranho. Por que o Lula ia me mandar o telefone dele por intermédio de um empresário? Liguei eu mesmo para o Lula. Finalmente consegui falar com ele. Primeiro não estava, depois falei com ele." O ex-presidente conta que teria proposto o encontro nos seguintes termos: "Lula, recebi o seu recado, acho ótimo conversarmos, mas tem uma coisa. Se quiser conversar de verdade tem que ser aqui no Alvorada, porque se eu for a São Paulo toda a imprensa vai atrás. Você tem o Cristovam, que é governador, vêm os dois. No Palácio do Planalto também não dá". Outros telefonemas teriam ocorrido até a noite em que Fernando Henrique recorreu ao governador do DF.

Cristovam Buarque saiu de Águas Claras entre 21h30 e 22 horas. Não se recorda onde buscou Lula para irem ao Palácio da Alvorada, se em um hotel ou na casa de alguém. Mas lembra que chegaram para o encontro por volta das 22h30 e foram recebidos pelo próprio presidente na entrada do Palácio.

Dona Ruth Cardoso, a primeira-dama, não estava presente. Os três foram para a biblioteca do Palácio, onde Fernando Henrique costumava receber jornalistas, políticos e ministros do seu governo. Mas logo em seguida o presidente disse que gostaria que a conversa ocorresse nos aposentos do Palácio, uma espécie de apartamento dentro do Alvorada, onde o presidente efetivamente morava com dona Ruth. "Eu percebi que o Fernando Henrique fez questão de, ele mesmo, colocar a mão na maçaneta, abrir a porta e dizer: 'Lula, venha conhecer o lugar onde um dia você vai morar'. E antes mesmo de a gente sentar foi mostrando cada detalhe da habitação, que me pareceu modesta, até que chegamos ao banheiro onde havia uma banheira. Fernando Henrique disse: mostrei isso para o Clinton, e ele ficou impressionado e disse: '*Hillary, come here*'", narra Cristovam. No seu relato, Fernando Henrique relembra desta forma: "Lula, vamos lá em cima, onde eu moro, é melhor você ver, porque um dia você vai morar aqui".

Os relatos de Fernando Henrique e Cristovam Buarque, que ouvi em dias separados, são coincidentes em todos os detalhes que um e outro foram capazes de lembrar, até mesmo em relação à bebida que ajudou a animar a conversa. "Tomamos muito uísque. Eu, pelo menos", disse Cristovam. "O Cristovam até falou: 'Nossa, parece que são velhos amigos'. Não nos falávamos pessoalmente há um tempo, tomamos uísque, que ele [Lula] gosta bastante", conta Fernando Henrique. Segundo Cristovam Buarque, Lula não fez nenhum comentário sobre a provocação de Fernando Henrique de ele vir a ser o futuro morador do Alvorada. "Não sei se ele interpretou como uma ironia ou profecia. Ficou calado." Na percepção do então governador do DF, Lula parecia agastado com a terceira derrota consecutiva para a Presidência. Já se dizia que não se candidataria novamente, o que mais tarde o próprio Lula confirmaria.

Entre doses de uísque e reminiscências políticas compartilhadas, Cristovam Buarque registrou na memória outro momento que considerou historicamente importante: "Me lembro que o Fernando Henrique disse: 'Lula, vamos fazer uma reforma da Previdência. Você um dia vai ser presidente e vai precisar de uma Previdência saudável'".

No relato de Fernando Henrique, Lula tinha em mente a "ideia de catástrofe" econômica, de desemprego. Àquela altura, final de 1998, a economia estava mesmo numa rota de turbulência. A equipe de Fernando Henrique já preparava a desvalorização do real, que viria em janeiro, provocando forte volatilidade no mercado financeiro. O que seria uma medida calculada saiu de controle. A cotação do dólar ultrapassou o limite máximo fixado pelo Banco Central, o que levou a uma traumática substituição de comando: primeiro a demissão de Gustavo Franco, contrário à desvalorização, depois de seu substituto, Francisco Lopes, autor da fórmula que não funcionou.

A demissão de Francisco Lopes colocou no comando do BC Arminio Fraga, que implantou o câmbio flutuante e o sistema de metas para a inflação e que viria a ser personagem-chave na transição de governo, quatro anos depois, quando Lula, finalmente eleito presidente, se preparava para de fato morar no Palácio da Alvorada.

A conversa regada a generosas doses de uísque passou por demoradas recordações do tempo em que Fernando Henrique e Lula estiveram juntos no mesmo campo de batalha política: as greves do ABC paulista que alçaram Lula à condição de principal liderança dos trabalhadores na segunda metade da década de 1970, a campanha das Diretas Já no início dos anos 1980, a candidatura de Fernando Henrique para a prefeitura de São Paulo em 1985, eleição na qual, mesmo com o apoio do emergente líder político, foi derrotado por Jânio Quadros.

Ao garçom que servia uísque e petiscos, segundo Cristovam Buarque, Fernando Henrique perguntou:

"Em quem você votou para governador?"

"No Roriz."

"E por que você votou no Roriz?", indagou Cristovam.

"Porque o senhor humilhou Roriz no debate", respondeu o garçom.

Favorito na disputa e considerado reeleito até o início da contagem dos votos, Cristovam Buarque foi para o debate com Roriz, às vésperas da eleição, numa clara posição de vantagem. O ex-reitor da Universidade de Brasília deitou e rolou sobre o adversário, um fazendeiro rico, de jeito simplório, mas populista e popular. O debate foi mesmo um massacre. No entanto, em vez de agregar, retirou votos de Cristovam, um resultado que foi objeto de muita discussão entre marqueteiros e analistas políticos.

Fernando Henrique disse então que, no Palácio do Planalto e na Esplanada dos Ministérios, os assessores que ocupavam os cargos mais importantes tinham votado em Cristovam, mas os dos escalões mais baixos votaram em Roriz. "Eu sei porque converso com eles", garantiu o então presidente.

"Lula, eu e o Cristovam somos de esquerda, você não é de esquerda, mas está ouvindo os economistas de esquerda do PT. E eles estão errados. A economia vai se recuperar, porque o governo vai agir", disse o presidente a certa altura.

Depois de muitos uísques, o carro do governador deixou o Palácio da Alvorada por volta das duas horas da madrugada. Cristovam se lembra muito pouco do que conversou com Lula no trajeto de volta, apenas que ambos concordaram que o diálogo entre Lula e Fernando Henrique deveria continuar.

Não continuou. Pelo menos não dentro do espírito de conciliação e camaradagem que prevaleceu naquela noite no Alvorada.

No livro *Diários da Presidência: 1997-1998*, Fernando Henrique narra de forma breve o encontro com Lula. "Reatamos uma conversa como se nos tivéssemos visto na véspera. Com muita facilidade. Lula estava bem-disposto, elegante, mais bonito, com o pensamento solto." Na sequência, narra o que teria dito ao convidado: "Lula, eu não quero nada de você, a não ser que estejamos abertos para o imprevisível".[1]

Lula teria mencionado a possibilidade de um diálogo a partir de pontos que tinham a ver com o PT. O presidente teria ponderado: "Acho que é possível até trabalharmos para isso, mas primeiro é melhor pegarmos duas pessoas do seu lado, duas do meu, e começarmos a discutir discretamente alguns pontos, até que nos enfronhemos um pouco mais sobre as coisas e vermos se é mais para cá ou mais para lá".

A impressão final do encontro Fernando Henrique registrou da seguinte maneira: "Para mim, o que me marcou foi o gesto. O Lula vir até aqui, o modo como conversamos, como pessoas que se respeitam. Eu disse que gostava dele, tanto assim que nunca assisti a seus programas de televisão na campanha eleitoral, porque não queria ter raiva pelas coisas que ele dissesse de mim".

E Fernando Henrique de fato se incomodava com as críticas de Lula. No mesmo volume de *Diários da Presidência*, na parte em que narra o dia 11 de outubro, uma semana depois de sua vitória sobre o petista, ele registrou: "Agora, dá um pouco de mal-estar ver o Lula tão irado, dizendo que eu sou mentiroso, cínico e coisas desse tipo".[2]

Lula havia recusado publicamente a proposta de diálogo oferecida por Fernando Henrique e disse que faria oposição "implacável" ao governo.

Lula vê a crise, e o PT ensaia o "Fora FHC"

O ANIMADO ENCONTRO ENTRE Fernando Henrique, Lula e Cristovam Buarque, quando o presidente ainda estava com o ânimo embalado pela reeleição conquistada dois meses antes, foi um dos poucos momentos de alívio e descontração na sua rotina nos meses que antecederam a eleição, após a apuração dos resultados e, principalmente, depois da posse, em 1º de janeiro de 1999.

Na verdade, os meses que antecederam a eleição de 4 de outubro de 1998 foram de progressiva tensão para o presidente e sua equipe econômica. As pesquisas registravam um cenário de provável vitória no primeiro turno — que se confirmou —, mas no front econômico se armava uma tempestade desestabilizadora. O real valorizado mantinha a inflação baixa e o poder de compra da população elevado, o que se traduzia em bons índices de avaliação do governo, mas provocava desequilíbrios incontornáveis. A balança comercial registrava déficits crescentes, e o país dependia de financiamento externo para fechar suas contas e manter a economia girando.

O mesmo acontecia com a conta-corrente, que contabiliza, além do fluxo de comércio, as receitas e despesas com serviços e rendas com o resto do mundo. Basicamente, as receitas em dólar do país se limitavam às exportações, que mal davam para cobrir os gastos com as importações. As despesas ainda incluíam os juros da dívida externa, os gastos dos brasileiros com viagens ao exterior, o pagamento de fretes internacionais, entre outras. Enfim, o Brasil gastava em dólar muito mais do que podia, e o financiamento do rombo externo dependia de juros cada vez mais altos para atrair investidores externos. O país estava preso numa armadilha de câmbio valorizado com juros altos, como reconheceria o próprio presidente nas gravações quase diárias que fazia sobre sua rotina e que anos mais tarde publicou em *Diários da Presidência: 1999-2000*.[1] Com o Banco Central mantendo taxas de juros muito mais elevadas do que o resto do mundo, era altamente atrativo para o capital externo trazer dólares para o Brasil e aplicar em títulos em reais, obtendo ganhos também elevados. A entrada de dólares segurava a cotação da moeda americana, mas o efeito colateral dessa política era pesado: encarecia o custo da dívida interna brasileira. Ao final de 1998, esse modelo já se mostrava esgotado. As crises econômicas em vários países da Ásia, como Coreia do Sul, Indonésia e Malásia, e mais tarde na Rússia, provocaram uma saída de investidores desses países, afetando também o Brasil. O juro alto já não segurava mais a cotação do dólar.

A alternativa era desvalorizar o real, uma hipótese que chegou a ser considerada já em 1995. Naquele momento, a opção foi por uma desvalorização controlada pelo Banco Central, em doses homeopáticas. Não funcionou, e o dilema cambial prosseguiu. Desvalorizar o real tinha implicações políticas e econômicas. Desde o início do Plano Real, a moeda valorizada havia sido a âncora que mantinha a inflação sob controle. O poder de compra do brasileiro havia aumentado, o que se traduzia em popularidade para o presidente da República e avaliação positiva para o governo.

A desvalorização anulava esses efeitos. O dólar mais caro implicaria perda de poder de compra do real, que, como consequência, reduziria a renda real do trabalho. Além disso, pressionaria a inflação. Era um risco político elevado para o presidente, pois a combinação de inflação mais alta e menor poder aquisitivo dos salários fatalmente resultaria em queda de aprovação a ele e a seu governo.

Para complicar ainda mais o cenário, a desvalorização do real, numa primeira fase, exigiria juros ainda mais altos para segurar a inflação, tentar inibir a saída de dólares e, quem sabe, atrair investidores dispostos a arriscar com aplicações no Brasil. A aposta era de que, com o tempo, o dólar mais alto causaria, ao mesmo tempo, elevação das exportações e redução das importações, aumentando as receitas e reduzindo as despesas em dólar. Já o risco econômico era de um aumento descontrolado da inflação, o que poderia desarrumar de vez a política econômica do governo Fernando Henrique.

Enquanto a campanha seguia rumo a uma previsível vitória, o nível de apreensão acerca da situação da economia aumentava. A bolsa caía. O Banco Central vinha registrando fuga diária de capitais, pois os investidores que antes traziam dólares para ganhar com a elevada taxa de juros em real já não confiavam mais no país. As reservas cambiais diminuíam a cada dia.

As reuniões do presidente com a equipe econômica eram constantes. Normalmente, aconteciam no Palácio da Alvorada, depois do expediente no Palácio do Planalto, pois era preferível que o conteúdo discutido ficasse restrito ao pequeno grupo de participantes. Em *Diários da Presidência: 1997-1998*, o presidente Fernando Henrique registrou: "Hoje é segunda-feira, 31 de agosto. Ainda bem que agosto está terminando, não foi fácil este mês".

Mas ainda estava distante o tempo em que o presidente viveria dias mais calmos do que aqueles de agosto. No dia 23 de setembro, a onze dias da eleição que lhe deu a vitória no primeiro turno, Fernando Henrique fez um discurso no Palácio Itamaraty na entrega do Prêmio de Qualidade do Governo Federal atribuído a gestores públicos de destaque. Em situação de normalidade, nada de especial deveria se esperar do evento.[2] No entanto, o presidente viu ali a oportunidade de enviar uma mensagem ao país sobre a tempestade que se armava no horizonte da economia brasileira. "Eu não quis fazê-lo, como [Pedro] Malan propôs, em uma reunião ministerial, pois achei que assustaria o país", registrou Fernando Henrique em seus diários. E orientou a assessoria de imprensa que alertasse os jornalistas para o discurso, e depois ainda telefonou para editores e donos de jornais para enfatizar o que havia dito.[3]

Foi o único discurso por escrito que ele fez naquela campanha eleitoral de 1998. O texto-base do pronunciamento foi redigido no Ministério da Fazenda, e não pela equipe do marketing eleitoral comandada pelo publicitário Nizan Guanaes. Relembrou a crise da dívida externa de 1982, que havia levado o Brasil à moratória, e a crise do México, de 1995, que criou dificuldades para o primeiro mandato. Falou também sobre a crise asiática, em 1997, que provocou uma onda de desvalorização das moedas dos países da região, espalhando incertezas sobre o destino das economias emergentes. O quadro havia se agravado em agosto, em plena campanha eleitoral, com a crise da Rússia, que enfrentava uma avassaladora fuga de capitais e forte desvalorização do rublo. Em setembro, o governo russo deu um calote, não honrando o pagamento de títulos de sua dívida soberana.[4]

Para complicar ainda mais, nos Estados Unidos o mercado financeiro estava sob tensão por causa do risco de quebra iminente do Long-Term Capital Management (LTCM), com muito dinheiro aplicado em títulos russos. O fundo de investimentos havia sido criado por dois economistas ganhadores do prêmio Nobel de 1997, Myron Scholes e Robert Merton, por seu trabalho sobre formação de preços no mercado de derivativos. No LTCM, havia também um ex-vice-presidente do Federal Reserve System, David W. Mullins Jr., e um bem-sucedido corretor de Wall Street que havia ganhado milhões de dólares trabalhando para o banco Salomon Brothers, John Meriwether.

Os brilhantes economistas e seus sócios comungavam a ideia de que os mercados são racionais e eficientes na precificação dos ativos. Foi um fiasco. A suposta racionalidade dos mercados, diante do pânico que se espalhava, havia ido para o espaço. O fundo quebrou na mão dos economistas que ganharam o Nobel por um estudo sobre o mercado de derivativos, que são contratos financeiros altamente especulativos. Em um único dia, 21 de agosto de 1998, o LTCM perdeu 553 milhões de dólares e viu seu capital encolher, em poucos dias, de 4,8 bilhões para 2,9 bilhões de dólares. O fundo tinha 100 bilhões de dólares em ativos. Desse total aplicado no mercado, 95 bilhões eram recursos de terceiros, dinheiro tomado emprestado inclusive de outros bancos, entre eles os maiores dos Estados Unidos. Esse colapso iminente ameaçava desencadear uma crise mundial.[5]

Em 23 de setembro, enquanto Fernando Henrique fazia o discurso no Itamaraty, Bill McDonough, presidente do Federal Reserve Bank de Nova York, comandava uma reunião confidencial com os dirigentes dos dezesseis maiores bancos e financeiras dos Estados Unidos. No dia 18, havia recebido dos próprios donos do LTCM a informação de que o fundo estava quebrado — era uma questão de dias para que o caso explodisse. E o diagnóstico do próprio Fed, ao analisar os livros contábeis do fundo, era de que o caso tinha potencial para paralisar o mercado de títulos do Tesouro americano por uma semana ou até um mês. Era impossível dimensionar o que isso provocaria no sistema financeiro mundial.

Os detalhes das tratativas são narrados em *Maestro*, do jornalista Bob Woodward, sobre a gestão do então presidente do Federal Reserve System, Alan Greenspan. Em seu livro, o veterano repórter conta que no dia 21 o mercado financeiro mundial viveu um dia tenso, com fortes perdas a partir da Ásia. No dia 22, o diagnóstico era de que, se o LTCM não fosse comprado ou recebesse um socorro financeiro, iria a pique no dia seguinte. A tensão era tamanha que apenas o vazamento da informação de que a reunião do dia 23 estivesse ocorrendo já seria suficiente para espalhar o pânico pelo mercado financeiro mundo afora. Portanto, o encontro só poderia terminar com o anúncio de uma solução para o colapso do LTCM.

Bill McDonough, segundo o relato de Bob Woodward, depois de servir sanduíche e café para os banqueiros, afirmou: "É muito melhor para o interesse público que essa situação não transpire para o mercado, que o LTCM não afunde. Todos sabemos que naufragará amanhã se não fizermos nada hoje". A reunião só terminou às dezoito horas de Nova York, depois de muita discussão e discordância entre os executivos do mercado, que só chegaram a um acordo quando o presidente do banco Merrill Lynch, Herbert Allison, apresentou o seguinte cálculo: se o LTCM quebrasse, as instituições ali representadas poderiam perder 20 bilhões de dólares, cinco vezes mais do que os 4 bilhões necessários para salvar o fundo. Propôs então que cada um entrasse com 250 milhões de dólares. Nem todos contribuíram com esse valor, mas a quantia arrecadada, 3,6 bilhões, foi suficiente para a aquisição do LTCM, evitando a quebra e o risco de efeito dominó no mercado.[6]

Em Brasília, Fernando Henrique deixou claro no discurso que viriam medidas duras para cobrir o rombo fiscal, que incluíam corte de despesas e um provável aumento de impostos. "Vamos cortar as despesas, mas poderá ser necessário também aumentar receitas, combatendo a sonegação e aumentando o número dos que pagam impostos", afirmou. Para enfrentar a vulnerabilidade externa, afirmou que não teria receio de "dialogar intensamente com parceiros e com as instituições internacionais como o Fundo Monetário, o Banco Mundial, o Banco Interamericano de Desenvolvimento e o Banco de Compensações Internacionais". E arrematou: "Se for do interesse do país um entendimento com estas instituições, o faremos".[7]

Nada daquilo tinha apelo eleitoral. O discurso do candidato às vésperas da eleição chamava a nação ao sacrifício, mesmo sem tocar no ponto mais sensível do que estava por vir: a desvalorização do real, a moeda implementada em 1994 que encerrara o longo ciclo hiperinflacionário que vinha desde o início da década de 1980 e, no plano político, garantiu a eleição e a reeleição do ministro da Fazenda que a implantou.

As negociações com o FMI já estavam avançadas, e envolviam também entendimentos com o governo americano de Bill Clinton, com quem Fernando Henrique tinha excelente relacionamento, além dos demais organismos internacionais citados em seu discurso. O temor de que a sequência de crises que devastava as economias emergentes deflagrasse um efeito dominó no sistema financeiro internacional fez com que as lideranças dos governos das economias desenvolvidas se articulassem em favor de um enorme socorro ao Brasil.

Desde agosto, as reservas cambiais do Brasil vinham diminuindo quase diariamente. Os títulos da dívida externa brasileira perdiam valor, e o BC aumentava a taxa de juros na tentativa de conter o ataque ao real. A fuga de dólares colocava o governo numa sinuca de bico: o juro alto tornava explosivo o custo da dívida interna, e o encolhimento das reservas era sinal de que o real não resistiria e sofreria uma desvalorização — coordenada por iniciativa do governo ou forçada pelas forças do mercado.

A disposição de buscar um socorro externo, anunciada no discurso do dia 23 de setembro, seguiu em ritmo intenso. Em 3 de outubro, véspera da eleição, FHC registrou em seu diário: "Malan me telefonou há pouco [de Washington] e disse que tinha ganho um ponto, que era o de o programa ser nosso". Ou seja, na difícil negociação com o FMI, o Brasil conseguiu consignar que o duro programa de ajuste que viria pela frente seria de autoria do governo brasileiro e não uma imposição do Fundo. E prossegue: "Haverá eleição amanhã, eu devo ganhar bem, isso reforça nossa posição, mas segunda e terça-feira serão dias difíceis. Preciso que de Washington saia alguma decisão, algum encaminhamento mais firme de apoio das autoridades mundiais". E referindo-se ao candidato que derrotaria no dia seguinte: "O Lula diz que estou empurrando o Brasil, avançando para o abismo, mal sabe ele o tamanho do abismo e que estou fazendo de tudo para evitar esse abismo".[8]

No dia 4 de outubro de 1998, as urnas deram a Fernando Henrique a segunda vitória em primeiro turno sobre Lula. Ele teve 53,06% dos votos válidos, contra 31,71% do adversário, não muito diferente do resultado de quatro anos antes, quando o tucano vencera o petista por 54,28% contra 27,04%. O resultado final daquela eleição foi consagrador: a coalizão que reelegeu FHC venceu em 24 das 27 unidades da federação, em 4777 municípios (87% do total), sendo dezessete deles capitais estaduais.

O processo eleitoral só se encerraria no dia 25 de outubro, com a disputa nos estados nos quais não houve vencedor no primeiro turno. A urgência da agenda econômica se impôs logo a seguir. Em 13 de novembro, o ministro Pedro Malan e o presidente do BC, Gustavo Franco, anunciaram o robusto acordo com o FMI. O Brasil receberia socorro de 41,5 bilhões de dólares, dos quais 18 bilhões eram do próprio fundo e 9 bilhões do Banco Mundial e do BID. A grande novidade foi a participação direta de governos nessa operação: Japão, Canadá e alguns países europeus entraram com mais 14 bilhões de dólares. Na tentativa de estancar o ataque ao real, o Brasil teria o direito de sacar 37 bilhões de dólares nos doze meses seguintes, sendo que 9 bilhões poderiam ser sacados de imediato, assim que a diretoria do FMI aprovasse o acordo.

O programa de ajuste fiscal era bastante severo. O Brasil teria de obter superávits fiscais crescentes nos anos seguintes até alcançar 3% do PIB em 2001. A nota divulgada pelo Ministério da Fazenda detalhando os termos do acordo ainda explicitava um compromisso delicado: "a manutenção de uma firme disciplina monetária e da atual política cambial" — ou seja, o BC se comprometia a elevar a taxa de juros, caso necessário, e garantia que não haveria desvalorização da moeda.

A mudança do regime cambial e a consequente desvalorização do real, que viriam em 13 janeiro, provocaram imediato e profundo desgaste a Fernando Henrique e seu governo. Parte do PT viu na crise uma oportunidade para afastar o presidente do cargo. Doze dias depois, em 25 de janeiro, o ex-prefeito de Porto Alegre, Tarso Genro, à época um nome influente dentro do PT, publicou um artigo na *Folha de S.Paulo* cujo título já sintetizava com clareza a tese que defendia: "Por novas eleições presidenciais". Genro abria o texto com uma frase em tom grave: "A nação brasileira está colocada diante do mais grave desafio da história da República". No segundo parágrafo afirmava:

> O governo brasileiro já não dirige o país. Fernando Henrique abdicou da responsabilidade constitucional de governar, transferindo-a para os gestores dos organismos financeiros das grandes potências e para os especuladores internacionais. Perdeu a autoridade e a credibilidade — interna e externamente —, induzindo o país a uma situação de anomia cujo desfecho, ironicamente, vem sendo adiado apenas pela regulação predatória imposta pelo FMI, que organiza precariamente o caos para combinar seus dois objetivos estratégicos: esgotar todas as possibilidades de expropriação da nação e constituir mecanismos protetivos para minimizar os efeitos da "quebra" do Brasil nas economias de países hegemônicos.

Na sequência, propunha:

> Após frustrar irremediavelmente a generosa expectativa da nação, resta a Fernando Henrique uma única atitude: reconhecer o estado de ingovernabilidade do país e propor ao Congresso uma emenda constitucional convocando eleições presidenciais para outubro, dando um desfecho racional ao seu segundo e melancólico mandato, que terminou antes mesmo de começar.[9]

O debate dentro do PT foi intenso. Os deputados Milton Temer, do Rio de Janeiro, e José Genoino, de São Paulo, chegaram a apresentar pedidos de impeachment. As duas principais lideranças petistas, Lula e José Dirceu, detiveram a onda "fora FHC" que já se formava entre militantes do partido.

Em 27 de janeiro, um mês antes da reunião do Diretório Nacional do PT, Lula se posicionou claramente, declarando à imprensa: "A tese de Tarso pode funcionar enquanto tese, mas não politicamente. [...] O Fernando Henrique tem 26 dias de mandato e muito para fazer, embora não tenha feito nada até agora. [...] Se eu achar que, porque as coisas estão ruins, o presidente tem de renunciar, daqui a pouco vai ter gente defendendo a renúncia dos governadores do PT. Aí, vai virar moda no Brasil".[10] José Dirceu foi no mesmo tom: "A proposta, ao mesmo tempo em que é radical por reduzir o mandato presidencial, é um pouco ingênua, porque depende de FHC e de o Congresso tomarem uma decisão".[11]

Ambos pensavam estrategicamente e avaliavam que a crise de 1999 poderia trazer-lhes resultados eleitorais — mas em 2002, não em 1999. Esperar era melhor do que se precipitar. Lula vinha sinalizando que talvez não fosse candidato em 2002. Na reunião do Diretório Nacional, a certa altura, disse que o PT tinha vários nomes que poderiam concorrer à Presidência. Citou José Dirceu, Cristovam Buarque, Eduardo Suplicy e o próprio Tarso Genro, estimulando-os a se viabilizarem dentro do partido. E concluiu: "Porque vou dizer pra vocês... esse negócio de ser candidato a presidente da República, mesmo perdendo, é bom demais". O então deputado Paulo Delgado, um dos fundadores do PT e conhecedor das artimanhas de Lula, saiu do encontro com uma certeza: Lula seria o candidato do PT em 2002.

Trocando de piloto
na turbulência

NÃO BASTAVA ASSUMIR O RISCO POLÍTICO e econômico de desvalorizar o real: era preciso definir como e com quem fazê-lo. Gustavo Franco, presidente do Banco Central e um dos integrantes do grupo original que, em 1994, elaborou o Plano Real para o então ministro da Fazenda Fernando Henrique Cardoso, não seria o nome ideal para isso. Se ele havia sido a voz mais forte a defender que a moeda não deveria sofrer a desvalorização, não teria, portanto, credibilidade para pilotar a mudança na política cambial. E demiti-lo no meio de uma crise como a que passava o país naquele momento era uma operação delicadíssima, principalmente por Franco ser muito próximo ao ministro da Fazenda, Pedro Malan.

Quando FHC começou a discutir sua saída, Pedro Malan ponderou que também deveria deixar o governo, visto que uma mudança tão importante deveria ser conduzida por novos personagens. O presidente não concordava e insistiu na permanência do ministro.

Nesse meio-tempo, as incertezas sobre a economia brasileira ganharam ainda mais dramaticidade com uma surpreendente decisão do recém-empossado governador de Minas Gerais, Itamar Franco. Em 6 de janeiro, Itamar decretou moratória de noventa dias no pagamento da dívida do estado para com a União. No dia seguinte, o secretário estadual da Fazenda, Alexandre Dupeyrat, anunciou que também não pagaria 108 milhões de dólares de títulos da dívida externa de Minas Gerais, que venceria no dia 10 de fevereiro.

Foi sob a presidência de Itamar que Fernando Henrique e o grupo de economistas por ele reunido no Ministério da Fazenda lançaram o Plano Real, em 1994. A moratória de Minas Gerais representava um sério risco de destruir o plano de estabilização da economia brasileira. O impacto da medida foi imediato e não se restringiu ao mercado financeiro local. O *Financial Times*, de Londres, chegou a publicar em editorial que a moratória de Minas Gerais frustrou "um bom início de ano para os mercados internacionais".[1] Os títulos da dívida externa brasileira negociados em Nova York sofreram forte desvalorização. O temor era de que outros estados seguissem o exemplo de Minas Gerais e de que o Brasil não conseguisse, em algum momento, honrar sua dívida.

De 6 a 12 de janeiro, a bolsa de São Paulo acumulou queda de 19,3%. Só nesse primeiro dia, a fuga de capitais chegou a 1 bilhão de dólares. As intervenções do BC só levavam o país a perder cada vez mais reservas, àquela altura um pouco acima de 30 bilhões de dólares, metade do seu valor antes da crise russa de agosto de 1998.

Em 8 de janeiro, uma sexta-feira, Fernando Henrique telefonou para Pedro Malan, comunicando que havia decidido demitir Gustavo Franco e que o substituiria por Chico Lopes, o diretor de Política Monetária do BC. Em seguida, ligou para Gustavo Franco, informando-o da decisão. Na manhã de sábado, conversou com Chico Lopes e bateu o martelo sobre a desvalorização: seria no dia 13 daquele mês. "Não sei como isso vai ser encarado, se haverá corrida contra o real, se seremos capazes de aguentar, mas vamos sair do imobilismo, que é o que está levando ao sufoco da taxa de juros", relatou FHC.[2]

Para um assunto que vinha sendo discutido havia meses, ainda que entre um grupo restrito e muito fechado, o risco de vazamento da informação era enorme e seria um desastre para a implantação da mudança. "O Pedro está muito assustado, achando que já é um milagre não ter vazado nada. Eu vejo que já passou a ideia de que vamos tirar o Gustavo mas não a de que vamos mudar, e mudar já, o regime cambial."[3]

O ministro da Fazenda sabia dos riscos de uma desvalorização do real em um ambiente de tantas incertezas.

A atitude hostil de Itamar Franco não era a causa original da instabilidade, mas potencializava todos os outros problemas. A confiança no apoio político do presidente para aprovar medidas no Congresso ficara abalada em dezembro, quando o governo sofreu uma derrota preocupante. No dia 2, a Câmara dos Deputados barrou, por 205 votos contra 187, a instituição da cobrança da contribuição previdenciária dos servidores públicos federais aposentados e o aumento dos descontos dos funcionários da ativa. Era uma derrota imposta pelos aliados, e não pela força da oposição, que havia sido vencida dois meses antes nas urnas. Contra o governo, foram 25 votos do partido do presidente, o PSDB, dezesseis do PFL (rebatizado como Democratas em 2007 e, após uma fusão partidária, como União Brasil em 2022), 29 do PMDB (a partir de 2017, apenas MDB) e 31 do PPB (Progressistas, a partir de 2017), todos da base aliada. O projeto fazia parte do ajuste fiscal previsto no acordo com o FMI. Com sua rejeição em plenário, o governo perdeu 2,5 bilhões de reais em receitas só em 1999. "Aquela derrota nos atrapalhou muito", Malan afirmou dezenove anos depois. A apreensão e o desconforto do ministro da Fazenda tinham ainda outro componente. Se por um lado ele mantinha uma relação estreita e de confiança mútua com Gustavo Franco, com Chico Lopes era o oposto. "O Chico dizia que só faria a mudança no câmbio se fosse ele o presidente do Banco Central. E não me dizia qual era a proposta dele para desvalorizar o real."

Na tarde de 13 de janeiro, uma quarta-feira, Gustavo Franco foi demitido, e Chico Lopes, anunciado como seu substituto. Logo em seguida, a nova política de variação da cotação do real em relação ao dólar foi anunciada. A fórmula era difícil de compreender, e chamava a atenção pelo nome: banda diagonal endógena. De acordo com seus termos, o dólar poderia variar de um piso de 1,22 real até o teto de 1,32. A reação do mercado financeiro foi a pior possível, no Brasil e no mundo. O dólar subiu quase 9% e a bolsa de São Paulo chegou a cair quase 10% no decorrer do dia, fechando em queda de 5%. Na quinta e na sexta-feira, a turbulência continuou, e o BC, na tentativa de conter a alta da moeda americana, vendeu dólares, o que provocou queda das reservas cambiais e enfraqueceu ainda mais a posição brasileira. Só no primeiro dia, a fuga de capitais do Brasil chegou a 1 bilhão de dólares.

No final da tarde de quinta-feira, o presidente Fernando Henrique deixou o Palácio da Alvorada e, depois de semanas seguidas de tensão, foi descansar na fazenda de sua família, em Buritis, Minas Gerais. À noite, recebeu um telefonema do ministro Pedro Malan, que não tivera conhecimento prévio da fórmula de Chico Lopes e estava preocupadíssimo com seus primeiros resultados. "Ele já reconhecia um grande desastre e começamos a discutir alternativas", relatou FHC.[4]

Na sexta-feira, a situação se agravou ainda mais: houve o pedido de demissão do diretor de fiscalização do Banco Central, Cláudio Mauch, interpretado pelo mercado como uma desagregação da equipe de Chico Lopes, e a decisão do governo de Minas Gerais de ratificar o não pagamento dos títulos da dívida externa do estado. Além disso, a necessidade de manter em sigilo a decisão de desvalorizar o real e implantar um novo regime cambial gerou grave desgaste no apoio externo que até então o governo Fernando Henrique mantinha. O FMI e o Tesouro americano, que tiveram papel decisivo na concessão do empréstimo firmado em novembro do ano anterior, foram pegos de surpresa. As boas relações com o governo brasileiro esfriaram, e as críticas eram feitas publicamente e nos bastidores.

A então chefe da missão do FMI ao Brasil, a economista Teresa Ter-Minassian, em entrevista ao jornal *O Globo*, publicada quinze anos depois dos acontecimentos, revelava como a decisão brasileira foi recebida na época: "Foi um choque. A equipe do FMI não está acostumada com esse tratamento. [...] Não se toma uma decisão dessa natureza, fundamental à estrutura do programa [o empréstimo do Fundo ao Brasil] sem consultar-nos e informando duas horas antes, por telefone". A economista foi além: "Ninguém veio a Washington, e não foi o presidente do Banco Central quem me ligou, acho que foi um vice. Não tinha como manter consciência profissional se dissesse à diretoria [do FMI] que aquilo era bom. A medida iria, como fez, desestabilizar as expectativas e precipitar uma crise com os mercados". Sem se acertar com o FMI, o Brasil corria o risco de não receber parcelas do empréstimo assinado no ano anterior. Do total de 41,5 bilhões, apenas 9,8 bilhões de dólares haviam sido repassados.[5]

Chico Lopes não tinha bom relacionamento com a direção do FMI, nem se empenhava para isso. O trabalho de reconstruir a relação coube ao ministro Malan e ao presidente da República. Os dois falaram por telefone com o diretor-gerente do FMI, Michel Camdessus, com o presidente do BID, Enrique Iglesias, com o secretário do Tesouro americano, Robert Rubin e com o subsecretário, Lawrence Summers. Fernando Henrique conversou ainda com o então presidente dos Estados Unidos, Bill Clinton, que havia sido decisivo na aprovação do socorro dado ao Brasil no ano anterior.

Em seu telefonema ao presidente na sexta-feira, Pedro Malan relatou a conversa que tivera na noite do dia anterior com o diretor-gerente adjunto do FMI, Stanley Fischer. Uma alternativa seria decretar feriado bancário pelo menos até segunda-feira, para decidir como enfrentar a turbulência que colocava em risco a sustentabilidade do real. Outra seria deixar o dólar flutuar, deixando as cotações variarem de acordo com as forças do mercado, sem intervenção do BC, o que acabou acontecendo.

O risco da flutuação era o quanto isso poderia levar à desvalorização do real. No entanto, era uma maneira de evitar que o BC continuasse gastando reservas para tentar controlar a alta. O fim de semana de Fernando Henrique na fazenda teve de ser interrompido. Com pesar e em tom de angústia, ele registrou em seus diários: "Cheguei às duas horas. Fiquei pouquíssimo na fazenda, não consegui descansar um minuto nesse tempo todo".[6]

Ainda na sexta-feira, com a pressão de alta no mercado, o BC optou por deixar o câmbio flutuar. No fim de semana, o presidente recebeu um telefonema do economista Arminio Fraga, que estava em Nova York, onde trabalhava em um fundo do investidor George Soros: "Parabéns, presidente, deram a volta por cima. O câmbio está flutuando, mas pelo amor de Deus, na segunda-feira não façam mais nada, não ditem regra nenhuma, deixem assim, está resolvido o impasse entre câmbio e juros, e num nível muito razoável". Nesse mesmo fim de semana, Pedro Malan e Chico Lopes viajaram para Washington para reuniões com a direção do FMI. A primeira reação ao câmbio flutuante foi muito positiva. Na sexta-feira, o dólar fechou em queda, cotado a 1,44 real, e a bolsa, depois das quedas vertiginosas dos dois dias anteriores, subiu mais de 30%. Porém, as turbulências continuaram nas semanas seguintes, com o dólar em escalada de alta.

A dívida pública interna tinha aumentado, já que cerca de um terço do montante estava indexado à variação do câmbio, tornando necessário aumentar o superávit das contas públicas a fim de cobrir a despesa maior com os juros. O governo teria de fazer uma combinação entre aumento de receitas, cobrando mais impostos, e redução de despesas. Ambas as medidas eram impopulares e refletiriam nos índices de aprovação ao presidente e ao governo nos meses seguintes.

No início de fevereiro, desembarcou em Brasília uma importante missão do FMI, chefiada pelo diretor-gerente adjunto, Stanley Fischer. A desvalorização do real impunha revisão do acordo com o Fundo. A equipe do FMI ainda teria outra surpresa: na manhã do dia 2, antes mesmo de as reuniões começarem, o então secretário-executivo do Ministério da Fazenda, Pedro Parente, telefonou para o hotel onde Teresa Ter-Minassian estava hospedada e lhe pediu que não aparecesse para as tratativas antes do meio-dia, pois o ministro Pedro Malan faria um anúncio.

Por volta das sete da manhã daquela terça-feira, Pedro Malan chamou seus principais assessores a sua residência. No dia anterior, Fernando Henrique havia convocado Chico Lopes ao Palácio do Planalto. Numa conversa rápida, informou ao presidente do BC que ele seria substituído. No entanto, por decisão do presidente, a demissão seria anunciada por Malan — caso contrário, poderia passar a ideia de enfraquecimento da posição do ministro da Fazenda. Desde a desvalorização, Malan vinha insistindo na ideia de sair do governo. Chegou mesmo a levar uma carta de demissão ao presidente, que não a aceitou. Na reunião com assessores, Malan discutiu como anunciar a demissão do presidente do BC. A opção foi por redigir uma nota que seria lida por Malan assim que chegasse ao Ministério da Fazenda. Segundo relato do jornalista João Batista Magalhães, assessor do ministro, na discussão sobre o conteúdo do comunicado, deu-se o seguinte diálogo:

"O que vocês acham que devemos dizer na nota?", perguntou Malan.

"Dizer a verdade", respondeu Pedro Parente.

"Mas qual verdade?", indagou Malan.

As razões para a demissão de Chico Lopes, no meio de uma crise de confiança que colocava em risco a sobrevivência do real, eram complexas demais para caber numa nota curta, redigida às pressas para ser lida tão logo ficasse pronta. Em uma entrevista coletiva à imprensa, Malan afirmou que a substituição de Lopes por Arminio Fraga se justificava pela necessidade, por conta da mudança no câmbio, de reforçar a equipe do BC. Informou ele também haver colocado o cargo à disposição, mas que o presidente Fernando Henrique só aceitara a demissão de Lopes.

Sobre a escolha do novo presidente do BC, afirmou aos jornalistas: "O dr. Arminio Fraga Neto é um dos melhores economistas brasileiros [...] e havia decidido [...] voltar ao Brasil com toda a sua família nos próximos quatro meses. Na verdade, já se havia decidido que [ele] se incorporaria à equipe econômica tão logo voltasse. O que nós estamos fazendo agora é antecipar em alguns meses a vinda [dele] e a sua integração à equipe econômica". Malan garantiu ainda que Arminio Fraga tinha total afinidade com a política econômica.[7]

No hotel onde estava hospedada, Teresa Ter-Minassian esperava o anúncio com ansiedade. Na entrevista a O *Globo* publicada em 2014, ela recorda: "Aguardei. Eram a demissão de [Chico] Lopes e a chegada de Arminio Fraga para presidir o Banco Central. Foi um grande alívio".[8]

A demissão de Chico Lopes vinha sendo discutida entre Fernando Henrique e Pedro Malan pelo menos desde o dia 24 de janeiro, como registrou o presidente em seus diários.[9] Com a decisão de que seria Malan, e não o presidente, a formalizar a demissão, o ministro ainda tentou uma saída menos traumática para Lopes. No dia 1º de fevereiro, véspera da demissão, encarregou um de seus assessores de lhe levar dois envelopes. Num deles, havia a cópia de uma carta de demissão do ministro, dirigida ao presidente da República. No outro, a carta de demissão, também dirigida a Fernando Henrique, a ser assinada por Chico. A orientação foi para que as cartas fossem entregues em mãos, e que o funcionário não saísse da sede do BC antes disso.

Chico Lopes não atendeu ao assessor. Malan sabia que Fernando Henrique, ao receber dois pedidos de demissão, só aceitaria o do presidente do BC. Nas várias ocasiões em que sugeriu deixar o governo, recebeu uma negativa. Além disso, a vinda de Arminio Fraga para a equipe estava alinhada com Malan. Ao ser convidado para o cargo, Arminio disse a Fernando Henrique que a permanência de Malan na Fazenda seria importante para enfrentar a crise. A chegada de outro ministro, que poderia demorar algum tempo até se inteirar da situação, era desaconselhável, argumentava Fraga.

Malan havia sido seu professor no curso de economia na PUC do Rio de Janeiro, e os dois tinham afinidade de pensamento e um ótimo relacionamento pessoal. Essa relação de confiança era agregadora para o enfrentamento de mais uma crise, que exigia que houvesse uma dupla efetivamente afinada na Fazenda e no Banco Central. A manutenção de Malan no cargo é um caso raro, talvez único, em que um ministro da Fazenda continua no comando mesmo depois de uma alteração radical na política cambial. Este era justamente o argumento que Malan usava com FHC: talvez ele tivesse perdido credibilidade para conduzir essa mudança de rota.

Até 1998, Malan compunha com Gustavo Franco a linha de defesa da política cambial do primeiro mandato de Fernando Henrique. Portanto, era natural que se sentisse na obrigação de pedir demissão ao presidente da República. Mas, com Arminio, ele compôs uma nova dupla que faria tudo diferente da era Franco e do breve período de Lopes no Banco Central.

A substituição de Franco por Lopes, que não tinha nenhuma afinidade com o ministro da Fazenda, levou ao desastre da banda diagonal endógena, a heterodoxa fórmula de desvalorização do real que precipitou a grave crise. Chico Lopes nem sequer chegou a ser nomeado formalmente presidente do BC, pois o plenário do Senado ainda não havia aprovado seu nome. Quanto a Arminio, ele passou um tempo sem poder inclusive entrar na instituição que viria a presidir. Como seu nome só foi aprovado no dia 3 de março, ele foi nomeado provisoriamente assessor do ministro da Fazenda. No meio de uma crise assustadora, o BC ficou um mês sem um comando formalizado. Enquanto isso, as incertezas e turbulências do mercado financeiro chegavam a níveis máximos.

A primeira decisão importante de Arminio foi tomada tão logo ele assumiu o cargo, já com toda a sua diretoria instalada e composta de jovens economistas do mercado financeiro, um respeitado economista do setor acadêmico que já havia tido passagem pelo Ministério do Planejamento e alguns funcionários de carreira do próprio BC. Em 4 de março, o Copom elevou a taxa de juros de 25% para 45% ao ano. Mas com uma novidade: foi introduzido o conceito de viés, de baixa ou de alta. Isso significava que, a qualquer momento, o BC poderia alterar a taxa de juros, sem precisar esperar pela reunião formal realizada a cada quatro semanas. Nessa ocasião, ao mesmo tempo que elevou a taxa a estratosféricos 45% ao ano, o Copom anunciou um viés de baixa.

O impacto foi imediato e positivo. Se a qualquer momento o juro poderia cair, o mercado financeiro se moveu na direção contrária à que até então vinha apostando: dólar em alta e juros também. Com a indicação de um sinal de baixa depois de um brutal aumento, os investidores começaram a sair das apostas em dólar para aplicar em real, enquanto o juro ainda estava elevado. A cada redução anunciada pelo BC, mais o movimento se acentuava. O dólar entrou em trajetória de queda, simultânea à redução na taxa de juros, que em setembro já estava em 19%.

O custo imediato da desvalorização, porém, ficou claro nos novos termos do acordo com o FMI. Em 4 de fevereiro, seu diretor-gerente adjunto e o ministro Pedro Malan anunciaram, em entrevista no Ministério da Fazenda, que a meta de superávit das contas públicas subiria de 2,6% do PIB para até 3,5%, o que implicaria aumento de receitas e cortes de despesas. "O ponto essencial neste momento é conter a subida de preços, a inflação", disse Fischer na entrevista coletiva naquele dia.

Responsável por conduzir a desvalorização, Chico Lopes estimava que a inflação chegasse a 30% naquele ano, número que deixava assustado o presidente, que registra, no dia 2 de fevereiro, a data de demissão do então presidente do BC: "Gosto bastante do Chico, ele é realmente um cavalheiro, mas um pouco distante das coisas. Ele diz: 'Vai haver uma inflação de uns 30%', com uma platitude, como se isso não fosse uma coisa que não afetasse a todos nós, a minha política, minha credibilidade".[10] Com uma inflação nesse nível, poderia haver a reindexação da economia — com preços e contratos sendo reajustados pela inflação passada, e a futura tendendo a ser sempre mais alta do que a presente, como nos anos de hiperinflação, o que poderia ser mortal para a estabilidade da moeda.

Em junho, o BC de Arminio Fraga introduziria uma grande novidade: o sistema de metas para inflação com câmbio flutuante. Por meio desse dispositivo, o Banco perseguiria uma determinada meta calibrando a taxa de juros para conter a alta de preços. Além disso, o dólar flutuaria em relação ao real, induzindo as contas externas ao equilíbrio. Se o déficit externo crescesse, o dólar também tenderia a subir, favorecendo exportações e inibindo importações.

A meta para 1999 foi fixada em 8%, com intervalo de tolerância de dois pontos percentuais para mais ou para menos — ou seja, se a inflação ficasse entre 6% e 10%, a meta seria considerada cumprida. O ano fechou com 8,94% de inflação, muito distante dos 30% projetados por Chico Lopes. Foi um êxito inegável, pois a economia não entrou em recessão, como se temia, e registrou crescimento de 0,3%. Chegar a esse resultado, porém, foi um trabalho árduo, com a popularidade do presidente em queda e a grande desconfiança dos investidores externos em relação ao Brasil, ainda muito dependente do financiamento vindo de fora para fechar o balanço de pagamentos.

A fuga de capitais, no período mais crítico da crise cambial, foi intensa. Mesmo depois dos sinais de que o Brasil não quebraria, os bancos internacionais continuaram sem muita disposição de financiar o Brasil. Para vencer essa resistência, a dupla Pedro Malan e Arminio Fraga cumpriu intensa agenda de contatos nos Estados Unidos e na Europa, contando para isso com acesso direto aos presidentes dos bancos centrais dos países desenvolvidos.

Com o apoio desses dirigentes, conseguiram reunir os principais banqueiros de cada país para buscar financiamento. No Federal Reserve de Nova York, tiveram o apoio de Terry Checki e de Bill Rhodes. No Banque de France, de Jean-Claude Trichet e Jacques de Larosière. Na Alemanha, do vice-presidente do Bundesbank, Jürgen Stark, e de Ronaldo Schmitz, do Deutsche Bank. O ministro Pedro Malan também se reuniu com banqueiros e diretores do banco central espanhol.

Embora não tenha sido formalizado em nenhum documento, o pacto firmado nessas conversas previa que os banqueiros privados reabririam os créditos ao Brasil, sob a coordenação do presidente do banco central de cada país e com um representante de banco privado que serviria como uma espécie de ponto de referência. Caso o crédito não voltasse, o governo brasileiro acionaria o presidente da autoridade monetária local, que, por sua vez, entraria em contato com o representante dos bancos privados. Por meio desse arranjo, foi possível monitorar e cobrar dos banqueiros a volta das linhas de crédito ao Brasil. "Ali sentimos que finalmente havíamos virado o jogo", relembraria Pedro Malan numa conversa comigo dezenove anos depois.

O ano seguinte ao da desvalorização comprovou essa percepção. A economia cresceu 4,31%, a inflação fechou em 5,97% e o dólar, a 1,83 real, abaixo das cotações do período turbulento de janeiro de 1999. O horizonte que se abriu era ainda mais promissor. A pesquisa Focus do BC, que coleta as projeções de cerca de cem instituições financeiras, indicava em dezembro de 2000 crescimento de 4% para o ano seguinte e de 4,5% para 2002, quando se escolheria o sucessor de Fernando Henrique Cardoso. A inflação para 2001 estava projetada em 4%.[11]

Mas essas projeções não se confirmaram. Outro evento, que não estava ao alcance das previsões dos melhores analistas econômicos e políticos, viria mudar o ambiente econômico, com forte impacto no cenário político: o apagão de 2001.

Plebiscito para não pagar
a dívida

NA NOITE DE 24 DE DEZEMBRO DE 1999, o papa João Paulo II abriu a Porta Santa da basílica de São Pedro, no Vaticano, um ritual na noite de Natal que marcava o início do ano do Grande Jubileu, o ano 2000, os 2 mil anos de nascimento de Cristo. A porta seria fechada pelo papa no dia 6 de janeiro de 2001 para ser reaberta 25 anos depois, quando se completa o ciclo de mais um jubileu.

O ano do Grande Jubileu foi de mobilização da Igreja em todo o mundo, um ano de renovação e conversão. Segundo dados do Vaticano divulgados à época, 25 milhões de católicos foram a Roma durante a celebração, dos quais 8 milhões teriam sido recebidos pelo papa.

Naquele dia, o papa também lançaria a nova encíclica, *Novo millennio ineunte*, que trazia as orientações e diretrizes para o terceiro milênio dirigidas a fiéis de todo o mundo. Continha também avaliações sobre aquele ano sagrado para os cristãos, com o sumo pontífice unindo o espiritual ao sofrimento material, dando peso político à defesa da redução das desigualdades e da pobreza no mundo. O líder máximo dos católicos já havia recuperado o prestígio do Vaticano, não apenas com a vocalização de temas sociais, mas também com a corajosa atuação política, ao apoiar o sindicato Solidariedade, na Polônia, considerado decisivo para a derrubada do regime comunista do país. Um parágrafo da carta apostólica dizia: "Com satisfação, vejo que recentemente os Parlamentos de muitos dos Estados credores votaram um substancioso perdão da dívida bilateral que pesava sobre países mais pobres e endividados. Faço votos de que os respectivos governos deem, em breve, cumprimento a tais decisões parlamentares".

No ano do Grande Jubileu, João Paulo II pregou a necessidade de os países ricos perdoarem a dívida externa de nações mais pobres. Naquele período, a dívida externa era um tema que, tanto na paixão ideológica como no sentimento genuíno em favor dos mais pobres, dividia o mundo entre espoliados e espoliadores. A liderança do papa e o apelo social e político do tema mobilizaram não apenas os católicos, mas também grandes nomes, como Bono Vox, vocalista da banda U2, o lendário Muhammad Ali, que alçou o boxe à condição de arte e usou seu prestígio como força política, e o líder espiritual budista Dalai Lama. O perdão da dívida a alguns países de fato chegou a acontecer, mas nada que levasse a mudanças estruturais na sofrida realidade de seus povos.

No Brasil — que não se enquadrava na categoria de país muito pobre, segundo os critérios do próprio Vaticano —, o debate sobre o perdão da dívida teve grande impacto político, que reverberou pelos anos seguintes. A versão brasileira do apelo papal ao perdão da dívida externa foi difundida de forma eficaz por uma conjunção de forças e movimentos muito bem coordenados. De um lado, a Conferência Nacional dos Bispos do Brasil (CNBB) e, de outro, o Partido dos Trabalhadores, além de uma legião de sindicatos, centrais sindicais e outros movimentos da sociedade civil.

O arcebispo de São Paulo, dom Cláudio Hummes, defendia que, sob o espírito de comemoração do Grande Jubileu, se justificava o perdão da dívida externa não só dos países mais pobres, mas também daqueles em desenvolvimento, como o Brasil. O preceito estaria amparado no Antigo Testamento, no qual o jubileu incluía, além do perdão dos pecados e das ofensas, o perdão das dívidas e a devolução de terras cedidas em pagamento a elas.

A pregação se espalhou pelas arquidioceses. O arcebispo de Maringá (PR), dom Murilo S. R. Krieger, ainda em 1999, preparou e distribuiu um texto didático com 36 tópicos explicando o que era o ano do Grande Jubileu, suas implicações e o que deveria ser feito durante as comemorações. Logo no início, citando o capítulo 25 do livro do Levítico, do Antigo Testamento, em seus vários versículos, ele colocava a seguinte questão:

3. O que a Bíblia manda fazer no ano jubilar?
No ano jubilar a Bíblia determina que se deve dar descanso à terra por um ano (Lv 25, 4-5); resgatar as terras penhoradas e vendidas (Lv 25, 28); retornar ao grupo familiar (Lv 25, 35ss); perdoar as dívidas (Lv 25, 37ss); libertar e emancipar os escravos (Lv 25, 54).

"E qual o objetivo dessas leis [relativas ao ano jubilar]?", indagava o bispo, para em seguida responder: "Recordar que Deus é o Senhor da terra e de tudo o que nela existe; [...] evitar a concentração da terra e da riqueza, porque a terra é um dom de Deus para todos; proteger os mais fracos, por serem os prediletos de Deus; restabelecer a justiça social; e motivar a conversão".[1]

O instrumento para mobilizar a opinião pública quanto ao perdão da dívida externa brasileira foi a convocação, pela CNBB, de um plebiscito para o período de 2 a 7 de setembro de 2000. A votação, portanto, se encerraria, não por acaso, na data em que se comemora a independência do país. O objetivo era usar sua força simbólica para dar ênfase à mensagem de que, com o pagamento da dívida — que, no entender dos organizadores do plebiscito, impedia o avanço social —, o Brasil ainda não havia conquistado de fato sua independência quase dois séculos depois.

A questão colocada no plebiscito ia muito além do simples pedido de perdão da dívida. Era um questionamento à sua natureza, justiça e até legalidade. Quem fosse votar responderia a três questões:

1. O governo brasileiro deve manter o atual acordo com o FMI?
2. O Brasil deve continuar pagando a dívida externa, sem realizar uma auditoria pública desta dívida, como prevê a Constituição de 1988?
3. Os governos federal, estaduais e municipais devem continuar usando grande parte do orçamento para pagar a dívida interna aos especuladores?

A primeira questão trazia implícita a hipótese de rompimento do acordo que o Brasil havia firmado com o FMI no final de 1998, decisivo para que o país pudesse resistir ao impacto da crise que abalava as economias da Ásia e da Rússia, que já tinha levado a pique a economia mexicana e começava a arrastar a Argentina para o naufrágio. Já a segunda pergunta cogitava a hipótese de suspensão do pagamento aos credores externos — nesse caso não só o FMI, mas também os credores privados — e continha a suspeição de ilegalidade nos contratos de empréstimos ao país. Explosivo também era o potencial do terceiro questionamento. O que financiava quase integralmente a dívida dos governos federal, estaduais e municipais era a poupança dos brasileiros. Desde o menor aplicador na caderneta de poupança ao mais endinheirado financista, todos foram qualificados como "especuladores".

Tudo isso era motivo de preocupação para o ministro da Fazenda, Pedro Malan, que havia liderado a negociação do acordo com o FMI e que, em 1994, fechara um acordo com os credores internacionais depois de uma sequência de moratórias da dívida. No dia 29 de agosto, a quatro dias do início da votação, ele declarou, em entrevista à Rádio Gaúcha, que o plebiscito estava "fora de lugar, fora do seu tempo, fora de foco e fora de propósito". E apontou o que considerava a motivação política da iniciativa, formalmente conduzida pela CNBB: "O PT, principal partido da oposição, está seriamente empenhado e comprometido com a realização dessa consulta popular". Malan disse ainda que a iniciativa do papa João Paulo II se destinava a beneficiar países muito pobres, como Moçambique, Guiana e Nicarágua, com dívidas que representavam o dobro ou até o triplo do seu PIB. Não era o caso do Brasil, que inclusive havia perdoado a dívida desses países. "Eu presumo que ninguém, em sã consciência, esteja sugerindo um calote de dívidas privadas", afirmou o ministro.[2]

A retórica de contestação da dívida, porém, tinha forte apelo popular. A crise da dívida externa, do início dos anos 1980 até meados da década de 1990, coincidiu com um período de descontrole inflacionário, baixo crescimento e juros internacionais elevados, que encareceram o seu custo da dívida. Não era difícil vender a amplas parcelas da população a ideia de que o pagamento da dívida era o que travava o nosso desenvolvimento.

No dia 2 de setembro, dia do início da votação, a *Folha de S.Paulo* publicou artigos do economista e ex-ministro da Fazenda Luiz Carlos Bresser-Pereira, que era contra o plebiscito, e de Frei Betto, filiado ao PT e a favor da consulta. Frei Betto escreveu: "Entre 1994 e 98, o país entregou aos credores, entre amortização e juros, cerca de 126 bilhões de dólares". E fazia uma conta sedutora: "Se essa fortuna ficasse aqui, seria possível oferecer um bônus de 1474 reais para cada brasileiro; ou de 45 677 para cada família que possui renda mensal de até um salário mínimo; ou construir 15,5 milhões de casas populares [...]. Ou, ainda, 948 mil postos de saúde". E acrescentava que, com a reforma agrária, daria para assentar 5,8 mil famílias, o que teria o seguinte impacto na sociedade: "Seria o fim dos sem-terra, a atividade econômica cresceria, os alimentos ficariam baratos e a população das grandes cidades seria reduzida, bem como a violência urbana e o número de famílias e crianças na rua".[3]

Frei Betto detalhava ainda mais o que considerava as justificativas e benefícios para não pagar as dívidas interna e externa. Citava, por exemplo, um cálculo do senador Eduardo Suplicy (PT-SP) segundo o qual os serviços da dívida (juros e amortizações) naquele ano de 2000 totalizariam o equivalente a 66 bilhões de dólares. Esse montante, observava, daria para assegurar a cada brasileiro uma renda mínima anual de quinhentos reais — mais de três vezes o salário mínimo daquele ano, que era de 151 reais.

No dia final da votação, 7 de setembro, ocorreu o evento que melhor simbolizou a natureza daquele movimento que reunia a fé cristã, as questões sociais, econômicas e o protesto político. Era também o dia do Grito dos Excluídos, convocado para todo o Brasil pela CNBB e que reuniu mais de 50 mil pessoas no Santuário de Aparecida durante uma missa celebrada pelo arcebispo dom Aloísio Lorscheider.

A dramatização da questão social ainda contou com uma bem organizada romaria que partiu da periferia pobre de São Paulo no dia 1º de setembro e chegou ao Santuário de Aparecida no dia 7, depois de percorrer cerca de duzentos quilômetros sob intenso calor e a poluição da via Dutra, rodovia que corta o Vale do Paraíba, a região mais industrializada de São Paulo. Imagens de Nossa Senhora Aparecida, cruzes e bandeiras do Brasil se misturavam a cartazes de protesto.

O padre Afonso Lobato, um dos coordenadores do evento, afirmava: "Este é um ato essencialmente político que pretende denunciar essa política de exclusão". Na missa, dom Aloísio Lorscheider afirmou que o Brasil não tinha muito a comemorar naquele Sete de Setembro: "Ainda falta muito para sermos um povo independente".[4]

Uma semana depois, saiu o resultado parcial da votação, restando ainda 6% de votos a serem apurados — em um processo demorado, pois a contagem era manual, numa votação que se espalhou por mais de 3 mil municípios. No entanto, o que estava contabilizado já era suficiente para mostrar o sucesso do movimento. Mais de 5 milhões de brasileiros participaram, o equivalente a mais de 5% do eleitorado, e 90% votaram pelo não pagamento da dívida externa sem uma prévia auditoria, pelo não cumprimento do acordo com o FMI e pelo não comprometimento do orçamento dos governos federal, estaduais e municipais com o pagamento da dívida interna.

No estado do Espírito Santo, a votação chegou a 17,4% do eleitorado, a quase 15% em Roraima e a 11,2% em Santa Catarina. Em reportagem da *Folha de S.Paulo* do dia 14 de setembro, o presidente nacional do PT, deputado José Dirceu, comemorou: "Não é todo dia que se tem uma vitória. [...] Foi um dos momentos mais importantes da nossa história". Na mesma matéria, o padre Alfredo José Gonçalves, do setor Pastoral Social da CNBB, afirmou: "O resultado mostra uma vontade popular enorme de participar. Quando se abre um canal, o povo participa. Os destinos do país não são monopólio de uma dúzia de tecnocratas".[5]

No plebiscito na dívida, o PT estrategicamente preferiu não assumir a liderança do evento junto com a CNBB, mas participou de forma ativa, mobilizando sua militância, sindicatos, centrais sindicais e movimentos sociais sob sua influência. Pouco mais de um ano depois, em dezembro de 2001, no XII Encontro Nacional, realizado em Olinda (PE), o documento final explicitava de maneira inequívoca a posição dominante no partido em relação ao que seriam as bases do programa econômico a ser apresentado para as eleições de 2002 — especialmente no que dizia respeito a temas como a dívida externa e interna, a relação com os organismos internacionais, como o FMI, o Banco Mundial e a Organização Mundial do Comércio (OMC), e as privatizações realizadas no governo Fernando Henrique Cardoso.[6]

A ruptura necessária

O XII ENCONTRO NACIONAL DO PT, realizado em dezembro de 2001, formulou as diretrizes para o programa de governo do partido para a eleição presidencial de 2002. O coordenador do programa era o prefeito de Santo André, Celso Daniel. Muito próximo de Lula e respeitado no partido, era tido como provável ministro da Fazenda, caso o PT saísse vencedor.

No documento final do encontro, ficava explícita a estratégia de usar na campanha uma retórica agressiva em oposição ao governo Fernando Henrique e o compromisso de mudanças radicais na condução da economia. Se tudo estava errado, tudo precisava mudar, o que justificava o título de um dos subcapítulos do documento que tratava da questão econômica: "A ruptura necessária". Vale registrar alguns parágrafos do longo documento aprovado:

> O governo FHC fracassou. Depois de quase sete anos, FHC e seu condomínio partidário conservador legam ao país estagnação e desnacionalização da economia, aumento da dependência externa, degradação da infraestrutura, aumento da desigualdade social e elevado nível de desemprego.[1]

O texto continuava com uma análise ampla da situação do país, do contexto internacional, projetava o cenário eleitoral para o ano seguinte e definia estratégias e princípios para alianças partidárias que pudessem assegurar a vitória e a governabilidade de um possível governo de esquerda. Em outro trecho, afirmava:

> A implementação de nosso programa de governo para o Brasil, de caráter democrático e popular, representará uma ruptura com o atual modelo econômico, fundado na abertura e na desregulação radicais da economia nacional e na consequente subordinação de sua dinâmica aos interesses e humores do capital financeiro globalizado.[2]

A economia brasileira sempre foi dependente do ingresso de capitais estrangeiros, fosse para financiar o déficit histórico em conta-corrente com o exterior, fosse para alavancar investimentos. O Brasil não tinha poupança interna suficiente para sustentar o crescimento de sua economia. No contexto de 2001 e 2002, essa dependência era ainda mais dramática, pois o volume de reservas cambiais do país era muito baixo.

Em um determinado ponto do documento, o PT prometia, se chegasse ao poder, criar mecanismos de controle de entrada do capital estrangeiro:

> [A] adequação da política relativa ao capital estrangeiro às diretrizes e às prioridades do novo modelo econômico. Isso significa implantar mecanismos de regulação da entrada de capital especulativo e reorientar o investimento direto externo com critérios de seletividade que favoreçam o aumento das exportações, a substituição de importações, a expansão e a integração da indústria de bens de capital e o fortalecimento de nossa capacidade endógena de desenvolvimento tecnológico. É essencial que o capital estrangeiro se vincule à criação de capacidade produtiva adicional e compense o aumento da remessa de lucros, dividendos e royalties com seu impacto positivo sobre o saldo comercial.[3]

Regular o fluxo de capital, impondo regras restritivas de entrada e saída, afastaria ainda mais os investidores e deixaria o país mais vulnerável no financiamento de suas necessidades externas de recursos.

O FMI e os credores externos também eram alvo. O PT propunha:

> Com relação à dívida externa, hoje predominantemente privada, será necessário denunciar do ponto de vista político e jurídico o acordo atual com o FMI, para liberar a política econômica das restrições impostas ao crescimento e à defesa comercial do país e bloquear as tentativas de reestatização da dívida externa, reduzindo a emissão de títulos da dívida interna indexados ao dólar. O Brasil deve assumir uma posição internacional ativa sobre as questões da dívida externa, articulando aliados no processo de auditoria e renegociação da dívida externa pública, particularmente de países como o Brasil, o México e a Argentina, que respondem por grande parte da dívida externa mundial e, não por acaso, têm grande parte de sua população na pobreza.[4]

O programa de privatizações seria suspenso e reavaliado, "sendo auditadas as operações já realizadas, sobretudo onde existem notícias de má utilização de recursos públicos ou negligência no que toca aos interesses estratégicos nacionais". E havia também a questão da dívida externa. A relação com os credores internacionais, fossem organismos multilaterais ou privados, as relações com os parceiros comerciais, tudo deveria ser "denunciado" e revisto. Quanto ao acordo com o FMI então vigente, o PT sinalizava que não o cumpriria:

> Será necessário denunciar o acordo com o FMI para liberar a política econômica das restrições impostas ao crescimento e à defesa comercial do país, estabelecer mecanismos transparentes de controle sobre a entrada e saída de capital, estimular a reinvenção do investimento direto estrangeiro através da taxação das remessas de lucros e dividendos [...]. O Brasil deve ter uma posição internacional ativa sobre as questões da dívida externa, articulando aliados no processo de auditoria e renegociação da dívida externa pública.[5]

Em relação à dívida interna, o PT firmava o compromisso de que promoveria uma redução na taxa de juros. O objetivo seria diminuir o custo, o quanto o país gastava com o juro que indicia sobre o estoque da dívida pública. Não explicava como isso seria feito, mas deixava claro que haveria mudanças:

> Para o novo modelo, a política fiscal deve significar, antes de tudo, a preservação da solvência do Estado, através de uma estratégia para a política de juros internos que reduza sensivelmente o comprometimento do orçamento, superando a política de crescentes superávits primários, garantindo assim a ampliação de políticas públicas sociais e econômicas.[6]

Na época, estava em discussão no Brasil e em vários países do mundo a criação de um modelo de Banco Central independente. Isso significava que a autoridade monetária teria metas de inflação a cumprir e, caso contrário, teria de prestar contas ao Congresso Nacional. Em contrapartida, teria autonomia para calibrar a taxa de juros, o instrumento usado para manter a inflação sob controle. Esse modelo vinha funcionando muito bem onde já havia sido implantado, como era o caso do Reino Unido. No Brasil, já funcionava na prática, mas não contava com uma lei que assegurava a sua estabilidade.

O PT não apenas era contra, como considerava esse modelo inconstitucional:

> A proposta de autonomia operacional do Banco Central, com mandato diferenciado do presidente da República, é incompatível com a Constituição Federal, retirando, na prática, competências próprias do chefe do Executivo e comprometendo a execução do programa econômico de um novo governo. A manutenção da estabilidade inflacionária, num contexto de crescimento com distribuição de renda e redução dos desequilíbrios externos, é tarefa complexa, que requererá uma articulação governamental com outras esferas privadas da economia e da sociedade.[7]

Em resumo, o PT propunha reavaliar e auditar as privatizações, denunciar o acordo com o FMI, controlar a entrada e saída de capitais estrangeiros, rever a política de superávits nas contas públicas, que era o que assegurava o pagamento da dívida, reduzir a taxa de juros e acabar com a autonomia operacional do Banco Central. Seria de fato uma ruptura radical, colocando abaixo toda a política econômica que vinha sendo implementada desde a criação do real, em 1994.

O impacto do plebiscito sobre o pagamento da dívida e da proposta de ruptura radical com o modelo econômico do governo Fernando Henrique viria sobretudo em 2002, o ano da sucessão presidencial, com Lula e o PT dominando a cena a partir de abril. A radicalidade das propostas pairava como um fantasma aos olhos dos investidores, nacionais e estrangeiros, à medida que, ao longo do ano, Lula crescia nas pesquisas. Os indicadores financeiros, refletindo o temor da ruptura, pioravam em escalada.

Apagão acende a luz amarela

"EU ESTAVA NUM MATO SEM CACHORRO. Quando soube daquele negócio, a primeira reação do Ministério de Minas e Energia era fazer um apagão mesmo. E por que eu não sabia? Porque o Ministério estava na linha de superar a crise sem alertar para o risco, não fazer barulho e não tomar providência nenhuma por achar que se safa." No dia 23 de maio de 2017, com essas palavras, o ex-presidente Fernando Henrique Cardoso rememorou como se sentiu na reunião de 7 de maio de 2001, dezesseis anos antes, no Palácio do Planalto, quando foi informado de que o racionamento de energia era inevitável e que o corte seria feito por meio de apagões. Ou seja, desligamento completo do fornecimento para bairros inteiros, por um período que poderia variar de quatro a seis horas.

Perguntei ao ex-presidente se ele achava que a crise de energia marcou em definitivo a avaliação final de seu governo, e ele me respondeu: "Acredito que sim. Porque ficou a marca do apagão. Afetou a possibilidade de crescimento da economia. Você vê as luzes se apagarem em Brasília, aquilo marca você também".

O ministro Pedro Malan também ficou em estado de choque com o plano radical de contenção do consumo de energia. Além dos apagões, previa cotas para cada tipo de consumidor. No caso de residências, a cota imporia um corte médio de 20% sobre o consumo médio; na indústria, 15%; e no comércio, 12%. E quem consumisse acima desse limite, pagaria até quatro vezes mais pelo excedente. Segundo relatos de pessoas presentes, a reunião foi um caos. A certa altura, o ministro de Minas e Energia, José Jorge, que havia assumido o cargo pouco tempo antes, propôs bônus para quem reduzisse o consumo. "Mas de onde sairá o dinheiro para esse bônus?", teria questionado Pedro Malan. "Do Tesouro", respondeu José Jorge. A resposta teria irritado o ministro da Fazenda, empenhado em cumprir metas fiscais rigorosas. "Não temos margem para pagar nada", teria respondido o ministro da Fazenda.

A sensata decisão daquela caótica reunião foi não decidir nada, apesar da dramaticidade da crise ali exposta. O racionamento era uma fatalidade, com impactos brutais na economia. De uma perspectiva de crescimento acima de 4% do PIB, agora ela era de recessão. Pior ainda: se não haveria energia elétrica para garantir a oferta de produtos e serviços, os preços tenderiam a subir e o desemprego aumentar. Terminada a reunião, Pedro Malan chamou em um canto Pedro Parente, o então ministro-chefe da Casa Civil. "Pedro, a única pessoa capaz de resolver isso é você. O problema deixa de ser uma questão do Ministério de Minas e Energia e passa a ser uma questão de governo."

Pedro Parente descreveu a reação de Fernando Henrique: "Senti que ele ficou abatido, se sentiu enganado. Mas não atacou ninguém". Desde o final do ano 2000 começaram alertas de especialistas sobre o risco de racionamento no ano seguinte. O nível dos reservatórios vinha baixando mês a mês. Em pleno período chuvoso, final de dezembro, estava em 28%. A avaliação do Ministério de Minas e Energia e da Agência Nacional de Energia Elétrica (Aneel) era de que o risco de racionamento existia, mas era de apenas 5% — em tese, um risco baixo.

E, para completar, quanto mais o racionamento demorasse a entrar em vigor, maior a escassez de energia e mais rigorosa teria de ser a redução. Os reservatórios das hidrelétricas das regiões Sudeste e Centro-Oeste estavam com cerca de 30% da capacidade naquele começo de maio, o início do período de estiagem na região.

David Zylbersztajn, então presidente da Agência Nacional do Petróleo (ANP), conta que, no segundo semestre de 2000, telefonou para o ministro de Minas e Energia, Rodolfo Tourinho, e sugeriu que fosse feito um racionamento de 5%. "Não me fale em racionamento", reagiu o ministro. No cálculo de Zylbersztajn, um corte de 5% na oferta de energia seria facilmente absorvido por empresas e residências, sem impacto na economia. Na verdade, tudo se acomodaria com a redução de desperdícios. A estratégia do ministro era ampliar a produção de energia por meio da construção de usinas térmicas com o gás que estava sendo importado da Bolívia.

A expansão da geração de energia a partir do gás reduziria a dependência do país da geração hidrelétrica, que na época respondia por mais de 90% do abastecimento. Só que tinha um problema: o preço do gás, importado, estava fixado em dólar, e a tarifa de energia, em reais. Se o câmbio se desvalorizasse, a empresa de energia teria elevado o seu custo (compra do gás) sem ter a garantia de aumento da receita (venda de energia).

O governo não conseguia definir uma regra que eliminasse o risco cambial e com isso os projetos foram sofrendo atrasos. Em paralelo a isso, os reservatórios perdiam água, e o consumo de energia aumentava em decorrência de uma forte recuperação da economia. Só faltava mesmo acontecer o pior. E o pior aconteceu.

O Operador Nacional do Sistema (ONS) — o órgão que administra todo o parque de geração de energia do país — monitorava diariamente o nível dos reservatórios e o volume de chuva que caía nas regiões onde estavam localizados. Considerado o penúltimo mês do período chuvoso nas regiões Sudeste e Centro-Oeste, março não trouxe a chuva generosa esperada. O volume foi o pior da média histórica.

No dia 1º de abril, o diretor-presidente do ONS, Mário Santos, dava uma medida da dramaticidade a que chegara a crise que se avizinhava: era preciso que naquele mês, o último do período chuvoso, o volume chegasse a 120% da média histórica para que ainda houvesse alguma chance de não haver racionamento.[1] O milagre não aconteceu, e o nível dos reservatórios foi baixando dia após dia.

Até o final de abril, o Ministério de Minas e Energia e a Aneel se recusavam a assumir que o racionamento seria inevitável, embora já planejassem um conjunto de ações austeras: o sistema de cotas para cada consumidor, sobretaxa e, caso não dessem resultado, os apagões. No dia 26 de abril, por exemplo, o secretário nacional de Energia do Ministério de Minas e Energia, Afonso Henriques Santos, dava detalhes sobre os apagões: "Não vamos informar o horário exato, mas as pessoas não serão surpreendidas". Ou seja, as pessoas não seriam informadas do horário do apagão para evitar que antecipassem o consumo de energia. Perguntado se haveria racionamento, respondeu: "Pouco provável".[2]

Os jornais de janeiro até a dramática reunião do dia 7 de maio passam uma ideia de como as autoridades do setor vinham negligenciando o problema. No dia 13 de janeiro, o diretor-geral da Aneel, José Mário Abdo, afirmava que não havia risco de racionamento em 2001 nem nos anos seguintes. "Temos investimentos suficientes que garantem o abastecimento do país. Será preciso suar a camisa, trabalhar firme, mas tenho certeza de que chegaremos lá."[3]

No dia 21 de março, José Mário Abdo admitiu que em quinze dias a Aneel apresentaria um plano de contingenciamento para reduzir o consumo de energia, ainda negando o racionamento. No dia 5 de abril, o diretor da Aneel admitiu o racionamento, mas na hipótese de o plano de contingenciamento não ser suficiente. O ministro de Minas e Energia, José Jorge, seguia a mesma linha.

No entanto, especialistas do setor, empresas privadas de energia e entidades empresariais já davam declarações sobre a inevitabilidade do racionamento. Não havia para onde fugir. O que ficou definido era que o corte de energia viria a partir de junho. Enquanto isso, o governo tomava medidas paliativas: redução da iluminação em prédios públicos, troca de lâmpadas e uma campanha publicitária, iniciada no dia 18 de abril, que tinha como mote "Poupe energia: bom para o Brasil, melhor para você".

Enquanto isso, o preço da energia no mercado atacadista, no qual se compra e vende a energia que sobra dos contratos entre as distribuidoras e os consumidores, disparava. Só no início de maio, o preço quase dobrou.

Quando começou a circular a informação de que a proposta inicial de racionamento incluía a imposição de corte compulsório a partir de 1º de junho, o apelo para que se poupasse energia virou um problema:

quem havia reduzido espontaneamente o consumo seria punido da mesma forma que os perdulários, que não haviam economizado nada.

O diretor-geral da Agência Nacional do Petróleo, David Zylbersztajn, que não tinha atribuição direta na crise de energia, tomou a iniciativa de telefonar para o presidente Fernando Henrique Cardoso, na época seu sogro. Assim como Malan, ele achou a ideia do apagão desastrosa. "Presidente, isso é um suicídio político. O dia em que houver um acidente com vítimas fatais num cruzamento por falta de energia no semáforo, alguém morrer num hospital, o governo acaba."

Sabendo que o racionamento viria a qualquer momento, a Companhia de Engenharia de Tráfego (CET) da cidade de São Paulo tentava se preparar para lidar com o trânsito nos momentos de apagão. O presidente da CET, Francisco Macena da Silva, dizia que não tinha como preparar um plano detalhado, pois não sabia a duração dos apagões nem quando ocorreriam. Dentre as ações que preparava estava o fechamento com cavaletes de alguns dos principais cruzamentos de São Paulo, para manter o tráfego fluindo nas avenidas quando faltasse luz.

Um paliativo seria o uso dos guardas de trânsito, os chamados marronzinhos, que seriam escalados para orientar os cruzamentos mais movimentados. O problema é que a CET contava com apenas oitocentos deles, que trabalhavam em regime de turno. Outro problema seria checar o funcionamento de 4500 semáforos depois que a luz voltasse.

"Não haverá semáforos, não haverá controle de velocidade [...]. Vai ser o caos", desabafava Macena da Silva, reclamando que a poucos dias do racionamento ainda não havia recebido qualquer informação da companhia distribuidora de energia da cidade, a Eletropaulo.[4]

Naquele mesmo 7 de maio em que o presidente Fernando Henrique decidiu rejeitar o corte compulsório e aleatório do fornecimento de energia, àquela altura já batizado de apagão pela imprensa, ele chamou Pedro Parente em seu gabinete. O convite foi quase uma ordem. "Você vai ter que cuidar disso." Parente conta que pediu um dia para pensar sobre o assunto. "Passei a noite em claro." Na manhã do dia 8 de maio, já tinha uma ideia formulada, uma condicionante para aceitar o convite: "Presidente, quem dá a missão dá os meios".

Ele propunha a criação de um comitê, com representantes de todas as áreas envolvidas, que estivesse sob seu comando, tivesse poder de decisão e não precisasse se submeter a outras instâncias do governo. O presidente aceitou as condições, com uma orientação: "Vamos abrir o jogo". Abrir o jogo foi a decisão de expor com clareza à sociedade a dimensão do problema, reconhecer o erro e convocar a população para participar da solução.

A mágoa de Malan

NO FINAL DE AGOSTO DE 2001, Pedro Malan chegou ao Palácio do Planalto com uma preocupação. O Brasil ainda sofria com o racionamento de energia que havia travado o crescimento da economia naquele ano e causado desgaste da imagem do governo FHC. "Tem um novo candidato a presidente aí na praça. Acho que vocês deveriam prestar atenção", disse ele numa das reuniões com o núcleo de assessores mais próximos ao presidente, que incluía o secretário-geral da Presidência, Arthur Virgílio, e o ministro-chefe da Casa Civil, Pedro Parente.

O alerta foi recebido com ar de surpresa. Primeiro, porque a eleição só se daria dali a mais de um ano. Segundo, porque era um ministro com problemas de sobra na economia alertando sobre o que entendia ser um risco na área política. Mas quem seria esse novo candidato? A resposta causou ainda mais surpresa: "O Lula", disse Malan.

O ministro então passou a analisar uma entrevista — publicada no dia 19 de agosto, um domingo, em duas páginas do jornal *Correio Braziliense* — que tivera muita repercussão nos meios políticos de Brasília. A manchete de primeira página, com uma foto em cores do futuro candidato, dizia: "Lula solta o verbo". Era a primeira entrevista em que ele falava claramente como presidenciável em 2002, de acordo com o texto de abertura.[1] Mas o que Pedro Malan vira de "novo" em Lula, que estava se preparando para concorrer à quarta eleição consecutiva à Presidência da República? Afinal, mesmo que ainda não declarasse sua candidatura, não era segredo para ninguém que o PT só tinha um candidato.

"Prestem atenção nas fotos. Ele está com o cabelo bem cortado, a barba bem aparada. E com uma camisa moderna, dessas que estão na moda agora, de cor azul com gola e punhos brancos." Azul é a cor do PSDB, o partido adversário do PT nas duas eleições anteriores e que continuaria sendo nas eleições de 2002, 2006, 2010 e 2014. O vermelho, a cor do PT, estava presente apenas na gravata — com o nó irretocável.

"Quando eu falei aquilo ninguém deu importância", disse Malan, ao relembrar o episódio dezesseis anos depois. O ministro dissecava as entrevistas e declarações de Lula e das demais lideranças do PT, visitava o site do partido quase diariamente, lia artigos e entrevistas de suas principais lideranças e as propostas e os documentos publicados. Portanto, quando identificou o "candidato novo", o ministro da Fazenda estava comparando o Lula daquela entrevista ao *Correio Braziliense* com o das outras eleições. Lula queria se libertar da imagem do "sapo barbudo", conforme o rótulo aplicado por Leonel Brizola ao anunciar que, mesmo tendo sido derrotado na disputa por uma vaga no segundo turno na eleição de 1989, decidiu apoiá-lo contra Fernando Collor de Mello. Em 2001, doze anos depois, estava em construção o "Lulinha Paz e Amor" de Duda Mendonça.

Em maio de 2001, o marqueteiro já havia criado para o PT a campanha "Xô Corrupção", que foi ao ar na TV em filmes de trinta e sessenta segundos. A versão mais longa mostrava ratos saindo do buraco de um muro na direção da bandeira brasileira e depois começando a devorá-la vorazmente. Por fim, recolhiam os restos da bandeira para dentro do buraco. A trilha sonora evoluía de um clima de suspense, terror, para notas suaves, sugerindo emoção e, de forma sutil, a melodia do hino nacional. No fim, um locutor anunciava com um tom de voz grave: "Ou a gente acaba com eles, ou eles acabam com o Brasil. Xô, corrupção. Uma campanha do PT e do povo brasileiro".

Ao lançar a campanha em São Paulo, em 11 de maio, Duda Mendonça justificou o tom pesado de associar políticos a ratos e o PT à ratoeira pronta para pegá-los: "É uma campanha séria, forte e até mesmo chocante. Mas o momento também é sério, forte e chocante". Por sua criação, Duda disse que teria recebido 280 mil reais, o equivalente na época a mais ou menos a 120 mil dólares.[2]

Se, na forma, a entrevista de Lula ao *Correio Braziliense* chamou a atenção de Pedro Malan, o conteúdo mexeu ainda mais com o ministro. "Sei que não posso perder. E também não posso errar no governo. Não me será dado esse direito", dizia Lula. E em seguida atacou o ministro da Fazenda:

> O ministro Pedro Malan se confunde com os desenhos do Tio Patinhas. Parece que tem uma chave sagrada dos cofres públicos, guarda dinheiro só para ele, de vez em quando abre o Tesouro Nacional para mergulhar e nadar nas moedas e, em época de eleição, libera dinheiro para obras de amigos ou que beneficiem candidatos oficiais. É difícil combater um adversário com essas armas.[3]

Malan, porém, não ficou se queixando entre paredes e foi a debate público com Lula. Em uma entrevista à *Folha de S.Paulo* concedida no dia 31 de agosto, uma sexta-feira, e publicada no domingo, 2 de setembro — portanto duas semanas após a publicação da entrevista de Lula —, o ministro comentou a entrevista do candidato: "Ele disse que consertaria o Brasil, que não poderia errar. Todo e qualquer governo comete erros". E acrescentou que não era fácil governar o Brasil: "É um país complexo, difícil de administrar, com problemas seculares [e] problemas sociais monumentais, que demorarão gerações para serem resolvidos".[4]

A parte mais contundente da resposta de Malan a Lula só veio a público quase oito meses depois. No dia 14 de abril de 2002, com a campanha presidencial pegando fogo e os indicadores econômicos piorando a cada dia, o ministro da Fazenda divulgou uma carta pública a Lula, que começava assim:

Prezado Lula. Lamento incomodá-lo. É bem provável que você considere o que me leva a escrever como um assunto menor na ordem maior das coisas ou das suas legítimas preocupações com seu futuro político. O problema é que o assunto não é menor para mim. Porque tem a ver com a minha honra, com meu nome, legado maior que deixarei para meus filhos.

Em seguida, reproduzia o trecho da entrevista que o levara a reagir tardiamente: "O ministro Pedro Malan parece que tem a chave sagrada dos cofres públicos, guarda o dinheiro só para ele e em época de eleição libera dinheiro para obras de amigos".[5]

O ministro explicava haver duas razões para ter esperado tanto tempo para expor publicamente seu ato até então reservado. Primeiro, preferiu deixar passar o dia 5 de outubro de 2001, a data-limite para filiação partidária para quem quisesse se candidatar em 2002. Assim, segundo Malan, ficaria "claro o que vinha dizendo de público, reiteradamente, há mais de dois anos: não tenho qualquer projeto político pessoal". No radar de Lula e do PT, havia a percepção de que ele poderia vir a ser o candidato de Fernando Henrique à sua sucessão. Atacar o ministro da Fazenda era parte da estratégia para enfraquecer um hipotético adversário nas eleições presidenciais.

A segunda razão pela qual o ministro demorara tanto para se manifestar foi que, em novembro de 2001, três meses depois da entrevista ao *Correio Braziliense*, Malan havia entrado com uma interpelação contra Lula na 16ª Vara Federal do Distrito Federal para que o candidato "confirmasse, desmentisse, desse as explicações que lhe parecessem necessárias, ou apresentasse as provas que justificassem as suas declarações".

O ministro da Fazenda então explicava por que não havia tornado pública a iniciativa de interpelar Lula. Na carta de quatro páginas, informava que Lula só havia sido citado depois da "oitava tentativa", pela 2ª Vara de São Bernardo, "assim mesmo depois de o juiz determinar que o fizesse com dia e horas marcados". A resposta veio assinada por Lula e pelo advogado Márcio Thomaz Bastos, que viria a ser ministro da Justiça de Lula, justificando que o candidato havia apenas exercido o direito à crítica. "Vamos ser claros, Lula. Você me acusou de um crime. Porque guardar dinheiro público para si, e o liberar pessoalmente para 'obras de amigos' é crime, Lula. É crime grave. O acusador tem que ter provas, evidências, e você não as tem, não as tinha e nunca as terá, porque nunca fiz, não faço e nunca farei tal coisa." Por fim, Malan afirmou que considerava a resposta "absolutamente insatisfatória" e mantinha em aberto a possibilidade de seguir com uma ação judicial. No entanto, pelo menos no terreno jurídico, o caso se encerrou com a carta aberta a Lula.

Uma crise termina,
outra começa

APESAR DE TODO O DESGASTE DO GOVERNO com a crise de energia, o dia 1º de março de 2002 poderia ter sido o ponto de inflexão para melhor na reta final dos oito anos do governo Fernando Henrique Cardoso. Depois de nove meses, terminava o período de racionamento de energia elétrica em todos o país. Foi um período duro de atravessar: queimou a popularidade do presidente e levou a pique a avaliação de seu governo, conforme apontavam as mais diversas pesquisas de opinião. O impacto sobre a economia fora brutal. Antes do anúncio do racionamento, os agentes econômicos previam para 2001 crescimento pouco acima de 4%, e de 4,5% para 2002. No ano 2000, a economia já havia crescido 4,46%, de acordo com o IBGE.

Não fosse o apagão, Fernando Henrique poderia ter encerrado o ciclo de seu governo de forma triunfal, com crescimento acima de 4% por três anos consecutivos, o que se traduziria em mais empregos, salários melhores, lucro para as empresas e aumento de receitas de impostos para o governo. Nessas condições, a popularidade de Fernando Henrique e a avaliação de seu governo estariam em alta, dando-lhe condições favoráveis para fazer o seu sucessor na eleição de 2002.

Ao final do racionamento, porém, ainda restavam fiapos de esperança para 2002. A expectativa de retomada da economia, ainda que não no mesmo ritmo previsto antes do racionamento, poderia pelo menos resgatar parte do prestígio e assegurar um ambiente de normalidade para o fim de mandato e, quem sabe, até garantir a eleição do candidato do governo. Essa ainda era a visão dominante entre analistas políticos e econômicos, apesar do trauma do racionamento.

No dia 19 de fevereiro, em cadeia nacional de rádio e televisão, o presidente da República fez um pronunciamento à nação em que anunciava, para 1º de março, o fim das restrições na oferta de energia. Na sua fala, ele agradecia a colaboração da sociedade no esforço de economizar energia, fator decisivo para evitar que a economia entrasse em recessão.

O ano de 2001 terminou com crescimento de 1,4% — um resultado modesto, mas considerado quase um milagre, dadas as condições tão adversas para as atividades produtivas naquele ano. O anúncio antecipado do fim do racionamento indicava o tamanho do alívio de Fernando Henrique. O último dos oito anos de mandato ainda poderia se encerrar com retomada da economia, recompondo a imagem desgastada com o racionamento energético iniciado em 2001.

Mas naquele mesmo dia em que o fornecimento de eletricidade voltava ao normal, um fio desencapado gerou uma crise política no entorno do presidente. Em São Luís do Maranhão, a Polícia Federal apreendeu 1,34 milhão de reais na empresa Lunus, de propriedade da governadora do estado, Roseana Sarney, e do marido dela, Jorge Murad, que era um de seus secretários no governo.

O dinheiro vivo, em pacotes de notas de cinquenta reais, foi colocado em uma mesa, fotografado e vazado para a imprensa e por semanas ilustrou o noticiário das emissoras de TV, jornais e revistas. Doado por uma empresa do Piauí que realizava obras no Maranhão, era um caixa disponível para despesas da campanha à Presidência da governadora. Sendo apenas isso, já se trataria de um crime eleitoral, pois configurava campanha antes do prazo legal fixado pela Justiça Eleitoral. Mais grave era a suspeita sobre a licitude do dinheiro.

A capa da revista *Veja* de 13 de março trazia a foto de Roseana com o título: "A candidata que encolheu". O enfoque era sua queda nas pesquisas de intenção de voto, já apontando a inviabilidade de sua candidatura. O impacto político e eleitoral da apreensão do dinheiro já se fizera sentir na edição da *Época*, que chegou às bancas no sábado, 2 de março, 24 horas depois da operação da PF na Lunus.

Até as oito horas de sexta-feira, a capa trazia a candidata do PFL, com o título: "O fenômeno Roseana". Se o título já era favorável à governadora, o conjunto de matérias que compunha a edição reforçava ainda mais a imagem positiva da candidata. Além de Roseana, a capa trazia também uma foto da atriz Leila Diniz, um ícone do feminismo e da liberdade da mulher na década de 1950 até 1972, quando faleceu num acidente aéreo ao retornar de uma viagem à Austrália.

Para o Dia Internacional da Mulher, celebrado em 8 de março, a revista dedicava dezesseis páginas daquela edição à candidata, colocando em evidência o desempenho de Roseana junto ao eleitorado feminino. Na noite de sexta-feira para sábado, os editores se viram diante de um dilema dramático. A Roseana retratada na capa e no texto da edição pronta para ir às bancas não existia mais. A decisão foi refazer a matéria, acrescentando as informações sobre a apreensão do dinheiro — o título da capa passou a ser "Marido-problema".

Roseana Sarney era do PFL. O pai dela, ex-presidente da República e senador pelo Amapá, José Sarney, do PMDB. As duas siglas compunham com o PSDB, do presidente Fernando Henrique, a coalizão partidária que sustentava o governo no Congresso. O relacionamento entre os três partidos vinha sofrendo abalos havia pelo menos dois anos. O caso Lunus, como ficou conhecido o escândalo da apreensão do dinheiro na empresa pela Polícia Federal, levou ao rompimento da relação. E os estilhaços foram se espalhando ao longo dos meses seguintes.

Roseana Sarney foi um fenômeno atípico no processo eleitoral, pois pertencia à base de sustentação de um governo que sofria com baixíssimos índices de aprovação. Além disso, era filha de um ex-presidente com elevadíssimos índices de rejeição quando deixou o cargo, em março de 1990, e governava um estado pequeno, distante do Sul e Sudeste, centros mais influentes na economia e na política nacionais. Com alta popularidade em seu estado, seu nome passou a ser projetado nos programas de rádio e TV do PFL no segundo semestre de 2001. E a resposta foi surpreendente: a partir do final do ano, começou a ascender nas pesquisas de intenção de voto para a Presidência da República.

Às vésperas da apreensão do dinheiro na empresa Lunus, ela aparecia em situação de empate técnico com Lula, que estava em primeiro, mas com tendência de queda.

Os resultados iniciais levaram muitos a cogitar que ela seria o nome ideal para compor a chapa com José Serra: mulher, jovem, nordestina, com um governo muito bem avaliado no seu estado. Roseana ia ampliando espaços e crescendo nas pesquisas, enquanto Serra patinava. A expectativa em relação ao seu nome aumentava. O raciocínio do entorno da governadora era simples e lógico: se ela havia ficado maior do que Serra, por que deveria ocupar a segunda posição na chapa? Um voo solo, encabeçando uma chapa pelo próprio PFL, começou a fazer sentido.

O candidato do PSDB, José Serra, ex-ministro do Planejamento e da Saúde, estava em quarto lugar. Perdia para o ex-governador do Rio de Janeiro, Anthony Garotinho, e era ameaçado por Ciro Gomes, que vinha em quinto. Nesse clima de disputa acirrada, com um pelotão de cinco concorrentes disputando as primeiras posições, o caso Lunus foi o estopim a espalhar fagulhas de desconfiança nas relações políticas.

A primeira reação de Roseana Sarney foi apontar o dedo para seu concorrente direto. A Polícia Federal é vinculada ao Ministério da Justiça, que era comandado por Aloysio Nunes Ferreira, aliado e amigo de Serra, que seria beneficiário direto de uma eventual debacle da candidatura de Roseana, pois ambos pertenciam ao campo governista. Seguindo esse raciocínio, chegava-se à conclusão óbvia, mas não obrigatoriamente verdadeira, de que o suspeito número um era ele.

A acusação era de que a ação da Polícia Federal teria sido montada com o fim específico de destruir a candidatura de Roseana. Em nota divulgada em 3 de março, em resposta a Roseana, Serra afirmava: "São estapafúrdias — para não dizer malucas — as insinuações de que existe alguma relação entre o episódio que envolve a empresa Lunus [...] e o PSDB".[1] No dia seguinte, o então ministro do Meio Ambiente do governo Fernando Henrique, Sarney Filho, irmão de Roseana, pediu exoneração do cargo.

Roseana atribuiu a ação da Polícia Federal "à banda irada do PSDB, que vive criando encrenca".[2] O presidente Fernando Henrique tentou a pacificação com um chamado à racionalidade. Em entrevista aos jornais, afirmou que o PFL estava criando "tempestade em copo d'água". E completou: "Acho que a virtude principal para quem quer governar o Brasil é ter equilíbrio, razão, bom senso, evitar que as emoções entorpeçam a capacidade das pessoas de analisar as situações e ver o que é melhor para si e para o país".[3]

Independentemente de onde esteja a verdade, a desconfiança contamina e domina as relações entre atores políticos, e passa a ser o fato mais relevante e, por vezes, determinante no curso dos acontecimentos. Em 6 de março, o PFL anunciou que no dia seguinte romperia com o governo.[4] Fernando Henrique se viu obrigado a deixar às pressas um compromisso na Cidade do Panamá para tentar contornar a crise. O presidente não estava apenas de olho no estrago que a crise da aliança governista poderia causar à candidatura de Serra — o Congresso tinha matérias importantes para votar, como a prorrogação da CPMF, e isso dependia dos votos do partido de Roseana. A própria governabilidade nos meses finais do mandato do presidente estava em jogo.

Aos jornalistas que o acompanhavam na viagem ao Panamá, o presidente respondeu à acusação de que soubera da ação da Polícia Federal com antecedência. "O que eu recebi e transmiti imediatamente ao senador [Jorge] Bornhausen [presidente do PFL] [...] foi o fundamento legal da ação da polícia, porque eu não poderia aceitar que a polícia agisse por conta própria."[5]

Todas as articulações para pacificar a relação do PSDB e do candidato Serra com Roseana e o PFL fracassaram. O noticiário sobre o caso Lunus, com suas supostas motivações e impactos, não cessava. Sob fogo cruzado, a candidatura de Roseana Sarney virou cinzas em pouco mais de um mês. A cada pesquisa de opinião, uma queda na intenção de votos. Para piorar a situação, no dia 7 de abril, um domingo, quando já havia deixado o governo do Maranhão para dedicar-se à candidatura presidencial, ela foi intimada a depor na Polícia Federal. Depois de mais essa ação, o partido anunciou que não votaria no Congresso matérias de interesse de Fernando Henrique.

Para o governo, a situação só piorava. No dia 10 de abril, o PFL suspendeu a inauguração do comitê central de campanha de Roseana Sarney, que aconteceria naquele mesmo dia em Brasília. Três dias depois, por meio de uma nota, a ex-governadora anunciou sua desistência de concorrer à presidência, falando em um "poderoso esquema" mobilizado contra ela e sua família. Sem citar nomes, respondeu às acusações com acusações: "Toda essa operação criminosa foi deflagrada e se desenvolveu sob o olhar omisso ou acumpliciado de elevadas autoridades da República, que se colocaram a serviço da candidatura oficial". E anunciou que retornaria ao Maranhão para concorrer ao Senado. No final da nota, ainda afirmou: "Aos adversários desleais, a certeza de que nesta eleição a ética terminará por se sobrepor aos seus apetites".[6]

Depois de mais de sete anos, se desfazia a sólida e eficaz aliança entre o PSDB, com Fernando Henrique na Presidência, e o PFL, com Marco Maciel como vice. Em pouco mais de um mês, da operação Lunus à desistência da candidatura, o PSDB — ou pelo menos a parte liderada por Serra — recebeu de Roseana o carimbo de "adversário desleal".

José Dirceu, presidente do PT e principal estrategista da candidatura de Lula, já estava de olho no espólio da aliança PSDB/PFL-PMDB. As conversas com a família Sarney começaram cedo, mas de forma reservada, e os resultados só viriam a público no decorrer da campanha, de forma calculada, para ampliar e ao mesmo tempo adensar o apoio a Lula. A aliança de Lula e do PT com o centro conservador estava em construção.

Mário era o nome

A ALIANÇA PSDB-PFL-PMDB já estava rachada antes da crise que implodiu a candidatura de Roseana Sarney. A primeira fissura apareceu logo no início dos trabalhos legislativos, no começo de 2001, na eleição para a presidência da Câmara, quando o deputado Aécio Neves, de Minas Gerais, atropelou o arranjo patrocinado pelo Palácio do Planalto e que vinha funcionando até então. A aliança formatada por Fernando Henrique estava baseada em um tripé: se o PSDB tinha a Presidência da República, aos outros dois partidos aliados caberia a presidência das casas do Congresso, em regime de alternância. Se o PMDB presidisse o Senado, ao PFL caberia o comando da Câmara.

Tudo se encaminhava para que à presidência da Câmara fosse eleito o deputado Inocêncio Oliveira, do PFL de Pernambuco. No Senado, o jogo se formava em torno de Jader Barbalho, do PMDB do Pará. Aécio Neves, que era do PSDB, colocou-se como candidato independente. Fernando Henrique não o apoiou, mas também não agiu para barrar sua candidatura. Bem articulado no universo dos partidos médios e pequenos, Aécio venceu a votação, assumindo a presidência da Câmara no último biênio do governo Fernando Henrique.

O ousado lance de Aécio reverberou no Senado. Antônio Carlos Magalhães, do PFL da Bahia, inconformado com a perda da posição do partido na Câmara, resolveu disputar a presidência da casa contra Jader. O embate entre os dois no plenário foi evoluindo para ataques pessoais cada vez mais violentos, que em alguns momentos se aproximaram da agressão física. Jader terminou se impondo no voto, com o apoio da bancada do PSDB, como estava previsto no roteiro original. O PFL ficou sem nada, pois na Câmara, com amplo apoio da bancada do PSDB, Aécio já havia empurrado o aliado para fora do arranjo de poder.

"Aquilo começou a romper a aliança PSDB-PMDB-PFL", relembrou Fernando Henrique dezesseis anos depois. O ex-presidente confessou que já estava "um pouco cansado" das queixas do PSDB de que ele dera "espaço demais" aos partidos aliados. Sua quebra de compromisso, ao não impedir a candidatura de Aécio, afetou a relação de confiança entre as lideranças partidárias. A situação foi se agravando até a ruptura provocada pelo caso Lunus. A candidatura de Serra já nasceu contaminada por um conjunto de intrigas e desconfianças.

No biênio final de seu segundo mandato, Fernando Henrique já havia perdido muito de seu poder de influir no processo sucessório. Antes mesmo dos episódios mencionados, o presidente da República já perdera uma peça no tabuleiro político que planejava movimentar quando chegasse a hora de definir o nome de seu candidato para 2002.

Fernando Henrique conta que, no início de 1998, foi a São Paulo jantar com o governador paulista Mário Covas, que resistia a candidatar-se a um segundo mandato porque era contra o princípio da reeleição. "Mário, se você não se candidatar, vai ganhar o [ex-prefeito e governador Paulo] Maluf. E, vamos abrir o jogo, se eu ganhar a eleição para presidente, o próximo vai ser você." De acordo com o relato do ex-presidente, naquele momento Mário Covas cedeu ao argumento, candidatou-se e reelegeu-se governador de São Paulo em 1998. "Quando comecei a pensar sobre a eleição de 2002, chamei o Pimenta [da Veiga, presidente do PSDB] e o Mário para conversar. Foi quando o Mário me disse que estava com câncer. Na minha cabeça, pelo menos quem estava na linha de sucessão era o Mário Covas", afirmou FHC.

Os primeiros problemas de saúde do então governador haviam aparecido em 1998, quando passou por uma cirurgia para retirada de um tumor na bexiga. No final do ano 2000, a doença voltou. Covas faleceu aos setenta anos, no dia 6 de março de 2001, o mês em que Fernando Henrique saía da crise do apagão e estourava a crise entre o PSDB e o PFL.

"Aquilo tirou do PSDB o candidato que tinha engajamento, que tinha possibilidade de ser, de mobilizar o partido", disse o ex-presidente. A partir daí, segundo ele, sem o candidato que seria natural, começou uma briga interna muito forte no partido. "O Paulo Renato [Sousa, ex-ministro da Educação] queria ser, o Serra queria ser, o Tasso [Jereissati, ex-governador do Ceará] ficou queimado porque achou que eu já havia escolhido o Serra antes da hora."

Foi nesse clima que a cúpula do partido, no início de 2002, se reuniu em um jantar no Palácio da Alvorada para discutir quem seria o candidato a presidente. Não havia possibilidade de consenso dentro de um grupo no qual vários membros desejavam ser candidato e rejeitavam os demais. Fernando Henrique procurou fazer o papel de mediador. "Lembro que falei o seguinte: 'De todos aqui, o mais amigo do Serra sou eu. Vocês acham realmente que, se o Serra ganhar, vocês ganham junto com ele?'. Aí todos, um por um, disseram: 'Tem que ser o Serra!'. Então foi o Serra."

A coesão em torno do ex-ministro da Saúde era apenas aparente. As restrições ao nome dele dentro do partido estiveram presentes durante toda a campanha, como a de Tasso Jereissati, que estava no jantar no Palácio da Alvorada. Eleito senador em 2002, Tasso abandonou Serra e apoiou Ciro Gomes. Somente no segundo turno, quando a vitória de Lula já se mostrava irreversível, declarou apoio ao candidato do próprio partido.

Na visão de Fernando Henrique, a candidatura de Serra tinha ainda outro problema: ele era um crítico da política econômica executada pelo ministro da Fazenda, Pedro Malan. As divergências vinham desde a implantação do Plano Real, em 1994, e nunca foram superadas. A relação de amizade com Fernando Henrique dava a Serra ampla abertura para criticar o que considerava errado na economia, o que levava a um relacionamento sempre tenso com Malan e, ocasionalmente, até mesmo com o presidente. "Certa vez, o Serra foi ao Palácio do Planalto expor suas críticas e eu reagi: 'Serra, quem é o presidente? Eu ou você? Então você acha que se eu não estivesse de acordo eu manteria o Malan ou teria posto você? Se eu mantive o Malan é porque eu estou de acordo.'"

Fernando Henrique avaliou que o fato de estar no final de um ciclo de oito anos de governo, tendo enfrentado várias crises, criava dificuldades para o candidato a sua sucessão, fosse Serra ou qualquer outro. Mas também considerou que as diferenças públicas de Serra referentes ao governo tiveram peso no processo eleitoral. "O Serra nunca tinha comprado propriamente o governo. Então ele não foi um candidato para defender, foi para se eleger, e isso fragilizava. A população não tem muita sutileza. O candidato está do lado de cá ou está do lado de lá."

Durante a campanha, essas diferenças ficaram claras, gerando inclusive mal-estar entre Fernando Henrique e Serra. Afinal, os três principais candidatos de oposição — Lula, Ciro Gomes e Anthony Garotinho — mantinham o governo sob fogo cerrado, especialmente quanto à política econômica, sem que houvesse o contraponto de alguém para defendê-lo.

Para deixar de ser sapo

DESDE QUE HAVIA PERDIDO a eleição em 1998 para Fernando Henrique, Lula vinha amadurecendo a ideia de que, para ganhar, era preciso mudar de estratégia, tanto na forma como no conteúdo. Seriam necessários ampliar o leque de alianças para além do espectro político de esquerda e retocar a imagem do líder oposicionista briguento e raivoso — ou seja, desfazer a imagem do "sapo barbudo".

Gilberto Carvalho conta que Lula se encontrava numa encruzilhada para a eleição de 2002, a quarta que ele disputaria. "Havia um drama que era o seguinte: manter aquela figura do Lula, guerreiro, do cara combativo, do candidato 'bracista' [sic], manter aquela forma de comunicação que nós tínhamos, era pouco provável que a gente chegasse a ganhar a eleição." O PT via necessidade de tornar Lula palatável aos dois extremos do espectro social e econômico: os mais pobres e a elite empresarial e financeira. "Ficou muito marcado em 1989 e 1994 que entre os mais pobres Lula não conseguia avançar. Em 1989, no município de Marilena, no Paraná, o Collor teve 94% dos votos. E era um município marcado fortemente pela presença de boias-frias."

O primeiro passo foi dado ainda em 2001, com a contratação do publicitário Duda Mendonça. "O Palocci tinha uma forte ligação com o João Santana [o publicitário que viria a assumir as campanhas presidenciais do PT de 2006, 2010 e 2014], mas o Lula preferiu o Duda. Para nós já era uma ruptura, porque o Duda era um cara marcadamente ligado ao Maluf", explicou Gilberto Carvalho.

Paulo Maluf representava o oposto de tudo que Lula e o PT se propunham ser. Havia sido prefeito de São Paulo e governador durante o regime militar. Com o retorno das eleições diretas na década de 1980, travou embates diretos com candidatos do PT para a prefeitura da capital paulista, o governo do estado e a Presidência da República. O marqueteiro contratado para retocar a imagem de Maluf, cujo nome era associado à corrupção, se encarregaria, a partir de 2001, de fazer o mesmo com Lula.

Maluf era o representante mais visível da direita paulista que carregava o selo do "rouba, mas faz" — o perfil do político desonesto e ao mesmo tempo popular, por ser também realizador de obras. Essa era uma das razões para a decisão de Lula de contratar o "marqueteiro de Maluf" ser um choque para boa parte da militância do PT. Mas foi Duda Mendonça quem conseguiu arquivar a imagem do "sapo barbudo" e substituí-la por outra, a do "Lulinha Paz e Amor", na campanha de 2002. "A mudança para o Duda foi uma violência interna", admitiu Gilberto Carvalho, "mas era uma tentativa de sobrepassar um obstáculo forte de resistência à imagem do Lula carrancudo, briguento, que não entrava nem na classe média, a não ser numa classe média mais esquerdista."

No front interno, essa mudança de estratégia não foi uma batalha trivial. Em setembro de 2001, o PT realizava a eleição direta para sua direção. José Dirceu, naquela altura o estrategista da "abertura do partido", que visava ampliar o arco de alianças para concorrer em 2002, era o candidato de Lula e já engajado na guinada rumo ao centro. Ele concorria pela quarta vez. Em uma eleição que mobilizou 200 mil filiados em todo o país, ele obteve 51% totais — ou 55% dos votos válidos. Por pouco, a direção do PT, contra a vontade de Lula, não caiu nas mãos das correntes mais radicais. A história da eleição de 2002 poderia ter sido outra caso saísse vencedor o candidato que ficou em segundo lugar, Raul Pont. A vitória de José Dirceu era considerada por Lula como crucial para as articulações com vistas à eleição presidencial do ano seguinte. "Só ganhamos em 2002 com Dirceu na presidência: ele é um animal político e simboliza a maturidade do partido de conviver com suas correntes", ele mesmo admitiu.[1]

De fato, no programa de governo aprovado no XII Encontro Nacional do PT, prevaleceu a visão da corrente que defendia mudanças radicais na economia, o que exigiria um enfrentamento político com o que se chamava a "elite" brasileira.[2] No entanto, a presidência do partido deu a José Dirceu as condições necessárias para fazer a inflexão política do PT rumo ao centro. Foram muitas as batalhas internas até se consolidar uma maioria favorável à "abertura", que só ocorreria mesmo no decorrer da campanha presidencial do ano seguinte. Ao mesmo tempo, sob regência de Duda Mendonça, Lula foi ajustando sua fala até moldar-se ao personagem idealizado pelo marqueteiro. Aos poucos, o oposicionista de testa franzida foi dando lugar a um político sorridente. A barba aparada com esmero já não lembrava o "barbudo de 1989". O terno e a gravata bem combinados ajudaram a compor o "novo candidato" antevisto por Pedro Malan ainda em 2001.

No PT, muitos resistiam à mutação de Lula. No PSDB, poucos a levavam a sério. O tempo se encarregaria de comprovar que o esforço e o custo da mudança seriam recompensados. Sob o comando de Dirceu e a liderança de Lula, o PT estava mesmo em fase de ajuste para a eleição de 2002.

Um raio caiu

NA POLÍTICA E NA ECONOMIA, o Brasil vivia uma fase tempestuosa na passagem de 2001 para 2002. Era difícil o exercício das previsões, pois os raios poderiam cair a qualquer hora e lugar. Um deles espocou na noite do dia 18 de janeiro de 2002, quando o prefeito de Santo André, o petista Celso Daniel, foi jantar em um requintado restaurante nos Jardins, uma das regiões mais nobres de São Paulo. Estava acompanhado do sempre presente amigo e empresário Sérgio Gomes da Silva.

Quando o jantar terminou, saíram do local numa Mitsubishi Pajero, dirigida por Sérgio. O carro foi seguido por três veículos e, na altura do número 393 da rua Antônio Bezerra, na Zona Sul de São Paulo, a Pajero foi interceptada. Sete homens armados levaram Celso Daniel. Gomes foi deixado no local pelos sequestradores.

Dois dias depois, na manhã do dia 20, o prefeito foi encontrado sem vida a 78 quilômetros da capital, com marcas de onze tiros e sinais de tortura. O crime chocou o país. Por que e por quem o prefeito fora assassinado? O PT levantou a hipótese de crime político, sem apontar suspeitos e motivações. Em 22 de janeiro, Lula foi ao Palácio do Planalto cobrar providências ao presidente Fernando Henrique Cardoso. "Espero que não seja necessária a posse de um novo presidente para que se volte a falar em segurança", declarou Lula aos jornalistas, logo após a conversa. Afirmou ainda que um dos problemas era a falta de estrutura das polícias e que era preciso "impedir a reintegração de policiais corruptos".[1]

O caso tinha os elementos do mais genuíno romance de ficção policial: poder, dinheiro, uma teia de relações pessoais e políticas, corrupção. Para a família de Celso Daniel, o prefeito fora assassinado por causa da cobrança de propinas de empresas de ônibus que tinham concessão da prefeitura de Santo André para o transporte urbano. A acusação era de que o dinheiro alimentava o caixa dois do PT e era apropriado em parte por alguns operadores do esquema. Nem o tempo foi capaz de elucidar o caso. No decurso das investigações, sete testemunhas foram assassinadas em circunstâncias misteriosas — inclusive o garçom que serviu o jantar antes do sequestro. Também não se conseguiu apurar quem foi o responsável pela possível "queima de arquivo".

Ainda sob o impacto da morte do prefeito, Lula e seu partido tiveram que tomar decisões urgentes e estratégicas. Escalado para coordenar a campanha à Presidência, Celso Daniel poderia vir a ser o ministro da Fazenda do governo petista. Ele tivera papel relevante no Encontro Nacional que em dezembro, dois meses antes do seu assassinato, aprovara o documento que falava em "ruptura necessária", firmando o compromisso de romper com a "política econômica neoliberal" de Fernando Henrique Cardoso. A cúpula do PT então começou a discutir quem o substituiria na coordenação da campanha. Em 22 de janeiro, dois dias após o corpo de Celso Daniel ser encontrado, um nome começou a ser mencionado: o de Antonio Palocci, prefeito de Ribeirão Preto, já levando em conta o requisito de que Lula precisava fazer um movimento em direção ao centro do espectro político. Afinal, como prefeito de Ribeirão, Palocci havia adotado políticas mais próximas de uma linha liberal — por exemplo a privatização da Centrais Telefônicas de Ribeirão Preto ainda na década de 1990, época em que medidas como essa eram vistas como um sacrilégio dentro do PT. Numa declaração à rádio CBN no dia 22, Palocci comentou sobre as especulações em torno de seu nome: "Seria para mim uma honra, mas não sei se estou capacitado para substituir o excelente trabalho que o Celso vinha fazendo. O PT só deve resolver isso no próximo mês".[2]

Em 25 de fevereiro, a Executiva Nacional do partido confirmou a escolha de Antonio Palocci como coordenador da campanha de Lula. Iniciava-se ali uma guinada espetacular na trajetória do prefeito de Ribeirão, de um quadro secundário no PT ao centro do poder. Palocci viu crescer sua influência no PT e junto a Lula, tendo papel-chave na conversão do então presidenciável a aceitar princípios econômicos até então liminarmente recusados pelo partido e pelo candidato. E essa mudança logo começaria a ganhar contornos concretos.

"À esquerda de Lula"

O PROCESSO DE CONVERSÃO, no entanto, gerou conflitos dentro do PT e foi recheado de contradições. No mesmo dia 25 de fevereiro em que foi anunciada a escolha de Antonio Palocci como coordenador da campanha presidencial de Lula, a *Folha de S.Paulo* publicou entrevista com o então senador José Alencar.[1] Ele havia sido eleito pelo PMDB, mas em setembro de 2001 desfiliou-se por não ter obtido da bancada mineira no Senado apoio para que fosse eleito presidente da casa. Àquela altura, Alencar cogitava candidatar-se ao governo de Minas Gerais, mas também a vice da República em "alguma chapa presidencial" — ou seja, estava em busca de um candidato a presidente que o aceitasse como par. As suas opções partidárias já davam mostras do seu ecletismo político: havia meses, vinha mantendo conversas com o direitista Partido Liberal (PL), além de PSB, PPS e PT.

Quando a entrevista foi publicada, José Alencar já era apontado como o mais provável candidato a vice na chapa de Lula. Em suas falas, porém, demonstrava desinibição para expor suas posições, independentemente das reações que pudessem despertar. Quando conversou com a *Folha*, o senador já havia se filiado ao PL, um partido ultraconservador que tinha entre suas lideranças alguns bispos da Igreja Universal do

Reino de Deus. Lula, portanto, estava atraindo para sua chapa o apoio de lideranças religiosas evangélicas. Tratava-se de um passo audacioso, pois historicamente ele contava com o apoio dos bispos progressistas da Igreja católica. Por outro lado, a Universal vinha ampliando de forma constante seu contingente de fiéis, enquanto os católicos perdiam parte do seu. Além disso, na presidência do PL, costurando a aliança com o PT, estava o deputado Valdemar Costa Neto, um personagem que, do ponto de vista ideológico e ético, era a negação daquilo que o PT defendia.

Na entrevista, José Alencar apoiava a permanência de Arminio Fraga na presidência do BC, fosse quem fosse o vencedor das eleições. Essa posição se confrontava não só com a direção-geral do PT e sua militância, mas com a do próprio Lula, que em setembro de 2001, ao ser perguntado por jornalistas sobre a possibilidade de Arminio permanecer no cargo, afirmara que a ideia era uma "imbecilidade despropositada". Alencar ainda criticava o MST, a interferência estatal na economia — em contraposição ao Estado forte previsto no programa do PT — e, enquanto o PT patrocinava no Congresso um projeto de lei que previa a união civil entre pessoas do mesmo sexo, afirmava que, "como cristão", não colocaria o projeto em seu programa por considerar o "homossexualismo [sic] uma forma de violência à natureza humana". Para completar, defendeu o golpe militar de 1964, justificando que assim evitou-se uma guerra civil.[2]

Alencar vinha desconcertando aliados e adversários não só à esquerda, mas também à direita. Na edição do dia 20 de fevereiro do jornal O *Estado de S. Paulo*, portanto cinco dias antes da entrevista à *Folha*, ele declarou que os empresários não tinham razão para temer Lula na presidência da República. "O Lula é um gigante, um grande político. [...] Disputou três eleições e aprendeu muita coisa. Ele mudou e é outra pessoa [...]. Estou à esquerda do Lula."[3] Ao ser perguntado sobre o segundo turno da eleição de 1989, uma disputa entre Lula e Fernando Collor de Mello, revelou-se um eleitor desinibido, transparente. Contou que no dia da eleição saiu de casa com a mulher e combinou que votaria em Lula. "Entrei na cabine e fiz o xis no nome, mas me lembrei que na Federação das Indústrias de Minas Gerais, da qual eu era presidente, achavam que o Lula comia criancinha. Aí fiz um grande xis na cédula e anulei o meu voto." As fronteiras ideológicas na eleição de 2002 estavam perdendo nitidez. Em alguns pontos, até mesmo sendo rompidas.

Foi nesse clima que, ainda naquele dia 25 de fevereiro de 2002, a Executiva Nacional do PT se reuniu em São Paulo sob a forte tensão causada pelas negociações com o PL de Valdemar Costa Neto e pela possibilidade de o senador José Alencar ser escolhido vice de Lula. Por nove votos a seis, ficou decidido que o assunto nem sequer seria debatido naquele encontro. A estratégia era esfriar o debate e deixar a decisão para o final de março. No entanto, os radicais contrários à aliança com o PL e Alencar protestaram. Enquanto o deputado José Genoino, candidato ao governo de São Paulo, pedia calma, a senadora Heloísa Helena atacava: "Não é possível que o PT, com 22 anos de idade, não saiba que esconder o lixo para debaixo do tapete não dá certo. Eu, como dona de casa, sei que lixo escondido cheira mal". O presidente do PT, José Dirceu, da ala vencedora na reunião, fazia o contraponto: "Nós já fomos para o centro há muito tempo".[4] Em relação às polêmicas declarações de Alencar, Dirceu foi cuidadoso: "O senador pode ter a opinião dele".[5]

O quadro de desconforto dentro do PT tinha ainda outro componente. Aquele 25 de fevereiro trouxera mais uma notícia negativa para o partido. O Instituto Sensus, em pesquisa encomendada pela Confederação Nacional do Transporte (CNT), apontava Lula estagnado em 26,2%, empatado tecnicamente com Roseana Sarney, que vinha em ascensão, com 24,5%. Do ponto de vista pragmático, fazia todo o sentido lutar pela conquista de votos à direita. O PT começava a perder a aura de pureza histórica, um processo que, com o tempo, custaria caro ao partido, mas que, para os objetivos estratégicos da vitoriosa campanha de 2002, foi decisivo. Sem José Alencar "à esquerda de Lula", a oportunidade de conquistar o poder teria escapado mais uma vez.

As articulações para a aliança com o PL e a escolha de Alencar para vice na chapa de Lula evoluíram inicialmente num clima de rejeição mútua. Setores importantes do partido, e em especial a militância, consideravam o acordo uma afronta ao histórico do PT. E Valdemar Costa Neto também tinha suas objeções a Lula. Mas no fim o pragmatismo falou mais alto em ambos os lados. Em 23 de junho, o PL aprovou em convenção a aliança com o PT e a indicação de Alencar para compor a chapa com Lula. No dia 28, foi a vez do PT aprovar a chapa Lula-Alencar, numa votação do diretório que teve 43 votos favoráveis, 24 contrários e duas abstenções. Enquanto Alencar discursava, a militância vaiava e gritava uma palavra de ordem: "Lula sim, Alencar não".

A inflexão do PT rumo ao centro do espectro político, construindo aliança com o PL de Valdemar Costa Neto, de perfil claramente de direita e com uma ficha de serviços manchada por denúncias de corrupção, foi um lance de muita ousadia de Lula e José Dirceu, que haviam chegado à conclusão de que, para ganhar a eleição e conseguir governar, era imprescindível romper com o círculo de alianças formado apenas por partidos de esquerda, como havia sido nas eleições de 1989, 1994 e 1998.

O noticiário e as análises políticas da época enfatizaram essa guinada pragmática, que causava indignação a boa parte da militância partidária. O título da matéria da *Folha de S.Paulo* sobre a convenção que aprovou a chapa retratava o estranhamento em relação à mudança de postura conduzida por Lula e Dirceu: "PT faz concessões inéditas na quarta tentativa de Lula à presidência". Mesmo entre os que aprovavam a nova estratégia, segundo a reportagem, havia críticas à escolha de Alencar: "Não é tido como um nome de primeira grandeza no PIB nacional". Portanto, havia inclusive dúvidas se Alencar teria mesmo influência para mudar a percepção de outras lideranças empresariais em relação a Lula e ao PT.[6]

No fim do processo eleitoral, comprovou-se que o pragmatismo de Lula e Dirceu rendeu dividendos. Alencar foi decisivo para atrair o voto de eleitores que até então rejeitavam Lula e especialmente abrir espaços entre o empresariado até então desconfiado das intenções do candidato. Quanto a Valdemar Costa Neto, eleito deputado em 2002, três anos depois acabou apanhado no escândalo do mensalão, o esquema de compra de votos no Congresso que estourou em 2005 e gerou a primeira grave crise no governo petista. Em 2013, Valdemar foi condenado a sete anos e dez meses de prisão, mas continuou no comando do PL mesmo quando deixou de ser o presidente da sigla.

A tempestade se aproxima

NO DIA 1º DE MARÇO DE 2002, uma sexta-feira, o diretor da área internacional do Banco Central, Beny Parnes, estava de malas prontas para viajar no domingo para Nova York. O objetivo seria sondar o mercado financeiro para o lançamento de títulos da dívida brasileira e tentar captar dinheiro para reforçar o caixa das reservas internacionais. Quanto mais dólares em caixa o BC pudesse ter, menos o país ficaria vulnerável a oscilações no câmbio. Naquela noite, ele foi a um jantar na avenida Rui Barbosa, no bairro do Flamengo, no Rio de Janeiro. Ao chegar à portaria do edifício, encontrou o jornalista Ali Kamel, diretor de jornalismo da Rede Globo. Eles já se conheciam e, após se cumprimentarem, travaram o seguinte diálogo:

"Você viu o *Jornal Nacional*?"

"Não. Por quê?"

"A Polícia Federal apreendeu 1,34 milhão de reais numa empresa do Jorge Murad e da governadora Roseana Sarney."

Ali Kamel deu mais alguns detalhes da operação da PF e, em seguida, tomou o elevador. Sob o impacto da informação e refletindo sobre suas implicações, Parnes preferiu não o acompanhar. Depois de caminhar "por uns quinze minutos", decidiu subir. Lá encontrou o presidente do BC,

Arminio Fraga. Chamou-o para um canto da sala e cochichou para que os demais convidados não ouvissem: "Chefe, deu a maior merda". Depois de ouvir os detalhes da apreensão do dinheiro na Lunus, que dinamitaria a candidatura de Roseana Sarney, Arminio fez um breve comentário: "É aquele nosso pior cenário".

No BC, o quadro político já entrara nas avaliações de risco para o ano de 2002. A hipótese de que um candidato do governo não se mostrasse competitivo poderia gerar instabilidades no mercado financeiro. O caso Roseana amplificava esses temores. Fraga finalizou a conversa com uma palavra de apoio a Parnes para os encontros que teria com potenciais compradores de papéis da dívida brasileira em Nova York, uma tarefa que seria cada vez mais desafiadora dali em diante: "Vá em frente".

No final de abril de 2002, o ambiente econômico já começava a sentir o impacto de rápidas e intensas mudanças no cenário político e eleitoral provocadas pelo caso Lunus. Os indicadores financeiros ainda não apresentavam grande volatilidade, mas já refletiam a percepção de que os mercados financeiros lançavam sobre o Brasil um olhar de desconfiança. O real vinha perdendo valor em relação ao dólar, a bolsa mostrava tendência de queda e o risco Brasil subia. O governo FHC se enfraquecia perante o Congresso e já não contava com a sólida maioria que o ajudou a atravessar outros momentos de dificuldades.

A saída de Roseana Sarney da disputa presidencial e o consequente rompimento do PFL com o governo eram uma crise a ser administrada por Fernando Henrique, que ainda tinha nove meses de mandato pela frente. A depender da evolução do processo eleitoral, os reflexos sobre a economia poderiam transpor o ano eleitoral de 2002 e impor grandes desafios para quem assumisse o comando do país em janeiro do ano seguinte.

As primeiras análises do impacto da saída de Roseana Sarney da disputa eleitoral eram de que José Serra herdaria os seus votos. Nesse caso, ele poderia subir para a segunda posição na disputa com Lula. A primeira pesquisa divulgada pelo Datafolha em 2002 mostrava Lula em primeiro lugar, com 30% das intenções de voto, e Roseana em segundo, com 21%. O dado mais relevante estava na simulação para o segundo turno: Roseana venceria com 46% contra 40% de Lula, uma diferença acima da margem de erro, que era de dois pontos percentuais para mais ou para menos.[1]

Na pesquisa seguinte, divulgada no dia 23 de fevereiro, a situação ficou ainda mais favorável para Roseana: ela venceria Lula no segundo turno por 51% contra 39%, uma margem confortável. A governadora crescia justamente entre os eleitores simpáticos ao PSDB de Serra. Uma pesquisa encomendada pelo PFL ao Instituto GPP no final de janeiro mostrava que, na hipótese pouco provável de um segundo turno entre Serra e Roseana, a governadora venceria por 50,40% a 23,70% dos votos.[2]

Nos dois primeiros meses do ano, portanto, o quadro eleitoral se apresentava amplamente favorável para Roseana, preocupante para Lula e desesperador para Serra. A primeira pesquisa Datafolha realizada depois da apreensão do dinheiro na empresa Lunus parecia corroborar a hipótese de que Serra herdaria os votos da futura ex-candidata: ele subiu sete pontos, passando de 10% para 17%, enquanto Roseana já caía para 15%. Lula perdeu um ponto, indo de 26% para 25%. Em outro dado animador para Serra, na simulação para o segundo turno, o Datafolha registrava vitória do tucano sobre Lula: 45% a 43%.

Na pesquisa divulgada no dia 9 de abril, porém, o quadro já era outro. Lula subiu de 26% para 31%, Serra foi a 19%, e Roseana, para 13%. O salto de Lula se refletiu também na simulação para o segundo turno: ele já aparecia à frente de todos os candidatos. Foi com esse quadro eleitoral na cabeça, e com uma minuciosa análise dos indicadores financeiros, que Arminio Fraga chegou para mais uma reunião semanal da Câmara de Política Econômica, que acontecia às terças-feiras no Palácio do Planalto. Os números ainda não indicavam nada dramático. O dólar tinha subido um pouco, a bolsa registrava leve queda, e havia uma desvalorização ainda pequena na cotação dos títulos da dívida brasileira no exterior.

O problema era a dinâmica que Arminio antevia. "Vocês não estão entendendo. O real vai sofrer um ataque, o dólar vai subir, o Banco Central vai ter que aumentar juros. Fodeu", ele disse, para espanto dos colegas que compunham a Câmara, que incluía os ministros da Fazenda, do Planejamento, da Casa Civil e alguns diretores do BC, entre eles Beny Parnes. O desabafo causou impacto. Nas reuniões, Arminio sempre se mostrava sereno, sem grandes arroubos. "Ele estava mesmo preocupado, falava e erguia a mão em direção aos colegas, para acentuar o que dizia", contou Parnes. "Os mercados financeiros ainda não haviam captado o que estava por vir", relembrou Arminio. E acrescentou: "Naquele ambiente fechado, com pessoas da minha confiança, eu usei palavras fortes mesmo".

A reação dos mercados não demoraria a acontecer. O cenário de incerteza foi se adensando e, quanto mais a eleição se aproximava, mais o nervosismo tomava conta. Os candidatos nem sequer tinham apresentado seus programas de governo, mas nas entrevistas os três principais concorrentes da oposição batiam sistematicamente na política econômica do governo Fernando Henrique. Passavam a ideia, portanto, de que tudo estava errado. E, sendo assim, tudo deveria mudar, caso fossem eleitos. Mas o que viria no lugar? O que afinal prevaleceria a partir de janeiro de 2003? Em economia, riscos percebidos em relação ao futuro têm seus efeitos antecipados para o presente. A partir do final de abril, os instrumentos de gestão da economia foram perdendo eficácia. O que determinava a intensidade dos movimentos no mercado financeiro eram as expectativas sobre o que seria o governo a partir de janeiro de 2003. E isso era uma incógnita àquela altura, visto que a campanha estava apenas começando a esquentar.

Em 2002, o Brasil tinha uma dívida externa elevada, de mais de 200 bilhões de dólares. As reservas cambiais em poder do BC não eram insuficientes para evitar uma corrida contra o real: eram de cerca de 36 bilhões de dólares em janeiro daquele ano. A margem para intervir nos mercados para impedir a desvalorização acentuada do real era muito menor do que isso: pouco mais de 8 bilhões de dólares. E o Brasil não poderia correr o risco de gastar todas as suas reservas. Em uma situação em que o mercado financeiro, tomado pelo pânico, demandava cada vez mais dólares, o Banco Central não tinha munição para enfrentar a escalada especulativa.

A dívida interna, de cerca de 685 bilhões de reais, representava um pouco mais do que 40% do PIB. Embora não fosse tão elevada, o problema eram os curtos prazos de vencimentos. Assim, qualquer elevação da taxa de juros tinha impacto imediato no seu custo. A economia brasileira, portanto, era fortemente dependente do financiamento externo e da disposição dos investidores em financiar a dívida interna, comprando títulos do Tesouro Nacional. Nessas condições, a confiança dos agentes econômicos na capacidade de o governo honrar os compromissos assumidos em nome do Estado é um fator crucial. Diante da impossibilidade de se oferecer segurança em relação ao futuro, o mercado financeiro entrou em turbulência em 2002.

Mercado marcado

EM MAIO, O BANCO CENTRAL detectou sinais de grave anomalia no mercado de títulos da dívida pública brasileira. A rentabilidade desses títulos costuma variar: pode seguir a taxa de juros do Banco Central — a taxa Selic, que é uma taxa prefixada, com a rentabilidade determinada no momento da venda —, a inflação, a variação cambial ou ainda a cotação do dólar em relação ao real. E os prazos também variam. Para o devedor — no caso, o Tesouro Nacional —, quanto maior o prazo e menor o juro pago, melhor. Por isso, nos anos anteriores, o Tesouro vinha executando a estratégia de ampliar o prazo de vencimentos dos títulos. Para que haja a aceitação do prazo mais longo pelos credores, é importante demonstrar que o país continuará solvente e capaz de honrar a dívida.

O comprador dos títulos não precisa necessariamente ficar com os papéis até o vencimento — pode comprá-los e vendê-los diariamente no mercado financeiro. No entanto, se houver dúvida sobre a capacidade ou intenção do governo de honrar o pagamento no final do prazo, o valor do título sofre desvalorização em relação ao original. Os títulos da dívida externa brasileira, por exemplo, chegaram a ser cotados a apenas 40% do seu valor nominal.

No caso da dívida interna, esse fenômeno da desvalorização por medo de calote ainda não havia sido registrado. Mesmo em situação de crise financeira, os compromissos sempre foram honrados. No entanto, o fantasma do calote passou a pairar sobre a economia brasileira. Com as incertezas do processo eleitoral e as dúvidas sobre como seria a política econômica a partir de janeiro de 2003, os investidores começaram a revender os títulos que venciam a partir daquele ano, dando preferência aos que venciam ainda em 2002. Nesse caso, a lei básica da economia, a da oferta e da procura, se impôs de forma implacável. Se havia mais gente vendendo títulos com vencimento a partir de janeiro de 2003 do que investidores dispostos a assumir o risco, o resultado não poderia ser outro: os preços dos papéis caíram.

Quando uma pessoa aplica seu dinheiro, o banco lastreia a operação em títulos do governo — ou seja, o devedor final é, na realidade, o Tesouro Nacional. O pequeno investidor nem sempre está atento ao fato de que, se o título do governo se desvaloriza, ele tem perdas em relação ao que aplicou. No caso extremo do calote — o não pagamento no prazo de vencimento —, a perda é ainda maior.

O risco de haver um generalizado movimento de fuga dos investidores dos títulos que venciam em 2003 era concreto. A imprensa ainda não havia registrado a dimensão do problema, que já consumia horas e horas em reuniões no Banco Central e na Secretaria do Tesouro Nacional. Tratava-se de uma situação extremamente complexa do ponto de vista financeiro, delicada do ponto de vista político e preocupante do ponto de vista social, pois em última instância estava em jogo a poupança dos brasileiros.

No caso do PT, àquela altura o que ainda servia como referência em matéria econômica era o documento que falava "ruptura necessária", aprovado pelo partido seis meses antes em Olinda. Pelas regras do BC vigentes na época, cada banco ou fundo de investimento era obrigado a atualizar o valor das suas cotas de acordo com suas respectivas cotações no mercado. Em caso de valorização, a aplicação do poupador tinha rendimento positivo. Se houvesse perda de valor de mercado, era necessário incorporá-la ao valor da cota de cada fundo. Nesse caso, o poupador, ao verificar seu extrato de aplicação, notaria uma defasagem em relação ao que investiu. Era o que se chamava de "marcação a mercado".

O BC notou que nem todos os bancos estavam adotando os mesmos critérios de atualização do valor das cotas, pois havia diferenças de interpretação das regras. Era preciso adotar uma padronização, caso contrário investidores com maior nível de informação poderiam começar a sacar dinheiro de um fundo para aplicar em outro que já tivesse feito o ajuste no valor das cotas. Quem ficasse no final da fila — os pequenos poupadores, não tão bem informados sobre os movimentos do mercado — arcaria com as perdas. O risco de um processo agudo de fuga de aplicações era cada vez mais alto, com consequências que seriam devastadoras, inclusive a possibilidade de levar o Tesouro, o devedor final, a uma situação de insolvência. A poupança dos brasileiros viraria pó.

Na equipe econômica, depois de vários dias de debate interno, decidiu-se por uma nova regra que deveria ser aplicada por todos os bancos ao mesmo tempo: as perdas já observadas no mercado de títulos seriam imediatamente registradas nos extratos dos poupadores. A medida disciplinava o processo de marcação a mercado e trazia para a realidade das contas dos poupadores o efeito da desconfiança em relação à gestão da dívida pública a partir da posse, em janeiro de 2003, do presidente a ser eleito em outubro.

No dia 29 de maio de 2002, o diretor de Política Monetária do BC, Luiz Fernando Figueiredo, convocou uma reunião com os gestores dos fundos em São Paulo e anunciou: a partir do dia 31 daquele mês — ou seja, dois dias depois —, todos deveriam aplicar integralmente as regras de marcação a mercado. "Eles queriam me matar", relembrou Figueiredo quinze anos mais tarde. O ajuste imediato fez com que a desvalorização dos títulos do governo que venciam a partir de 2003 aparecesse no extrato. A irritação e o inconformismo se espalharam entre os pequenos investidores ao verificarem que o valor aplicado havia diminuído. Alguns fundos chegaram a registrar perdas acima de 4%.

Após semanas de estresse para os poupadores, críticas dos gestores de fundo de investimento e, especialmente, entre candidatos e seus assessores, os fundos foram recuperando o valor das cotas. Em agosto, com um ajuste na regra, permitindo que não se registrasse a volatilidade das cotas quando o gestor demonstrasse ter capital suficiente para bancar diferenças, a situação se normalizou. Quem manteve o dinheiro aplicado não teve perda, pois ao longo dos meses o valor das cotas foi voltando ao normal. Mas as controvérsias sobre a marcação a mercado sobreviveram para muito além da eleição e da posse do futuro governo. Foi mais um entre vários momentos de alta tensão na gestão da economia no decorrer da campanha eleitoral.

Quatro anos depois, em entrevista ao jornal *Valor Econômico*, Arminio Fraga foi provocado a falar sobre a decisão e os aspectos que a envolviam — de um lado, as pressões do mercado, e do outro, o ambiente eleitoral:

Acho até que alguns do mercado podiam ter a visão de que, sem marcação a mercado, você conseguiria administrar melhor a situação. Nossa visão era — e hoje, olhando para trás, continuo achardo que tínhamos razão — de que, sem a marcação a mercado, você iria ficar com a aparência de certa normalidade e, de repente, um belo dia, poderia ter uma corrida com uma crise muito violenta, com consequências distributivas extremamente terríveis.

A proposta de não marcar a mercado era de esconder de todo mundo o que estava acontecendo, a maioria não tendo como checar, e ficar torcendo para não quebrar. Uma posição, a meu ver, um tanto irresponsável. Nossa postura foi deixar claro que existia um problema. O fato é que existia uma desconfiança. E vocês têm que se lembrar que aquilo foi o início de uma campanha violentíssima, em que todos os candidatos estavam concorrendo entre si para ver quem gritava mais que estava tudo errado e a coisa não estava bem. Havia uma espécie de complô informal contra a situação, com esse discurso de que está tudo errado e vamos mudar tudo. Ora, se nem tudo está errado e os favoritos dizem que tem que mudar tudo, algumas coisas boas serão mudadas e, provavelmente, para pior. Aí, todo mundo olha e se apavora. Esse foi um episódio extremamente confuso, houve uma guerra de propaganda, em que o BC tinha que entrar no ringue de boxe com as mãos amarradas, porque, se fosse bater no mercado, provavelmente ia agravar a crise.

Então, tomei a decisão de apanhar mesmo. Tudo bem, acumulei algumas fichas aqui e vou entregar agora, paciência. Não foi um período fácil. Talvez alguns desses passos pudessem ter sido refeitos de maneira um pouco mais suave ou coisa do gênero, mas no geral acho que não tinha outro caminho.[1]

A necessidade da carta

TÃO LOGO FOI CONFIRMADO POR LULA como coordenador do programa de governo, em substituição a Celso Daniel, Antonio Palocci iniciou uma série de contatos com economistas que não eram do PT. Também procurou lideranças do meio empresarial, a maioria refratária a Lula e composta majoritariamente de apoiadores de José Serra.

Palocci queria ouvir o que pensavam sobre a situação econômica que o país vivia e obter sugestões para um eventual governo Lula. Um desses encontros foi em abril, com o presidente do Itaú, Roberto Setúbal, na sede do banco em São Paulo. Lula já estava em firme ascensão nas pesquisas eleitorais, o que provocava inquietações cada vez maiores nos meios econômicos e financeiros. Era o que se convencionou chamar na época de "risco Lula". O dólar subia, a bolsa caía, os títulos de dívida externa brasileira perdiam valor, refletindo o medo dos credores de que o país pudesse, mais adiante, não honrar seus pagamentos.

A conversa causou ótima impressão a Roberto Setúbal. Palocci deixou claro logo de início que estava disposto a ouvir, e o que foi dito não era muito diferente do que pensava a maioria dos economistas. Setúbal afirmou que o Brasil estava passando por uma crise de confiança resultante das propostas de política econômica que constavam dos documentos do PT e do posicionamento público de seus líderes, vários deles economistas de formação. Atacar a causa dessa desconfiança passava pela afirmação de que não haveria rupturas na condução da economia, qualquer que fosse o resultado eleitoral. A palavra "ruptura", que ocupava lugar de destaque no programa de PT aprovado cinco meses antes, projetava um futuro incerto.

Na conversa, Antonio Palocci não assumiu nenhum compromisso em seu nome ou do PT. Foi apenas fazendo perguntas e pedindo sugestões. O banqueiro Setúbal notou diferenças marcantes no novo interlocutor do Partido dos Trabalhadores. Acostumado ao tom assertivo com que os economistas do PT e suas diversas lideranças políticas abordavam os temas sensíveis da economia gostou do estilo de Palocci. "As perguntas eram todas muito pertinentes para aquele momento em que o país atravessava. Então foram as perguntas que me chamaram a atenção", explicou ele.

Ao final da conversa, Palocci agradeceu e sinalizou que gostaria de voltar a conversar durante a campanha. E, dois meses depois, no início de junho, de fato o procurou outra vez. "Aí já era outro Palocci", relatou Setúbal. Segundo ele, o médico que assumira a coordenação do programa do PT já não era apensas um ouvinte — também tinha coisas a dizer e abordava os assuntos da economia com desembaraço.

De acordo com o banqueiro, Palocci disse que já havia compreendido que a economia era como o corpo humano: "Se o pulmão não vai bem, isso pode afetar o coração. Os órgãos vitais devem todos estar funcionando bem. Na macroeconomia, juros, câmbio, contas públicas, o conjunto deve estar funcionando bem para que a economia como um todo funcione bem", discursou Palocci na conversa, fazendo uma analogia entre macroeconomia e medicina.

Lula também procurou construir pontes com o empresariado. José Alencar, à época o maior empresário da indústria têxtil do país, organizou um jantar com o candidato e o dono do Itaú, Olavo Setúbal. Ao contrário do filho Roberto, Olavo não fazia questão de esconder que tinha severas restrições ao candidato do PT. O local escolhido foi a residência de Josué Alencar, filho do candidato a vice, nos Jardins, na capital paulista. Além do anfitrião e sua mulher, estavam presentes

Olavo Setúbal, José Alencar e o empresário Roberto Teixeira da Costa, todos com suas respectivas esposas.

Havia um ar cerimonioso naquele encontro, segundo Roberto Teixeira da Costa. Quem mais falou foi Olavo Setúbal, que, com muita ênfase, insistiu com Lula no que entendia ser a necessidade de uma boa relação com os Estados Unidos. Lula preferiu não correr risco e se posicionou com cautela: "Pode deixar, Olavo, que saberei conduzir as coisas", disse a certa altura. Tudo terminou bem, num jantar regado a um "vinho das melhores safras francesas", segundo Roberto Teixeira da Costa. Mesmo feliz com o resultado da conversa, em tom sempre respeitoso, Lula se queixou no final, quando o banqueiro já havia se retirado: "Esse Olavo Setúbal fala pra caramba".

Outro encontro ocorreria ainda durante a campanha, dessa vez na sede do Itaú, quando Lula já estava consolidado na dianteira e tinha a eleição praticamente assegurada. A essa altura, a preocupação do banqueiro era outra. Clara Ant, secretária de Lula, participou do encontro e relata: "O velho Setúbal só queria saber quem seria o presidente do Banco Central. Perguntava isso ao Lula o tempo todo. E Lula não iria jamais dizer quem seria!".

Enquanto isso, Palocci foi ampliando o círculo de interlocutores para além de banqueiros, com industriais e economistas não vinculados ao PT. O médico de Ribeirão Preto começava a construir seu perfil moderado. Antes de assumir a coordenação de campanha de Lula e do programa de governo, já vinha participando do debate interno no PT, quando se reunia com um grupo de 22 economistas, do qual faziam parte, entre outros, Aloizio Mercadante, Guido Mantega, Maria da Conceição Tavares, João Sayad, Ricardo Carneiro e Luiz Gonzaga Belluzzo. Único não economista, sua única e modesta credencial era ter sido vice-presidente da comissão que analisou a proposta de reforma tributária no Congresso, ainda durante o governo Fernando Henrique Cardoso. José Dirceu e Lula também participavam eventualmente.

Quando Lula o convidou para coordenar a elaboração do programa econômico do PT a ser apresentado durante a campanha, Palocci o alertou de que não concordava com as ideias dos economistas do partido. Do grupo de economistas escalados, tinha afinidade apenas com Bernard

Appy. "É por isso mesmo que eu quero você. É preciso amenizar as mensagens do Congresso de Olinda", explicou Lula ao reafirmar o convite. "Lula gostava da discussão, das minhas divergências. Na briga, ele terminava fazendo suas escolhas e determinando o rumo a seguir", contou Palocci. Lula tinha o seu modo peculiar de estimular o debate, usando, com frequência, palavrões. Certa vez, ainda de acordo com seu relato, virou-se para ele e disse: "Palocci, faz mais de quinze dias que eu não vejo você mandar o Zé Dirceu tomar no cu. O que que está acontecendo?".

As diferenças entre Palocci e Dirceu em relação à economia eram claras. Dirceu tinha uma visão intervencionista, defendia presença forte do Estado, enquanto Palocci se alinhava mais aos liberais do PSDB do que aos radicais do PT. À medida que ampliava consultas, Palocci percebia que os reflexos da dinâmica eleitoral na economia iam ficando cada vez mais agudos. Era preciso agir para conter a onda de desconfiança nos meios financeiros em relação a Lula. O programa do PT seria apresentado na convenção do partido, no dia 29 de junho. Palocci contou mais tarde que alertara o candidato de que deixar as coisas como estavam seria um risco para a campanha. "Até lá [a data da convenção] a viola já foi pro saco", disse ele ao defender a ideia de que era necessário que o candidato antecipasse alguns compromissos na área econômica.

Entre os economistas, as opiniões se dividiam. Numa reunião no Instituto Cidadania, presidido por Lula, Mercadante e Belluzzo defendiam que o candidato anunciasse desde já quem seria o presidente do BC e o ministro da Fazenda, caso fosse eleito. "Não vou fazer isso. Se o mercado quer uma política econômica, podemos oferecer. Mas indicar nome agora, não", reagiu Lula. José Dirceu, Luiz Gushiken, Luiz Dulci e o próprio coordenador de campanha também eram contrários à indicação antecipada de nomes. Palocci já vinha pensando havia tempos em propor um posicionamento formal de Lula em relação à economia. "Quando vi aquele documento de Olinda pensei: 'Ih, vamos perder mais uma'", contou Palocci.

Em 19 de maio, um domingo, ele telefonou para o jornalista Edmundo Machado de Oliveira, à época editor de economia de *O Estado de S. Paulo*, cuja linha editorial sempre foi liberal. Os dois eram amigos desde a juventude, colegas de militância em uma corrente trotskista que havia surgido e ganhado expressão nos meios universitários nos anos 1970 — a Liberdade e Luta (Libelu). Edmundo contou que, para sua surpresa, Palocci o convidou para colaborar na redação do programa de governo do PT. E já havia chamado também outro amigo comum, o sociólogo Glauco Arbix. O trio mantinha uma amizade de décadas, desde a militância dos tempos estudantis. Edmundo aceitou "sem pesar as consequências", de acordo com suas próprias palavras. Afinal, havia uma contradição entre sua atividade diária de editor de economia no jornal e a missão de redigir o programa econômico do PT. Assim, seu trabalho nos meses seguintes, em parceria com Glauco, se deu numa "espécie de clandestinidade". O patrão não sabia de sua dupla atuação, que lhe exigia jornadas extenuantes de trabalho madrugada adentro e em fins de semana.

Além da amizade e do histórico de identidade política dos tempos de militância na Libelu, um outro argumento pesou na decisão de Edmundo. Palocci disse que já havia conversado com Glauco Arbix, que dissera que só aceitaria se Edmundo concordasse em dividir a tarefa com ele. Arbix me revelou também que impôs outra condição a Palocci: não participar de reuniões do PT e muito menos discutir o texto com seus economistas. O sociólogo estava afastado da militância petista desde 1990. A Palocci, justificou da seguinte maneira a restrição imposta: "As reuniões com o PT são muito chatas, geram ciúmes, envolvem a gente e nem sempre levam a algum lugar".

Palocci concordou, mas a promessa não foi cumprida. No decorrer do processo, Arbix participou de várias reuniões com os economistas do PT. Em um hotel na alameda Campinas, em São Paulo, se reuniram para um jantar Palocci, Arbix, Edmundo e Luiz Gushiken. Já nessa primeira conversa, Palocci estabeleceu um princípio para a formulação do programa: o governo do PT, caso Lula fosse eleito, não quebraria contratos — uma clara tentativa de neutralizar os temores da tal "ruptura necessária".

Ficou acertado entre os colaboradores que Palocci enviaria a Arbix e Edmundo os documentos do PT para dar forma a um programa de governo. Cada um trabalharia em sua casa, mas haveria pelo menos uma reunião semanal na casa de Arbix ou no hotel da alameda Santos. Quando os documentos preparados pelas diversas instâncias do PT começaram a chegar, Arbix e Edmundo perceberam a dimensão do trabalho que teriam pela frente e sentiram que estava mais do que justificada a opção por trabalhar "na sombra", sem se expor a discussões no partido.

A promessa de Lula de criar 10 milhões de empregos em quatro anos de mandato — então já publicada no site do PT, mas depois retirada — era um atrativo para militantes, mas não sobreviveria como um compromisso sério de governo, na visão de Arbix. Havia também, segundo o sociólogo, a defesa da ideia de que exportar não era importante, mas sim criar um mercado de consumo de massa. "Então, um pouco do meu papel era evitar que se falasse muita bobagem durante a campanha, criar uma espécie de filtro, como essa ideia de que o insulamento do Brasil nos traria crescimento econômico, quando é justamente o contrário, nos causa atraso", explicou Arbix.

A discussão sobre o programa de governo evoluiu para a necessidade de elaborar um documento em que se assumisse compromissos de governabilidade. "Nesse trabalho de preparação do programa de governo, surge a ideia de um pronunciamento público à nação, que mostrasse de forma concisa o que o PT faria caso fosse governo", contou Arbix. No primeiro esboço, compartilhado por Edmundo e Arbix com Palocci e Gushiken, o título era "Carta de responsabilidade social". "Essa versão não tinha qualquer preocupação em fazer concessão à tradição de pensamento dos economistas do PT", garantiu Arbix. Já nessa formulação inicial constavam os pontos que teriam impacto quando o documento final foi divulgado: respeito a contratos, controle da inflação, responsabilidade fiscal, com o compromisso de gerar superávit nas contas do governo de forma a garantir o pagamento da dívida.

Arbix tentava convencer Palocci, Gushiken e José Dirceu de que esses compromissos não eram incompatíveis com a ideia de crescimento da economia com distribuição de renda — pelo contrário, uma gestão responsável na economia é que asseguraria as condições para ações na área social. Além disso, não havia inconveniente em preservar ou mesmo reforçar os pilares macroeconômicos do governo Fernando Henrique. "Nenhum governo começa do zero, a continuidade pode ser positiva", ele argumentava.

Aquela que viria a ser a Carta ao Povo Brasileiro estava em gestação, mas Lula ainda não estava convencido. Até a elaboração do texto final e a assinatura, houve uma longa sucessão de reuniões.

O primeiro passo em
direção a Bush

EM 6 DE JUNHO DE 2002, um helicóptero levando o presidente nacional do PT, o deputado José Dirceu, pousou no topo da torre norte do Centro Empresarial Mario Garnero, localizado na avenida Faria Lima, esquina com a avenida Rebouças. O heliponto tem acesso direto ao 21º andar, onde fica o escritório do empresário que dava nome ao edifício e era o proprietário da aeronave. Dirceu estava em Belo Horizonte quando recebeu um telefonema de Garnero. Pelo horário previsto de embarque para São Paulo, não conseguiria ser pontual para o encontro. "Eu falei: 'Zé, você vai chegar atrasado'. Então decidimos que o helicóptero o apanharia no aeroporto de Congonhas."

No escritório de Garnero, o anfitrião não era o personagem principal. Quem já esperava por José Dirceu era Donna Hrinak, que assumira a embaixada dos Estados Unidos no Brasil em abril. Mario Garnero conta que, semanas antes, em um evento em Paris, Luiz Carlos Gaspar, amigo de Dirceu desde os tempos de militância na esquerda estudantil, e também amigo de seu filho Fernando, disse que o petista gostaria de sua ajuda para o PT se aproximar do governo George W. Bush, já que o empresário mantinha relações com a família Bush e outras lideranças do Partido Republicano.

O pedido de Dirceu foi pessoalmente formalizado no escritório de Mario Garnero durante um café da manhã no dia 27 de abril. O empresário se prontificou a ajudar, mas com ressalvas. "Com esse programa de governo que o PT tem hoje vai ser difícil, não dá nem para começar a conversa." Ao ouvir que o PT não faria um governo radical e que Dirceu e Lula consideravam de extrema importância uma aproximação com o governo republicano de Bush, Garnero ponderou: "Não podemos fazer isso à revelia da embaixada dos Estados Unidos no Brasil".

Dias depois, Mario Garnero despachou para Brasília Marcos Troyjo, na época um diplomata licenciado do Itamaraty com quem trabalhava no Grupo Brasilinvest. Segundo o empresário, a primeira reação da embaixada foi de cautela e desconfiança em relação à sondagem. Mas, no mesmo dia do contato feito por Troyjo em Brasília, Mario Garnero recebeu um telefonema da embaixadora Donna Hrinak. Para sua surpresa, ela disse que não só tinha todo o interesse no encontro como sugeriu que ocorresse o quanto antes. Começaria ali o que até então parecia improvável: a aproximação entre o PT de Lula e o conservador Partido Republicano de George W. Bush. Caso viesse a público, certamente seria recebida com espanto e geraria reações na militância do PT.

"Eu havia dito ao Lula que não era prudente ganhar a eleição sem fazer uma ponte com o governo Bush. Se Lula ganhasse em 2002 e fosse reeleito em 2006, teríamos seis anos de relação com o governo de George Bush, caso ele também fosse reeleito, o que terminou acontecendo. E a gente não conhecia ninguém nem do governo, nem do Partido Republicano", justificou Dirceu mais tarde.

Lula concordou com a sugestão. Os contatos do PT com os Estados Unidos, segundo Dirceu, se limitavam a alguns segmentos do Partido Democrata, "na verdade, a alguns sindicatos". Ele considerava que buscar interlocução com os republicanos no poder era uma questão pragmática e urgente. "Eu alertei o Lula: 'Nos Estados, quando um partido ganha, não fica ninguém do partido perdedor no governo. Então temos que conhecer o pessoal do Bush.'"

A conversa de José Dirceu com a embaixadora Donna Hrinak foi franca e direta. Como àquela altura Donna Hrinak já vislumbrava a vitória de Lula, o encontro era conveniente para ambas as partes, que até então não tinham nenhum tipo de interlocução. Em linhas gerais, Dirceu antecipou à embaixadora os princípios que já estavam presentes nas discussões do grupo que elaborava a Carta ao Povo Brasileiro: se eleito, Lula não faria mudanças radicais na economia, cumpriria contratos, manteria a responsabilidade fiscal e o controle da inflação. Quando o almoço chegava ao fim, a embaixadora o provocou: "Quem será o próximo?". Depois de alguns segundos, Mario Garnero, captando a intenção da pergunta, sugeriu: "O próximo tem que ser o Lula". Dirceu concordou. Uma semana depois, Donna Hrinak estava de volta ao escritório de Garnero em São Paulo para um demorado café com o candidato à Presidência.

Como seria de esperar, antes de falar com Lula ela já havia despachado um telegrama ao Departamento de Estado, em Washington, relatando a conversa com Dirceu. Nele, a embaixadora relatava o que o presidente do Partido dos Trabalhadores dissera no almoço: "O PT está pronto para formar um governo nacional maduro sem um viés anti-EUA". E acrescentava: "Dirceu comentou que, olhando em retrospecto, foi uma sorte o PT ter perdido a campanha presidencial de 1989, porque na época não tinha a necessária experiência para governar".

Os telegramas da embaixadora relatando as conversas com Dirceu e Lula foram alguns dos 250 mil documentos diplomáticos dos Estados Unidos vazados pelo grupo do portal WikiLeaks. O governo americano abriu os telegramas em setembro de 2012, tornando-os oficialmente públicos. Dirceu, de acordo com o relato da embaixadora aos seus chefes em Washington, afirmou que, em 2002, o PT já se julgava pronto para o desafio de governar o país. E acrescentou que, de todos os candidatos, Lula era o que mais conhecia o Brasil, e que o PT estava comprometido com soluções, e não em criar problemas. Segundo o presidente do partido, Lula tinha como principal característica ser um negociador.

A embaixadora aproveitou o caráter franco da conversa para abordar pontos sensíveis ao governo americano. Quis saber se era verdade que o PT preparava um plebiscito contra a Alca, a proposta de um bloco de livre comércio nas Américas, à época em negociação. Dirceu respondeu que não, mas aproveitou para dizer que ao PT incomodavam os sinais de protecionismo dos Estados Unidos.

Hrinak também cobrou de Dirceu a declaração de um parlamentar do PT, Paulo Delgado, que, numa sessão do Congresso, comparou o presidente George Bush a Átila, o rei dos hunos, que dominou a Europa e parte da Ásia no século V e que ficou conhecido como A Praga de Deus por seus métodos violentos de conquista. "Isso não é sinal de quem quer ter boas relações com os Estados Unidos", alfinetou ela. De acordo com as anotações da embaixadora, Dirceu teria respondido: "Vocês não têm também seus malucos nos partidos políticos americanos?". Em seguida teria dito que somente ele, Lula, Aloizio Mercadante e Guido Mantega tinham legitimidade para falar em nome do PT. A lista de Dirceu não incluiu Palocci, àquela altura ainda não reconhecido como integrante do grupo mais influente do partido.

A embaixadora registrou também surpresa com o local do almoço, o escritório de Mario Garnero, "um dos principais líderes empresariais do país". Antes da chegada do deputado, o empresário lhe explicou que ele havia sido presidente da Volkswagen do Brasil na década de 1980, quando Lula era presidente do sindicato dos metalúrgicos, e que, desde então, mantinham uma relação de respeito mútuo. Foi justamente o período de greves no ABC paulista que projetou Lula como o mais importante líder sindical do país. Garnero e Lula, portanto, estavam em campos opostos, se conheceram e se enfrentaram nas mesas de negociação salarial.

No telegrama ao Departamento de Estado, ela narra que, no momento em que mantinha esse diálogo com o empresário, Dirceu chegou para o almoço no helicóptero de Garnero. A cena foi relatada por ela com as seguintes palavras: "Uma imagem muito diferente para um partido de 'trabalhadores'".[1]

Assim que terminou o almoço com Donna Hrinak, José Dirceu e Garnero continuaram conversando sobre os passos seguintes. Além da sugestão para o encontro de Lula com a embaixadora, decidiu-se por um lance ousado. Garnero tinha viagem marcada para o final do mês para os Estados Unidos, onde por coincidência participaria, como convidado, de um evento anual do Partido Republicano.

Naquela mesma tarde, ainda sob o impacto da conversa com a embaixadora, Dirceu, Garnero e Troyjo escreveram uma carta a ser encaminhada a três destinatários. Duas semanas depois, o documento, redigido em inglês, assinado por José Dirceu na qualidade de presidente nacional do PT, com firma reconhecida no 14º Tabelião de Notas Vampré, da capital paulista, seria entregue em mãos.

Ele chegou atrasado

UMA SEMANA DEPOIS DO ENCONTRO com José Dirceu, quem estava frente a frente com Donna Hrinak era Lula. Para chegar ao escritório de Garnero, é preciso tomar um elevador privativo até o 21º andar. O visitante só é autorizado a subir após uma recepcionista verificar com a secretária do empresário se o visitante está na agenda. Lula tomou o elevador e subiu para o 19º e dali, pelo privativo, chegou ao escritório do empresário. Mas, ao contrário de Dirceu, Lula perdeu a hora. Havia certa inquietação na sala à medida que o tempo corria e o convidado não chegava. A porta do elevador já abre dentro da sala de visitas, equipada com confortáveis poltronas. À esquerda, há uma sala para almoços e jantares e, ao fundo, a mesa de trabalho de Garnero.

Quando Lula finalmente chegou, já se deparou com os demais convidados. Ao ver Donna Hrinak, segundo Garnero, Lula a cumprimentou com certo constrangimento pelo atraso.

"Boa tarde, sra. embaixadora."

"Lula, sou filha de um metalúrgico de Pittsburgh. Então, gostaria que me tratasse por você, e eu também vou te chamar de você", respondeu Donna Hrinak, sorridente.

A conversa fluiu bem. Lula reafirmou o que Dirceu já dissera à embaixadora uma semana antes: no poder, o PT seria responsável na condução da economia, daria ênfase às questões sociais e teria políticas externa e de comércio ativas. E assim como havia feito o presidente do partido, expôs com clareza pontos de discordância.

"Embaixadora, em relação à Alca, eu não tenho margem de manobra para negociar", disse Lula, indicando que em um governo do PT as negociações com os Estados Unidos, em pleno andamento no governo Fernando Henrique, tomariam outro rumo.

"Eu respeito a posição de vocês. Mas gostaria então de fazer um pedido: não fique falando mal do presidente Bush."

De acordo com Garnero, Lula teria ficado calado e pensativo por alguns segundos, como quem se surpreendera com o pedido.

"Está bem, não vou mais falar mal do Bush", respondeu por fim.

O encontro, que aconteceu pouco depois das quatro da tarde e durou mais de uma hora, foi suficiente para firmar as bases de uma profícua relação com Donna Hrinak e, na sequência, com o governo republicano de George W. Bush.

O caráter prioritário que Lula e Dirceu davam à aproximação com o governo americano tinha uma explicação de ordem muito objetiva. O avanço do candidato nas pesquisas produzia mais e mais incertezas no mercado financeiro. Um colapso econômico antes mesmo que Lula tomasse posse seria um desastre para o governo Fernando Henrique, porém ainda pior para quem assumisse o governo do país em 1º de janeiro de 2003, com quatro anos de mandato pela frente.

Dirceu afirmou que na eleição anterior, que também se dera em um cenário de aguda crise econômica, Fernando Henrique "só venceu Lula porque havia recebido apoio político e financeiro dos Estados Unidos", já que um robusto empréstimo internacional ao Brasil foi concedido naquele ano às vésperas da eleição. Bill Clinton e Fernando Henrique tinham ótimas relações, e o papel do presidente americano no socorro ao Brasil em 1998 foi de fato decisivo.

Nas várias instâncias do PT, a movimentação era intensa. Edmundo Machado de Oliveira contou que na primeira semana de junho Palocci pediu urgência na finalização do texto que ele e Glauco Arbix vinham desenvolvendo. Lula teria um evento em Belo Horizonte, junto com José Alencar, na Federação das Indústrias do Estado de Minas Gerais (FIEMG) e precisava se pronunciar sobre as diretrizes econômicas do seu programa de governo.

Edmundo preparou um documento que já era a síntese do que constaria na versão final da Carta ao Povo Brasileiro no que se referia aos compromissos na área econômica. No entanto, para sua surpresa, o texto não foi lido por Lula. O motivo da mudança de planos só ficaria claro dias depois.

Malan se prepara para
conversar com o PT

O ATAQUE DE LULA A MALAN na entrevista ao *Correio Braziliense*, em agosto de 2001, planejada para ser sua primeira manifestação oficial como candidato na eleição de 2002, não foi um lance fortuito, um descuido no decorrer das perguntas e respostas. Tudo havia sido meticulosamente calculado.

O PT desconfiava que o ministro da Fazenda poderia vir a ser o candidato à sucessão de Fernando Henrique pelo PSDB. No início de abril de 2001, num almoço com líderes partidários da base aliada no Congresso, o presidente colocou o nome do ministro na ciranda político-partidária: "É importante o Malan se filiar porque ele pode ser uma alternativa para a política do Rio de Janeiro". Em várias outras oportunidades, FHC vocalizou a interlocutores que Malan "seria um bom candidato" à Presidência da República, e não para uma disputa estadual. Em entrevista publicada na *Folha de S.Paulo* em 16 de setembro de 2001 — a menos de um mês para o fechamento da janela de filiação partidária para a eleição de 2002 —, declarou que o nome de Malan havia entrado na relação de presidenciáveis porque "[ele] faz um debate conceitual". E de certa forma lamentando a resistência do ministro em assinar a ficha de filiação ao PSDB, afirmou: "Seria muito útil para qualificar o debate no Brasil".[1]

Diante das evidências de que o Palácio do Planalto sonhava com a alternativa de ter Malan como candidato a presidente, era natural que o PT o levasse em conta em seus cálculos políticos. E como se tratava de um crítico das ideias defendidas pelos economistas do partido, sempre que surgia a oportunidade, Lula fustigava o ministro da Fazenda de Fernando Henrique.

Em 12 de setembro de 2001, Malan enfrentou no Congresso um debate acalorado com os deputados Aloizio Mercadante e Ricardo Berzoini, ambos de São Paulo. Malan ainda estava sob o impacto da entrevista de Lula ao *Correio Braziliense* dias antes. O ministro tinha ido à Câmara para explicar o acordo fechado com o FMI no mês anterior. A discussão começou quando Mercadante leu artigos escritos pelo ministro em 1983, criticando o FMI. "Em vez de gastar tanto tempo no site do PT, o senhor poderia gastá-lo relendo aquilo que escreveu", atacou o deputado. Citando o economista John Maynard Keynes, Malan disse que, quando uma situação muda, altera-se a avaliação a respeito. "Tanto que não vou perder tempo lendo textos que o senhor escreveu há vinte anos", rebateu o ministro.[2]

Foram muitos os momentos de embate entre Malan e lideranças do PT no Congresso, especialmente com Mercadante. Em outubro de 2000, na Comissão de Orçamento, o então deputado o acusou de ter "dois discursos", um como ministro e outro como candidato. "Quando faz campanha, o ministro cita Marx [...] para alimentar o site Malan 2002. Mas quando governa, o ministro age como primeiro aluno do FMI." O ministro da Fazenda, por sua vez, acusou o PT de "esquizofrenia", afirmando que o partido dizia ser contra o calote da dívida externa, mas apoiava o plebiscito organizado pela CNBB que propunha o não pagamento da dívida. Da mesma forma, havia participado das discussões no Congresso sobre a Lei de Responsabilidade Fiscal, mas, quando o projeto foi aprovado, entrou com uma ação contrária no Supremo Tribunal Federal (STF). Por fim, Mercadante criticou a proposta do governo de aumento do salário mínimo. "Esse aumento é ridículo, não paga o copo de água mineral nem a tinta da caneta Mont Blanc que o ministro usou hoje aqui." Mostrando a caneta para as câmaras de TV, Malan respondeu ao deputado: "Eu não uso Mont Blanc, uso essa caneta vagabunda".[3]

Em 4 de outubro de 2001, véspera da data final para a filiação partidária, Malan convocou seu grupo de assessores mais próximos para uma reunião noturna em sua residência. Quis ouvir a opinião de todos sobre a hipótese da candidatura, alimentada até aquela data por Fernando Henrique. Depois de ponderar várias opiniões, de acordo com um dos assessores presentes, teria afirmado: "Não tenho relação com o partido, não tenho vocação para isso [disputar eleição]". Estava fechada definitivamente a porta à possibilidade da candidatura.

Durante a campanha, Pedro Malan recebeu pedidos de alguns dirigentes do PSDB para que atacasse Lula e outras lideranças petistas. O debate em torno de temas econômicos continuou, mas ele preferiu não entrar no jogo eleitoral. Ao seu chefe de gabinete, João Batista Magalhães, Malan explicou: "Não vou entrar no jogo eleitoral e atacar Lula e o PT. No final, eu é que terei de lidar com eles". O ministro da Fazenda de Fernando Henrique já encarava a vitória do "novo Lula" cada vez mais provável. Chegaria o momento, portanto, em que teriam de sentar-se à mesa para conversar.

"Lula, você quer perder a quarta eleição?"

A CONSTRUÇÃO DA CARTA AO POVO BRASILEIRO foi obra política resultante de um embate interno no PT travado entre dois polos: o pragmatismo e a retórica da ruptura com o "modelo econômico de FHC", como apregoavam Lula e as demais lideranças petistas, já que se tratava de uma arma eleitoral poderosa contra o PSDB. Porém, do ponto de vista econômico, essa ideia tinha um alto poder destrutivo. O Plano Real, que havia salvado o país da hiperinflação em 1994, era ainda uma obra em consolidação. Negar os seus pressupostos seria levar o país de volta ao abismo.

O cenário externo também contribuía para aumentar tensões e incertezas. Nos Estados Unidos, a maior economia do planeta, o mercado financeiro estava abalado pela crise deflagrada com a descoberta de fraudes contábeis e fiscais na companhia energética Enron e Worldcom, com reverberações mundo afora. Na vizinha Argentina, a crise era gravíssima, e expunha de forma dramática como as turbulências econômica e política se retroalimentam: uma crise econômica favorece o candidato de oposição, mas, uma vez terminada a eleição, se for superada, pode "derrotar" o vencedor.

Em polos opostos da disputa eleitoral, Fernando Henrique Cardoso e Lula enfrentavam, independentemente de suas vontades, um drama com roteiro bastante previsível. As incertezas que o candidato da oposição e seu projeto econômico vinham suscitando tinham potencial para provocar uma ruptura ainda em 2002, durante o mandato de Fernando Henrique. Isso ajudaria Lula a vencer, mas não a governar.

Nesse contexto, o primeiro esboço da Carta ao Povo Brasileiro foi apresentado a Lula e a José Dirceu. Com argumentos parecidos, ambos rejeitaram sumariamente a ideia. Seria uma afronta à militância do PT, e a negação de tudo o que o partido vinha pregando ao longo de sua história. Lula já exibia então uma de suas habilidades de líder: ouvir opiniões diferentes para, no final, tomar a decisão. Mas José Dirceu era também uma liderança muito forte no partido. Não seria Antonio Palocci, recém-chegado ao núcleo central do PT e da campanha presidencial, a vencer a resistência das duas principais lideranças petistas.

De acordo com Glauco Arbix, um personagem decisivo para quebrar a relutância do candidato foi Luiz Gushiken. Diante da resistência de Lula em assinar um documento se comprometendo com alguns pressupostos econômicos do governo Fernando Henrique, Gushiken disse ao candidato: "Lula, você quer perder a quarta eleição? Tudo bem, então vamos em frente. Mas, se você quer ganhar e governar, é preciso assumir compromissos".

A advertência sobre o risco de perder a eleição, segundo Arbix, seria repetida toda vez que Lula dizia não concordar com a proposta da Carta, que no seu entender o amarrava a compromissos com os quais não concordava ou, no mínimo, alimentava sérias dúvidas. A frase se tornaria uma espécie de mantra toda vez que em alguma discussão o candidato do PT se mostrava resistente: "Lula, quer perder a quarta eleição?".

A essa altura, no início de junho, Palocci já havia estabelecido um canal de interlocução com Arminio Fraga e Pedro Malan. A relação entre ele e o ministro da Fazenda vinha do primeiro mandato de Fernando Henrique, quando era deputado federal e vice-presidente da comissão da Câmara que discutia a proposta de reforma tributária do governo.

Do ponto de vista da equipe econômica de FHC, o essencial era que o candidato oposicionista que liderava as pesquisas assumisse compromissos com o que na época se chamava de "tripé macroeconômico": regime de metas de inflação, câmbio flutuante e metas de superávits nas contas públicas, com o objetivo de assegurar as condições financeiras para que o Tesouro demonstrasse capacidade de pagamento da dívida pública. A política de gerar superávits primários para conter a expansão descontrolada da dívida pública vinha desde o final do primeiro mandato de Fernando Henrique, implementada através de decreto presidencial.[1]

No entorno de Lula, as opiniões se dividiam. Aloizio Mercadante e Luiz Gonzaga Belluzzo insistiam na tese de antecipar o nome para a presidência do BC. Mercadante também era contra o sistema de metas de inflação, argumentando que se tratava de uma política restritiva ao crescimento da economia. Gushiken e Palocci defendiam o compromisso formal com a preservação dos pilares da política econômica.

No livro *Sobre formigas e cigarras*, publicado em 2007, quando já havia deixado o Ministério da Fazenda, Palocci relata um dos momentos decisivos na definição da Carta ao Povo Brasileiro. No início de maio, Lula foi a Ribeirão Preto visitar a Agrishow, uma das mais importantes feiras agropecuárias do país. De bom humor, havia sido muito bem recepcionado pelos representantes do agronegócio, um segmento até então refratário ao PT. Seu coordenador de campanha já havia organizado o cenário onde se daria a conversa reservada com o candidato: um almoço no restaurante de Leone Rufino, um português que viera para o Brasil em 1976. Além do cardápio típico da cozinha lusitana, o Adega Leone fazia jus ao nome e contava com uma pequena, mas muito criteriosa carta de vinhos portugueses. No grupo, que recebeu tratamento especial do dono da casa, também estavam o marqueteiro Duda Mendonça, os deputados Aloizio Mercadante, José Dirceu e José Genoino, o governador de Mato Grosso, Zeca do PT, e o economista Guido Mantega, assessor econômico de Lula. "Comemos bacalhau assado ao modo do Minho com arroz de mariscos e chanfana de cabrito. De sobremesa, toucinho do céu", relata Palocci em sua romantizada descrição da ocasião.[2] Em agosto de 2015, em entrevista à revista *piauí*, Leone Rufino contou que, já ao final do jantar, Duda Mendonça levantou-se e leu trechos da Carta. Lula já estava fumando um charuto. "Pediram então mais vinho. Beberam Cartuxa tinto, no total umas dez ou doze garrafas."[3]

Existem visões diferentes sobre os reais sentimentos do candidato ao assinar o documento. "Eu diria que ele, ao se convencer, assinou a Carta com gosto, assumindo um compromisso verdadeiro", declarou Glauco Arbix. Já Gilberto Carvalho expressou uma opinião oposta: "Ele assinou com muito sofrimento". A secretária Clara Ant tinha uma percepção semelhante. Segundo ela, a Carta era "uma afronta" ao que o PT e Lula até então defendiam.

Lula sabia dar recados ao gosto das diferentes plateias, atendendo às expectativas sem parecer cair em contradição. Em *Sobre formigas e cigarras*, Palocci conta que, até a manhã do dia 22 de junho, o texto da Carta ainda passava por alterações. Depois do trabalho mais técnico de Edmundo e Arbix, o texto final foi definido em grande parte por Luiz Dulci e André Singer, em intensas discussões que envolviam, além de Lula, Gushiken, Dirceu, Mercadante e o próprio Palocci.

De acordo com Arbix, a versão definitiva teve "muitos pais e muitas mães". No entanto, em relação à economia, a fórmula final aprovada por Lula era fruto do trabalho e das discussões que ele e Edmundo tiveram nas reuniões semanais com Palocci, Gushiken e, a partir de certa altura, também com José Dirceu. Desde as primeiras conversas, o sociólogo afirma ter deixado claro que não seria possível governar o país com o tradicional programa econômico do PT. "A parte retórica da Carta confesso que eu nem li", declarou ele.

A data de 22 de junho estava reservada para um encontro do PT que vinha sendo organizado desde o início do ano e que reuniu centenas de pessoas em um hotel da Zona Norte de São Paulo para discutir as propostas a serem incorporadas ao programa de governo, a ser lançado na sequência. As deliberações se dariam em grupos temáticos, dentro dos quais havia pelo menos uma pessoa que não pertencia aos quadros do PT, como "uma forma de ampliar as discussões", segundo Clara Ant.

Para quem desconhecia o que se passava na cúpula petista, foi uma surpresa quando se informou que, em vez do início dos trabalhos com a discussão do programa de governo prevista na pauta, Lula leria um documento. No entanto, a alguns empresários de comunicação, Palocci antecipou certos pontos do texto, para criar um ambiente favorável e, uma vez que fosse divulgada, a Carta ao Povo Brasileiro tivesse tratamento de destaque na mídia. O texto começa num tom retórico forte, apropriado para o clima de campanha, para tocar a sensibilidade do eleitorado. "O Brasil quer mudar. [...] Há em nosso país uma poderosa vontade popular de encerrar o atual ciclo econômico e político." E prossegue: "Nosso povo constata com pesar e indignação que a economia não cresceu e está muito mais vulnerável, a soberania do país ficou em grande parte comprometida, a corrupção continua alta".[4]

Os pontos para os quais a Carta foi concebida — explicitar compromissos com a governabilidade, em especial na área econômica — foram colocados em parágrafos soltos ao longo do texto. O décimo parágrafo foi dedicado a afastar o fantasma de que, se eleito, Lula não honraria contratos firmados no governo Fernando Henrique, o que poderia significar a reavaliação das privatizações e a revisão dos acordos com os credores externos e das condições de financiamento da dívida pública interna. "Premissa dessa transição será naturalmente o respeito aos contratos e obrigações do país. As recentes turbulências do mercado financeiro devem ser compreendidas nesse contexto de fragilidade do atual modelo e de clamor popular pela sua superação."

O 23º parágrafo tratava da inflação: "Ninguém precisa me ensinar a importância do controle da inflação. Iniciei minha vida sindical indignado com o processo de corrosão do poder de compra dos salários dos trabalhadores". Esse trecho, como revela Palocci em seu livro, é a transcrição literal do que Lula disse durante a discussão do documento no almoço em Ribeirão Preto, quando a conversa estava se dando num vocabulário excessivamente técnico aos seus ouvidos.

Seis parágrafos abaixo, vinha o ponto em relação ao qual o candidato mais resistiu, segundo relato de Glauco Arbix: o compromisso com a geração de superávits fiscais no orçamento, como forma de demonstrar que o governo do PT administraria as contas públicas de forma a garantir o pagamento da dívida aos credores e a mantê-la em níveis adequados. "Vamos preservar o superávit primário o quanto for necessário para impedir que a dívida interna aumente e destrua a confiança na capacidade do governo de honrar os seus compromissos."

De início, Gushiken, Arbix e Edmundo defendiam que a Carta especificasse um número para o superávit, de 4% ou até mais. Edmundo

Machado conta que, numa das muitas reuniões com Palocci, teria dito: "Vou encaixar 4,4%". Um argumento técnico e uma opção política fizeram com que, depois de muita discussão, se chegasse à fórmula final de "o quanto for necessário". Em termos econômicos, a rigidez de um número poderia trazer problemas. Com o tempo, esse superávit se revelaria adequado, excessivo ou insuficiente? E, do ponto de vista político, o candidato não queria de forma alguma se prender a um número. "Ele tinha consciência de que isso restringiria sua liberdade de gastos", explica Arbix. Lula sabia exatamente como se comunicar com cada tipo de interlocutor e precisava manter também essa flexibilidade. "Ao longo dos anos, quando me encontrava, Lula me dizia: vocês da Libelu, da direita, me obrigaram a assinar aquela carta."

Ainda na tarde daquele 22 de junho, enquanto o noticiário em tempo real detalhava e repercutia nos meios econômicos e políticos a Carta ao Povo Brasileiro, Antonio Palocci recebeu um telefonema de Brasília. Do outro lado da linha estava Pedro Malan. Depois de um breve diálogo sobre as primeiras reações ao documento divulgado horas antes, o ministro da Fazenda surpreendeu Palocci com uma pergunta:

"Posso traduzir a carta para o inglês?"

"Pode, claro!"

"Já está traduzida."

Mesmo antes da aprovação final de Lula, parte do conteúdo já era de conhecimento de Malan e Arminio Fraga, em uma iniciativa tomada por conta e risco de Palocci. Lula e o chamado núcleo duro da campanha — composto de José Dirceu, Aloizio Mercadante, Luiz Gushiken e Guido Mantega — não foram informados da ponte já existente entre a equipe econômica de Fernando Henrique e o futuro ministro da Fazenda. "Eu não relatava ao Lula todas as conversas que tinha", afirmou Palocci.

Malan, portanto, já sabia daquilo que para ele mais importava no documento: a preservação do tripé macroeconômico formado por câmbio flutuante, metas de inflação e geração de superávits fiscais. A tradução da Carta ao Povo Brasileiro feita por sua assessoria foi imediatamente enviada ao representante do Brasil no FMI, Murilo Portugal, para que a encaminhasse à direção do Fundo.

A pedra de Berlim

A FORMAÇÃO POLÍTICA DO JOVEM Edmundo Machado de Oliveira se deu nos anos 1970, na esquerda trotskista. Em 1975, Edmundo era um dos líderes da greve que paralisou por quase três meses a Escola de Comunicações e Artes (ECA), da Universidade de São Paulo. A paralisação teve repercussão nacional e foi estopim de outras greves estudantis país afora, projetando e fortalecendo seus jovens líderes, que, depois, acabariam por criar a corrente Libelu. Sua atividade profissional como jornalista se deu basicamente em *O Estado de S. Paulo* e *Jornal da Tarde*, da família Mesquita — para todos os efeitos, liberais conservadores.

A queda do Muro de Berlim, em 9 de novembro de 1989, e a eleição de Fernando Collor de Mello, no dia 17 de dezembro do mesmo ano, marcaram Edmundo. Nas reflexões do jovem jornalista, o fim do socialismo sob influência da União Soviética era uma questão de tempo. Decidiu, então, conhecer aqueles países. O desencanto com a posse de Collor foi um empurrão a mais na decisão.

Em abril de 1990, um mês depois da posse de Collor e cinco meses após a queda do muro, Edmundo tomou um voo em São Paulo com destino a Paris. Havia pedido demissão do *Estadão* e, com "mais alguma ajuda da família", conseguiu juntar 5 mil dólares. Ele já havia morado em Paris em 1978 e 1979, mas passado apenas pelos países da Europa Ocidental. Dessa vez, a capital francesa era apenas o ponto de partida. De lá, partiu para a Romênia. Em Bucareste, ainda sem hospedagem definida, o taxista lhe sugeriu a casa de um casal conhecido seu que, a preços muito mais em conta do que as diárias de hotel, recebia estrangeiros para compor a renda familiar.

À noite, no jantar oferecido pelos anfitriões, o primeiro choque de realidade. "Uma sopa muito rala, com umas bolinhas de batata dentro e só. O casal era magro." No dia seguinte, resolveu se mudar. Foi para o hotel Intercontinental, onde se hospedavam os correspondentes da imprensa estrangeira. "A comida não era nada fantástica, mas era comida." De Bucareste, seguiu para Budapeste, Praga, Frankfurt, Berlim Oriental e Varsóvia. Permanecia em média uma semana em cada cidade. A vida precária no Leste Europeu o impressionava. "As cédulas da moeda da Hungria eram uma piada, pareciam brinquedo de criança", relembrou Edmundo 28 anos mais tarde.

Em Varsóvia, teve que gastar seiscentos dólares para obter um visto para os Estados Unidos com escala em Moscou, o último ponto de peregrinação pelos países socialistas. Na capital russa, se hospedou na casa do amigo e colega jornalista José Arbex, correspondente da *Folha*. Também estava lá outro amigo, Eugênio Bucci. Com eles, Edmundo compartilhou o impacto que sentiu diante do cenário de desorganização econômica que havia observado: inflação, vida precária e infraestrutura degradada. Ele conta que, enquanto falava sobre suas impressões de viagem, puxou as notas de dólar que ainda tinha consigo, passou diante do nariz e disse, provocando os colegas: "Isso é que é moeda".

Uma semana depois, voou para Nova York, onde ficou por mais alguns dias antes de retornar ao Brasil, trazendo na bagagem alguns fragmentos de pedras do Muro de Berlim que "um polonês vendia na rua como souvenir", além de uma convicção de que, segundo ele, serviu como ponto de reflexão que abordaria em reuniões do PT em São Paulo: "Não há nada que se salva daquilo". No baú de memórias, Edmundo Machado ainda guarda em cédulas e moedinhas o saldo financeiro da viagem. Dos 5 mil dólares que levou, restaram segundo o balanço que tem ainda registrado: vinte cêntimos de franco francês; cinco leus romenos; vinte forintes húngaros; cinco coroas tchecoslovacas; dez pfennigs e dois marcos alemães ocidentais; dois marcos alemães orientais; vinte zlotys poloneses; cinquenta copeques soviéticos; 25 centavos americanos. Para ele, o que ficou marcado na viagem ao Leste Europeu foi constatar o quanto é importante para uma nação ter uma moeda estável, que assegure o poder de compra dos cidadãos.

A "clandestinidade" na colaboração de Edmundo Machado na redação da Carta e de outros textos para o PT e Palocci terminou em 30 de dezembro de 2002, quando ele aceitou o convite do futuro ministro para ocupar uma assessoria especial no Ministério da Fazenda. Palocci havia lido um texto, redigido por Edmundo, com um acréscimo sugerido por Glauco Arbix, de encerramento dos trabalhos de transição, no qual afirmava que o PT tinha como estratégia retomar o desenvolvimento, mas não produziria "bolha de crescimento" — ou seja, procuraria caminhar em terreno seguro. Naquele dia, ele foi ao então diretor de *O Estado de S. Paulo*, Rui Mesquita, pedir demissão. Edmundo não se esquece de um determinado momento do diálogo:

"Dr. Rui, esse discurso do Palocci e que o seu jornal publicou e eu editei foi redigido por mim."

"É mesmo, meu filho? Se eu soubesse disso já teria te contratado para ser nosso editorialista."

Nesse clima de cordialidade com o dono do *Estadão*, Edmundo renunciou a um salário de 13 mil reais e foi ganhar 4,5 mil no Ministério da Fazenda. Para o orçamento familiar, foi uma tragédia. "Mas topei porque minha vida sempre se dividiu entre o jornalismo e a política."

A Carta chega ao Colorado

A DIFERENÇA DE FUSO HORÁRIO do estado do Colorado, nos Estados Unidos, em relação ao Brasil é de três horas. Na tarde de 22 de junho, quando Lula havia lido a Carta ao Povo Brasileiro no concorrido evento do hotel em São Paulo e a imprensa repercutia seu conteúdo com empresários, banqueiros, economistas e políticos, o empresário Mario Garnero circulava entre banqueiros, economistas e o alto escalão do governo Bush num hotel em Beaver Creek, uma sofisticada estação de esqui, com 150 pistas de diferentes graus de dificuldade. A infraestrutura hoteleira e os restaurantes estrelados completam o quadro de atrativos dessa pequena cidade nas montanhas Rochosas. Nesse cenário de sofisticação e luxo, o ex-presidente Gerald Ford, do Partido Republicano, organizava um fórum de debates desde 1982. O encontro reunia a elite partidária, renomados economistas e líderes empresariais.

Não era a primeira vez que Garnero marcava presença por lá. As ótimas relações com George H. W. Bush, ex-presidente, e o seu filho, George W. Bush, o então presidente, fizeram dele um convidado em vários anos. Em 2002, cada um dos cerca de 120 participantes tinha de entrar com uma cota de 12 mil dólares. Naquele ano, Garnero e a jornalista Sonia Racy eram os únicos brasileiros presentes no evento. O

AEI World Forum não admitia a presença de jornalistas, nem mesmo americanos, uma restrição para que o debate pudesse se dar da maneira mais aberta possível. Garnero usou um expediente bem brasileiro para driblar a restrição: inscreveu Sonia Racy como escritora, com o compromisso de que ela nada escrevesse a respeito — pelo menos enquanto estivessem lá.

A certa altura, circulando pelo hotel onde se dava o encontro, Garnero se aproximou de Dick Cheney, como era conhecido o vice-presidente dos Estados Unidos, e disse:

"Eu gostaria de conversar um pouco com o senhor sobre a situação política e eleitoral do Brasil."

"Sherra? Sherra?"

Garnero conta que demorou alguns segundos até perceber que Cheney estava perguntando a respeito do candidato José Serra.

"Tenho algo diferente para o senhor", respondeu Garnero, entregando o envelope com a carta assinada por José Dirceu, dirigida pessoalmente a ele, na qual falava em nome de Lula e do PT.

"Ohhh!"

No alto da página, estava a estrela vermelha, com a sigla do partido em destaque suficiente para chamar a atenção antes que se começasse a ler o texto. Os olhos de Dick Cheney brilharam, segundo Garnero. O texto era formal e respeitoso, propondo de forma direta uma aproximação entre Lula e o PT com George W. Bush e o Partido Republicano. A primeira reação de Cheney era um indicativo de que ele consideraria natural a abordagem de "Sherra". Já Lula foi uma grande surpresa.

"Permita-me apresentar-me", começava a carta. "Eu sou José Dirceu, deputado e presidente do PT, o Partido dos Trabalhadores." Na sequência, Dirceu contava que, desde o início da década de 1980, o PT sempre lutou pelo fortalecimento da democracia no Brasil e liderou o debate para construção de uma economia mais forte, com maior justiça social. Afirmava também que a região enfrentava desafios "sem precedentes nas esferas política e econômica" e que, como o Brasil caminhava para a realização das eleições em outubro, entendia que deveria ser intensificada a relação entre Brasil e Estados Unidos. Acrescentava ainda que nos meses seguintes o PT desejava abrir uma agenda informal de relações com o Partido Republicano e líderes empresariais da sociedade americana.

"Eu encarreguei nosso amigo comum Mario Garnero para que entregasse em suas mãos esta carta e atuasse como um facilitador dos nossos futuros contatos", ele explicava. E informava que o PT estava organizando uma visita do candidato Luiz Inácio Lula da Silva aos Estados Unidos, oportunidade em que poderiam pessoalmente aprofundar tais ideias. Também se dizia convencido de que, juntos, Brasil e Estados Unidos poderiam tornar as Américas "mais democráticas e prósperas". E terminava em tom fraterno: "E aproveito a oportunidade para expressar minha amizade e admiração". As outras duas cópias foram entregues em mãos a Lawrence B. Lindsey, assessor do presidente Bush e diretor do Conselho de Economistas da Casa Branca, e a Donald L. Evans, secretário do Departamento de Comércio, que também estavam no evento de Beaver Creek.

As cartas estavam datadas de 6 de junho, o mesmo dia do almoço que reuniu José Dirceu e Donna Hrinak no escritório de Mario Garnero em São Paulo. A redação em inglês foi feita no gabinete do empresário, logo após o encontro. José Dirceu e Lula estavam determinados a não perder tempo na busca de uma aproximação com o governo Bush.

Em Beaver Creek, a avaliação dos participantes não era nada favorável à perspectiva de Lula e o PT assumirem o poder no Brasil. Sonia Racy conta que não estava em seus planos entrevistar o presidente do Federal Reserve System, Alan Greenspan — até porque, para efeitos formais do evento, era uma escritora, não uma jornalista. Mas a certa altura viu que ele caminhava em sua direção. A jornalista com crachá de escritora hesitou por alguns instantes, com receio de abordá-lo. "Mas pensei: 'O máximo que pode acontecer é eu ser constrangedoramente ignorada, ele não responder e nem olhar para mim'."

"Como o senhor avalia a situação da economia brasileira?", ela questionou.

"O problema do país é 100% político."[1]

Alan Greenspan nem parou para dar a curta resposta à única pergunta que a jornalista conseguiu fazer. Mas, naquele momento, aquela frase curta valia ouro no mercado jornalístico do Brasil, tanto pelo peso que tinham as palavras do presidente do banco central americano, que por muitos anos foi capaz de balizar os mercados financeiros com suas mensagens aos investidores, como pelo grave e incerto momento pelo qual passava a economia brasileira durante o ano eleitoral de 2002. Dependente de capitais externos, o Brasil também dependia do olhar do investidor estrangeiro sobre o país, e Greenspan talvez fosse a voz mais influente nesse meio. Encerrada a participação em Beaver Creek, mas antes de embarcar para o Brasil, Sonia Racy, já sem o crachá de escritora, reassumiu a identidade real de jornalista. A resposta de Greenspan foi título da matéria que enviou ao *Estado de S. Paulo*, editada com chamada de primeira página publicada na edição do dia 24 de junho.

A jornalista ouviu também o economista Stanley Fischer, ex-diretor-gerente adjunto do FMI e presidente do Citigroup, segundo o qual o nervosismo em relação ao Brasil se devia à percepção de que Lula venceria as eleições. Ele fez o seguinte comentário sobre o candidato: "Acreditamos no que ouvimos, e ele se diz contra as regras do mercado. Se pensa diferente, vai ter de dizer isso com todas as letras". O influente economista Allan Meltzer, também presente no encontro, foi ainda mais duro: "Um candidato como Lula, que se diz admirador de Fidel Castro e de Hugo Chávez, não tem a confiança dos mercados".

Ele fugiu de helicóptero

UMA CRISE ECONÔMICA durante um processo eleitoral favorece o candidato de oposição, mas herdá-la é um desafio que pode ser mortal para quem assume o comando do país. A Argentina acabava de oferecer um exemplo desse fenômeno. Durante todo o processo eleitoral de 2001-2, as situações econômica, política e social na Argentina pairavam sobre o Brasil como um fantasma. Desde a década de 1980, quando os dois países se aproximaram após décadas de uma relação pautada mais pela rivalidade do que pela cooperação, o que acontecia em um acabava contaminando o outro, para o bem e para o mal.

O fenômeno ficou conhecido como Efeito Orloff — a transposição para a economia da mensagem de um comercial de vodca. No anúncio, o ator está diante do espelho e, quando olha para sua própria imagem, não se reconhece. O que aparecia no espelho era a imagem transfigurada de alguém exibindo traços de uma profunda ressaca. O personagem então pergunta: "Quem é você?". E a imagem do espelho responde: "Eu sou você amanhã". A mensagem era que, se o consumidor não optasse pela marca, supostamente de melhor qualidade, se arrependeria no dia seguinte. No Brasil e na Argentina, o fim dos regimes militares deixou como herança a grave crise econômica: hiperinflação, dívida externa elevada, dívida interna descontrolada.

Na eleição de 1978, Lula apoiou e distribuiu panfletos na campanha de Fernando Henrique ao senado pelo MDB. Em 1980, Lula liderou a fundação do PT. A disputa partidária os separou até 2022, quando Fernando Henrique indicou apoio a Lula na eleição presidencial, a quinta disputada por ele.

Lula, FHC e Brizola na saída do debate eleitoral de 1994 na TV Bandeirantes. Até junho, Lula liderava com mais de 40% dos votos. Achava que o real, lançado em 1º de julho, não teria sucesso. Com a moeda forte, Fernando Henrique venceu no primeiro turno em outubro.

LUIZ INÁCIO LULA DA SILVA

Na primeira entrevista em que fala claramente como presidenciável em 2002, Lula faz *mea-culpa* por erros estratégicos do PT e revela até quanto ganha por mês: R$ 10 mil

> SOU A FIGURA MAIS PALATÁVEL DO PT. FERNANDO HENRIQUE COMETEU O MAIOR PECADO DO MANDATO AO CAIR NA PROMISCUIDADE DE COMPRA DE VOTOS NO CONGRESSO. NÃO POSSO PERDER EM 2002 E NÃO POSSO ERRAR NO GOVERNO

Tranquilo, certo de que a conjuntura nacional já o empurrou para a ribalta eleitoral de 2002, o presidente de honra do Partido dos Trabalhadores, Luiz Inácio Lula da Silva, deu aos *Associados* a primeira entrevista em que fala como candidato a presidente da República. Disputará o cargo pela quarta vez. "Sei que não posso perder", diz. "Também não posso errar no governo. Não me será dado esse direito." Dispensando ressalvas em relação aos trâmites burocráticos do seu partido, que ainda não desmarcou uma improvável prévia agendada para março de 2002 e destinada a tirar pelo voto direto dos militantes petistas o nome oficial do candidato da legenda a presidente, Lula esboça com nitidez o país com que sonha. Deixa claro que terá o controle absoluto da própria campanha — apesar de óbvio, isso é novidade quando se trata de PT — e receita doses cavalares de pragmatismo na hora de selar alianças regionais que ponham de pé seus palanques em todo o país.

Como a fazer um ensaio desse pragmatismo, diz que o PT errou na estratégia política sempre que perdeu eleições. "Erramos no Distrito Federal em 1998. Roriz soube falar com as pessoas mais pobres, que são gratas a ele", admite Lula. "E nós ficamos quatro anos sem conseguir demonstrar aos nossos eleitores tradicionais — os mais pobres da periferia de Brasília — que a maneira do Cristovam administrar traria mais vantagens para a vida das pessoas." O petista acha que o partido precisa aprofundar a análise sobre essa derrota antes de entrar numa nova campanha local, no próximo ano.

Na manhã da última quinta-feira, em ritmo de pré-temporada eleitoral, Lula foi recebido por João Bosco, Armando Mendes, Batista Chagas Almeida, Rodolfo Lago e Luís Costa Pinto na sede do *Correio Braziliense*, em Brasília. Os cinco repórteres dos *Associados* fizeram a entrevista exclusiva que segue:

SUCESSÃO DE 2002

O PT ensaia a orquestra e afina o trombone

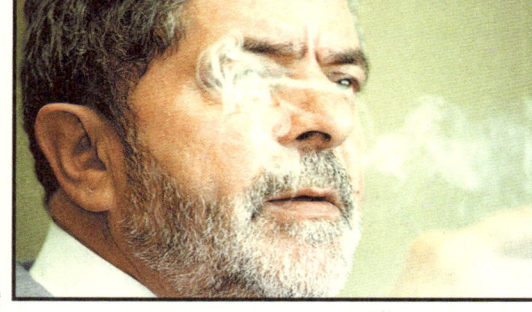
Foto: Cláudio Versiani

Associados: Que programas do governo Fernando Henrique Cardoso o senhor manteria caso chegasse à presidência?
Luiz Inácio Lula da Silva: O que eu começei de política social... preferia ficar com o discurso da Dona Ruth Cardoso.

Associados: Então o senhor manteria a Dona Ruth?
Lula: (*rindo*) Não. Apenas o discurso. Ela diz que a burocracia emperra tanto as políticas sociais que é mais fácil jogar o dinheiro de helicóptero para que ele chegue nas mãos das pessoas. O Partido dos Trabalhadores, que hoje é a legenda política de maior credibilidade e maior inserção social, precisa mapear o que dá certo e manter. As cestas básicas são escassas. A bolsa-escola federal é muito reduzida.

Associados: E em outras áreas?
Na Saúde, por exemplo, o governo foi vitorioso na política de combate à Aids e na instituição do medicamento genérico. Na Educação, os indicadores de escolaridade melhoraram e as avaliações da qualidade do ensino são o começo de um trabalho que pode revolucionar o ensino. Nem isso seria mantido?
Lula: Quanto aos remédios, tínhamos a Central de Medicamentos, que distribuía remédios para o povo, e foi fechada.

Associados: Mas Lula, a Central

de Medicamentos foi um dos principais focos de corrupção durante o governo de Fernando Collor (1990-1992).
Lula: Mas não se acaba com a Sudene por causa da corrupção. Acabe-se, pois, com os corruptos! Era muito melhor ter a Sudene com os princípios do Celso Furtado, de 1959, do que não ter nenhum órgão pensando o desenvolvimento regional no Nordeste. Se você fecha a Central de Medicamentos, a Sudene e a Sudam por causa de corruptos soltos, eles vão arrumar alguma outra instituição pública para roubar. É é isso que está acontecendo. O governo poderia era estar produzindo genéricos. Temos tecnologia para isso.

Associados: E quanto seria necessário para fazer isso? Não é melhor deixar que empresas privadas se organizem para fabricar remédios genéricos?
Lula: Aquilo que não tem tecnologia para produzir, compramos. Mas há uma subordinação aos laboratórios.

Associados: Mas para quebrar as patentes de remédios que integram o coquetel anti-aids o governo enfrentou e venceu, na Organização Mundial de Comércio, os grandes laboratórios e até o governo dos Estados Unidos. Isso não é louvável?
Lula: Mas só do coquetel anti-aids? Isso não é nada. Precisa de mais. Saúde do povo não é custo

SOBRE PEDRO MALAN

> "MALAN SE CONFUNDE COM O *TIO PATINHAS*. DE VEZ EM QUANDO, NADA NAS MOEDAS DO TESOURO"

— é investimento. Educação também. Essa história de fazer avaliação de ensino significa submeter os alunos a vexames. Depois de um jovem se estropiar para jogar R$ 600, R$ 800 por mês, durante anos, num curso universitário que tem o aval do governo, você faz um teste e descobre que aquela universidade ou faculdade não presta. Então, por que essa fundação?

Associados: Produzir esse teste não é um parâmetro para o

governo depois tomar a decisão de fechar os cursos ruins?
Lula: Essa decisão nunca vem. Ao contrário, só abrem mais e mais cursos privados. A medição de qualidade tem de ser anterior à liberação do curso privado. Um dia desses, um cidadão me procurou dizendo que ia me dar um título de doutor *honoris causa* na universidade dele. Não direi o nome e sequer o estado dessa universidade. A primeira coisa que me ocorreu foi pedir a um amigo que soubesse a qualidade dessa universidade, para não entrar em gelada. Descobri que a universidade não tinha formado nenhuma turma. Eu seria o primeiro formando daquele curso. Recusei, é óbvio. Se eu aceitasse aquele título, estabeleceria uma relação promíscua com aquele empresário do ensino.

Associados: O que está diferente agora, nesse momento, que o faz pensar a ser candidato à presidente da República depois de dizer que não concorreria ao cargo de novo? São os 30% de intenção de voto, que é o patamar de largada histórico do PT nas eleições?
Lula: Aprendi desde pequeno,

SOBRE 2002

> "O GOVERNO NÃO ESTÁ MORTO. SE O PT QUISER VENCER A ELEIÇÃO, TEM DE SUAR A CAMISA"

com a minha mãe, que mentira repetida muitas vezes termina virando verdade. É mentira que eu sempre comece com 30%. Em 1989 tive 16% dos votos, fui para o segundo turno e perdi. Em 1994 tinha 45% dos votos em abril e perdi a eleição no primeiro turno com 24% dos votos. Em 1998 comecei com 20% dos votos e cheguei a 34%. Não é pesquisa que determina uma candidatura. É o crescimento do PT no Brasil. Hoje, o PT representa majoritariamente o povo brasileiro, seus sonhos. Em 2000,

o PT teve 28% dos votos para prefeito em todo o país. Foram 30 milhões de votos! Isso não não quer dizer que vamos ganhar em 2002. O governo não está morto. Fernando Henrique Cardoso ainda tem 15 meses de mandato e se a gente quiser vencer a eleição tem de trabalhar muito, suar a camisa. O governo tem recursos e vai usá-los na campanha.

Associados: O senhor teme isso?
Lula: Quando o assunto é políticas sociais, o ministro Pedro Malan se confunde com os desenhinho do Tio Patinhas. Parece que tem uma chave sagrada dos cofres públicos, abre o Tesouro só para ele, de vez em quando mergulhar e nadar nas moedas, como faz o personagem dos quadrinhos. É difícil combater um adversário com essas armas. Ainda assim, dificilmente o PT estará fora do segundo turno de 2002.

AO LADO, ATAQUES A CIRO E ESPERANÇA DE UNIÃO ▶

Ao ler a entrevista, o ministro Pedro Malan identificou em Lula "um novo candidato" à presidência. Um ano depois, Lula concorreria pela quarta vez. A percepção de Malan se revelou correta: o Lula de 2002 não era o mesmo de 1989, de 1994 e de 1998. Era o "Lulinha paz e amor", repaginado pelo publicitário Duda Mendonça.

PT
PARTIDO
DOS TRABALHADORES
DIRETÓRIO NACIONAL

His Excellency
The Honourable Richard B. Cheney
Vice-President of the United States of America

São Paulo, 6 June 2002

Dear Mr. Vice- President,

Let me please introduce myself.

I am José Dirceu, Brazilian Congressman and currently chairing PT – Partido dos Trabalhadores (Laborers' Party).

Since its inception in the early 1980s, PT voices an unequivocal support for the strengthening of democracy in Brazil. We lead the debate on building a stronger economy and a more just society in our country. We work so that Brazilians can better share the opportunities and benefits of our time.

As the hemisphere faces unprecedented challenges in the political and economic spheres – and Brazil moves toward its presidential election in October, our view is that the Brazil-US interaction must intensify.

We, at PT, are willing to foster an informal and open-hearted agenda with the Republican Party and US business and society leaders in the coming months. By doing so, I am certain we shall improve Brazil-US relations to a new, higher level.

This would also bring us closer in issues such as the FTAA negotiations, economic and political stability in the hemisphere, our interests at the WTO and so many others.

I have entrusted our common friend Mario Gamero to hand you this letter and to act as facilitator for our future contacts.

In the next few weeks, we will be organizing a visit by our presidential candidate, Luiz Inácio Lula da Silva, to the United States. I then hope we can meet personally and explore these ideas further.

I am convinced that by reasoning together, we can help make the Americas more democratic and prosperous.

I avail myself of this opportunity, Sir, to express to you my friendship and admiration.

José Dirceu
Chairman
Partido dos Trabalhadores

SÃO PAULO
Rua Silveira Martins, 132 - Centro - CEP:01019-000 - São Paulo SP - Brasil
Tel:(+5511) 233 1333/1343 Fax: (+5511) 233 1345 - E-mail:presidencia@pt.org.br - Home Page:
http://www.pt.org.br
BRASÍLIA
SCN - Edifício Trade Center, sala 612 - CEP: 70710-500 - Brasília DF - Brasil - Tel: 061 327 1113

14ª TABELIÃO DE NOTAS - SEMPRÉ
R. Antonio Bicudo, 94 - F. 5501-3735 S. Paulo-SP
AUTENTICAÇÃO
Esta cópia expedida pelo cartório
confere com o original. Dou fé.

Na ofensiva para aproximar Lula de Bush, Dirceu escreve ao vice Dick Cheney sobre o desejo de ter uma agenda aberta com o Partido Republicano e lideranças empresariais para colocar em alto nível as relações com o Brasil. Na carta, Dirceu diz que Lula iria aos Estados Unidos "nas próximas semanas". Mas, por decisão do candidato, Dirceu foi designado para cumprir a missão, que ocorreria no mês seguinte, em julho.

World Forum

JUNE 20–23, 2002, BEAVER CREEK, COLORADO

AMERICAN ENTERPRISE INSTITUTE

VAIL VALLEY FOUNDATION

Convite para o evento em Beaver Creek, no qual Mario Garnero entregou a carta de José Dirceu ao vice-presidente Dick Cheney. No mesmo evento, a jornalista Sonia Racy entrevistou Alan Greenspan, presidente do Federal Reserve. Para ele, a causa das incertezas econômicas no Brasil era "política".

People

PUBLIC OFFICIALS. Senior government officials and legislators play a vital role in World Forum deliberations and provide unparalleled insight into policy developments. Participants have included the U.S. secretaries of defense, commerce, health and human services, and transportation; the U.S. trade representative and national security adviser; members of the Federal Reserve Board and Council of Economic Advisers; congressional leaders; and numerous foreign officials.

Alan Greenspan, U.S. Federal Reserve Board

WORLD LEADERS. Joining President Ford each year are current and former world leaders. Members of the new generation of leaders from Canada, France, Germany, Japan, and the United Kingdom—as well as senior statesmen—will join the 2002 World Forum.

William Stavropoulos, The Dow Chemical Company, and Dick Cheney, U.S. Vice President

Fred Thompson, U.S. Senate

BUSINESS LEADERS. The heads of major multinational corporations participate in the World Forum. Virtually all sectors of the global economy are represented: banking and finance, energy, manufacturing, communications and information technology, retailing, and professional services. In 2001, participants from twelve nations attended. Among them were the chief executives of CIGNA, Datek Online Holdings, The Dow Chemical Company, Merck, Motorola, Sprint, State Farm, and Toshiba.

Christopher Galvin, Motorola, Inc.

POLICY EXPERTS. Scholars from the American Enterprise Institute, known for thoughtful analysis and bold policy ideas, prepare informative background papers for World Forum participants. Regular AEI participants include Karlyn Bowman, Lynne Cheney, Christopher DeMuth, Newt Gingrich, James Glassman, James Lilley, John Makin, Allan Meltzer, Charles Murray, Michael Novak, Norman Ornstein, Richard Perle, and Ben Wattenberg.

Lawrence B. Lindsey, Director of the U.S. National Economic Council; John H. Makin, AEI; and Allan H. Meltzer, AEI

Na viagem aos Estados Unidos, para acalmar investidores que temiam a chegada do PT ao poder, Dirceu "acaricia" o Touro de Wall Street, no centro financeiro de Nova York. Segundo a lenda, o touro dá sorte a quem coçar seu focinho ou agarrar seus chifres ou testículos.

Fernando Henrique e Malan conversam com Lula sobre acordo com o FMI. O candidato do PT entrega ao presidente sugestões do partido para a economia.

Tratamento especial: ao receber os quatro principais candidatos, Lula, Serra, Ciro e Garotinho, o combinado com Fernando Henrique era que, terminada a conversa com ele e o ministro Pedro Malan, os candidatos dariam declarações no saguão do Palácio do Planalto. No caso de Lula, antes que o candidato tomasse o elevador, Fernando Henrique o convidou para uma conversa reservada. O que se falou durante os dez minutos do encontro não foi revelado.

Fraga: um acordo 'espetacular e sem custo'

FMI não exigiu mudanças na política monetária e ainda acertou metas mais folgadas para a inflação

Ed Ferreira/AE

O presidente do Banco Central, Armínio Fraga, considerou "espetacular" o acordo com o Fundo Monetário Internacional (FMI), pelo qual o País receberá US$ 30 bilhões "sem custo". Não será necessária nenhuma mudança na política monetária, mas foram acertadas metas mais folgadas para a inflação. Para este ano, 6,5%, com margem de tolerância ampliada de 2 para 2,5 pontos porcentuais. Para 2003, 6% para o período de 12 meses terminado em março; 5,5% em junho e 5% em setembro, também com margem de tolerância de 2,5 pontos. Fraga se irritou quando interrogado se o acordo poderá levar à redução da taxa de juros. **Págs. B1 e B7**

Efeito Brasil anima as bolsas do mundo

As bolsas de todo o mundo reagiram com alívio ao acordo do Brasil com o FMI. Em Nova York, o Dow Jones subiu 3,02%, valorizando ações de bancos que emprestaram dinheiro ao Brasil. O Nasdaq fechou em alta de 2,78%. Na Europa, ganharam destaque papéis de empresas que investem no País. A Bovespa subiu 4,52%. **Págs. B4 e B13**

Lula e Serra aceitam e Ciro só tem críticas

O candidato do PT à Presidência, Luiz Inácio Lula da Silva, aceitou o acordo com o FMI. Mas considerou como uma restrição à política monetária do próximo governo, mesma ressalva feita por Anthony Garotinho (PSB). José Serra (PSDB) elogiou o acordo e Ciro Gomes (PPS) criticou-o duramente. **Pág. B4**

Dólar cai 3,64% e fecha em R$ 2,91

O dólar despencou ontem na abertura dos negócios e fechou em R$ 2,91, com queda de 3,64%, depois de ter chegado a 2,85. O presidente do Banco Central (BC), Armínio Fraga, disse que o BC só voltará a vender dólares quando necessário, suspendendo a cota diária de US$ 50 milhões. **Págs. B1 e B3**

Krueger: 'Brasil é um país grande'

A vice-diretora do FMI, Anne Krueger, disse que o volume do acordo, o maior feito pelo FMI em um único país, não foi generosidade. "O Brasil é um país grande e necessita de um pacote grande." Para ela, o acordo não significa que a Argentina também terá ajuda. "As situações são distintas", disse. **Pág. B7**

Satisfação – *Fraga e Malan festejam o resultado das negociações: não recorrer ao FMI, alegam, significaria mais dificuldades*

Fraga e Malan celebram acordo com o FMI. Um passo decisivo para que a transição econômica acontecesse sem traumas e a economia pudesse retomar o crescimento no governo que assumisse em 2003.

Henry Ray Abrams/AFP

Pessimismo nas bolsas
O índice Dow Jones cai para o nível mais baixo em 5 anos. Página 4

O ESTADO DE S. PAULO
& THE WALL STREET JOURNAL AMERICAS

Economia

QUINTA-FEIRA, 10 DE OUTUBRO DE 2002

Ray Stubblebine/Reuters

Nobel de Economia
Kahneman divide prêmio com Smith, desafiando conceitos sagrados. Páginas 8 e 9

B1

Fraga culpa 'candidatos' por tensão do mercado

Presidente do Banco Central tenta, em vão, conter a escalada do dólar

DENISE CHRISPIM MARIN

BRASÍLIA – Sem citar nomes, o presidente do Banco Central (BC), Armínio Fraga, concentrou ontem nos candidatos à sucessão do presidente Fernando Henrique Cardoso a responsabilidade e de modo claro em relação ao futuro do País que vem minando, principalmente, o setor financeiro. Em um possível recado ao presidenciável do PT, Luiz Inácio Lula da Silva, Fraga criticou severamente a divulgação de idéias "exóticas e pouco ortodoxas" em "conversas de esquina" dos candidatos e seus colaboradores, como a adoção de medidas de controle de câmbio no País.

O presidente Fernando Henrique Cardoso havia convocado ontem uma reunião da equipe econômica no Palácio do Alvorada para discutir o aumento do dólar dos últimos dias e o acirramento da crise (ver

Joedson Alves/AE

mais na pág. H1). A conclusão é que o candidato de oposição não estaria dando mais sinais claros de que manterá contratos e a estabilidade econômica. Chamado a ser o porta-voz da equipe econômica, Fraga disse que a situação é difícil, porém "administrável".

Convocada com a clara intenção de acalmar o setor financeiro e, principalmente, conter a alta do dólar, a entrevista de Fraga não chegou a atingir esse objetivo. Iniciada depois do fechamento do mercado, a entrevista, em que não foi anunciada nenhuma nova medida, não conteve a escalada do dólar, que prosseguiu no chamado mercado eletrônico, indicando uma abertura hoje na casa de R$ 3,91.

Com argumentos em favor de uma visão mais otimista em relação ao futuro do País e de aversão à "mudança de tudo o que está aí", o presidente do BC deixou claro que não bastam "comunicados" assinados pelos candidatos para tranqüilizar os mercados. Por fim, se pôs novamente à disposição de Lula e Serra para conversas sobre a situação econômica do País.

> *Os candidatos precisam ser mais enfáticos, perseverar mais e rechaçar abertamente caminhos estapafúrdios*
>
> **Armínio Fraga**

Fraga: críticas a mudanças mais amplas na política econômica

"Os candidatos precisam ser mais enfáticos, perseverar mais e rechaçar abertamente os caminhos estapafúrdios", afirmou Fraga, que mais uma vez evitou mencionar diretamente o candidato do PT. "A hora é de se fazer debates e de se deixar tudo com clareza."

Segundo Fraga, a iniciativa dos candidatos de trazer a público seus programas de governo antes do primeiro turno, bem como de assumirem compromissos de responsabilidade fiscal e de respeito aos contratos e de manutenção da estabilidade da moeda, garantiu ao País a conclusão do novo acordo com o Fundo Monetário Internacional (FMI) numa época desfavorável para a América do Sul. Mais especificamente, garantiu o acesso a uma linha de US$ 30 bilhões e a mais US$ 3 bilhões, do Banco Mundial. Para ele, no presente momento, a incoerência entre os discursos públicos e as conversas privadas dos candidatos e de seus colaboradores estariam na base da crise enfrentada pelo País.

Sangue-frio – "Não adianta o candidato fazer um discurso político forte e, em conversa de esquina, fazer um discurso diferente. Essa conversa pode ter repercussão. É uma coisinha ata...", afirmou. "Vejo no ar idéias como o controle de câmbio. Isso é uma maluquice. Controle de câmbio é incompatível com a democracia e com a liberdade individual", acrescentou, em referência a uma proposta defendida abertamente pelo megainvestidor George Soros, seu ex-empregador.

O presidente do Banco Central ainda insistiu em sua tese de que a crise financeira é contornável, desde que há maior clareza de posições, coerência e sangue-frio dos candidatos. Em sua linha de raciocínio, despejou pesadas críticas aos discursos favoráveis às mudanças mais amplas na condução da política econômica a "em tudo o que está aí". Em um embate com jornalistas, entretanto, negou que se referia ao candidato do PT.

Várias vezes ao longo da entrevista, Fraga repetiu que existe uma noção negativista e um "complexo" na sociedade brasileira em relação ao futuro do País, uma "perplexidade" em relação à desvalorização do real e um "clima de que o Brasil não dará certo, de que é inviável". Esse ambiente de medo teria sido motivado pelo discurso dúbio dos candidatos.

Questionado por jornalistas se a responsabilidade por essa crise não seria também resultado de erros cometidos pelo atual governo, o presidente, por sua própria equipe, Fraga irritou-se. Rechaçou a insinuação de culpa da atual administração e de uma possível tendência a apoiar o candidato oficial e saiu em autodefesa. "Não admito qualquer insinuação desse tipo. Nunca houve viés (político) na nossa atuação, nem por um lado nem por outro", declarou. "Não vejo o que poderia ter sido feito de maneira diferente. Um leilão ou outro, talvez. Temos tomado decisões extremamente difíceis, em um ambiente complicado. Na média, acho que acertamos.

> *Temos tomado decisões extremamente difíceis, em ambiente complicado. Na média, acho que acertamos*
>
> **Armínio Fraga**

■ *Mais informações na página 3*

A entrevista que deu errado: Fraga cobrou posicionamentos mais claros dos candidatos para que pudessem afastar dúvidas sobre o futuro. Lula reagiu e disse que o presidente do BC não estava "dando conta do recado". No dia seguinte o dólar foi a quatro reais, o nível mais alto desde então.

Um raro dia de descontração: Fernando Henrique recebe a seleção pentacampeã de 2002. Ao som de "E vai rolar a festa", o jogador Vampeta se prepara para uma série de cambalhotas na rampa. Anos depois ele justificaria o gesto inusitado diante do presidente: "Estava pra lá de Bagdá de tão alegre".

LONDON / PARIS PRESENTATION   26-28 JUNE 2002

1. Introduction: Brazil at the crossroads / what happened / where we a going

2. Background — 1999 — fiscal / ER — adjustment   0.5
                 2000 — balanced growth   4.3
                 2001 — shocks!   1.5
                 2002 — election fears   1.5 — 2.0

3. Symptoms — Real 2.40 → 2.80 (on thin trading — little hedging (outflows)
              Spreads 700 → 1600
              1 yr interest rate 20 → 25   (DI Funds 1 PT 4)

4. Policy stance adequate — primary surplus 3.25 %
                            inflation expectation 4 % 2003
                            FDI / ca Jan-May 5/7

5. Recent response — fiscal tightening (3.25 for 2002 and 2003)
                     credit tightening (infl expectation 4 in 2003)
                     inactivity reduction (tactical custom 26 — 23 mes)
                     IMF — 10 B draw, 5.3 drop in NIR
                     short-end buy back

6. Concerns (1st) debt dynamics D/y = 55   Primary = 4   r - g ≲ 7
                   domestic debt — mostly (all!) locally held (dismiss USD/LFT)
             (2nd) balance of payments — gout done for the year FDI/ca 5/7
                                         private sector scrambling well (BB 331 mn)
                   IMF support

             ∴ Fear of 2003

7. What the new president will inherit :
   macro: low inflation   micro — open + efficient
          Primary surplus   our 150 B FDI
          (D/ struct not 80% done)   privatization
          Healthy banks   education
          undervalued ER   ∴ productivity is booming

8. What next?
   election will pass — mechanisms of self correction   need :
                      — commitment to fiscal responsibility   tax reform
                         low inflation   ss reform
                         rule of law
                      — IMF support could continue

   Brazil (Mexico)

Nas inúmeras conversas com autoridades financeiras e investidores da Europa e dos Estados Unidos, Arminio Fraga anotava os pontos a serem abordados, reforçando que o Brasil não estava quebrado, que o país era uma democracia e que quem ganhasse governaria com pragmatismo e responsabilidade.

Carta de George W. Bush de 25 de outubro de 2002 a Mario Garnero — preocupação com o Brasil na antevéspera da eleição. Em dezembro, Lula seria recebido pelo presidente americano em Washington.

Enquanto acompanha ao vivo o primeiro discurso do presidente eleito, Arminio faz anotações destacando o que entendia serem os principais pontos na fala de Lula.

A cúpula da transição, sob a coordenação de Fernando Henrique e Lula. À dir. de Lula, José Alencar, José Dirceu, Antonio Palocci e Luiz Gushiken. À esq. de Fernando Henrique, o vice-presidente Marco Maciel, os ministros Pedro Malan, Pedro Parente e Euclides Scalco.

Na mesa de trabalho do presidente, Fernando Henrique e Lula apontam para a mesma direção. A transição de governo estava na rota certa?

Transição com música: José Dirceu e Pedro Parente em um bar na Asa Norte, em Brasília. Eles também iam ao Clube de Choro de Brasília, casa especializada no gênero.

No dia 8 de novembro de 2002, Fernando Henrique recebe Lula no Palácio da Alvorada. Antes do jantar, conversam na biblioteca. Em pauta, a visita de uma missão do FMI para repassar os números do acordo assinado em agosto.

BIS - México 11/11/02
Summary 12/11/02
IMF 14/11/02 (...)
G30 05/12/02 (NY)

① Brasil - recent events + prospects

background - fiscal + monetary regimes / openness + privatization / education
background - confidence crisis { external factors
                                 expectations of regime change

focus on : debt dynamics (roll-over / growth)
            balance of payments (sudden stop)

recent events / trends - ~~fiscal policy outlook (far away)~~
            bop responding very well CAD ≈ $$ < 16 = FDI
            · driven by ER , increase in productivity
            - private mostly - good scrambling
            · next year $9B / reserves 37 + 27 IMF
            D/y - since 1998 all ER depreciation (now overshot
            · mostly domestic held
            · now being rolled into 2007
            · primary close to 4% GDP   r ≈ 9%
            · comfortable cash position Q1 03 = oct 02 !
            Inflation targeting - 5 points (over)
            banks - stress test got an A+ (FSAP)
                    capital ratio 13.5 %
            Growth - 1.5 %

PT came out the box well - fiscal resp / low inflation (!)
                              rule of law / FTA - WTO
                              CB operational independence
                              SS reform / Bankruptcy
∴ EmBI 2370 - 1740 - 1600
   Fx 4.00 → 3.48 / flattening of yield curve
           3.65

Calculus - until recently · high prob of disaster w/ opposition
           ∴ if PT sticks to sound policies ... confidence will resume

Em palestra no México, durante evento do BIS, o banco central dos bancos centrais, no dia 11 de novembro de 2002, dias depois da vitória de Lula, Arminio fez um relato positivo: "*PT came out the box well*" [PT saiu bem do box]. Passadas as tensões da disputa eleitoral, o dólar recuava, o risco Brasil caía e a Bolsa de Valores reagia positivamente.

As famílias Cardoso e Silva no Palácio do Planalto. Lula subiria a rampa momentos depois para receber a faixa presidencial de Fernando Henrique. Na primeira foto, Fernando Henrique, os filhos Paulo Henrique e Beatriz, dona Marisa e dona Ruth. Na segunda foto, Fernando Henrique, a filha Luciana, dona Marisa e Lurian, filha de Lula.

Para o alto: após Lula receber de Fernando Henrique a faixa no parlatório, ambos caminham de volta para o interior do Palácio do Planalto. Lula deixaria o governo oito anos depois com mais de 80% de aprovação.

Em 5 de janeiro de 2004, a entrega do prêmio Notre Dame a Lula e a Fernando Henrique no Itamaraty. A justificativa para a dupla premiação foi: "Apesar de representarem partidos políticos opostos, eles atuaram como estadistas para garantir uma eleição limpa, justa e altamente elogiada, por evitar divisões e demagogia".

Em 2008, Lula, com dona Marisa, vai ao velório de dona Ruth Cardoso. O então presidente decreta luto de três dias. Em 2017, Fernando Henrique prestou condolências a Lula pela morte de dona Marisa.

Encerrada a cerimônia de posse, Lula e Marisa acompanham Fernando Henrique e dona Ruth até o elevador. No abraço final, ambos emocionados, Lula diz: "Fernando, você deixa aqui um amigo pra sempre". Fernando Henrique foi para São Paulo e de lá pegou um voo para Paris. Só retornaria ao Brasil dois meses depois. "Queria me libertar dos hábitos do poder, andar de metrô, pegar táxi."

Em 2011, nove anos depois de deixar a presidência, a convite de Dilma, Fernando Henrique voltaria pela primeira e última vez ao Palácio da Alvorada, com o grupo The Elders, criado por Nelson Mandela, em 2007, e que reunia ex-chefes de Estado e ex-dirigentes de órgãos internacionais, como a ONU, em defesa da paz e do desenvolvimento. Ao autor, Fernando Henrique se queixou de Lula: "Nunca me chamou para tomar um café". Na foto, o ex-presidente americano Jimmy Carter e a ex-presidente da Irlanda, Mary Robinson.

Em junho de 1985, o presidente da Argentina, Raúl Alfonsín, e seu ministro da Economia, Juan Vital Sourrouille, anunciaram em cadeia nacional de rádio e TV o Plano Austral, uma surpreendente série de medidas para enfrentar a crise econômica, substituindo o peso por uma nova moeda, o austral, congelando os preços e aplicando uma espécie de deságio no valor dos contratos, na tentativa de conter a escalada inflacionária. Em outubro, a inflação havia caído para menos de 2%, a popularidade de Alfonsín foi às alturas e seu partido, a União Cívica Radical, venceu com folga as eleições legislativas daquele ano.

O Efeito Orloff não demorou a chegar ao Brasil. Em fevereiro de 1986, o então presidente José Sarney e o ministro da Fazenda, Dilson Funaro, também usaram cadeia de rádio e TV para anunciar a versão brasileira das medidas econômicas adotadas na Argentina: o Plano Cruzado, que congelava preços, modificava as regras de reajustes de valores de contratos e criava nova moeda, o cruzado, em substituição ao cruzeiro. Nos primeiros meses, a inflação caiu, e a popularidade do presidente José Sarney atingiu níveis elevados. Na eleição de novembro daquele ano, o partido do presidente, o PMDB, venceu em 22 estados, perdendo apenas em um, Sergipe.

No entanto, quando os eleitores foram às urnas, o plano já começava a fazer água. Os supermercados já não conseguiam repor mercadorias pelos preços congelados e itens de primeira necessidade começaram a faltar. O ágio se espalhou, e a inflação voltava. No dia 21 de novembro, menos de uma semana depois das eleições, o governo lançou o Cruzado II. Era o fim do congelamento e da lua de mel entre o governo e a população.

Em Brasília, manifestantes ocuparam a Esplanada dos Ministérios e a praça dos Três Poderes, cercando o Palácio do Planalto. No início da noite, a Polícia Militar recebeu ordem para dispersar a multidão e acabar com o protesto. Na fuga atabalhoada, sob o açoite da cavalaria, houve quebra-quebra. A repressão à legítima manifestação popular causou ainda mais desgaste para o governo Sarney. O evento ficou conhecido como o "Badernaço", em referência ao "Caracaço", um dia de manifestações reprimidas com violência em Caracas, na Venezuela, quando a população saiu às ruas em protesto contra um plano econômico do governo Carlos Andrés Pérez.

Na Argentina, o Plano Austral também foi a pique. Outras medidas foram lançadas em agosto de 1988, o Plano Primavera, com resultado pior que o do anterior. Em maio do ano seguinte, a inflação já alcançava 78,5% ao ano. Naquele mês, foi realizada a eleição presidencial, da qual saiu vencedor o oposicionista Carlos Menem.

O segundo turno da eleição presidencial no Brasil foi em dezembro. Venceu Fernando Collor de Mello, com um discurso agressivo contra José Sarney e sua política econômica. Em março de 1990, quando tomou posse, o novo presidente anunciou o Plano Collor, que congelava não apenas preços e salários, mas também os depósitos bancários, no que ficou conhecido como o sequestro da poupança. O fracasso do plano econômico de Collor, somado a denúncias de corrupção em seu governo, gerou uma grave crise política. Em setembro de 1992, a Câmara dos Deputados abriu um processo de impeachment e, em 30 de dezembro, o Senado o aprovou, afastando o presidente em definitivo da presidência.

No país vizinho, o fiasco econômico do governo Alfonsín facilitou a vitória do oposicionista Carlos Menem, em 1989. Em março de 1991, diante de um quadro de inflação descontrolada, Domingo Cavallo, ministro da Fazenda, anunciou um plano de conversibilidade. A moeda nacional, que voltava a ser o peso, passava a valer um dólar. Era a instituição do câmbio fixo. A ancoragem da moeda nacional ao dólar estabilizou os preços, a inflação caiu e, repetindo o mesmo efeito político, se refletiu em aprovação ao presidente Menem e ao seu governo. O efeito riqueza da paridade foi enorme. Os argentinos tinham poder de compra para importar bens de consumo e viajar em férias para o exterior.

No Brasil, o ciclo de planos econômicos fracassados foi encerrado com o Plano Real, de 1994, que garantiu a eleição e a reeleição de Fernando Henrique Cardoso. Porém, quando o real foi desvalorizado, em janeiro de 1999, a situação da Argentina, que já era péssima, ficou insustentável. O Brasil era grande importador de produtos argentinos e, com a moeda brasileira valendo menos, a situação se inverteu: o Brasil passou a exportar mais e a importar menos da Argentina.

A crise econômica permanente movia o pêndulo novamente para a oposição. Na eleição presidencial daquele ano, o oposicionista Fernando de la Rúa venceu Eduardo Duhalde, o candidato da situação à sucessão de Carlos Menem. O novo presidente tomou posse em dezembro. A esperança dos eleitores argentinos começou a se desfazer em menos de um mês, quando, em janeiro de 2000, o governo decretou aumento de impostos a fim de arrecadar mais e controlar o déficit público. A fuga de dólares, que vinha desde o governo Menem, se acentuou. Um acordo de 40 bilhões de dólares com o FMI aliviou temporariamente as tensões, mas, já em março de 2001, a fuga de capitais chegava a mais de 3 bilhões de dólares só naquele mês. Os argentinos não confiavam na Argentina.

A crise se agravava e, num lance de desespero, em março, Fernando de la Rúa, na segunda troca de ministro da Economia de seu governo, nomeou Domingo Cavallo, o mesmo que havia instituído a paridade entre peso e dólar no governo de Carlos Menem. A proposição como solução do mesmo personagem responsável pela política econômica do governo anterior, cujo fracasso fora determinante para a sua vitória eleitoral, era uma clara demonstração de desespero da parte do presidente.

Domingo Cavallo assumiu o cargo e em julho anunciou um plano para zerar o déficit. Todo o dinheiro arrecadado pelo Estado teria que ser usado para esse fim. Os salários de servidores públicos e as aposentadorias sofreram redução de 13%. O pressuposto era de que, diante de um impacto econômico tão intenso, a situação se estabilizasse. No entanto, em vez de resgatar credibilidade na gestão da economia, a desconfiança aumentou. A fuga de dólares continuou, e os juros explodiram. Em dezembro, Domingo Cavallo anunciou outra medida, ainda mais radical: os saques bancários ficariam limitados a 250 pesos por semana. Depósitos que somavam cerca de 70 bilhões foram congelados por doze meses, algo parecido com o sequestro da poupança do governo Collor em 1990. Na Argentina, esse confisco ficou conhecido como *corralito* — ou cercadinho, o móvel destinado a restringir a movimentação dos bebês, para que eles fiquem em segurança. Furiosos, os argentinos foram para as ruas protestar. Sem dinheiro para realizar compras, houve uma onda de saques a supermercados e agências bancárias, e sedes de empresas estrangeiras foram depredadas.

Em 19 de dezembro, De la Rúa decretou estado de sítio em um pronunciamento em cadeia nacional de rádio e TV e acionou as forças de segurança para reprimir as manifestações. A população se aglomerou diante da Casa Rosada, a sede do governo, e ocupou a Plaza de Mayo, em frente ao palácio. Pouco depois da meia-noite, já no dia 20, portanto, ao ver sua casa cercada por manifestantes, o ministro Domingo Cavallo renunciou. Na noite daquele mesmo dia, quando já se completavam 36 horas de protestos, com milhares de saques a supermercados e lojas, cinco mortes, o presidente Fernando de la Rúa também renunciou com uma carta manuscrita de uma página. No documento, afirmou esperar que, com seu ato, contribuísse para "a paz social e para a continuidade institucional". Seu último ato foi revogar o estado de sítio.[1]

Na Plaza de Mayo, havia confrontos entre manifestantes e as forças de segurança, e o presidente ficou cercado, sem ter como deixar a Casa Rosada. Ao vivo, emissoras de TV transmitiam os embates entre a polícia e os manifestantes. Em determinado momento, as câmeras registraram a aproximação de um helicóptero, que pousou no teto do Palácio. Em seguida, surgiu a imagem de De la Rúa entrando na aeronave. A fuga pelos ares encerrou dois anos e dez dias de um mandato que começou sob expectativas fortemente positivas.

O saldo do dia da renúncia incluiu a morte de 39 pessoas em confrontos com a polícia em várias cidades do país. A onda de violência já durava 36 horas. A crise política se agravou ainda mais com a renúncia de De la Rúa. Como o vice-presidente, Carlos Álvarez, já havia abdicado do cargo em outubro do ano anterior, quem assumiu foi o presidente do Senado, Ramón Puerta, do Partido Justicialista, de oposição. Em 23 de dezembro, a assembleia legislativa elegeu presidente Adolfo Rodríguez Saá. Ele deveria governar até abril, depois que uma nova eleição escolhesse novo presidente.

No mesmo dia da posse, decretou moratória da dívida externa e criou uma moeda, o argentino. No entanto, não teve o apoio dos peronistas de seu partido e renunciou no dia 30 de dezembro. Assim, Ramón Puerta foi obrigado a reassumir. Quinze minutos depois, porém, ele também renunciou. Em seu lugar, no dia seguinte, assumiu o presidente da Câmara, Eduardo Camaño. No dia 1º de janeiro de 2002, o parlamento elegeu Eduardo Duhalde, o candidato derrotado na eleição de outubro de 1999, para completar o mandato de Fernando de la Rúa, que se encerraria em dezembro de 2003. No curto período de doze dias, a Argentina foi governada por cinco presidentes.

No Brasil, o medo do Efeito Orloff foi assunto durante o processo eleitoral de 2002. As imagens da crise em nosso vizinho ainda eram vívidas demais para serem ignoradas. O risco da "grande ressaca" era uma ameaça constante.

Vamos fazer o que não gostamos

À MEDIDA QUE A CAMPANHA eleitoral avançava e Lula subia nas pesquisas, o cenário ia se desenhando de forma cada vez mais nítida para o presidente Fernando Henrique: "Nós não vamos ganhar a eleição, e não vamos aguentar. Está na hora de conversar com o FMI". Essas palavras, ditas ao seu ministro da Fazenda, ganhavam ainda mais peso diante dos números que vinham das pesquisas e do dia a dia do mercado financeiro.

Àquela altura, Arminio Fraga já havia chegado à conclusão de que haveria uma corrida contra o real. A alta do dólar obrigaria o Banco Central a aumentar a taxa de juros. O cenário era de instabilidade à frente, com tensões crescentes no mercado financeiro e os investidores estrangeiros se afastando do Brasil. No mercado interno, o desgaste com a marcação a mercado na cotação dos títulos públicos fazia mais um estrago na imagem do governo. O Tesouro Nacional enfrentava dificuldades para financiar a dívida pública, pois o mercado não queria mais aceitar papéis que venceriam a partir de 1º de janeiro, no mandato do presidente que viesse a ser eleito em outubro. No exterior, continuava a desvalorização dos títulos da dívida externa. Era chegada a hora de "conversar com o FMI".

A abordagem ao FMI coube a Murilo Portugal, que acumulava as funções de representante do Brasil no Fundo com a de diretor do Banco Mundial. Ocupava, portanto, uma posição privilegiada em Washington e contava com a total confiança de Pedro Malan, Arminio Fraga e do presidente Fernando Henrique Cardoso. A primeira conversa foi com a vice-diretora-gerente, a número dois do FMI, Anne Krueger. A reação foi a pior possível. O Brasil já tinha um acordo em vigor com o Fundo, que expiraria no final de 2002. A proposta brasileira era que um novo acordo fosse assinado em substituição ao existente, com valores mais elevados e a maior parcela liberada em 2003. Com isso, o governo que tomasse posse já teria o suficiente para financiar a rolagem da dívida externa no primeiro ano de mandato. O pressuposto era de que, dando segurança a quem ganhasse a eleição em outubro, a situação se acalmaria ainda em 2002.

"O senhor sabe que não fazemos acordo com países em ano de eleição", foi a resposta.

"Então nesse caso vamos fazer uma coisa de que não gostamos. Mas vamos fazer."

"O quê?"

"Se o Lula ganhar, logo depois da eleição, nós vamos sacar do FMI tudo o que temos direito. São cerca de 16 bilhões de dólares, e vamos colocar esse dinheiro no cofre do Lula. Em janeiro, vocês conversam com ele. E a senhora sabe que ele não fala a língua de vocês."

Murilo Portugal estava consciente de que tensionar o diálogo logo no início era arriscado. Porém, a estratégia quebrou a primeira resistência da austera Anne Krueger. Ela sabia que uma coisa era conversar com o governo Fernando Henrique Cardoso e sua equipe econômica, conhecidos de longa data e com diálogo aberto com as altas esferas das finanças mundiais. Outra bem diferente seria esperar o mundo desconhecido e incerto de um provável governo Lula.

A conversa com Murilo Portugal prosseguiu.

"Então, podemos negociar um novo acordo, desde que os candidatos de oposição também assinem."

"Como posso pedir para um candidato que passou a vida inteira dizendo 'Fora FMI, Fora FMI' assinar um acordo com o Fundo? Impossível!"

Enquanto em Washington o representante brasileiro tentava abrir as negociações com o Fundo, no Brasil o noticiário na imprensa era dominado pela volatilidade no mercado financeiro. No front político, o Presidente Fernando Henrique Cardoso tentava pacificar as relações entre o PSDB e o PMDB em torno da candidatura Serra. E Lula, que ampliava sua liderança nas pesquisas eleitorais, dava declarações com pesadas críticas ao BC. Em evento em São Paulo para oficializar a aliança com o Partido Comunista do Brasil (PCdoB) para a eleição presidencial, o candidato afirmou textualmente: "Só interessa ganhar [...] para mudar a política econômica deste país. Não podemos capitular nem carregar nas costas o peso de uma coisa da qual não temos culpa".[1]

O assessor econômico de Lula, Guido Mantega, que viria a ser ministro do Planejamento e da Fazenda no governo petista, atribuía as turbulências no mercado financeiro ao que considerava "erros do Banco Central" na decisão de antecipar a marcação a mercado dos títulos da dívida nos fundos de investimentos.[2] Ao mesmo tempo que criticavam a política econômica do governo Fernando Henrique, tanto Lula como Mantega e outros economistas do partido afirmavam que, em um governo petista, os contratos firmados pelo Estado seriam honrados, e que seria preservada a política de gerar superávits nas contas públicas a fim de assegurar o pagamento do serviço da dívida pública. A contradição flagrante só alimentava desconfianças.

No dia 13 de junho, ao anunciar algumas medidas econômicas, que incluíam o aumento do superávit primário, Pedro Malan fez cobranças ao PT e a Lula. Embora não os mencionasse diretamente, afirmou que esperava das lideranças coerência, "e não um discurso que guarda incoerência, contradições, insustentáveis ambiguidades e ambivalências em textos escritos, aprovados em várias instâncias e declarações de figuras de proa do partido". Embora sem citar Lula e o PT nominalmente, o ministro cobrava também autocrítica. "Acho ótimo que as pessoas possam dizer: 'Nós pensávamos assim, estávamos errados, mudamos de opinião. Nossa opinião agora é essa e estamos assumindo esse compromisso'. Atribuo a isso enorme importância."[3]

A construção de um acordo com o FMI, com desembolsos importantes durante o mandato de quem seria eleito em outubro, exigia, portanto, uma complexa negociação política interna e externamente. Em Washington, o diálogo entre Murilo Portugal e Anne Krueger evoluía, embora com dificuldades. O FMI havia tido problemas com a Rússia em 1998, quando o socorro prestado pelo Fundo não impediu uma fuga enorme de capitais, com os investidores locais transferindo reservas para fora do país. Para completar, em dezembro de 2001, a Argentina decretou moratória de 100 bilhões de dólares.[4] O agravamento da crise econômica no país vizinho contaminava a imagem do Brasil, gerando nos investidores o temor de que o país pudesse caminhar na mesma direção. O Fundo já havia feito um acordo com a Coreia do Sul em ano de eleição, mas com a anuência de todos os candidatos. Daí a proposta de Anne Krueger para que, no caso do Brasil, caso se chegasse a um acordo, teria de ser assinado por Lula e os demais candidatos de oposição. Murilo Portugal, ciente das peculiaridades daquela eleição e da postura e retórica dos candidatos, sabia que a alternativa não era viável.

De Brasília, Pedro Malan e Arminio Fraga conversavam com o diretor-gerente do FMI, o alemão Horst Köhler, que teve papel decisivo na construção de um acordo que, pouco mais de um mês depois, seria apresentado aos candidatos. Na ausência de um apoio externo que pudesse se contrapor à fuga de investidores, a economia brasileira poderia entrar em colapso — antes mesmo do fim do processo eleitoral ou entre a eleição e a posse de Lula. Uma crise aguda no Brasil tinha força suficiente para arrastar outros países emergentes. Na América Latina, a situação já era gravíssima, com a renúncia do presidente argentino em dezembro de 2001, pouco antes da decretação da moratória da dívida. No setor privado, os empresários reclamavam do aumento da taxa de juros, investimentos eram postergados diante de um cenário absolutamente incerto e as linhas de financiamento externo às exportações diminuíam.

No decorrer de junho, o noticiário registrava em tempo real cada subida de temperatura no termômetro da crise. Uma sequência avassaladora de eventos negativos marcou aquele junho de 2002. No dia 4, os jornais registravam que no dia anterior o risco Brasil havia batido recorde entre os países emergentes, encostando na marca dos mil pontos. O dólar havia fechado em alta de 0,85%, a 2,53 reais. A bolsa registrou queda de 1,57%. Em Nova York, o banco J.P. Morgan rebaixou a recomendação de compra dos títulos da dívida brasileira para seus clientes. Em um comunicado assinado por seu estrategista-chefe para mercados emergentes, Carlos Asilis, a instituição financeira justificou a decisão de rebaixar o Brasil com base nas preocupações eleitorais: "Em particular, a taxa de intenção de voto e [a queda da] rejeição a Lula nas pesquisas têm sido mais fortes do que esperávamos. [...] É muito difícil identificarmos um catalisador positivo para impulsionar a posição de Serra nas futuras pesquisas".[5] No dia seguinte, o dólar chegava a 2,60 reais, o risco Brasil ultrapassava 1100 pontos, e a bolsa continuava em queda. Para completar, ainda sob o impacto da marcação a mercado, os fundos de investimentos no Brasil sofreram saques de 2,6 bilhões de reais naquele dia.

O Ministério da Fazenda e o Banco Central manejavam os instrumentos que tinham à disposição. No dia 13, houve o anúncio de que o Brasil sacaria 10 bilhões de dólares a que tinha direito no acordo com o FMI, para reforçar as reservas cambiais. Além disso, elevou a meta de superávit das contas públicas de 3,5% para 3,75% do PIB, uma medida que reforçaria a capacidade do país de honrar a dívida pública, mas significava menor margem de gastos para o governo Fernando Henrique nos meses finais de seu mandato. Na sequência, o BC anunciou o aumento dos depósitos compulsórios, um dispositivo pelo qual os bancos são obrigados a depositar na instituição parte dos recursos em caixa. Com isso, os bancos passariam a dispor de menos reais para a compra de dólares, com o efeito colateral de reduzir a disponibilidade de dinheiro para irrigar a economia, já em franca desaceleração.

Mesmo assim, a situação não se acalmava, e o risco Brasil continuava subindo, chegando a 1315 pontos no dia 14 de junho. Isso abriu espaço para uma intervenção inovadora na época. Como os papéis da dívida externa brasileira estavam sendo vendidos com deságio — chegando a valer apenas 40% do valor nominal —, Pedro Malan e Arminio Fraga obtiveram apoio do FMI para usar parte do dinheiro emprestado pelo próprio Fundo para comprar os títulos que estavam no mercado. Com isso, o governo poderia pagar quarenta dólares para abater uma dívida no valor de cem. Várias operações de compra foram realizadas. Era como se o Brasil estivesse obtendo ganhos com a desvalorização da sua própria dívida, porém o efeito mais importante que se buscava era outro. Se o Brasil estava comprando seus títulos no mercado com o apoio do FMI, isso era sinal de confiança do Fundo, o que poderia contribuir para estabilizar as cotações e estancar a escalada de aumento do risco Brasil, que refletia a insegurança dos investidores em relação ao futuro da nossa economia. Mas, apesar disso, a crise escalava.

A questão era "100% política", como dissera Alan Greenspan. Em 14 de junho, Guido Mantega estava na sede do J.P. Morgan em Nova York, o mesmo banco que onze dias antes havia atribuído ao aumento da probabilidade de vitória de Lula a piora das percepções de risco em relação ao Brasil. Na palestra que fez ao grupo de investidores presentes no encontro, Mantega não confrontou a análise feita pela instituição. Afirmou apenas que, se eleito, Lula seria "conservador" na condução da economia, manteria o regime de metas de inflação implantado por Arminio Fraga em 1999 e consideraria adequado o superávit das contas públicas. Um dos investidores quis saber se Lula poderia manter Arminio Fraga no BC, ao que Mantega respondeu ser difícil.[6]

Em palestra para cerca de duzentos estudantes numa universidade em São Paulo, Lula disse temer "o voto do medo", como, segundo ele, havia acontecido na eleição de 1989, em que perdeu para Fernando Collor de Mello. "Não pensem vocês que os capitalistas do mundo querem saber se sou sectário e se o candidato do Fernando Henrique é mais flexível. O que importa, para eles, é [saber] se vão ganhar dinheiro." E completou: "Se não fosse como estou dizendo, por que então os Estados Unidos transformaram a China, um país comunista, em seu parceiro preferencial?". Para Lula, portanto, a relação do Brasil com os Estados Unidos num governo petista se daria pelos interesses econômicos, e não por diferenças ideológicas.[7]

Em 21 de junho, os jornais registravam em manchete mais um dia de tormenta no mercado financeiro na véspera. Com pequenas variações, o tom era de que aquela quinta-feira tinha sido um dia de pânico para os investidores. O risco Brasil havia alcançado 1593 pontos, alta de 15,3% num único dia.[8] O dólar havia sido cotado a 2,77 reais, alta de 2,33%. Na bolsa, queda de 5,1%. Havia também a notícia de que, em 20 de junho, a agência de classificação de risco Moody's tinha rebaixado a classificação de risco do Brasil de neutra para negativa. Era a segunda revisão, para pior, da nota atribuída ao país naquele ano. Nesse mesmo dia, no início da noite, outra agência, a Fitch, também rebaixou o Brasil. O caderno de economia de *O Estado de S. Paulo* registrou assim o impacto da decisão da Moody's: "A medida apavorou os investidores, que venderam ativos brasileiros, causando o pior dia do ano nos mercados".[9] No que se tornaria uma rotina naquele período de turbulência, o noticiário do dia seguinte repetia com pequenas variações o tom do dia anterior. "Dólar atinge a maior cotação do Plano Real", era a manchete do caderno de economia do *Estadão* no dia 22, trazendo em detalhes os eventos do dia 21.[10]

O impacto do rebaixamento da classificação de risco do Brasil pelas agências foi agravado com declarações do secretário do Tesouro americano, Paul O'Neill, de que os Estados Unidos não apoiariam um novo acordo do Brasil com o FMI. O dólar foi a 2,84 reais, acumulando alta de 12,88% naquele mês e de 22,63% desde janeiro, apesar de uma intervenção de 1,1 bilhão de dólares do BC no mercado de venda futura de dólar, os chamados swaps cambiais. O risco Brasil deu mais um salto: foi a 1706, alta de 7,1% em único dia. Na bolsa, a baixa foi de 4,68%.[11]

O economista-chefe do J.P. Morgan, Luís Fernando Lopes, em declarações à imprensa, explicava o sentimento predominante no mercado financeiro: "Há o medo de que não haja continuidade da atual política econômica, há dúvidas quanto à da dívida pública e, para os mais pessimistas, há quem tema o risco de instabilidade institucional". E completava: "É exagerado, mas é isso o que está acontecendo".

Foi sob o impacto desses eventos que, no dia 22, Lula aproveitou o seminário em que seria discutido seu programa de governo para divulgar a Carta ao Povo Brasileiro.

A Carta chega a Nova York

AS CARTAS ASSINADAS POR JOSÉ DIRCEU e endereçadas ao alto escalão da administração Bush informavam que era Lula quem iria aos Estados Unidos. No entanto, foi o próprio Dirceu que dia 16 de julho de 2002 chegou a Nova York às 7h30, no voo 8864 da Varig. Começava ali uma intensa e muito bem organizada agenda de encontros do presidente do PT com representantes do governo, renomados economistas, dirigentes dos maiores bancos americanos, dirigentes das agências de classificação de risco e de organismos multilaterais de crédito e jornalistas. O escritório de Garnero teve participação efetiva no agendamento dos encontros, especialmente em Nova York. Em Washington, além do empresário, quem também colaborou para conseguir as reuniões com as autoridades do governo Bush foi o embaixador Rubens Barbosa, que participou dos encontros e serviu como tradutor para Dirceu, que não falava inglês.

Dirceu também pediu o apoio do ex-presidente José Sarney, que por sua vez fez uma ponte com o empresário Alain Belda, que havia morado no Brasil. Outro ponto de apoio foi Stanley Gacek, à época diretor da AFL-CIO, a principal central sindical dos Estados Unidos. O sindicalista conhecia Lula desde a década de 1980, de quem se tornou amigo. Como falava português, ajudou o presidente do PT em várias reuniões. Em Nova York, na primeira etapa da viagem, os compromissos começavam logo de manhã e terminavam à noite. Quem acompanhou Dirceu em todos os encontros foi Marcos Troyjo, o diplomata licenciado do Itamaraty que trabalhava com Mario Garnero.

A decisão de enviar José Dirceu aos Estados Unidos foi tomada antes mesmo de a Carta ao Povo Brasileiro ser divulgada, em uma das reuniões do grupo encarregado de elaborar o documento. Segundo Glauco Arbix, Dirceu ainda demonstrava muita resistência ao documento, então Luiz Gushiken de repente afirmou: "Precisamos dar um banho de realidade no Zé". Gushiken comentou que iria sugerir que Dirceu fosse enviado aos Estados Unidos para que Lula ficasse no Brasil tocando a campanha. "Quando o Gushiken, na reunião seguinte, chama o Zé e diz que o Lula queria que ele representasse o PT nos Estados Unidos, ele leva um choque. E aquilo colocou um problema para o Zé: o que ele diria em Nova York? Se fosse para falar de reforma agrária, ele dominava o assunto. Mas e em relação à economia, o que ele tinha a dizer?", contou Arbix.

O primeiro compromisso em Nova York, às 14h30 de 16 de julho, foi com a vice-presidente da agência de risco Standard & Poor's, Cathy Daicoff, numa sala do hotel Helmsley Park Lane, onde Dirceu ficou hospedado. Além de Cathy, havia vários economistas da agência presentes para a conversa com o presidente do PT. Era um momento delicado para um encontro. Duas semanas antes, a S&P havia rebaixado a nota de crédito do Brasil. As outras duas agências de classificação de risco, Moody's e Fitch, já haviam rebaixado o país em 20 junho, dois dias antes de Lula divulgar a Carta ao Povo Brasileiro. Para todas as agências, portanto, o risco de o Brasil não honrar sua dívida estava aumentando. "Preocupações mais destacadas do mercado com incertezas políticas justificaram a medida", foi a explicação da representante da S&P no Brasil, Lisa Schineller, ao anunciar o rebaixamento do Brasil. O comunicado formal da agência ia além: "As perspectivas negativas foram mantidas, já que as vulnerabilidades fiscais e externas requerem compromisso contínuo com políticas apropriadas em um ambiente externo e interno exigente".[1] Na prática, era uma indicação de que a superação da crise já não dependia só do governo Fernando Henrique, que naquela altura tinha menos de seis meses de mandato pela frente. As expectativas, cada vez mais, se concentravam em torno do governo que viria a assumir o país em 1º de janeiro.

Na conversa com José Dirceu, Cathy Daicoff, de acordo com Marcos Troyjo, que fazia o papel de intérprete, a certa altura, apontando para os jovens economistas, "todos de terno escuro, cabelo bem aparado e gravata-borboleta", que participavam da reunião, disse a Dirceu: "Nós temos ótimos economistas e analistas de risco, que sabem avaliar dados econômicos de qualquer país, mas não tomamos nossas decisões olhando apenas para os números". E completou explicando que, na classificação do risco de um país se leva em conta também a *"willingness to pay"* — a predisposição a pagar. "Se um país está numa situação fiscal difícil, mas suas ações demonstram disposição a pagar, isso pesa a favor. Se não demonstra, pesa negativamente", afirmou ela, em uma demonstração clara de que os números da economia de um país contavam, mas a intenção dos homens de governo também tinha peso relevante. Portanto, tratava-se de uma cobrança de posicionamento do PT.

À tarde, José Dirceu encontrou com a direção de dois dos mais importantes bancos dos Estados Unidos, ambos na Park Avenue. O primeiro, no número 270, 42º andar, foi com John Lipsky e Tim Purcell, do J.P. Morgan. O segundo, com Stanley Fischer, do Citigroup, no número 399, 3º andar. Fischer era considerado o "professor dos professores". Passaram por suas aulas no Massachusetts Institute of Technology (MIT) vários alunos que viriam a ocupar posições de destaque no cenário econômico mundial, como Ben Bernanke, na presidência do Federal Reserve System, e Mario Draghi, que viria a ser presidente do Banco Central Europeu. Stanley Fischer conhecia muito bem a economia brasileira. Por sete anos, até 2001, havia sido o vice-diretor-gerente do FMI, o segundo cargo mais importante na instituição, e participou da negociação de vários acordos da dívida com o Brasil. Tinha ótima relação com o então ministro da Fazenda, Pedro Malan, e com o presidente do BC, Arminio Fraga. Na prática, o que Fischer dizia e pensava tinha relevância entre os economistas de elite no cenário mundial. Também estava acompanhando José Dirceu naquele encontro o empresário Josué Alencar, filho do candidato a vice de Lula.

Fischer ouviu com atenção o que José Dirceu diria em todas as conversas anteriores com os representantes da elite financeira americana: que o PT não faria um governo irresponsável na economia, que cumpriria contratos, que Lula era um negociador e, como trabalhador, tinha consciência da importância do controle da inflação. Após receber a Carta ao Povo Brasileiro das mãos de Dirceu, afirmou: "Vocês foram muito inteligentes em colocar um empresário de candidato a vice-presidente". E virando para Josué Alencar: "Você não estaria com um candidato se temesse levar prejuízo nas suas empresas por causa de políticas econômicas erradas". Tornando a falar com José Dirceu, completou: "Isso [a escolha de José Alencar para vice] vale mais do que este pedaço de papel".

No segundo dia da viagem, 17 de julho, a agenda foi intensa. Começou às oito horas com um café da manhã com William Cohen, do Cohen Group, e terminou às 18h30, com mais uma conversa com jornalistas. Ao longo do dia, houve reuniões com dirigentes do Morgan Stanley, do Lehman Brothers e com executivos da Alcoa. No dia seguinte, quinta-feira, às seis da manhã, José Dirceu embarcou para Washington. Na capital americana, cumpriu a agenda organizada pelo então embaixador do Brasil nos Estados Unidos, Rubens Barbosa, e por Mario Garnero. Os encontros foram com Enrique Iglesias, presidente do BID, com Anthony Harrington, ex-embaixador dos Estados Unidos no Brasil e dirigente da Stone Bridge International LLC, e John Maisto, responsável pela América Latina no Conselho de Segurança Nacional dos Estados Unidos.

O debate mais caloroso sobre a situação da economia brasileira em Washington aconteceu durante um almoço no Institute for International Economics (IIE), uma entidade privada criada para analisar os desafios da economia mundial. Entre os presentes, estava o economista Michael Mussa, que havia sido economista-chefe do FMI entre 1991 e 2001. Partiu dele a abordagem mais franca em relação à situação econômica do país: "Se ganharem a eleição, vocês não vão chegar até janeiro. Antes disso, o Brasil vai entrar em moratória". Na visão do economista, a situação brasileira estava piorando a olhos vistos, por um temor de que, com a eleição de Lula em outubro, o país entraria em colapso. O risco de um agravamento da situação já havia sido aventado em outras conversas, mas não da forma tão direta como fez Michael Mussa.

Às 16h30, José Dirceu estava na Casa Branca para um encontro de meia hora com Larry Lindsey, chefe da equipe de assessores econômicos do presidente George W. Bush. Lindsey era um dos destinatários da carta de Dirceu que havia sido entregue ao vice-presidente, Dick Cheney, e ao secretário de Comércio, Donald Evans, no dia 22 de junho. Às dezoito horas, já instalado no Melrose Hotel, na Pennsylvania Avenue, Dirceu atendeu a alguns jornalistas e teve um encontro com o líder sindical Stanley Gacek. O dia terminou com um jantar oferecido pelo embaixador Rubens Barbosa, em sua residência oficial.

A sequência de alertas que ouviu quanto às desconfianças em relação aos reais compromisso de Lula e do PT assustaram Dirceu. Antes de deixar Washington, ele telefonou para Fernando Henrique.

"Presidente, aqui só se fala em moratória, que o Brasil vai entrar em default", disse Dirceu, com preocupação.

"Vai mesmo, se o Lula continuar falando o que tem falado. Vocês têm que controlar o Lula", respondeu o presidente.

Na sexta-feira, de volta a Nova York, José Dirceu se encontrou com dirigentes do banco ABN AMRO, almoçou com o historiador Kenneth Maxwell e com David Mapass, do banco de investimentos Bear Stearns, e com representantes da agência Moody's. O sábado foi a etapa mais amena da missão do presidente do PT nos Estados Unidos. Seu amigo Stanley Gacek organizou um encontro com ONGS e com Dennis Rivera, presidente do sindicato dos trabalhadores de cuidados à saúde. Na agenda de Dirceu, o horário das duas da tarde foi reservado para um "almoço de balanço". Às oito da noite, retornou ao Brasil, no voo 8865 da Varig.

Uma questão relacionada à viagem chamou a atenção de quem sabia ler as nuances das decisões tomadas por Lula. De acordo com a carta a Dick Cheney entregue em mãos por Mario Garnero, seria o próprio Lula a visitar os Estados Unidos. Seu substituto natural seria o deputado Aloizio Mercadante, à época o mais proeminente economista do PT e que, conforme se imaginava, poderia vir a ser o ministro da Fazenda de Lula. Além do mais, Mercadante era o assessor de assuntos internacionais do partido. Outra opção seria o economista Guido Mantega, assessor econômico de Lula, mas nenhum dos dois compartilhava da inflexão liberal defendida por Gushiken e Palocci. Valendo-se do peso que tinha junto a Lula, Gushiken achou melhor escalar Dirceu para o "banho de realidade". Lula também não queria transmitir a ideia de que já estivesse sinalizando quem seria o seu ministro da Fazenda, o que fatalmente seria especulado caso indicasse Mercadante ou Mantega para representá-lo nos Estados Unidos e fazer a ponte com o governo Bush.

Hora de conversar com
o adversário

A SAÍDA PARA VIABILIZAR O ACORDO COM O FMI exigiu semanas de conversas entre o governo e as forças políticas em disputa. Quando os primeiros encontros públicos aconteceram, o terreno já havia sido preparado em articulações sigilosas, das quais participaram também empresários, banqueiros e economistas do setor privado, em uma costura politicamente engenhosa com interlocutores aqui no Brasil e no exterior.

Arminio Fraga viajou com destino a Nova York na noite de 8 de julho, uma segunda-feira. No dia seguinte, já estava em reuniões com investidores e com a direção do Federal Reserve Bank de Nova York. A imprensa brasileira, com seus correspondentes nos Estados Unidos, e os repórteres das agências internacionais acompanhavam cada passo do presidente do BC. Afinal, o Brasil não era um fator de risco e preocupação apenas para os brasileiros — a instabilidade aqui teria efeitos colaterais danosos para o sistema financeiro internacional e contaminaria a percepção de risco de outros países emergentes. Na América do Sul, por exemplo, a Argentina seguia sua marcha por incertas trilhas tanto na economia como na política. Em julho, o presidente Eduardo Duhalde, que havia sucedido Fernando de la Rúa, o ex-presidente que fugiu de helicóptero, anunciou a antecipação das eleições presidenciais de setembro para março de 2003, com posse do eleito em 25 de maio.

Antes do almoço na sede do Fed de Nova York, Arminio Fraga conversou rapidamente com os jornalistas. Segundo o presidente do BC, o encontro seria importante para ouvir o que as pessoas estavam pensando, "direto dos homens mais importantes destes bancos", limitou-se a dizer.[1] No almoço estavam, além do dirigente da instituição, Terrence Checki, vários dos principais banqueiros americanos — entre eles William Rhodes, que conhecia bem o Brasil desde as moratórias da dívida externa brasileira dos anos 1980 e 1990. À saída, abordado pelos jornalistas, Rhodes disse uma única frase sobre o encontro com Fraga: "Muito positivo".

Na noite daquela mesma terça-feira, Arminio Fraga voou para Washington. A agenda do dia seguinte começou logo cedo na sede do FMI, em reunião com o número um da instituição, Horst Köhler, e em seguida com o diretor do departamento do Hemisfério Ocidental, Anoop Singh. À tarde, se encontrou com o presidente do Federal Reserve System, Alan Greenspan, e depois com o secretário do Tesouro dos Estados Unidos, Paul O'Neill.

Entre os interlocutores em Washington, O'Neill foi o único a se pronunciar depois do encontro com Fraga: "Estou convencido de que Fraga e o governo brasileiro estão perseguindo políticas econômicas sólidas de longo prazo que criam as bases de uma estabilidade econômica e financeira". Foi uma fala breve, mas trouxe um posicionamento importante.[2]

Na quinta-feira pela manhã, o presidente do BC já estava de volta a Nova York para uma palestra na Câmara de Comércio Brasil-Estados Unidos. Na semana anterior à viagem, Arminio havia acertado comigo, o encarregado da assessoria de imprensa do BC, que ao final conversaria com os jornalistas brasileiros, mas que a informação só seria repassada aos repórteres horas antes, para que chegassem a tempo ao local. Antecipar na véspera a informação da entrevista fatalmente geraria expectativa de que algo pudesse ser anunciado, com impactos imprevisíveis sobre um mercado financeiro já à beira de um ataque de nervos.

Sem exagerar na ênfase, Arminio Fraga deu várias informações importantes, como as semanas seguintes revelariam. Confirmou o que havia conversado com a direção do FMI: "Eles estão dispostos a nos ajudar e agora só depende de nós", afirmou.[3] Por uma questão estratégica, não confirmou que as negociações com o Fundo já estivessem em andamento. Afinal, um novo acordo não dependia mais apenas do governo Fernando Henrique, mas também dos candidatos de oposição — e em especial de Lula, o líder nas pesquisas eleitorais. A informação mais importante foi dada quando os repórteres perguntaram sobre os rumores de que Arminio poderia se encontrar com o deputado Aloizio Mercadante, então o economista mais proeminente do PT. A resposta foi que "uma pessoa de absoluta confiança" lhe havia dito que o petista gostaria de conversar, portanto ligou para o deputado para fazer o convite. Faltava apenas marcar a data do encontro, que aconteceria na semana seguinte. Começava então, formalmente, uma espécie de transição antecipada de governo.

Aquela quarta-feira, dia 10 de julho, foi um dia mais calmo no mercado. O dólar caiu 0,11%, para 2,85 reais. Aos jornalistas, Arminio procurou passar uma mensagem de confiança. Lembrou que, em 2001, apesar do racionamento da energia, do atentado às Torres Gêmeas pela Al-Qaeda em Nova York, da queda nas bolsas internacionais e da grave crise na Argentina, o Brasil havia crescido um pouco. No entanto, na situação em que se encontrava o país, era impossível, mesmo para um presidente do Banco Central, falar de economia sem se envolver na política. Os jornalistas perguntaram se o FMI daria a um eventual governo do PT o mesmo apoio que vinha dando ao governo Fernando Henrique. A resposta foi que, na visão dele, qualquer partido que vencesse as eleições manteria as linhas gerais da política macroeconômica.[4]

Mercadante vai
ao Banco Central

A ROTINA DE TRABALHO NO BC foi quebrada em 18 de julho de 2002, uma quinta-feira, por um evento que atraiu número recorde de jornalistas à sede do banco em Brasília. O clima de tensão e estresse vinha num crescendo desde abril, quando as incertezas do processo eleitoral empurraram para cima as cotações do dólar e para baixo o valor dos títulos da dívida externa brasileira. O sobe e desce das cotações, as ações do Banco Central para enfrentar a volatilidade dos mercados e as negociações com o FMI atraíam uma atenção cada vez maior da imprensa. A qualquer momento, poderia sair uma decisão importante, capaz de movimentar o mercado financeiro. Dezenas de repórteres da imprensa brasileira e correspondentes estrangeiros se mantinham em plantão permanente, sob risco de perder informações importantes. Quando se confirmou que o deputado Aloizio Mercadante, à época o mais destacado economista do partido e crítico da política econômica do governo Fernando Henrique, iria almoçar com Arminio Fraga, até mesmo repórteres de política que nunca haviam estado no prédio do Banco Central também apareceram.

Era o primeiro encontro público entre um representante da oposição e um membro da equipe econômica do governo. Nos bastidores, longe da atenção da imprensa, as conversas entre o governo Fernando Henrique e lideranças do PT já vinham acontecendo desde a elaboração da Carta ao Povo Brasileiro, divulgada no dia 22 de junho. Para aumentar ainda mais o interesse pelo acontecimento daquela quinta-feira, Aloizio Mercadante não foi ao Banco Central apenas como um deputado petista — o convite para o almoço fora feito a Lula, que preferiu encaminhar o parlamentar e economista para representá-lo.

A pedido de Mercadante, o encontro permaneceu em sigilo. Foi um diálogo genérico sobre a situação do país, sem entrar em muitos detalhes. Mesmo assim, era uma grande novidade que o presidente do BC recebesse um economista do PT, o principal partido de oposição ao governo Fernando Henrique. A conversa começou "tensa", como reconheceria o próprio deputado aos jornalistas, mas logo passou a fluir. Arminio repetiu a linha de argumentação que empregava em todas as ocasiões, com banqueiros, empresários ou jornalistas: o Brasil não estava quebrado, o que estava acontecendo era uma crise de confiança, decorrente do processo eleitoral. E era sobre essa crise que se deveria atuar — além, é claro, das devidas ações de intervenção do Banco Central que a situação exigia.

Mercadante expressou seu temor de que o BC pudesse ter "atuação política durante o processo eleitoral". Arminio, por sua vez, garantiu ao deputado que o Banco teria uma atuação exclusivamente técnica, e que ele, como presidente da instituição, jamais daria qualquer declaração que pudesse, ainda que de forma direta, ser interpretada como tendo por objetivo influenciar no resultado da eleição. O parlamentar quis saber se o governo já tinha um acordo com o FMI. Àquela altura, as negociações estavam avançadas, mas ainda não era possível dá-lo como certo.

No final, depois de repassados os dados sobre o quadro econômico, a conversa ficou bastante descontraída. "Deputado, se vocês ganharem a eleição, eu recomendo que tenham muito cuidado com a captura do Estado por interesses privados. Quando se está no governo, sempre aparece alguém com ideias aparentemente muito boas, mas que, analisadas a fundo, não atendem aos interesses gerais da sociedade", comentou a certa altura Arminio Fraga. O presidente do Banco Central fez ainda outra sugestão: que um governo do PT poderia recrutar quadros de qualidade para áreas estratégicas. "Vocês terão legitimidade para isso."

Depois de quase três horas, quando a reunião caminhava para o fim, Mercadante foi informado pela assessoria de imprensa do BC sobre a expectativa dos jornalistas de que ele desse uma entrevista. O deputado concordou, mas parecia inquieto com a missão de falar sobre o encontro.

"Arminio, o que você acha que eu devo dizer lá embaixo?"

"Agora você se vira, eu já fiz a minha parte", respondeu com um sorriso o presidente do Banco Central.

"Já sei. Vou dizer que é inaceitável que os bancos e investidores estrangeiros estejam saindo do Brasil. Precisamos exigir que eles continuem financiando a nossa dívida."

"Deputado, pelo amor de Deus, não diz isso, não."

"Por quê?"

"Como eu disse, depois de várias reuniões em que eu e o ministro Malan tivemos lá fora, a saída de dólares diminuiu. Se você disser isso, aqueles que já saíram não voltam, e aqueles que ainda não saíram podem cair fora."

Antes de deixar o gabinete para dar a entrevista, Mercadante ainda perguntou, preocupado: "Quanto está o dólar?". Era um dia de relativa calmaria no mercado financeiro. Na pergunta do deputado, transparecia a preocupação com o efeito que suas palavras pudessem causar.

A conversa com Aloizio Mercadante fazia parte de um script cujo desfecho se daria semanas depois. Enquanto corriam as negociações com o FMI em Washington, sob a coordenação do secretário-executivo do Ministério da Fazenda, Amaury Bier, o presidente Fernando Henrique já havia colocado em marcha a estratégia de convencer os candidatos a sua sucessão a dar aval político ao acordo. Bier tinha orientações de permanecer nos Estados Unidos o tempo que fosse necessário para concluir as negociações. O Fundo já havia cedido aos argumentos do governo de que seria inviável solicitar aos candidatos que assinassem o acordo, então o que se pretendia era que, uma vez conhecendo os termos do acordo, eles declarassem que, se eleitos, cumpririam o que estivesse acertado.

Coube a Arminio Fraga manter as primeiras conversas formais e públicas com os candidatos. Quando saiu na imprensa que se encontraria com Mercadante, o presidente do PSDB, o deputado José Aníbal, protestou: "Como pode o presidente do Banco Central se encontrar com um representante do adversário Lula sem antes ter conversado com o candidato do governo, José Serra?". O que o parlamentar tucano não sabia era que o diálogo com o candidato de seu partido já havia acontecido. O problema foi que Serra preferiu não comunicar isso aos seus pares — nem sequer ao presidente da legenda —, e também solicitou a Arminio que mantivesse a reunião em sigilo.

Foi o primeiro indício de que Serra pretendia "esconder" o governo em sua campanha, como de fato veio a acontecer. O encontro com Arminio ocorreu na residência do candidato, na Asa Sul de Brasília. "Foi uma conversa muito tranquila e agradável", relatou Arminio aos demais diretores do BC, em que Serra teria dito que se sentia preparado para governar o país. Quanto ao protesto de Aníbal, a saída diplomática para que ele não ficasse em situação constrangedora foi agendar uma reunião com Arminio na véspera do encontro com Mercadante. Na ocasião, Aníbal entrou e saiu da sede do Banco Central pela garagem, sem ser visto pelos jornalistas.

O encontro com Ciro Gomes, candidato pelo PPS, se deu em 22 de julho, uma segunda-feira, no Rio de Janeiro. O cenário foi a residência do presidente do BC, ao qual Ciro compareceu com a sua esposa à época, a atriz Patrícia Pillar, para um jantar a quatro. No dia seguinte, o candidato foi minimalista ao falar com os jornalistas sobre o encontro: "Dr. Arminio disse que está procurando os candidatos ou assessores para um pouco esclarecer, em fonte primária, o que eles estão fazendo, o que está acontecendo, trocar números, colocar-se à disposição para informações".[1]

Ainda de acordo com o programado pelo Palácio do Planalto, haveria um encontro também com o candidato do PSB, Anthony Garotinho, mas ele declarou publicamente que não tinha interesse. No BC, Arminio comentou: "Ótimo. Dos quatro candidatos, o único com quem eu não gostaria de falar era mesmo o Garotinho". Os acertos finais com o FMI e a articulação com os candidatos à sucessão de Fernando Henrique convergiam. O anúncio do acordo era uma questão de dias.

Nem um centavo a mais

NA ESTRATÉGIA PARA CONSTRUIR O ACORDO e assegurar uma transição para o futuro governo, Pedro Malan e Arminio Fraga perseguiram alguns pontos que exigiram uma longa e paciente negociação, que só teve resultado positivo porque, vencidas as resistências iniciais, houve o apoio da direção do próprio Fundo, do Federal Reserve System e do Tesouro dos Estados Unidos. Desde o início das conversas com o FMI, o ministro Pedro Malan orientou a equipe negociadora que fosse colocada como questão central a necessidade de que o volume de recursos fosse robusto o suficiente para gerar confiança de que o futuro governo teria condições confortáveis de financiamento para atravessar pelo menos o primeiro ano de mandato. Um empréstimo que fosse percebido pelo mercado financeiro como apenas um remendo de curto prazo não faria sentido.

Outro ponto importante era que o acordo em negociação previa que a maior parcela do empréstimo seria liberada em 2003 — portanto, já no mandato de quem fosse eleito em outubro de 2002. Se os candidatos de oposição o refutassem, abririam mão de um dinheiro vital para o governo que assumisse em 1º de janeiro. Descumprir o acordo firmado no governo Fernando Henrique significaria abrir mão do socorro do FMI.

Aos poucos, os dirigentes do FMI, do Fed e do Tesouro foram compreendendo a lógica da proposta de Malan e Arminio, defendida por Amaury Bier em Washington. Anne Krueger, porém, insistia em um ponto para fechar o acordo: aumentar o superávit primário das contas públicas, sob o argumento de que isso daria maior credibilidade ao programa de apoio ao Brasil. "Nem um centavo a mais de superávit", respondia Malan em Brasília quando consultado por sua equipe negociadora em Washington. Não havia dúvida de que a medida fortaleceria a credibilidade do programa perante o mercado financeiro e, em especial, os investidores que detinham os títulos da dívida externa. Para a equipe econômica, o superávit de 3,75% do PIB, a meta fixada pelo governo, já era suficiente para estabilizar e até reduzir a dívida pública ao longo do tempo.

Mas a questão era outra: caberia ao futuro governo cumprir a meta ampliada de superávit, caso fosse incluída no acordo. Certamente os candidatos de oposição resistiriam, e isso poderia dificultar a costura política para que concordassem em declarar que, se eleitos, cumpririam o acerto firmado pelo governo Fernando Henrique. A conveniência de elevar ou não o esforço fiscal era uma decisão que caberia ao futuro governo. Esse foi o último ponto a ser conquistado pelo Brasil na dura e complicadíssima negociação com o FMI.

Em 1º de agosto, os jornais registraram com destaque mais um dia de grande turbulência no mercado financeiro. Na véspera, uma quarta-feira, o dólar bateu novo recorde. No decorrer do dia, chegou a ser negociado a 3,61 reais, mas terminou fechando em 3,47 reais — o que mesmo assim significava uma alta de 5,15% em um único dia, apesar das intervenções do BC no mercado de câmbio, com a venda estimada de 300 milhões de dólares. No ano, a desvalorização da moeda brasileira diante do dólar já chegava a 50,8%. Ao jornal *O Estado de S. Paulo*, o diretor de renda fixa do banco Lloyds TSB, Joaquim Kokudai, resumia assim a situação: "Há uma escassez muito grande de dólares no mercado. As linhas de crédito para o Brasil estão secando".[1]

No dia seguinte, 2 de agosto, uma breve reversão. As notícias que vinham de Washington indicavam que as negociações com o FMI caminhavam para o final. Um programa de socorro ao Brasil estava para ser anunciado, com volume significativo de empréstimo. O secretário do Tesouro americano, Paul O'Neill, deu declarações à imprensa elogiando a política econômica do Brasil e apoiando a ajuda do Fundo ao país. O dólar caiu quase 10%, fechando em 3,15 reais.[2]

No dia 1º, o presidente Fernando Henrique tivera uma longa reunião no Itamaraty com o ministro Celso Lafer, das Relações Exteriores, e Pedro Parente, da Casa Civil, além de Malan e Arminio Fraga. A essa altura, já se discutiram os termos finais do acordo e a visita que o secretário do Tesouro americano faria ao Brasil na semana seguinte. A orientação de Malan para Amaury Bier era que só retornasse ao Brasil depois de fechada a negociação. Entre Brasília e Washington, as consultas se intensificavam. O FMI e o Tesouro americano já estavam alinhados com a posição do governo de que a adesão dos candidatos ao acordo iminente se daria na forma de declarações, indicando respeito ao que fosse assinado pelo presidente em fim de mandato.

No Palácio do Planalto, a articulação com os candidatos e seus assessores era atribuição do ministro-chefe da Casa Civil, Pedro Parente. Pelo Banco Central, só Arminio Fraga tinha autorização para falar. No caso do PT, foi o próprio Fernando Henrique quem ligou para José Dirceu para convidar Lula. O nervosismo do mercado dava a todos um sentido de urgência para a conclusão do acordo. Como já havia previsto o presidente ainda em maio, sem um suporte externo que reforçasse as defesas contra os ataques especulativos do mercado financeiro, o Brasil não iria aguentar. A profecia estava a ponto de se realizar.

Mais difícil do que montar a equação financeira do acordo era a complexidade da costura política envolvida. "Acordo com FMI vai requerer apoio da oposição", foi a manchete de página do caderno de economia de *O Estado de S. Paulo* naquele 2 de agosto.[3] Assinada pelo correspondente do jornal em Washington, Paulo Sotero, a reportagem trazia declarações do porta-voz do FMI, Thomas Dawson, de que as negociações estavam avançando bem, sendo tocadas "intensamente" e com "alguma urgência, dado o nervosismo do mercado".

Estava claro que, quaisquer que fossem os termos finais do acordo, ele dependeria de algum tipo de entendimento com a oposição — ou, segundo as palavras de Anne Krueger dias antes em São Paulo, de "um compromisso" dos candidatos. A preocupação constante com a conotação de cada palavra refletia o terreno escorregadio em que todos pisavam. Por fim, em 7 de agosto, o FMI soltou um comunicado anunciando que as negociações estavam concluídas. O Fundo emprestaria 30 bilhões de dólares ao Brasil, com 6 bilhões liberados ainda no governo Fernando Henrique e 24 bilhões no primeiro ano do mandato do futuro governo.

O diretor-gerente do FMI, Horst Köhler, em declaração à BBC em Washington, afirmou: "Observamos que as autoridades brasileiras estão convencidas de que este acordo atende aos interesses do país e confiantes em que ele terá o apoio dos principais candidatos à Presidência. Consultas a esse respeito já foram iniciadas".[4] O Tesouro dos Estados Unidos também manifestou apoio, afirmando que o Brasil adotava política econômica correta para manter a estabilidade e fazer a economia crescer.

O acordo teria duração de quinze meses e obrigava o Brasil a manter a meta de superávit primário das contas públicas de 3,75% do PIB. Dessa forma, o rigor fiscal se estenderia para o mandato de quem vencesse a eleição em outubro. No dia seguinte, 8 de agosto, Pedro Malan e Arminio Fraga deram entrevista para explicar mais detalhes do acerto com o FMI. Segundo Fraga, era um acordo "espetacular" e "minimalista", que se concentrava em responsabilidades monetária e fiscal, respeito aos contratos e não implicava em nenhuma amarra adicional para o futuro governo.[5]

O que se anunciou naquela quarta-feira, 7 de agosto, foram os termos finais da negociação entre o Fundo e a equipe econômica de FHC. A diretoria do FMI só se reuniria para aprovar o acordo um mês depois, no início de setembro. Era o prazo necessário para que se desse mais um passo na coreografia que envolvia Fernando Henrique, seu candidato à sucessão, José Serra, e três candidatos de oposição, Lula, Ciro Gomes e Garotinho.

A rigor, o acordo só seria sacramentado com a sinalização dos candidatos de que, se eleitos, cumpririam os termos firmados pelo governo Fernando Henrique. O anúncio antecipado atendia a dois objetivos: primeiro, deter as incertezas em relação ao Brasil; segundo, fazer com que os presidenciáveis arcassem com o peso de suas próprias decisões.

Na hipótese de eventual veto, o ônus pelas consequências geradas caberia a eles.

O acordo foi desenhado levando em conta as sutilezas e peculiaridades do momento político. Tratava-se de algo absolutamente necessário, mas criava para os candidatos de oposição, e especialmente para Lula e o PT, uma espécie de amarra. A primeira revisão, quando os técnicos do FMI avaliam a evolução dos indicadores econômicos do país e se os termos estão sendo cumpridos — ou não — para a liberação das parcelas do empréstimo, estava prevista para novembro de 2002, já com o novo presidente eleito. Nesse caso, a interlocução já se daria também com a equipe de transição. Seria um momento para reafirmar compromissos. As demais revisões estavam previstas para 2003, já no mandato do futuro governo.

O fato sem foto

A MENOS DE DOIS MESES DO PRIMEIRO TURNO, a agenda dos candidatos estava sobrecarregada de compromissos país afora. Mesmo assim, dada a situação de urgência, não foi difícil para Pedro Parente acertar um encontro de todos com FHC. A data definida foi 19 de agosto, uma segunda-feira, quinze dias antes da reunião da diretoria do FMI que daria a palavra final sobre o acordo. Acertada a reunião, o Palácio do Planalto tratou de lidar com as expectativas criadas a respeito dela. Cinco dias antes, numa quarta-feira, o presidente deu uma entrevista à jornalista Míriam Leitão, da GloboNews, com repercussão nos demais veículos de comunicação. Sobre o que esperava do encontro, afirmou: "Se você está em conformidade [com o acordo], diga. Se não estiver, diga também e por que não. [...] Estou assumindo minhas responsabilidades". Fernando Henrique disse ainda que faria um apelo à "responsabilidade patriótica" dos candidatos. E acrescentou: "Vou pedir às mãos que, eventualmente, venham a sustentar o leme que comecem a sentir a responsabilidade [e] o peso de ter nas mãos o leme de um país".

Lula, por sua vez, enquanto afinava o discurso para assumir o compromisso de respeitar o acordo com o FMI, mantinha nos palanques as críticas à política econômica. Na semana anterior, em campanha no

Paraná, ao ser indagado sobre o encontro que teria com o presidente da República, afirmou que não dividiria "o ônus da crise" com o governo. Segundo ele, não seria com "palavrório" que o país sairia da crise. Na véspera do encontro no Palácio do Planalto, um domingo, o candidato se reuniu em São Paulo com José Dirceu e outros dirigentes do partido para discutir a melhor estratégia para a conversa do dia seguinte. O presidente havia ligado dias antes para Dirceu, embora o convite formal tenha sido feito pelo ministro Pedro Parente.

Numa entrevista a *O Estado de S. Paulo* calculadamente concedida para a edição de 19 de agosto, a data do encontro, José Dirceu fazia o contraponto: "[Será] uma reunião séria, para dizer à sociedade que ela fique tranquila porque estamos numa democracia e vamos ter uma transição segura. Disputa eleitoral à parte, ninguém quer ver o circo pegar fogo. É preciso ter responsabilidade neste momento, que é gravíssimo. E dizer para o mundo que o Brasil é um país onde vale a pena investir, que honra seus compromissos", declarou ele.[1]

Um encontro de um presidente da República com três candidatos de oposição, além do governista, para tratar de questões de Estado é por si só um evento histórico. No entanto, não há registros fotográficos de todos reunidos. Em primeiro lugar, porque ficou estabelecido que Fernando Henrique os receberia em horários diferentes: ao meio-dia, Ciro Gomes; a uma, Lula; às duas, Anthony Garotinho; e às três da tarde, José Serra. Pouco antes da sequência de encontros, a assessora de imprensa da Presidência da República levou a FHC o pedido de fotógrafos e cinegrafistas de fazer o registro de imagens. "Não será necessário. Eles vão falar lá embaixo, na saída", respondeu o presidente. Aos três candidatos de oposição, não interessava, para efeitos da campanha eleitoral, fazer imagens do encontro com Fernando Henrique, que tanto criticavam no horário eleitoral gratuito e nos discursos em comícios pelo país. Nem mesmo Serra tinha interesse, já que, crítico da política econômica conduzida por Malan, fazia uma campanha descolada do governo.

Pelo lado do governo, participaram, além do presidente, os ministros Pedro Malan e Pedro Parente, Arminio Fraga e o secretário-geral da presidência, Euclides Scalco. Um outro detalhe a ser ressaltado é que, àquela altura, o posicionamento de Ciro Gomes preocupava muito mais do que o do próprio Lula. As articulações com o candidato do PT, com participação ativa de José Dirceu e Antonio Palocci, indicavam que não haveria surpresa, e que Lula deixaria registrada sua disposição de respeitar os termos do acordo. No caso de Ciro, além dos ataques à política econômica, havia o rompimento com Fernando Henrique quando ainda era filiado ao PSDB. A relação pessoal entre ambos não era nada amistosa. E Ciro, até o início de agosto, estava no páreo. Desde junho, saltara de pouco mais de 10% nas intenções de voto para 28% em julho, enquanto Serra, em declínio, registrava pouco mais de 15%. Portanto, o cenário era de um provável segundo turno entre Lula e Ciro.

O ritual combinado foi cumprido. À saída do encontro, os candidatos desceram para o térreo, onde os esperavam os jornalistas, e deram declarações afirmando que, se eleitos, honrariam o acordo que viria a ser assinado pelo governo. A exceção foi Garotinho, que optou por emitir uma nota.

Com ampla cobertura da imprensa — incluindo os serviços de informação em tempo real, jornais e emissoras de TV e correspondentes estrangeiros —, as tratativas de Fernando Henrique com os quatro principais candidatos dominaram o noticiário daquela segunda-feira. Em entrevista logo após o encontro, Ciro Gomes avalizou o acordo, mas atacou a um só tempo o governo Fernando Henrique — "o responsável pela crise" — e Lula. "Compreendo como inevitável a evolução desses entendimentos", declarou o candidato do PPS. Ciro se limitou a afirmar que respeitaria os contratos e as metas de superávit fiscal aprovadas pelo Congresso. Seis dias antes, Ciro havia criticado o convite para a reunião no Palácio do Planalto: "O resto é tentativa de domesticação e comigo não funciona; vão domesticar o Lula, que já está bem entreguezinho. A mim, não vão domesticar", garantiu.

Liderando a corrida eleitoral e em trajetória de alta nas pesquisas de intenção de voto, Lula era todo festa. "Estamos dispostos a fazer o necessário para ajudar o país a sair da crise. Sem abrir mão de nossos princípios, saberemos sempre colocar os interesses do país à frente de qualquer outro", discursou. O candidato do PT foi além do gesto protocolar de se encontrar com o presidente da República e declarar genericamente que concordava com o acordo com o FMI. Entregou um documento com sugestões, que já no primeiro parágrafo afirmava:

> Como já havíamos expresso na Carta ao Povo Brasileiro, em 22 de junho passado, ocasião em que firmamos o compromisso de honrar contratos e controlar a inflação, com o rigor fiscal necessário, estamos conscientes da gravidade da situação e dispostos a dialogar com todos os segmentos da sociedade de modo a evitar que ele traga mais aflição ao povo brasileiro.[2]

E não ficou apenas nisso. Depois do encontro, houve o posicionamento oficial do PT. A nota publicada no site do partido afirmava:

> Como já afirmamos na Carta ao Povo Brasileiro, temos consciência da gravidade da crise financeira que afeta o Brasil. Faremos tudo o que estiver ao nosso alcance para evitar o aprofundamento dessa crise, que significaria mais sofrimento para a população na forma de aumento do desemprego, queda na renda e crescimento da pobreza.

O melhor de Lula,
segundo Malan

DO PALÁCIO DO PLANALTO, depois das entrevistas, os candidatos retomaram a maratona de viagens que a campanha exigia. O primeiro turno da eleição seria dali a um mês e meio. E se a posição de Lula se mostrava confortável, o segundo lugar estava em aberto. Ciro ocupava essa posição nas pesquisas, mas em ligeira queda em relação ao que mostravam as pesquisas no final de julho. Na pesquisa Datafolha do dia 30 de agosto, o quadro mudou sensivelmente. Ciro caiu sete pontos e foi a 20% de intenção de voto. Serra subiu seis pontos e foi a 19%. Lula ficou estável na liderança com larga vantagem, 39%.

De volta ao Ministério da Fazenda no fim do dia, o ministro Pedro Malan mobilizou sua equipe para outra tarefa, que considerava crucial e urgente. Ele avaliou que seria preciso encontrar uma forma de reforçar a mensagem de compromisso dos candidatos perante a comunidade financeira internacional. Seu chefe de gabinete, o jornalista e diplomata João Batista Magalhães, e seu assessor especial e também diplomata José Ricardo Alves foram encarregados pelo ministro a selecionar e traduzir para o inglês as declarações dos candidatos já disponíveis nas agências de notícias e nos serviços on-line dos principais jornais. Os textos foram lidos e tiveram os trechos de interesse marcados para a tradução. Descartava-se tudo que era ambíguo ou contraditório, como uma espécie de separação do joio do trigo.

Realizado esse trabalho de seleção e tradução, Malan encaminhou-as para Murilo Portugal, o representante do Brasil junto ao FMI e ao Banco Mundial, em Washington, que as distribuiria para as autoridades financeiras da capital americana. Era vital que os investidores internacionais se convencessem de que o arranjo político com as candidaturas de oposição, especialmente em relação a Lula e ao PT, era para valer. "O que eu recebi foi uma espécie de '*the best of Lula*', o melhor de Lula", contou Murilo Portugal.

Também foi traduzido na íntegra o pronunciamento feito por Fernando Henrique depois do encontro. O documento que Lula entregou ao presidente, no qual reafirmava os termos da Carta ao Povo Brasileiro, também foi traduzido. O mesmo foi feito com uma nota que o PT publicou no site do partido. A seleção de textos contemplava declarações de todos os candidatos, algumas feitas antes mesmo do encontro de 19 de agosto, mas sempre segundo o mesmo critério de edição: a demonstração do compromisso dos candidatos com a responsabilidade na gestão da economia. Compreensivelmente, o espaço maior foi dado a Lula.

No Palácio do Planalto, no Ministério da Fazenda e no Banco Central, a avaliação era uma só: a eleição estava nas mãos de Lula e do PT. Murilo Portugal e o embaixador do Brasil nos Estados Unidos, Rubens Barbosa, passaram a ser convidados a falar para grupos de investidores interessados em mais informações e em uma avaliação sobre o cenário eleitoral, com foco especialmente na candidatura Lula. No Brasil, a campanha seguia seu curso frenético. Nos palanques e nas entrevistas, o tom não mudou: críticas ao governo e à política econômica de Fernando Henrique. O anúncio do acordo, o encontro dos candidatos com o presidente no Palácio do Planalto e, na sequência, a assinatura do acordo amenizaram as tensões no mercado financeiro. O dólar recuou um pouco, e a bolsa teve ligeira recuperação. Mas o efeito durou pouco. Já na segunda quinzena de agosto e no início de setembro, tudo voltou a degringolar.

E quanto mais os indicadores financeiros pioravam em função da eleição, mais Lula se beneficiava eleitoralmente. A Carta ao Povo Brasileiro, de 22 de junho, e o aval ao acordo com o FMI pareciam documentos congelados num passado recente. O que prevalecia era a temperatura da campanha, com Lula prometendo mudanças profundas, especialmente na economia.

Ilan Goldfajn, à época diretor de Política Econômica do BC e que, junto com Amaury Bier, tinha feito plantão em Washington entre o final de julho e início de agosto para fechar os termos do acordo com o FMI, relembra a experiência de estar sob o fogo cruzado das críticas de Lula e dos economistas do PT e ao mesmo tempo defendê-los nas negociações: "Soava um pouco estranho no início nas reuniões no FMI a gente dizer: 'Olha, pode confiar, os caras não são malucos, não. Se o PT vencer as eleições, eles vão governar com responsabilidade".

Em 6 de setembro, a direção do FMI aprovou formalmente o acordo de 30,4 bilhões de dólares ao Brasil. A decisão veio em um comunicado de apenas três parágrafos. E dizia: "O Fundo Monetário Internacional aprovou hoje o pedido do Brasil para um crédito de quinze meses concedido em regime de stand-by de aproximadamente US$ 30,4 bilhões para dar suporte à economia do país até dezembro de 2003". Na prática, o acordo garantia ao governo que tomasse posse em 1º de janeiro o financiamento externo ao Brasil no mandato do novo presidente.

A nota ainda informava que aquele era o maior empréstimo já concedido pelo Fundo. Uma pequena mudança nos termos finais do acordo gerou uma onda de críticas do PT: o superávit primário para 2002 foi elevado de 3,75% para 3,88% do PIB. A justificativa para essa pequena diferença de 0,13 ponto percentual foi que a estimativa de aumento da dívida líquida do país havia subido um pouco, então era preciso compensar com um esforço a mais na parte fiscal. Para 2003, a meta continuaria em 3,75% — ou seja, para o futuro governo, nada se alteraria. Lula reagiu com a seguinte declaração: "Não fomos informados disso. [...] O perigo que nós corremos é que o governo esteja num fim de festa, de mandato, deixando as coisas acontecerem. Isso é ruim para o Brasil".[1] Aloizio Mercadante foi ainda mais duro, qualificando como "um erro grave" o aumento da meta para 3,88% do PIB.

Ciro Gomes também reagiu asperamente e aproveitou para atacar Serra. "O candidato do governo foi para a televisão várias vezes, dizer que apoiava com entusiasmo o acordo com o FMI porque ele não trazia sacrifícios adicionais", afirmou. E acrescentou que iria procurar os dois outros candidatos de oposição, Lula e Garotinho, porque a democracia brasileira estava "em observação [...] as condições da disputa estão ficando profundamente desequilibradas".[2]

Pedro Malan garantiu que os candidatos foram informados, durante o encontro em 19 de agosto no Palácio do Planalto, que haveria "um esforço fiscal adicional em 2002". No entanto, segundo o ministro, nenhum dos presidenciáveis ou assessores que os acompanhavam pediu detalhes a respeito de como e de quando isso se daria.

A ruptura quase fatal

"EDU, COMO ESTÁ O NOSSO CAIXA?"

"Estamos administrando, Pedro, com dificuldade, mas estamos."

O momento era de crise aguda, de estresse. E, com pequenas variações, esse diálogo se repetiu durante meses. Mais especificamente, de maio a outubro de 2002. Edu, no caso, era Eduardo Guardia, secretário do Tesouro Nacional. Pedro, o seu chefe, o ministro da Fazenda. O caixa do Tesouro estava secando com o passar dos meses a partir de maio daquele ano, à medida que a campanha eleitoral avançava. A engrenagem de financiamento da dívida pública corria o risco de colapso. Para honrar os vencimentos da dívida interna, o governo tinha apenas dois mecanismos: colocar mais títulos no mercado para pagar os que venciam ou sacar do caixa do Tesouro. O mercado financeiro vinha reduzindo cada vez mais a compra de títulos, especialmente os que venceriam a partir de janeiro de 2003, no mandato do governo que fosse eleito em outubro. No limite, o Tesouro não conseguiria honrar os vencimentos por falta de investidores dispostos a comprar novos títulos. Seria a moratória não como opção de governo, mas como uma fatalidade. A advertência que José Dirceu ouvira em Nova York e Washington, na visita aos Estados Unidos em julho, corria o risco de se materializar.

O primeiro movimento dos investidores foi fugir dos títulos com vencimento de longo prazo. Durante todo o ano de 2002, o Tesouro Nacional emitiu o equivalente a 110,8 bilhões de reais em títulos. Até abril, foram 41,7 bilhões, com prazo médio de doze meses. No caso dos títulos indexados à taxa Selic, as Letras Financeiras do Tesouro (LFTS), o prazo médio era de 23 meses. De maio a outubro, os prazos dos títulos foram se reduzindo a cada leilão. Os investidores não queriam correr o risco de comprar títulos no governo Fernando Henrique para receber num provável governo Lula. Apenas nove leilões de LFTS, com juros prefixados — ou seja, definidos no momento da venda dos títulos —, foram realizados com papéis a vencer em janeiro de 2003, seis deles no dia 8 de janeiro, na primeira semana de mandato do futuro governo. Todos os demais foram com vencimento até 31 de dezembro de 2002.

Enquanto os prazos se encurtavam, aprofundando incertezas sobre a capacidade do governo de rolar a dívida, os juros subiam, onerando cada vez mais o Tesouro. No caso dos títulos indexados ao IGP-M, o índice de inflação calculado pela Fundação Getulio Vargas (FGV), os juros chegaram a 11,136% ao ano. "Era como se olhássemos para a frente e víssemos uma parede, um limite a partir do qual não teríamos mais como prosseguir", recordaria Eduardo Guardia dezesseis anos depois. Prevendo um ano difícil por causa do processo eleitoral e de uma situação externa nada favorável, o Ministério da Fazenda havia se precavido formando um caixa mais robusto possível dentro das condições da época — era o que se chamou de colchão de liquidez, dinheiro em caixa para amortecer choques. Em agosto de 2002, a disponibilidade de caixa do Tesouro estava em 64,8 bilhões de reais. No dia 31 de dezembro daquele ano, véspera da posse do novo presidente, o caixa estava reduzido a 29,2 bilhões. Era como se o comboio Brasil tivesse chegado ao fim da viagem com o combustível na reserva.

Depois da eleição, e especialmente após a indicação de Antonio Palocci para o Ministério da Fazenda e do banqueiro Henrique Meirelles para o BC, a tensão diminuiu. A partir de 22 de novembro, o Tesouro conseguiu, após meses, vender LFTS. Foram apenas 3,5 bilhões de reais em quatro leilões, quase nada em termos financeiros, mas um grande sinal de alívio. O colapso fora evitado.

"Três vivas para o Brasil"
e o otimista solitário

NO BARULHO DA CRISE QUE TOMOU conta do país durante o processo eleitoral de 2002, especialmente no período de maio ao final de outubro, com a vitória de Lula no segundo turno, as vozes mais ponderadas não eram ouvidas. Eram raras, é verdade, mas existiam. Uma delas veio a público na edição de fim de semana do jornal *Valor Econômico* dos dias 9, 10 e 11 de agosto. O título do artigo, "Três vivas para o Brasil", era provocativo e até irônico aos olhos de quem via o Brasil à beira do caos em meio à turbulência daquele ano. O texto começava assim:

> Os mercados mundiais parecem estar torcendo o nariz para o Brasil neste momento. Podem estar enganados a respeito do Brasil como estiveram como os especialistas em futebol mundial no começo do verão. Quando a Copa do Mundo começou, você se recorda, a seleção brasileira era considerada talentosa, mas falha. No entanto, de alguma maneira, mais uma vez o Brasil se tornou o vencedor da Copa do Mundo. O país, da mesma maneira, também poderá demonstrar que é tão surpreendente e cheio de recursos.[1]

Seu autor era Joseph Stiglitz, prêmio Nobel de economia de 2001, catedrático da Universidade Stanford e ex-economista-chefe e vice-

-presidente do Banco Mundial. O segundo parágrafo era ainda mais simpático a um Brasil visto com temor por investidores, brasileiros e estrangeiros: "Realmente, nos anos recentes, o Brasil criou uma democracia vibrante com economia sólida. Ele merece um voto de confiança dos investidores e dos líderes políticos".

A referência do economista à Copa do Mundo era pertinente. A seleção de Luiz Felipe Scolari chegou para disputar a Copa do Japão e Coreia sob enorme desconfiança. No entanto, foi crescendo durante a competição e, no dia 30 de junho, venceu de forma convincente a sempre poderosa Alemanha pelo placar de dois a zero. E com dois gols de Ronaldo, sobre quem caíam as críticas mais pesadas. O paralelo com a situação econômica e política do Brasil, como descreveu Stiglitz, comprovou-se correto. A ascensão da esquerda com a vitória de Lula e do PT na eleição de outubro, seguida de uma transição organizada e cooperativa entre o governo que se encerrava e o que se preparava para assumir, em um clima de absoluta normalidade, comprovou que a democracia era sólida.

Na economia, não foi diferente. O governo Lula não promoveu nenhuma ruptura com a política econômica que herdou de Fernando Henrique. Pelo menos nos primeiros anos do primeiro mandato, o que houve foi continuidade. Superado o período de estresse deixado pelo ano eleitoral, a economia voltou a crescer e experimentou um período de exuberância. Joseph Stiglitz combinava avaliação dos dados econômicos com uma visão positiva do processo político brasileiro. "Há um consenso em torno de políticas fiscais e monetárias: ninguém deseja voltar à inflação dos anos anteriores." De acordo com o economista, isso incluía também os principais candidatos que concorriam à presidência.

No artigo citou ainda as reformas econômicas do governo Fernando Henrique e os avanços na área social, embora não deixasse de registrar que, nessa área, o Brasil ainda tinha muito a fazer para melhorar a vida dos brasileiros. Ressaltou, porém, que o Brasil havia evoluído para uma economia de mercado com uma democracia consolidada. O final do texto voltava ao paralelo com o futebol:

Ao traçar com êxito o seu próprio curso, o Brasil criou um vasto consenso interno, respaldado numa economia de mercado equilibrada e democrática. A vitória do Brasil na Copa do Mundo pode não ter nenhuma relação com essas reformas, mas a criatividade daquela equipe vencedora diz muito sobre o espírito do país.

O envelope envenenado

ENTRE O PRIMEIRO E SEGUNDO TURNO, um envelope pardo foi entregue ao comitê eleitoral da campanha de José Serra, no bairro Vila Guilhermina, em São Paulo. Dias antes, o seu coordenador da campanha, Milton Seligman, recebeu um telefonema do empresário Egberto Batista. Ex-secretário de desenvolvimento regional no governo Collor e irmão do então senador Gilberto Miranda, do PMDB do Amazonas, tinha como foco de atuação negócios empresariais na Zona Franca de Manaus.

"Tenho um documento capaz de mudar o curso da campanha. Acaba com o Lula", ele garantiu a Milton Seligman. Tratava-se, segundo Egberto, de uma fita VHS que registrava uma festa privada em Manaus, na qual estariam Lula e outros líderes do PT. Dias depois, um emissário que se identificou como um enviado seu entregou um envelope pardo nas mãos de Milton na Vila Guilhermina. Milton já havia relatado a Serra o telefonema do empresário. Quando o documento enfim chegou, a decisão já estava tomada. "Não vamos usar isso", teria dito Serra. Decidiu-se também que a fita VHS não seria exibida, e o envelope nem sequer foi aberto.

Se, no entanto, o conteúdo do vídeo correspondesse ao que Egberto descrevera, o impacto poderia ser de fato embaraçoso para Lula. Era veneno puro, e poderia fazer estragos numa campanha que caminhava em segurança para a vitória. Serra também não quis ficar com o envelope sob sua guarda. Decidiu que deveria ser entregue a Lula ou a alguém de sua confiança. O jornalista Inácio Muzzi, que trabalhava na campanha de Serra, entrou em contato com o deputado Luiz Carlos Sigmaringa Seixas. Sig, como era tratado entre amigos, era o elo confiável entre as duas campanhas. Antes de filiar-se ao PT, havia sido deputado constituinte pelo PSDB do Distrito Federal. Era amigo de Lula, de Serra, de Milton Seligman e de Inácio Muzzi.

A partir dessa articulação, combinou-se uma estratégia para a entrega do envelope. Já à noite, depois das gravações para o programa eleitoral, Serra deixou a sede do comitê na Vila Guilhermina e, junto com Inácio, dirigiu-se a um endereço em outro bairro da periferia de São Paulo. "Na sala, havia apenas algumas cadeiras de plástico, dessas usadas em bares e restaurantes populares", relembra o jornalista. Foram recebidos por Sigmaringa Seixas, que estava acompanhado de outro assessor do comitê de Lula. Com o envelope na mão, Serra entrou para uma sala reservada com Sigmaringa. Ficaram a sós por cerca de trinta minutos. Quando saíram, o envelope estava na mão de Sig. De volta à sala principal, conversaram amenidades ainda por alguns minutos.

"Inácio, vamos jantar?", convidou Sigmaringa quando o grupo já deixava o local. Ambos estavam hospedados em hotéis próximos, no bairro de Pinheiros. Por sugestão de Sig, foram para uma pizzaria na rua Teodoro Sampaio, um estabelecimento amplo, movimentado.

"Sig, eu sou do comitê do Serra, você do Lula. Se os jornalistas souberem que estamos nós dois aqui, isso vai dar margem para muita especulação."

"Ah, ninguém aqui conhece a gente, não, Inácio."

Nada foi comentado sobre o conteúdo do envelope. "O Serra foi muito correto", comentou Sigmaringa. Enquanto jantavam, o envelope pardo pousava sobre a mesa, sob o olhar vigilante de Sig, que não quis deixar o documento no carro que os esperava. Era melhor não correr riscos numa cidade onde roubos e assaltos eram rotina. Quem naquele restaurante poderia supor o que o envelope continha? Não havia ninguém melhor que Sig, confiável e discreto, para guardar aquele segredo.

A conta da pizza de oito pedaços, e da garrafa de vinho que beberam, foi dividida igualitariamente: *mezzo* tucana, *mezzo* petista.

Às vésperas do segundo turno, Brasília estava em ebulição. Com base nas pesquisas eleitorais, a derrota de Serra era dada como líquida e certa. No ambiente político da capital, eram habituais os encontros sociais que reuniam petistas e tucanos. Milton Seligman, coordenador da campanha de Serra e ex-ministro de Fernando Henrique, estava presente em uma dessas ocasiões, no Lago Norte. Além dele, também estava o advogado Antônio Carlos de Almeida Castro, o Kakay, amigo de Lula, José Dirceu e outros petistas. A certa altura, ele se aproximou de Seligman e comentou: "Vocês foram muito corretos com o Lula". Em seguida, fez uma ligação e passou o celular para Milton. "Eu queria agradecer a você e ao Serra. Vocês foram muito corretos. Mas eu tinha certeza de que não usariam esse tipo de coisa na campanha." Era o presidente do PT, José Dirceu.

A lágrima de Serra

QUANDO INÁCIO MUZZI ABRIU A PORTA do apartamento, encontrou Serra deitado na cama com o roupão do hotel, imóvel, com expressão de angústia. Com as mãos no rosto, nem percebeu quando seu assessor entrou. Ao baixar as mãos, o olhar estava paralisado, como quem tinha a mente em outro mundo.

"Serra, o que aconteceu que as meninas estão lá embaixo chorando?"

"Não quero falar com ninguém!"

"Como, Serra, se daqui a pouco você tem a entrevista ao vivo na TV?"

Serra não respondeu. E Muzzi continuou:

"As meninas disseram que você foi grosseiro com elas. E elas não conseguem entender o motivo..."

"Não é nada disso. É que o Lavareda acabou de me ligar e disse que eu não tenho mais chance. A eleição acabou para mim."

As meninas, no caso, eram a assessora Paula Santamaria e a chefe de cerimonial, Diala Vidal. O terceiro personagem era o cientista político e especialista em marketing político Antonio Lavareda, que fazia pesquisas e análises eleitorais para o PSDB. Naquele fim de tarde, Lavareda expôs a Serra o que os números das pesquisas já mostravam de forma eloquente: com a diferença de cerca de trinta pontos percentuais das intenções de votos em favor de Lula, a sua candidatura já estava liquidada. "Coube a mim dizer a verdade para o candidato", me disse Lavareda certa vez.

A tarde daquela terça-feira, 22 de outubro, havia sido de aparente resultado político positivo para José Serra. Sob o calor intenso daqueles dias em Minas Gerais, ele havia participado de um evento de apoio a sua candidatura, organizado pelo candidato eleito ao governo do estado, Aécio Neves, na sede do Clube de Diretores Lojistas. Aécio havia sido eleito no primeiro turno com quase 60% dos votos válidos, o que o colocava na posição de mais forte liderança política local.

O governador eleito convidou os prefeitos dos 853 municípios, a maioria dos quais o havia apoiado, e 420 deles compareceram. Mas o peso político do evento em favor da candidatura de Serra era mera questão de aparências. O que havia predominado no primeiro turno foi o que ficou conhecido como o voto "Lulécio". Parcelas expressivas do eleitorado mineiro votaram em Aécio, do PSDB, o partido de Serra, mas, para presidente, votaram em Lula, o adversário que enfrentaria no segundo turno. Os bastidores da política indicavam que Aécio Neves não só não havia combatido esse voto cruzado, como discretamente o havia estimulado, colhendo votos nas duas frentes — do eleitorado tradicional do PSDB e também do PT —, o que lhe dera um folgada vitória no primeiro turno.

Como anfitrião, Aécio Neves abriu o evento com um discurso carregado de imagens ao estilo mineiro. Ao se referir ao auditório lotado de prefeitos e, dirigindo-se a Serra, afirmou: "[Esse] é o exército que me levou [sic] ao Palácio da Liberdade", referindo-se à sede do governo do estado. O barulho estava sendo feito, mas não tinha alma. Ninguém acreditava numa improvável mudança de tendência que pudesse minimamente dar esperanças a Serra. O grito de guerra — "Virada final para a vitória" — caía no vazio. No entanto, era obrigação do candidato infundir ânimo na plateia. "Vamos virar este jogo, porque estamos virando hoje Minas Gerais e, para onde Minas for, irá o Brasil", disse o candidato, sob aplausos.

Serra, porém, sabia que não tinha diante de si uma plateia de fiéis. Muitos ali, aberta ou dissimuladamente, haviam jogado com a ideia do voto "Lulécio". O candidato afirmou que, caso fosse eleito, trataria os municípios sem discriminar colorações partidárias. "Tanto no Ministério do Planejamento quanto mais recentemente no da Saúde, nós ajudamos os municípios, desde as mais remotas cidades de Roraima até Porto Alegre, que há quinze anos vem sendo administrada pelo PT." E completou: "Não tenho certeza [se] o meu adversário, se eleito, fará isso. Esta não é uma tradição do partido dele".

Enquanto Serra ainda falava, os jornalistas já obtinham depoimentos que mostravam a falta de engajamento de vários prefeitos. "Eu vim resolver outras coisas e aproveitei para vir [aqui]. Recebi um convite do Aécio e não podia deixar de vir", declarou o prefeito de Três Marias, Padre Geraldo da Silva Macedo, do Partido Humanista da Solidariedade (PHS), incorporado em 2019 ao Podemos. E revelou que não se engajaria na candidatura de Serra, porque em sua cidade Lula havia recebido 50% dos votos válidos no primeiro turno. "Tem que respeitar a vontade do povo", justificou.[1]

Terminados os discursos, Serra se posicionou para receber os cumprimentos. Formou-se uma longa fila. Cerca de duas horas depois de muitos apertos de mãos, abraços e conversas ao pé do ouvido, o candidato, com a camisa encharcada e amarrotada, aparentava visível cansaço. Foi nesse estado que chegou ao hotel no final da tarde. A entrevista ao jornalista Boris Casoy, da TV Record, estava marcada para ser ao vivo em São Paulo. Porém, ao perceber o atraso no evento com os prefeitos, Inácio Muzzi sugeriu a Serra que a entrevista fosse concedida no estúdio da emissora em Belo Horizonte.

No entanto, quando chegaram ao hotel, os assessores observaram que o visual de Serra não estava adequado para aparecer ao vivo na TV. A camisa estava amarrotada e, como o roteiro previra que a entrevista seria em São Paulo, ele não tinha roupa limpa com que se apresentar no estúdio da Record em Belo Horizonte. Foi de Muzzi a ideia de comprar uma camisa nova. Ele pegou o número do colarinho do candidato e foi às compras, com uma recomendação de Serra: que a camisa fosse azul, a cor do PSDB. Quando o assessor voltou com a camisa, Serra havia acabado de receber o telefonema de Lavareda.

De banho tomado e camisa nova, na entrevista a Boris Casoy, Serra não deixou transparecer o seu real estado de espírito. Disse que estava confiante e voltou a falar em "virada final". Quando os votos foram apu-rados, constatou-se que o "exército" de Aécio Neves poderia até ter suas armas, mas não as disparou. Em Minas Gerais, o segundo maior colégio eleitoral do país, Lula obteve 66,45% dos votos válidos, vinte pontos percentuais a mais do que que na votação em primeiro turno no estado. Serra ficou com apenas 33,55%. Era a consagração do voto "Lulécio".

Na manhã de 16 de outubro, dez dias depois da realização do pri-meiro turno, portanto antes do evento com Serra em Belo Horizonte, o governador eleito Aécio Neves esteve em Brasília para uma reunião com Fernando Henrique Cardoso e outras lideranças que apoiavam sua candidatura. "Fizemos hoje uma reunião de virada, tenho plena consciência de que vamos vencer essa eleição", declarou o presidente do PSDB, José Aníbal, depois do encontro. Além do PSDB, o PMDB e o PFL também estavam representados.

Após deixar o Palácio do Planalto, Aécio Neves tomou o caminho do aeroporto, de onde embarcaria para Belo Horizonte. No hangar da empresa Líder Táxi Aéreo, se encontrou com o candidato Lula, que seguiria para São Paulo. Numa sala reservada, a sós, conversaram por cerca de dez minutos. Naquele mesmo dia, Lula recebeu o apoio formal de Clésio Andrade, do PFL, vice-governador eleito de Minas na chapa encabeçada por Aécio.[2]

Questionado pela imprensa sobre o encontro de Aécio com Lula, José Aníbal, o presidente do PSDB, respondeu que estava tomando co-nhecimento do fato naquele momento. Não havia o que dizer. Na reta final, a campanha estava em crise. A imprensa registrava dificuldade de pagamentos a fornecedores. "Comitê tucano atrasa pagamento de dívidas", era o título de uma reportagem da *Folha de S.Paulo* do dia 22 de outubro. A matéria relatava que os fornecedores temiam não receber e que na semana anterior 36 empresas que alugavam outdoors para Serra haviam registrado protesto no valor de 672 mil reais na Serasa.[3]

O problema vinha desde o primeiro turno. E como não estava conse-guindo pagar o que já devia, a campanha suspendeu o uso de outdoors no segundo turno. O presidente do comitê financeiro do PSDB, o de-putado Márcio Fortes, reconhecia o problema. Segundo ele, a campa-nha havia perdido "volume financeiro", mas se queixava da cobrança dos fornecedores e prestadores de serviços. "A forma mais prática de não receber é fazer ameaças. Isso expõe uma situação e só atrapalha. Quando uma questão comercial privada se torna de domínio público, agrava-se o problema", declarou ele.[4]

Dezesseis anos depois, em dezembro de 2018, Serra recordou os problemas que enfrentou na disputa com Lula. "Eu tinha muita esperança nos debates na televisão, me sentia muito preparado. Mas, quando chegou o segundo turno, o Lula decidiu não comparecer aos debates", afirmou. Com ampla vantagem nas pesquisas de intenção de voto para o segundo turno, Lula adotou como estratégia restringir sua participação em debates. Iria apenas ao da TV Globo, marcado para o dia 25 de outubro, dois dias antes da eleição.

Do ponto de vista da estratégia de campanha, a decisão fazia todo o sentido. Um debate a 48 horas da votação não teria força para tirar uma diferença tão grande a seu favor, de cerca de trinta pontos percentuais, mesmo que o adversário eventualmente tivesse melhor desempenho. Para não aceitar os demais convites para debater, Lula alegou que teria muitos compromissos de campanha, com viagens marcadas para vários estados, e ainda teria de gravar os programas para rádio e TV. Assim, as propostas de debate das TVs Bandeirantes, Record, Cultura e do jornal *Folha de S.Paulo* foram recusadas. O humorista Jô Soares convidou os dois candidatos para entrevista em seu prestigiado programa na Globo, que foi aceito por Serra e recusado por Lula.

Diante da negativa, Jô cancelou o evento. "Eu não poderia entrevistar apenas um dos dois candidatos", justificou na época o apresentador. No dia 24 de outubro, um dia antes do debate na Globo e véspera da eleição, o Datafolha divulgou nova pesquisa de intenção de votos: 66% para Lula e 34% para Serra, considerando os votos válidos, que excluem brancos e nulos.

A vez de Lula, segundo Serra

DEPOIS DO RESULTADO ELEITORAL de 27 de outubro, confirmando a folgada vitória de Lula, o candidato derrotado José Serra trocou um telefonema com a secretária de imprensa do Palácio do Planalto, Ana Tavares de Miranda, jornalista que assessorava Fernando Henrique desde a década de 1980. Em Brasília, esteve sempre ao lado dele quando foi senador, depois ministro das Relações Exteriores, ministro da Fazenda e, por fim, o presidente em seus oito anos de mandato, de 1995 a 2002. Era uma assessora de confiança absoluta do presidente e respeitadíssima entre os jornalistas, com os quais sempre manteve uma irretocável relação profissional. Atuante e com voz ativa no comando da comunicação do Palácio do Planalto e do governo, Ana Tavares mostrava personalidade forte, embora, sempre discreta, jamais tenha dado entrevistas. Com Serra ainda vivendo a ressaca da derrota eleitoral, na conversa, Ana Tavares disse ao amigo e ex-ministro de FHC com o qual convivera durante anos.

"Serra, eu queria te dizer que não votei em você."

"Eu compreendo", respondeu Serra quando ouviu de Ana a justificativa para ter votado no candidato da oposição.

"Era a vez do Lula", explicou Ana, em um diálogo que me foi revelado em uma conversa que tivemos no primeiro semestre de 2107, no Rio de Janeiro.

"Não me lembrava mais desse detalhe", me respondeu Serra quando lhe perguntei sobre o diálogo com Ana Tavares numa conversa que tivemos, no dia 13 de dezembro de 2018, em seu gabinete de senador. Mas pareceu não se incomodar quando mencionei o episódio. Eram outras as questões que ainda o incomodavam em relação à campanha de 2002. Por suas divergências com a política econômica de Fernando Henrique, Serra foi para a disputa com Lula como candidato governista, mas não defendia o governo. E isso ficou claro logo no primeiro debate, realizado pela TV Bandeirantes, no dia 4 de agosto, do qual participaram os quatro primeiros colocados nas pesquisas: Serra, Lula, Ciro e Garotinho.

"Como candidato deste governo que termina melancolicamente, que esperança o senhor pode oferecer ao povo brasileiro?", questionou Garotinho.

"Em primeiro lugar, eu quero dizer que sou candidato do governo, do meu governo, o governo José Serra", respondeu o candidato.

O distanciamento de sua candidatura do governo ficaria claro ao longo de toda a campanha. O presidente Fernando Henrique só participou de um comício, já no final da campanha. "Os votos que eu recebi naquela eleição foram por conta do meu trabalho como ministro da Saúde. Não foi por causa do governo", diria Serra dezesseis anos mais tarde, apontando pelo menos dois pontos que em sua visão o prejudicaram: a alta da taxa de juros imposta pelo Banco Central de Arminio Fraga durante a campanha eleitoral e o fato de Fernando Henrique ter preparado a transição de governo antes mesmo das eleições. Sobre o aumento de juros, afirmou: "Acho que não era necessário". E ainda afirmou ter ficado sabendo somente anos depois que a Carta ao Povo Brasileiro, divulgada por Lula no dia 22 de junho, "teve a colaboração de gente da Fazenda". E acrescentou: "Se ajudou o Lula, é lógico que me atrapalhou".

À medida que nossa conversa avançava, Serra não só relembrava os momentos da campanha eleitoral, mas atualizava suas reflexões.

"Se a Carta ao Povo Brasileiro foi importante para o país, então está bem", respondeu quando perguntei se havia ressentimento da parte dele.

"O que foi determinante para a derrota, então?"

"Olha, não acho que foi uma coisa muito simples: era a vez do Lula. Estávamos no governo fazia oito anos. Havia um desgaste natural."

Por coincidência, a frase de Serra foi exatamente a mesma de Ana Tavares. Serra também se mostrava incomodado com a iniciativa do presidente Fernando Henrique de organizar o processo de transição de governo muito antes da eleição, trabalho que ficou sob a responsabilidade do ministro-chefe da Casa Civil, Pedro Parente. Em sua visão, essa iniciativa transmitia a ideia de que o presidente e o governo como um todo não contavam com a hipótese de vitória dele, o que favoreceria a Lula. Mas quando indaguei a Serra, em dezembro de 2018, se a montagem do modelo de transição o havia afetado de alguma forma, ele disse que não. "Eu teria feito o mesmo, aquilo foi bom para o país."

A campanha de Serra começou e terminou na ambiguidade de ser, mas não querer ser, o candidato do governo. O papel de crítico da política econômica atendia muito mais ao figurino de um candidato de oposição, especialmente no caso de Lula, que soube se apropriar política e eleitoralmente das tensões nos mercados financeiros durante a campanha. Nesse sentido, Serra nada tinha a ganhar com isso. Mas, por estilo e convicção, não queria carregar o peso de ser o candidato governista — ainda mais porque, ao final dos seus oito anos de mandato, Fernando Henrique, que se elegera e reelegera em primeiro turno em 1994 e 1998, perdera a popularidade conquistada com o Plano Real, que havia derrotado a hiperinflação.

A realidade dos números eleitorais talvez ofereça indícios de que o balanço da opção de Serra de procurar se afastar de Fernando Henrique não lhe tenha rendido votos — muito pelo contrário. A pesquisa Datafolha, divulgada no dia 5 de outubro, véspera do primeiro turno, trazia Lula com 48% dos votos válidos e Serra com 20%. Garotinho vinha logo em seguida, com 19%. A análise do próprio instituto apontava para a possibilidade de Lula vencer no primeiro turno. E, caso isso não acontecesse, a segunda vaga ainda estava em aberto entre Serra e Garotinho.[1] O resultado final, no entanto, além de confirmar o segundo turno, deu a Lula 46,4% e a Serra 23,2% dos votos válidos.

No caso de Fernando Henrique, mesmo com a perda de popularidade, que vinha desde o apagão de 2001 e três combativos candidatos de oposição o atacando diariamente sem que o candidato de seu partido defendesse o seu governo, os números se mostraram melhores em relação ao que o eleitor atribuiu a Serra no primeiro turno. Na pesquisa Datafolha divulgada em 15 de dezembro de 2002 — portanto, a dezesseis dias de passar a faixa presidencial para Lula —, Fernando Henrique tinha 26% de avaliações de ótimo e bom, 36% de regular; e 36% de ruim ou péssimo. Para 35% dos brasileiros, o país estava melhor do que no início do governo Fernando Henrique, e pior para 34%. Para 28%, nem melhor, nem pior.[2]

O discurso da vitória
antes da eleição

"EU GOSTARIA DE FALAR COM VOCÊ."

"Tudo bem, com o maior prazer. Hoje?"

"Ainda hoje."

Esse breve diálogo se deu na tarde de 19 de agosto de 2002 no Palácio do Planalto, assim que terminou o encontro do presidente Fernando Henrique com Lula, o candidato do PT. Começava naquele momento uma relação que foi ganhando importância e resultaria em profícua colaboração entre os dois personagens. Da reunião entre Lula e FHC, participaram também, pelo lado do PT, Aloizio Mercadante, José Dirceu e Antonio Palocci e, pelo lado do governo, Pedro Malan, Pedro Parente, Euclides Scalco e Arminio Fraga. Já no final da conversa, Lula pediu para falar a sós com Fernando Henrique, e os dois se dirigiram a uma sala reservada, onde conversaram por cerca de dez minutos. Foi quando Palocci se aproximou de Arminio Fraga e solicitou uma reunião com ele.

Para que o encontro se desse naquele dia ainda, como era desejo de Palocci e também interesse do presidente do BC, Arminio teve de se desdobrar para cumprir compromissos já agendados para aquela segunda-feira. Quando não estava viajando para o exterior, Arminio tinha uma rotina que muito raramente sofria alterações. Todas as terças, embarcava cedo no Rio para chegar ao Banco Central em Brasília por volta das nove horas. Na quinta-feira à noite, estava de volta ao Rio. As sextas e segundas-feiras eram reservadas para audiências, geralmente com investidores e autoridades financeiras em visita ao Brasil. Aquela segunda-feira, 19 de agosto, já havia sido diferente por conta do encontro marcado entre Fernando Henrique e os candidatos para apresentar o acordo com o FMI. Mesmo assim, Arminio tinha passagem reservada para retornar no fim da tarde para o Rio, onde tinha compromisso na parte da tarde. "Vinha muita gente de fora, e eu recebia no Rio, porque não havia tempo para isso em Brasília. E aquela era uma dessas de agenda cheia", ele lembrou quinze anos depois. O encontro foi marcado às sete horas da noite no Hotel Glória, o que obrigou Palocci a ir para o Rio de última hora.

Arminio nunca havia estado pessoalmente com Palocci. Nas poucas horas entre a conversa no Palácio do Planalto em Brasília e o encontro no Rio, foi buscar informações sobre quem era e o que pensava o interlocutor. "Fui pesquisar, e as primeiras informações me vieram do então presidente da Comissão de Valores Mobiliários, José Luiz Osório, que anos antes havia tratado da reforma da Lei das Sociedades Anônimas. E ele me disse: 'Olha, é aquele deputado que sempre trazia sugestões de boas emendas'." Segundo Arminio, havia muito lobby de setores atrasados do empresariado contra mudanças na lei, e Palocci havia sido um colaborador efetivo em favor da modernização e contra aquilo que, nas reuniões da equipe econômica de então, se chamava de "o Brasil velho".

A conversa no Hotel Glória se estendeu até por volta das onze da noite. A essa altura ninguém, nem mesmo ele próprio, imaginava que Palocci assumiria em breve o Ministério da Fazenda. A situação da economia brasileira, o cenário externo, as causas e os efeitos das turbulências recentes — tudo foi repassado ponto por ponto. Arminio fez uma detalhada exposição sobre o quadro geral da economia e apontou o que, na sua visão, causava tanta turbulência no mercado financeiro: o nervosismo que levava a cotação do dólar a subir quase diariamente e a desvalorização dos títulos da dívida externa brasileira, refletida no aumento do chamado risco país, deviam-se à incerteza sobre o futuro governo e sua política econômica. "A situação não é tão ruim quanto parece. Se o próximo governo tiver o bom senso de honrar contratos, respeitar a responsabilidade fiscal, as metas de inflação, o câmbio flutuante, a crise vai desaparecer", disse o presidente do BC ao improvável futuro ministro.

Foi reforçado também um argumento que já era quase um mantra nas conversas com investidores e autoridades financeiras internacionais: "Um país que tem superávit primário de 3,75% do PIB, suficiente para assegurar o controle da dívida pública, com regime de metas de inflação, com câmbio flutuante, com o balanço de pagamentos naquelas condições, deveria estar passando pela crise que o Brasil estava enfrentando naquele momento? A resposta era não". Se fossem mantidos os pilares macroeconômicos e, se possível, a parte fiscal fosse reforçada, a situação se estabilizaria. O correto, portanto, era preservar, e não mudar a política econômica, o que em nada combinava com o discurso de campanha de Lula e com a visão dos principais economistas do PT.

"A partir daquele dia tive muitos outros encontros e conversas com Palocci, inclusive depois da posse. Mas, para mim, de longe, aquele foi o mais importante, porque eu via um caminho de crises cada vez maiores se o receituário petista fosse posto em prática", afirmou Arminio. Ao final do encontro no Hotel Glória, Arminio e Palocci trocaram telefones e e-mails. Além de interesse mútuo no diálogo, o fator empatia ajudou muito. Os dois passaram a trocar mensagens e conversar por telefone sem barreiras protocolares.

Na manhã de 6 de outubro, portanto, Arminio Fraga já tinha uma mensagem que seria encaminhada a Palocci. A pesquisa Datafolha realizada no dia 2 daquele mês apontava Lula com 49% das intenções de voto. A probabilidade de que o candidato petista vencesse no segundo turno era alta. Outra pesquisa que foi a campo na véspera e antevéspera da eleição registrou o candidato com 48% dos votos válidos.[1] Caso se confirmasse a vitória, as palavras de Lula como vencedor teriam peso decisivo na formação das expectativas dos agentes econômicos. "Pontos para o novo presidente" era o título do texto de pouco mais de uma página que o presidente do BC encaminhou por e-mail para Palocci, na esperança de que, se eleito naquele domingo, Lula pudesse acolher aquelas sugestões em sua primeira fala como presidente eleito.

A iniciativa de enviar subsídios que eventualmente pudessem ser usados pela oposição atendia ao sentido de urgência daqueles dias. A Carta ao Povo Brasileiro não foi capaz de dissipar as preocupações, e o encontro com o presidente Fernando Henrique com os candidatos, em 19 de agosto, para avalizar o acordo com o FMI teve efeito apenas momentâneo. Entre os pontos que Arminio sugeriu que fossem abordados por Lula, estavam:

- dar um tom sereno e conciliatório, de forma a remover dúvidas quanto à postura democrática do governo.
- reconfirmar compromissos com o estado de direito e o império da lei em todas as suas dimensões. Exemplificar abundantemente: dívida pública interna e externa será paga de acordo com condições originais de emissão, contratos de concessão serão respeitados, acordos internacionais serão preservados (FMI), não haverá discriminação contra investimento estrangeiro.
- macro: reforçar compromisso com a responsabilidade fiscal e com a estabilidade de preços. Sem essas condições não é possível conduzir uma política pública de caráter progressista (no escuro da inflação e da falta de transparência quem ganha são sempre os mais fortes).

E ainda prosseguia mais adiante: "Mix fiscal e monetário precisa ser revisto: aumentar (superávit) primário para eliminar de vez dúvidas quanto à sustentabilidade da dívida e permitir queda na taxa de juros".

Palocci confirmou que naquela época a troca de e-mails com Arminio era quase diária e que continuou mesmo após as eleições, prolongando-se depois da posse, durante o período em que Arminio cumpria quarentena, a regra pela qual as ex-autoridades não podem ter atividades na área privada. "Eu levei as sugestões ao Lula, mas até aquele momento eu não podia dizer ao Lula que aquelas sugestões eram do Arminio. O Lula não toleraria e daria um rolo danado", relatou o futuro ministro. Mas, como Lula não venceu no primeiro turno, o que se seguiu foi a retórica de campanha, com críticas ao governo Fernando Henrique, à política econômica e à situação geral do país. Em um ambiente ainda de disputa pelo poder, não era o momento para o "tom conciliatório" sugerido pelo presidente do BC. O ápice da tensão foi o dia 10 de outubro. O dólar alcançou a cotação de quatro reais. Na véspera, Arminio Fraga havia concedido entrevista coletiva disposto a tocar direto no que entendia ser o cerne da questão: o estresse no mercado financeiro se devia a dúvidas sobre a condução da política econômica. Assim, a resposta teria de vir dos candidatos. O auditório do Banco Central ficou lotado de jornalistas da imprensa brasileira e estrangeira, tamanha a expectativa sobre o que diria o presidente do BC três dias depois da realização do primeiro turno da eleição.

Se Lula já havia assinado a Carta ao Povo Brasileiro afirmando que cumpriria contratos, manteria a política de superávits fiscais e a política de metas de inflação, o que mais ele poderia fazer?, indagavam os jornalistas. "Nessas horas é preciso reafirmar o que já foi dito", explicou Arminio. A leitura óbvia era que o presidente do BC estava cobrando posicionamento de Lula, e assim fazendo uma defesa indireta do candidato do governo. Na realidade, dentro do governo, ninguém mais contava com a mais remota probabilidade de que Serra fosse capaz de reverter a situação. Lula era tido como presidente eleito por Fernando Henrique e sua equipe econômica. A cobrança de Arminio, mesmo tendo falado em candidatos, era mesmo para Lula, pois era a fala dele que seria levada em conta pelos agentes do mercado financeiro, também já certos da vitória do PT.

Antes da entrevista, Arminio e Malan se reuniram com Fernando Henrique e lhe transmitiram as preocupações do mercado financeiro sobre qual seria a política cambial em um governo petista. Aloizio Mercadante, até então visto como possível ministro da Fazenda, defendia controle de câmbio — ou seja, que o Banco Central impusesse regras restringindo a remessa de dólares para o exterior. O efeito seria o oposto do pretendido. A simples menção à hipótese do controle fazia com que investidores estrangeiros se retraíssem e deixassem de ingressar com dólares no país. Em razão desse temor, o mercado financeiro estava se recusando a comprar títulos públicos indexados ao dólar, empurrando para o alto a cotação da moeda americana.

Transmitida ao vivo pelas emissoras de TV, a entrevista foi tumultuada e tornou-se o fato político do dia. O argumento de Arminio Fraga de que as turbulências no mercado financeiro se deviam a incertezas em relação ao futuro governo e que, portanto, os candidatos tinham papel importante a cumprir foi contestado pelos jornalistas em diversas perguntas.

A reação na campanha petista foi imediata. Lula, Guido Mantega e Mercadante, já eleito senador por São Paulo com mais de 10 milhões de votos, acusaram Arminio e o BC de fazerem "terrorismo econômico" para ajudar Serra. Lula disse que o governo tinha mecanismos para controlar a alta do dólar. Mantega afirmou: "É lamentável que o presidente do Banco Central tenha deixado de fazer política monetária para começar a fazer política eleitoral". Mercadante foi no mesmo tom: "Falta ação do Banco Central e do governo com o compromisso com a estabilidade. Espero que esse movimento [alta do dólar] não seja mais uma vez uma aliança preocupante entre a especulação imediatista de setores do mercado, que têm títulos indexados ao dólar com vencimento em 2003, e setores do governo que acham que instabilidade e crise ajudam a candidatura do governo", declarou em entrevista no final do dia. E acrescentou: "O Arminio, ao invés de ficar dando entrevista, deveria estar sentado à mesa de câmbio [sic] impedindo esse movimento".[2]

"Não me arrependo de ter tocado na ferida. Apesar de um certo desgaste, para o que eu precisava, obtive resultado", disse Arminio uma semana depois, ao avaliar ainda o impacto da entrevista. Se externamente houve desgaste, na articulação com Palocci, a cobrança pública deu resultado. Os ânimos serenaram, as declarações das lideranças do PT passaram a ser mais cuidadosas até a eleição, e o dólar não voltou mais ao patamar dos quatro reais.

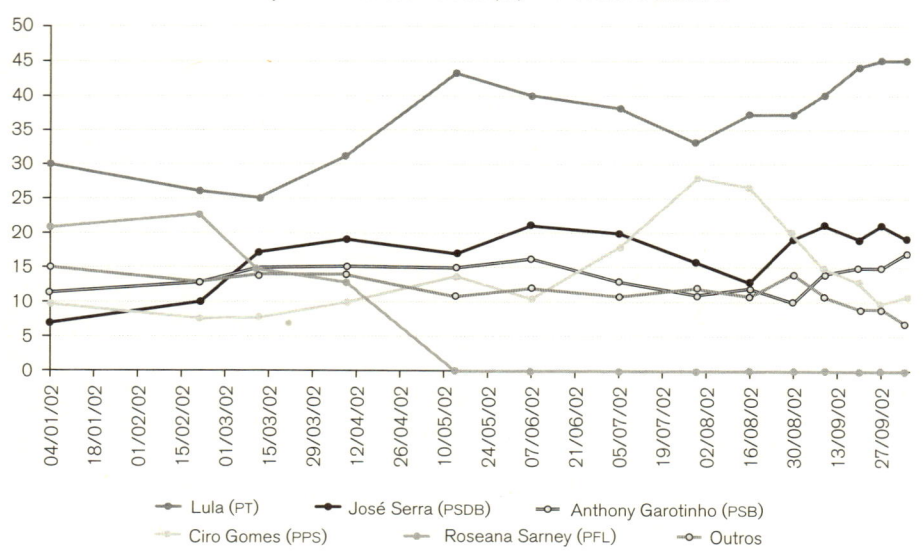

Eleições 1º turno
Intenção de voto estimulada (%) — Instituto Datafolha

- Lula (PT)
- José Serra (PSDB)
- Anthony Garotinho (PSB)
- Ciro Gomes (PPS)
- Roseana Sarney (PFL)
- Outros

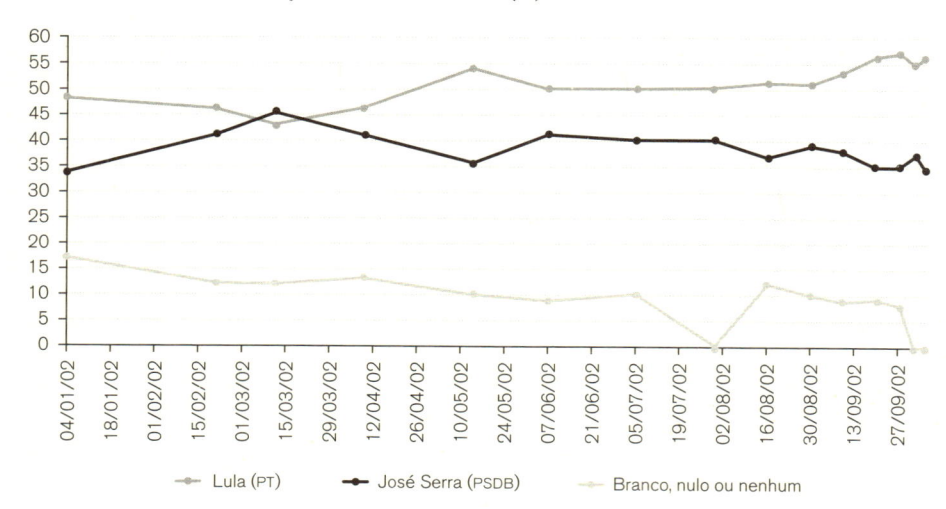

Eleições 2º turno
Intenção de voto estimulada (%) — Instituto Datafolha

- Lula (PT)
- José Serra (PSDB)
- Branco, nulo ou nenhum

Ibovespa (2002)

Câmbio — Preço de 1 USD em BRL (2002)

Principais eventos 2002

01/04/2002	Operação Lunus (Roseana Sarney)	06/10/2002	Primeiro turno
22/06/2002	Carta ao Povo Brasileiro	27/10/2002	Segundo turno
5 jul. - 16 ago.	Ciro Gomes subiu nas pesquisas	12/12/2002	Anúncio de Meirelles para o BC

Gráficos mostram a trajetória das intenções de voto com o agravamento da crise e comprovam que a Carta ao Povo Brasileiro não surtiu efeito. O cenário continuou piorando depois de 22 de junho, data da divulgação da Carta. Só melhorou depois da eleição e, especialmente, depois do anúncio de Henrique Meirelles para o Banco Central.

Reunião extraordinária

LOGO DEPOIS DO PRIMEIRO TURNO, com a piora refletida nos indicadores, o mercado financeiro começou a especular que o BC realizaria uma reunião extraordinária do Copom. No ritual do Comitê, uma reunião desse tipo só se justificava para momentos de muita gravidade, que requeiram atuação imediata. No calendário de reuniões, divulgado com um ano de antecedência, a seguinte ocorreria no dia 23 de outubro. Para aqueles dias de tormenta, no entanto, duas semanas de espera pareciam uma eternidade.

A experiência mostra que, quando o mercado financeiro passa a especular sobre um determinado tema, seus operadores começam a espalhar boatos entre os jornalistas encarregados de cobrir a área, que por sua vez têm a obrigação de apurar o que ouviram. Assim, uma onda de pressão é formada. Quando os boatos sobre a reunião extraordinária do Copom começaram a circular, os jornalistas foram atrás, e aproveitaram uma entrevista de Arminio Fraga para indagar se aconteceria mesmo. "Se algum dia eu decidir convocar uma reunião extraordinária do Copom, vocês serão os primeiros a saber", respondeu o presidente do BC.

No fim da manhã de 14 de outubro, Arminio Fraga fez pessoalmente a ligação para a assessoria de imprensa: "Neste momento, estou convocando uma reunião extraordinária do Copom. Aqui do meu lado, tem dois participantes que estão sendo informados agora. Avisa o seu pessoal aí [os jornalistas que faziam a cobertura diária no Banco Central] enquanto eu vou ligando para os diretores que não estão aqui". O comunicado da decisão foi bastante sucinto: "O recente aumento dos preços e a piora das expectativas de inflação decorrentes, principalmente, da depreciação acentuada do câmbio, levaram o Copom, em reunião extraordinária, a fixar a taxa Selic em 21% ao ano. A decisão foi por unanimidade".

Confrontando as anotações de Arminio Fraga com o comunicado do bc, percebe-se que a ideia inicial era aumentar a taxa de juros para 22% ao ano. Mesmo tendo ficado em 21%, a elevação foi brutal, de três pontos percentuais. O impacto foi enorme. Embora o mercado já percebesse a necessidade de um aumento, ninguém esperava uma alta tão acentuada.

Para o candidato da situação, era uma notícia péssima. E tudo que era negativo para Serra era muito bom para Lula. No Palácio do Planalto, o presidente Fernando Henrique tomou um susto. "Eu estava despachando com o Pedro Parente e com o Scalco, quando vi na telinha [do computador] que havia uma reunião extraordinária do Copom. Perguntei ao Pedro, ele não sabia de nada. Telefonei para o Malan, que também não sabia. Eu disse: 'Fazer uma reunião extraordinária numa horas dessas! [...]'. Pouco tempo depois, saiu a notícia de que o Banco Central, o Copom, elevou três pontos na taxa de juros."[1]

O relato do presidente prosseguia: "Depois do almoço o Arminio me telefonou. Eu disse: a consequência política disso é um desastre".

"Não, presidente, nós temos que combater a especulação."

"Mas a especulação não está concentrada em alguns bancos?"

"Não", ele respondeu, "é generalizada."

Lula não perdeu a oportunidade para atacar. Em campanha em São Bernardo do Campo, no dia 17 — três dias depois da decisão do Banco Central de elevar a taxa básica de juros —, afirmou que a equipe econômica do governo Fernando Henrique era "cega". E acrescentou: "Esse aumento da taxa de juros não vai resolver o aumento da inflação, que vem dos preços vinculados ao dólar, como o do gás, da gasolina, da energia elétrica. Fico preocupado por a equipe econômica não ter em conta que a única coisa que pode ajudar o Brasil neste momento é o crescimento da economia. [...] Lamentavelmente, estamos subordinados à especulação". A resposta oficial a Lula foi dada pelo presidente Fernando Henrique, por meio do porta-voz da presidência, o diplomata Alexandre Parola. "O presidente sublinha que é muito ruim a atitude de colocar sapato alto antes da hora e sobretudo falar de assuntos em relação aos quais não tem domínio pleno."[2]

Na reunião ordinária do Copom de 20 de novembro, já com Lula eleito, o BC elevou a taxa de juros para 22%. No dia 18 de dezembro, na última reunião do ano, e também a derradeira sob o comando de Arminio Fraga, houve uma elevação de mais três pontos percentuais, para 25%. Quando Arminio comunicou a decisão a Antonio Palocci, àquela altura já confirmado por Lula como futuro ministro da Fazenda e já nomeado por Fernando Henrique para compor a equipe de transição, ele reagiu num misto de humor e agradecimento: "Desse jeito você não vai deixar nada para mim". Era uma alusão ao fato de que, quanto mais subisse a taxa de juros ainda no mandato de Fernando Henrique e na gestão Arminio, menor seria a necessidade de fazer isso da gestão Lula, na qual o BC passaria a ser comandado por Henrique Meirelles. O ônus do aumento recairia sobre o governo que se encerrava no dia 31 de dezembro.

A alta em sequência da taxa de juros procurava deter a inflação, que fechou o ano em 12,53%, a maior desde a implantação do Plano Real. O IBGE, responsável pelo cálculo do IPCA, atribuiu a escalada ao aumento da cotação da moeda americana, afetando diretamente os produtos importados e também os que o país exportava. Segundo o instituto, o trigo subiu 75,6% em 2002, provocando aumento de 37,1% no pão e 38,1% no macarrão. Já o óleo de soja ficou 73,1% mais caro.

Noite da vitória,
véspera de trabalho

NA NOITE DO DIA 27 DE OUTUBRO DE 2002, assim que se encerrou a contagem dos votos, o candidato eleito Luiz Inácio Lula da Silva foi para a avenida Paulista comemorar a vitória. A Polícia Militar calculou a multidão em 50 mil pessoas, e os organizadores, em 150 mil. Assim que recebeu a ligação do candidato derrotado. José Serra, cumprimentando-o pela vitória e desejando sucesso, Lula fez um emocionado discurso. Às 22h41, começou dizendo: "Bem, eu quero dizer a todos vocês que amanhã, por volta do meio-dia, nós iremos fazer uma coletiva, onde eu irei fazer um pronunciamento. Hoje são apenas alguns agradecimentos". Depois de muitos agradecimentos, encerrou da seguinte maneira: "Quero agradecer à direção do meu partido e à direção dos partidos aliados. Quero dizer que sem vocês eu não seria o Lulinha paz e amor dessa campanha. Muito obrigado". Já passava da meia-noite quando Lula deixou a Paulista, explicando que ainda tinha de receber os cumprimentos de algumas delegações estrangeiras.[1]

O discurso do dia seguinte, em um hotel na Zona Sul de São Paulo, foi uma peça elaborada com antecedência. Nos documentos e pronunciamentos importantes, nenhuma palavra era colocada sem a concordância final de Lula. A construção do texto, pela sua abrangência de temas, foi obra coletiva, do grupo de assessores mais próximos do presidente eleito, com a contribuição de diversas áreas. O título do pronunciamento era "Compromisso com a mudança".

> Ontem, o Brasil votou para mudar. A esperança venceu o medo e o eleitorado decidiu por um novo caminho para o país. Foi um belo espetáculo democrático que demos ao mundo. Um dos maiores povos do planeta resolveu, de modo pacífico e tranquilo, traçar um rumo diferente para si.

E prosseguia no terceiro parágrafo:

> Tivemos um processo eleitoral de excelente qualidade, no qual os cidadãos e cidadãs exigiram e obtiveram um debate limpo, franco e qualificado sobre os desafios imediatos e históricos do nosso país. Contribuíram para isso a atitude da Justiça Eleitoral e do presidente da República, que cumpriram de maneira equilibrada o seu papel constitucional.[2]

O discurso daquela segunda-feira era aguardado com grande expectativa, pelo que a eleição de Lula representava em termos políticos, sociais e econômicos. Para o mercado financeiro, que precisa tomar decisões sobre comprar ou vender ações e títulos em tempo real, suas palavras precisavam ser analisadas e interpretadas em tempo real. Arminio Fraga estava diante da televisão na sede regional do Banco Central na avenida Presidente Vargas, no Rio, aguardando a fala do presidente eleito. Tinha sobre a mesa papel e caneta. No alto da página escreveu: "13h48 Lula 1º discurso pós-eleição". À medida que o discurso avançava, foi anotando os pontos de interesse: "contratos do governo atual, controle da inflação, responsabilidade fiscal". O presidente do BC foi até o fim anotando o que considerou relevante do ponto de vista da gestão econômica.

Em dois parágrafos consecutivos, Lula mencionou um tema caro aos brasileiros: "A dura travessia que o Brasil estará enfrentando exigirá austeridade no uso do dinheiro público e combate implacável à corrupção". Em seguida, afirmou: "Vamos aplacar a fome, gerar empregos, atacar o crime, combater a corrupção e criar melhores condições de estudo para a população de baixa renda desde o momento inicial de meu governo". O discurso de sete páginas terminou num tom emotivo: "Meu coração bate forte. Sei que estou sintonizado com a esperança de milhões e milhões de outros corações. Estou otimista. Sinto que um novo Brasil está nascendo". O país testemunhava a mais importante alternância de poder desde o fim do regime militar, com a vitória de um partido de esquerda, com forte base sindical, que incluía também segmentos expressivos da classe média, como professores universitários e intelectuais.

Terminado o discurso, Arminio Fraga tinha uma visão muito positiva dos sinais emitidos pelo presidente eleito e dos compromissos reafirmados a partir de então com a força e o respaldo da maioria dos eleitores brasileiros. E essa leitura da fala do presidente eleito seria explicitada nas reuniões, palestras e teleconferências que ele faria nos dias e semanas seguintes até a posse do novo governo.

Continuidade com Lula, segundo FHC

AINDA NA NOITE DE DOMINGO, terminada a contagem dos votos, o presidente Fernando Henrique ligou para Lula cumprimentando-o pela vitória. O Palácio do Planalto já havia informado que o presidente faria um pronunciamento sobre o resultado da eleição na segunda--feira, e que já na terça-feira teria a primeira reunião de transição com o presidente eleito.

Quando Fernando Henrique compareceu perante os jornalistas para fazer o seu pronunciamento, depois do qual respondeu a algumas perguntas dos repórteres, o discurso de Lula, feito horas antes, já era reproduzido e repercutido mundo afora, com impacto positivo para o presidente eleito. Fernando Henrique falou de improviso, num tom emocionado. Começou com as seguintes palavras:

> Eu queria uma vez mais agradecer ao povo brasileiro o sinal extraordinário de civismo, de responsabilidade na votação ocorrida. Estamos demonstrando ao mundo inteiro a nossa maturidade política. A apuração foi feita com rapidez, o que também demonstra competência técnica. Os resultados são resultados que expressam que estamos em um país que sabe escolher, de acordo com a sua vontade, e que é um país equilibrado. Quero também

agradecer as palavras do presidente eleito, Luiz Inácio Lula da Silva, que se referiu ao fato de que eu conduzi esse processo dentro das normas constitucionais, como não poderia ser diferente, com equilíbrio.

Em seguida, afirmou:

Quero dizer que o seu pronunciamento já indica isso, um caminho de responsabilidade e um caminho de continuidade que é necessário no Brasil, de combater a miséria e a fome e corresponde diretamente com o que eu disse — e diria outra vez se tivesse sido eleito — quando fui eleito, quando fui reeleito, que isso é um desejo de todos os brasileiros e é decisão de todos os brasileiros. [...] De modo que eu estou realmente muito feliz de ter podido presidir o Brasil no momento em que o Brasil realiza estas eleições e tem também outro significado que eu quero dizer com clareza: o presidente eleito, pessoa que eu conheço há 30 anos, é um líder metalúrgico. Passou sua vida como líder metalúrgico, veio de origem humilde. Isso nos orgulha.

Quando respondeu às perguntas dos jornalistas, Fernando Henrique voltou a falar sobre como se sentia ante a expectativa de passar a faixa presidencial para Lula:

É claro que há um significado especial em passar para um líder operário, para um homem que vem das lutas sindicais, um homem que eu conheci nos anos 1970, quando havia ainda uma ditadura e nós estivemos juntos em muitas campanhas, de modo que isto a mim me dá, eu diria, uma emoção.[1]

Sete meses na montanha-russa

A CARTA AO POVO BRASILEIRO foi divulgada no dia 22 de junho. Depois de ultrapassar a barreira dos 40% nas pesquisas de intenção de voto, Lula estava em um momento preocupante, com trajetória de queda. Quem subia era o candidato Ciro Gomes. Ao longo do tempo, o documento passou a ser considerado um marco histórico para a eleição e depois para a governabilidade de Lula. De fato, a Carta marcou a inflexão em direção a uma postura mais consistente e responsável na área econômica e foi importante para agregar apoio de alguns segmentos do empresariado. Para o mercado financeiro, porém, teve impacto nulo na formação dos preços e das expectativas. A subida do dólar, a queda da bolsa e a alta do risco Brasil se deram ao sabor das pesquisas eleitorais e do que diziam os candidatos nos palanques e no horário eleitoral. Examinando o gráfico das pesquisas e da evolução dos preços, percebe-se que a subida de Lula e de Ciro Gomes nas pesquisas gerava incertezas e movia os preços.

O próprio José Dirceu, à época presidente do PT, afirmou: "Eu nunca dei muita importância à Carta ao Povo Brasileiro. Eu não acho que o Lula ganhou a eleição por causa dela. Foi mais uma medida preventiva. Uma resposta ao mercado? Sim. Mas foi por isso que o Lula ganhou a eleição? Não". Outra questão importante levantada à época foi: a Carta era mesmo para valer? Lula cumpriria o que estava escrito? Até mesmo alguns setores petistas achavam que não, que o texto era um gesto tático para ajudá-lo a ganhar a eleição. No governo, Lula cumpriria o programa histórico do partido.

O cruzamento dos gráficos das pesquisas eleitorais de 2002 com os dos principais indicadores financeiros mostra com clareza que a evolução dos índices de intenção de voto nos vários candidatos impactava a expectativa dos agentes econômicos. Para melhor avaliar e entender o contexto em que a Carta foi divulgada, é importante analisar também os demais eventos que ao longo de 2002 transformaram os meses que antecederam a eleição numa verdadeira montanha-russa — especialmente no período que vai de abril até a realização do segundo turno, no dia 27 de outubro.

Na economia, até fevereiro, o cenário se desenvolvia dentro das expectativas que vinham se formando desde o final do ano anterior. A pesquisa Focus do Banco Central divulgada no dia 4 de janeiro previa inflação de 4,7% e crescimento da economia de 2,4% — um desempenho nada espetacular, mas bem melhor do que o de 2001, o ano do racionamento de energia, em que a inflação superou os 7% e a economia cresceu apenas 1,42%. Nos dois primeiros meses do ano, o dólar oscilou em torno de 2,30 reais, o risco país estabilizou-se em torno de oitocentos pontos e a bolsa não teve grandes sobressaltos. Havia razões para supor que o cenário econômico evoluiria sem grandes sustos.

Tudo mudaria depois de março, com o escândalo da empresa Lunus alterando dramaticamente o ambiente político. As campanhas eleitorais tomavam corpo a partir das convenções partidárias que formalizavam a escolha dos candidatos, em junho. O noticiário era dominado também pela Copa do Mundo, entre junho e julho. Assim, o debate eleitoral só pegaria fogo mesmo a partir de agosto, quando começava o horário eleitoral gratuito no rádio e na TV.

Em 2002, tudo fugiu ao padrão. Lula assumiu liderança folgada a partir de abril, mas sua candidatura também enfrentava problemas. As investigações sobre assassinato de Celso Daniel desdobraram-se na apuração de denúncias de corrupção na prefeitura de Santo André — um esquema que serviria para alimentar o caixa dois das campanhas do PT e especialmente a de Lula naquele ano. Em junho, a candidatura petista começou a perder pontos nas pesquisas. Quem avançava era Ciro Gomes, ameaçando tomar de José Serra o segundo lugar que o levaria ao segundo turno. E Ciro também exibia um discurso radical contra a política econômica de Fernando Henrique.

Essa conjunção de fatores fez com que o período de abril a outubro tenha sido de alta volatilidade nos mercados financeiros e muita tensão no ambiente político. O recorde de alta do dólar em determinado dia era quebrado por novo recorde nos dias seguintes, até chegar aos quatro reais em 10 de outubro. Os investidores externos retiravam suas aplicações no Brasil, e o risco país aumentava por receio de que a dívida externa não fosse honrada.

A situação só se acalmaria depois da eleição, especialmente depois da escolha de Palocci para o Ministério da Fazenda e do banqueiro Henrique Meirelles para o Banco Central. No final do ano, o dólar já recuara para 3,50 reais. Estava claro para todo mundo que as ameaças de mudanças na economia eram armas da campanha eleitoral, que no fim se revelou vitoriosa. Não seriam instrumento para governar.

As tensões no mercado financeiro, que levaram o país ao limite de uma ruptura grave no tecido econômico, exigiam mobilização constante das equipes do Ministério da Fazenda e do Banco Central. O centro nervoso das operações no BC era a diretoria de política econômica, sob o comando do diretor Luiz Fernando Figueiredo. A ele cabia conduzir os leilões quase que diários no mercado de câmbio a fim de tentar amortecer os impactos do cenário político sobre as cotações do dólar, em escalada até o fim do processo eleitoral. Em coordenação com o Tesouro Nacional, ele administrava a colocação de títulos públicos no mercado, em um ambiente extremamente hostil aos papéis com vencimentos a partir de janeiro de 2003, início do mandato do futuro governo. "Estivemos à beira do abismo várias vezes", disse ele em entrevista ao autor quinze anos depois. O estresse no mercado financeiro se converteu em estresse pessoal e cobrou seu preço. "Chegou a um ponto em que eu não conseguia mais dormir. Tive que tomar comprimidos de Dormonid" — o medicamento para insônia que, segundo a bula, é indicado "apenas quando o transtorno submete o indivíduo a extremo desconforto, é grave ou incapacitante".

Malan, o confidente de Palocci

"O QUE VOCÊ ACHA DE EU SER MINISTRO DA FAZENDA?"

A pergunta de Antonio Palocci pegou de surpresa Pedro Malan, a quem Palocci sucederia dois meses mais tarde. Malan tinha o hábito de fumar cachimbo e, justamente naquele momento, estava com um aceso à mão. Ao ouvir a pergunta, levou instintivamente o cachimbo à boca, deu uma longa tragada e continuou olhando para Palocci. Soltou a fumaça e só depois respondeu. "Pela minha experiência aqui nesses anos todos, considero fundamental que o ministro da Fazenda tenha plena confiança do presidente da República. E eu tenho a impressão de que você conquistou essa confiança do presidente Lula", falou o ministro.

O silêncio inicial de Malan dissimulava uma surpresa. Ele desconfiava que Lula, ao final, escolheria seu ministro da Fazenda entre dois nomes: Aloizio Mercadante, economista histórico do partido, com mestrado pela Universidade de Campinas e eleito senador com 10 milhões de votos pelo estado de São Paulo, e Guido Mantega, um italiano de Gênova que veio para o Brasil ainda criança e, formado em economia pela Universidade de São Paulo (USP), tornou-se assessor econômico de Lula a partir de 1993.

Era a primeira reunião oficial entre o ministro que se preparava para deixar o cargo depois de oito anos e o que estava para assumir o comando da economia no governo petista. Mas eles já se conheciam de longa data. Em 1998, Palocci se elegeu deputado federal pela primeira vez. O ex-prefeito de Ribeirão Preto participaria ativamente, nos dois anos seguintes, de uma comissão sobre reforma tributária. Nessa condição, foi a várias reuniões no Ministério da Fazenda. Ele chamava a atenção da equipe de Malan pela desenvoltura com que tratava da questão tributária, mostrando uma visão que, segundo quem participou daqueles encontros, saía do figurino da bancada petista da época — era mais liberal, mais moderna. "Não temos só a oportunidade, mas a obrigação de realizar a reforma tributária", afirmava ele em fevereiro de 2000.

Quando, em 2002, foi se configurando um cenário claramente favorável à eleição de Lula com Palocci na coordenação de campanha, os contatos com Pedro Malan foram se intensificando. No governo de Fernando Henrique, Malan tomava a iniciativa de enfrentar o debate com o PT em questões econômicas — trocava farpas com os economistas do partido, como Aloizio Mercadante, e até mesmo com o próprio Lula. Cabia ao então ministro da Fazenda fazer a defesa do Plano Real. Isso, porém, não acontecia em relação a Palocci, até então um quadro secundário do PT, um médico que não entrava no embate sobre questões econômicas.

Quando chegou o momento daquela que seria a primeira reunião de transição do governo tucano para o petista no Ministério da Fazenda, a conversa se deu numa sala de reuniões do quinto andar, contígua ao gabinete do ministro, onde Malan habitualmente ocupava a cabeceira. Assim que entraram na sala, Malan ofereceu esse lugar a Palocci, que gentilmente recusou. Ele então sentou-se na cadeira oposta à que foi ocupada pelo petista. A cabeceira ficou vazia. "Foi um gesto simbólico que colocava em igualdade de condições o atual e o futuro ministro da Fazenda, caracterizando o espírito da transição que se iniciava", comentou quinze anos depois João Batista, então chefe de gabinete de Malan. E esse gesto se repetiria em todas as reuniões até a transmissão do cargo, em 1º de janeiro de 2003.

Em meio a esse clima de cordialidade, Malan se sentiu à vontade para fazer sugestões:

"Acho muito importante que você reforce a área internacional do Ministério, com alguém que tenha peso e capacidade de interlocução", afirmou Malan.

"E quem poderia ser?", indagou Palocci.

"Tem um nome que considero dos mais preparados entre os nossos homens públicos: Murilo Portugal", respondeu o ministro.

Desde 1996, Murilo Portugal estava sediado em Washington. Primeiro, como diretor do Banco Mundial. Em 1998, assumiu também uma diretoria-executiva do FMI, passando a acumular as duas funções. A sugestão de um nome de peso para a área externa feita por Malan refletia a preocupação de preencher uma lacuna visível no futuro ministro: a carência de interlocução com as altas esferas do mundo financeiro mundial, como banqueiros internacionais, presidentes de bancos centrais e ministros de economia dos países desenvolvidos — um atributo que, bem sabia Malan, era essencial para os momentos de crise. Uma relação fluida com esses interlocutores poderia evitar muitos problemas e ajudar a resolvê-los, caso surgissem.

Em Washington, Murilo Portugal, sem saber ainda da conversa entre Malan e Palocci, comentava com assessores que estava pronto para voltar ao Brasil — não para ocupar algum cargo no novo governo, mas por achar que não seria mantido como representante do Brasil no FMI num governo Lula, historicamente crítico à relação do Brasil com o Fundo, em especial por achar que havia ali um componente de subserviência das autoridades brasileiras. Além disso, era bastante identificado com o governo FHC e tinha sido negociador ativo dos últimos acordos com o Fundo. Mas a surpresa para ele ainda estava a caminho, e não seria apenas uma, e sim várias.

Antonio Palocci só foi confirmado como ministro da Fazenda no dia 12 de dezembro. Porém, pelo modo como coordenava a transição em nome de Lula e pelos sinais que vinham do candidato eleito, à medida que os dias passavam, a opção ficava cada vez mais clara. Malan e Arminio fizeram algumas sugestões ao futuro ministro sobre a composição do segundo escalão do Ministério, entre elas que evitasse indicações partidárias e buscasse um perfil técnico para a equipe.

Já o Ministério do Planejamento ainda não tinha nome certo, embora alguns setores do PT trabalhassem pelo economista Luciano Coutinho. Numa das reuniões no Ministério da Fazenda, Palocci surpreendeu Malan com uma pergunta:

"O que você acha do Guido Mantega no Ministério do Planejamento?"

Malan, que sabidamente não tinha Mantega em alta conta, ficou em silêncio. Até que Palocci, estendendo a mão e segurando seu braço, arrematou:

"O Guido é o melhor nome, porque ele eu controlo."

Arminio, a cartada de Palocci

A ESCOLHA MAIS ESTRATÉGICA NA MONTAGEM da equipe econômica do governo do PT era a presidência do Banco Central. Se o ministro da Fazenda seria mesmo um petista, o que estava claro desde a campanha, o nome para o BC teria de ser uma referência inequívoca sobre como a nova gestão conduziria as ações no campo monetário. Se a economia não engrenasse, o governo fracassaria.

Com o estreitamento de relações, Palocci passou a ver em Arminio o nome ideal para o BC — não como solução definitiva, mas como uma espécie de transição estendida, por um período que, a princípio, foi especulado em um ano, mas que, à medida que aumentavam as resistências à ideia dentro do PT, poderia ser menor, de seis meses. De qualquer modo, o que foi discutido entre eles é que, caso a ideia vingasse junto a Lula, a permanência teria o caráter de transição: Arminio não integraria em definitivo o governo petista.

Para Palocci, a permanência de Arminio no BC seria ideal por várias razões. Em primeiro lugar, porque já havia empatia entre eles. O futuro ministro da Fazenda já testemunhara na relação entre Malan e Arminio o quanto a afinidade e a interatividade entre os comandos da Fazenda e do Banco Central eram cruciais na condução da economia. Mas o ponto mais relevante e mais sensível dizia respeito às incertezas de como o PT tomaria suas decisões no campo econômico, que ainda estavam vivas e pesavam na análise dos investidores, nacionais e estrangeiros. A escolha de Arminio dissiparia de imediato essas dúvidas, o que valia ouro para Palocci, pois caberia a ele lidar com dois problemas ao mesmo tempo: as inquietações do mercado financeiro e as posições de segmentos importantes do PT para os quais a Carta ao Povo Brasileiro tinha sido apenas um instrumento para ganhar a eleição.

Palocci usou de todo o seu prestígio crescente na equipe de transição para tentar convencer Lula a aceitar a indicação de Arminio. Chegou a estar convencido de que o presidente eleito comprara a ideia. "Fui além do que podia para convencer o presidente", ele comentou com um interlocutor privilegiado daquelas horas. E em determinado momento achou mesmo que o presidente faria o convite a Arminio num dos encontros que teriam no início de dezembro. A reunião aconteceu, mas o convite não.

Para Arminio Fraga, a hipótese de permanecer por um curto período no governo Lula se encaixava no que ele entendia ser um dos princípios de autonomia operacional do BC. De acordo com esse modelo, muito discutido na época, o Banco Central receberia do presidente da República, legitimado pelas urnas, a meta de inflação que deveria cumprir. Um Banco Central independente tem pelo menos dois pressupostos. Primeiro, que cabe ao governo eleito, legitimado pelas urnas, definir as metas para inflação, cabendo ao BC conduzir a política monetária de modo a cumpri-las. Para isso, seria independente, teria liberdade de ação. O segundo ponto é que, para proteger o BC das pressões políticas típicas de um período eleitoral, sua direção não deveria ter mandato coincidente com o do presidente da República. Dessa forma, quando o presidente da República assumisse, o presidente do Banco Central ainda teria dois anos de mandato pela frente, e a possibilidade de substituição só ocorreria no terceiro ano. Mas, já no primeiro, o presidente eleito poderia substituir dois dos oito integrantes da direção do BC. Dessa forma, ao longo do mandato, a Presidência da República poderia renovar todo o comando do Banco, mas sem o inconveniente de movimentos bruscos.

Para Lula e José Dirceu, manter Arminio Fraga na equipe do governo petista tinha um sério inconveniente de natureza política. Durante toda a campanha eleitoral — mais exatamente, desde a desvalorização do real, em janeiro de 1999 —, o PT, com Lula e Dirceu à frente, centrou fogo no que entendia ser o fracasso da política econômica de Fernando Henrique Cardoso. Por diversas ocasiões, no decorrer de 2002 e à medida que a vitória se aproximava, eles deram indicações claras de que haveria mudanças no BC. Além disso, se Arminio fosse mantido por Lula e a economia entrasse nos trilhos, ele certamente levaria os louros e, de forma indireta, FHC também.

Em 30 de setembro de 2002, a apenas uma semana da realização do primeiro turno eleitoral, o dólar se aproximou dos quatro reais. O então candidato estava em São Paulo dando uma entrevista para 86 correspondentes de veículos estrangeiros que cobriam o processo eleitoral. Questionado sobre a volatilidade do mercado atribuída à sua perspectiva de vitória e sobre a possibilidade de manter Arminio no cargo, afirmou: "É muito desagradável ficar falando de pessoas. Não tenho nada de pessoal contra o Arminio Fraga. Todas as vezes que o vi na televisão, achei que era um técnico competente, que tratava os números bem. Mas o dado concreto é que ele também não está dando conta do recado".

Enquanto Lula dava a entrevista aos correspondentes estrangeiros em São Paulo, Arminio estava em Washington reunido com investidores estrangeiros para a reunião do FMI. Quando Arminio Fraga saiu de uma dessas reuniões na sede do Fundo, a declaração de Lula aparecia nas manchetes das agências de notícias e dos serviços de informação em tempo real. O título das matérias chamava para a frase de que o dólar estava subindo porque ele "não estava dando conta do recado". "É uma declaração irresponsável. E se eu fosse irresponsável como ele e desse aqui em Washington uma entrevista dizendo que ele está sendo irresponsável, como ficaria? No entanto, eu estou aqui, dizendo que ele, se ganhar, fará um governo responsável", disse Arminio, extremamente irritado. Na sala, onde estavam reunidas cerca de dez pessoas, Malan ouvia o seu desabafo e dizia: "Calma, Arminio, calma, Arminio".

O banqueiro Roberto Setúbal, do Itaú, também estava presente e era um dos palestrantes de um evento organizado pela Câmara de Comércio Brasil-Estados Unidos, dividindo o palco com o economista Stanley Fischer, vice-presidente do Citigroup. Quando lhe foi dada a palavra, Setúbal soltou uma frase de grande impacto, especialmente naquele ambiente de muita desconfiança em relação ao PT e seu candidato a presidente: "O dólar está a quase quatro reais, o Lula vai ser eleito e isso não será nenhum desastre". O próprio Setúbal se surpreendeu com a reação da plateia. "Foi um silêncio de ouvir moscas voando", me contou ele quinze anos depois. Ele havia preparado um texto, mas na hora resolveu improvisar. "Estava me incomodando o que me parecia uma total negação da realidade entre os meus pares no meio empresarial. As pessoas ficavam imaginando que na última hora aconteceria alguma coisa e o Serra seria eleito". Em sua fala, ele ainda emendou mais algumas frases favoráveis ao candidato do PT. "Não tenho dúvida de que o Lula será o próximo presidente do Brasil. Esta não é uma eleição populista. Ele está sendo eleito porque está fazendo uma boa campanha. Ele é honesto e fala ao coração do povo." E acrescentou: "Isso não é uma revolução, é uma transição democrática. Eu diria que, neste momento, a comunidade empresarial brasileira está preparada para apoiar o Lula".

Apesar dos embates durante a campanha, Palocci ainda mantinha vivas as esperanças e articulações para fazer de Arminio Fraga o presidente do Banco Central do governo petista. Foi por meio de uma declaração aos jornalistas no dia 20 de novembro que José Dirceu encerrou a discussão. Ao ser indagado sobre a possibilidade de Arminio continuar no cargo em 2003, afirmou: "Novo governo, novos homens, novas mulheres". Em seguida acrescentou:

Não é bom para o país que aconteçam essas especulações. Vamos deixá-lo [Arminio] trabalhar em paz. Já é pública a posição do Lula, ele indicará um novo presidente para o BC. Não vamos fazer marola, que o mar não está calmo. O mar está "revuelto", como se diz em Cuba. O Lula vai indicar um nome dele, sem nenhum demérito à figura do presidente Arminio Fraga, sem nenhum demérito à competência técnica do presidente do Banco Central.[1]

Antonio Palocci afirma que Lula chegou a concordar com a manutenção de Fraga por seis meses, desde que já se anunciasse que seria apenas por esse período. "O próprio Arminio considerou que isso não seria positivo e que então preferiria colaborar sem ter participação no governo. E ajudou muito na montagem da equipe." Lula vinha sendo pressionado a divulgar logo a sua equipe econômica. O anúncio dos nomes ajudaria a reduzir a ansiedade dos agentes econômicos, pois sinalizaria como seria conduzida a economia a partir de janeiro.

Escalando o segundo escalão

NA MANHÃ DO DIA 11 DE DEZEMBRO DE 2002, durante o café da manhã em sua residência na Asa Sul de Brasília, o economista-chefe do Ministério do Planejamento, Joaquim Levy, emocionou-se ao ler um artigo do jornalista Elio Gaspari, na *Folha de S.Paulo*. Sob o título "O cavalheiro Arminio Fraga", Gaspari dizia que o PT lhe devia desculpas e justificava em duas curtas frases: "Tem-lhe dado um tratamento malcriado, cheio de soberba, vulgar. Tem recebido de volta uma lição de humildade e responsabilidade pública". O colunista se referia ao fato de que o presidente do BC de um lado colaborava com o governo eleito e do outro apanhava de setores petistas em frequentes declarações públicas.

Joaquim Levy conta que telefonou para Arminio Fraga. "Fiquei tocado pelo artigo do Elio, que interpretou de maneira tão sensível a situação do Arminio que resolvi ligar para ele". Segundo Levy, ele agradeceu pela solidariedade, mas logo encaixou na conversa uma questão bem prática que estava ocupando seu tempo naqueles dias finais na presidência do BC.

"Estou conversando com eles o tempo todo. Estão precisando de um secretário do Tesouro. Você topa?"

"Você acha que esses caras são sérios?"

"Sim. Eles estão entendendo a situação."

Arminio fez um relato de como andavam as conversas com Palocci e contou que outro economista, Marcos Lisboa, já havia sido convidado e aceitado compor a equipe econômica do governo Lula. Lisboa foi chamado por Palocci a ir a Brasília no início de novembro. Encontraram-se no edifício conhecido como Bolo de Noiva (uma alusão ao seu formato), onde costumava se reunir o governo de transição. A primeira reação foi de cautela:

"Palocci, não tenho nada a ver com o PT. Não posso aceitar. Não tenho a menor afinidade com o partido."

Habilidoso, Palocci contornou: "Não tem problema. Escolha o que quer fazer".

Lisboa disse que "foi uma conversa ótima" e naquele momento decidiu aceitar, optando pela secretaria de política econômica. A empatia se estabeleceu de imediato.

Seu nome foi sugerido a Palocci por Arminio Fraga e Pedro Malan como o ideal para tocar a agenda de reforma microeconômica, que envolvia estudos e propostas para melhorar o funcionamento dos mercados, regulação e novas políticas de distribuição de renda. Lisboa, porém, tinha uma visão muito distinta das propostas do PT.

Joaquim Levy conta que, diante do convite de Palocci, acertou com Marcos Lisboa que iriam juntos conversar com o futuro ministro em Brasília. A partir de como se desenvolvesse o diálogo, decidiriam aceitar ou recusar a proposta. Sem saber do que havia sido combinado, Palocci jogou uma cartada dupla naquela reunião. Se tivesse êxito, conquistaria dois quadros para sua equipe. Se falhasse, ficaria sem ambos. Logo no início da reunião, Joaquim Levy testou as convicções do futuro ministro da Fazenda:

"Palocci, não é possível ser secretário do Tesouro se não se contar com total apoio do ministro da Fazenda. Na situação em que estamos, vai ser preciso fazer coisas desagradáveis, cortar gastos, dizer não a muita gente. E isso gera atrito político."

"Deixa comigo", respondeu Palocci, batendo com a mão direita no ombro esquerdo de Levy.

Para Levy, foi como se dissesse: fique tranquilo porque eu vou segurar as pressões políticas. E foi assim que Palocci atraiu para sua equipe um professor da FGV, com doutorado na Universidade da Pensilvânia, ex-professor de economia da Universidade Stanford, Marcos Lisboa, e um doutor em economia pela Universidade de Chicago, Joaquim Levy. Embora tenha feito o convite, Palocci não teve muita empatia com Levy. "Tinha um ar irônico, um pouco blasé."

Levy aceitou o convite para o Tesouro, e Lisboa foi para a Secretaria de Política Econômica. Ainda faltavam muitos nomes para fechar a equipe que acompanharia Palocci no Ministério da Fazenda a partir de 1º de janeiro de 2003. Ele havia levado a sério a sugestão de Arminio e Malan que evitasse partilhas políticas na composição da equipe. Mas, para compor uma equipe não petista no Ministério da Fazenda, teve também o aval de Lula, que não interferiu nas escolhas. Na formação final do time, o futuro ministro da Fazenda sentiu a pressão de uma das mais influentes personagens no pensamento econômico dominante no PT, que seria revelada durante um diálogo com o ministro Pedro Malan.

Apesar de se manter fiel ao princípio do critério técnico para decidir quem tocaria a equipe econômica, Palocci sentia necessidade de temperar o seu time com alguns nomes que não fossem percebidos como fora do universo do PT. Numa das conversas com Malan no decorrer de dezembro, Palocci perguntou:

"Você tem algum nome da Unicamp para sugerir? A Maria da Conceição Tavares está me atormentando, dizendo ter que ter alguém da Unicamp, e eu já não aguento mais a pressão. Preciso de alguém da Unicamp."

A Universidade Estadual de Campinas era o reduto dos principais economistas ligados ao PT, filiados ou não ao partido. Depois de alguns segundos, Malan respondeu:

"Olha, tem um que escreve alguns artigos que fazem muito sentido. O Otaviano Canuto."

Canuto era graduado em economia pela Universidade Federal de Sergipe (UFS) e doutor pela Unicamp, e escrevia artigos para os jornais *Valor Econômico* e *O Estado de S. Paulo*. Somente no final de dezembro Palocci o convidou para um jantar no restaurante Dom Francisco, em Brasília, famoso por ter, à época, a mais variada e sofisticada carta de vinhos da capital. A conversa começou com temas genéricos, uma aproximação cuidadosa entre pessoas que acabavam de se conhecer. Quando a garrafa de vinho já estava pela metade, Palocci avançou:

214

"Você é filiado a algum partido político?"

"Não, não sou filiado a nenhum partido", respondeu Canuto. Depois de uma breve pausa, acrescentou: "Mas gostaria de deixar claro que não comungo com as ideias dos economistas do PT".

Palocci ouviu, levou o cálice à boca e, quando o recolocou na mesa, afirmou:

"Nem eu!"

O segundo escalão ficou completo com a indicação do economista Bernard Appy, formado pela USP. Appy havia sido filiado ao PT, mas acabou desfiliado não por razões políticas, mas burocráticas. Segundo seu relato, o sistema de contribuição do partido era desorganizado, e ele havia optado pelo pagamento no cartão de crédito, mais prático do que o uso do boleto, mas que a cobrança não era feita com regularidade e, quando vinha, era cobrado de uma vez tudo o que havia ficado para trás.

Com a equipe diversificada e muito bem coordenada por Palocci, a composição do segundo escalão teve peso relevante para o desempenho da economia no primeiro mandato de Lula. Marcos Lisboa cuidou não apenas da macroeconomia. As reformas microeconômicas sugeridas por ele para melhorar o ambiente de negócios no país foram relevantes para a retomada do crescimento. Joaquim Levy foi um eficiente gestor do Tesouro e Bernard Appy revelou-se um talentoso secretário-executivo da Fazenda, a pessoa que coordenava a máquina e a fazia funcionar. Por sugestão de Everardo Maciel, então secretário da Receita Federal, Palocci escolheu Jorge Rachid, braço direito de Everardo, para sucedê-lo. E no Banco Central, a permanência temporária dos diretores da gestão de Arminio Fraga na equipe de Henrique Meirelles foi decisiva para assegurar uma transição tranquila numa área tão sensível como a política monetária, para a qual é preciso credibilidade e previsibilidade. Palocci participava ativamente das reuniões com sua equipe na Fazenda, mas sobretudo dava respaldo político para essa equipe trabalhar, que, especialmente no início do governo Lula, era vista com muita desconfiança por amplas áreas do PT, a ponto de pressionarem por uma inflexão imediata na política econômica, o que certamente teria colocado em risco a vigorosa recuperação que ocorreria nos anos seguintes.

A hora do empresário

UM MÊS DEPOIS DA VITÓRIA DE LULA, a equipe de transição já trabalhava em ritmo frenético em Brasília, acessando dados sobre todas as áreas de governo, em cooperação com a equipe da gestão FHC. Em 25 de novembro, uma segunda-feira, o presidente eleito teria um dos principais encontros políticos pós-campanha, em uma viagem a Araxá. Hospedado no histórico Grande Hotel do Barreiro, inaugurado em 1944 pelo presidente Getúlio Vargas, Lula recebeu em um de seus salões os sete governadores eleitos pelo PSDB, em São Paulo, Minas Gerais, Goiás, Ceará, Rondônia, Pará e Paraíba, que haviam conquistado os votos de metade do eleitorado do país. Uma semana antes, o encontro já havia gerado uma crise entre a direção do partido e os governadores, pois fora agendado sem consulta à cúpula tucana, que, sob a presidência de José Aníbal, considerou o fato "inconveniente" e "inaceitável".[1]

Ainda se tentou amenizar o conflito entre a iniciativa de pragmatismo político dos governadores eleitos em encontrar-se com Lula e a direção do PSDB, que ainda sofria com as feridas abertas de uma campanha eleitoral dominada por uma retórica de grande eficácia na desconstrução do governo Fernando Henrique e do candidato derrotado José Serra. Nos bastidores, alguém sugeriu que José Aníbal, presidente

216

da sigla, participasse do encontro. Seria uma forma de, simbolicamente, sinalizar que o encontro tinha caráter oficial de relação entre dois partidos, e não do presidente eleito com governadores do partido derrotado. A ideia não prosperou nem mesmo entre os governadores do PSDB. O veto não ficou restrito às conversas a portas fechadas. O governador eleito de Minas Gerais, Aécio Neves, declarou aos jornalistas, ao ser indagado sobre o motivo por que a cúpula partidária não fora aceita no encontro: "A cúpula do PSDB somos nós [governadores]. Só os frágeis acham que encontrar o adversário possa ser uma capitulação".[2]

Vários dos governadores reunidos no confortável hotel das Termas de Araxá terminariam feridos em futuros embates com Lula e o PT. Geraldo Alckmin perderia a disputa para Lula na eleição seguinte, em 2006, obtendo menos votos no segundo turno do que conquistara no primeiro. Marconi Perillo passou a ser tratado como inimigo preferencial depois que, em 2005, revelou que alertara Lula de que estava havendo compra de deputados no Congresso Nacional — isso antes que o escândalo viesse a público com as denúncias do então deputado Roberto Jefferson, no que ficou conhecido como Mensalão do PT. E Aécio Neves seria derrotado na eleição presidencial de 2014 por Dilma Rousseff, que venceu com empenhado apoio de Lula no segundo turno.

Naquele encontro de vitoriosos, o ambiente era de muita cordialidade entre os representantes das duas forças políticas antagônicas, e Lula soube aproveitar muito bem a oportunidade política. Depois de mais de duas horas de reunião, disse que aquele era um encontro "não entre adversários, mas entre amigos. Brigar já brigamos muito durante as eleições". E continuou: "Serão tratados em igualdade de condição [em relação aos] demais. Quero que sejam parceiros do meu governo e quero ser parceiro do governo deles".

Dominando a cena, Lula se permitiu uma provocação bem-humorada. Disse "ter tucanos na Granja do Torto". A Granja é a casa de campo oficial da Presidência da República, e que vinha sendo usada por ele no período de transição. Não era uma anomalia que a Granja, com amplas áreas verdes e banhada pelo córrego do Torto, recebesse a visita de tucanos, os pássaros. Coisa rara eram encontros harmoniosos de tucanos do PSDB e Lula e seus liderados do PT. A provocação de Lula foi acolhida com igual humor por Cássio Cunha Lima, eleito governador pela Paraíba: "É, presidente, somos os sobreviventes da onda Lula".[3]

Na agenda oficial do encontro, havia antigos temas que ficariam sem solução pelo menos nos quinze anos seguintes: reforma da Previdência, reforma trabalhista, reforma política e socorro financeiro aos estados. Na reunião fechada, Geraldo Alckmin sentou-se ao lado de Lula, que a certa altura surpreendeu o governador eleito de São Paulo.

"Quais serão seus secretários, Alckmin?"

"Estou esperando você escolher seu ministério para ver o que sobra, mas já tenho um nome para a agricultura, Roberto Rodrigues."

"Esse não! Esse não!", reagiu Lula.

O empresário Roberto Rodrigues, um dos mais importantes líderes do setor do agronegócio, por coincidência, estava em Araxá para um encontro empresarial. Em determinado momento, ele disse que foi surpreendido quando alguém chegou ao local onde estava reunido e perguntou quem era Roberto Rodrigues. Era o jornalista Ricardo Kotscho, que viria a ser o secretário de imprensa do governo Lula. "O presidente quer falar com você", avisou Kotscho, quando Roberto Rodrigues se identificou. Levado ao Grande Hotel do Barreiro, a conversa, mantida em sigilo por recomendação de Lula, resumiu-se basicamente a uma frase de Lula: "Quero falar com você na semana que vem em Brasília".

Ao final do encontro, Roberto Rodrigues pegou carona para São Paulo com Geraldo Alckmin, que contou sobre o diálogo que tivera com Lula horas antes. Rodrigues não abriu o jogo e manteve em segredo a brevíssima conversa com Lula. Alckmin ainda falou:

"Acho que ele vai te convidar."

"Não poderei aceitar", afirmou Rodrigues.

"Se for convidado, você tem de aceitar, vai ser importante para São Paulo."

Roberto Rodrigues não contava com o convite por duas razões, e a principal delas seria revelada no encontro com Lula agendado para a semana seguinte, caso o convite de fato se confirmasse. A outra era que, dois meses antes do primeiro turno das eleições, recebera um telefonema de Clara Ant, a secretária de Lula, convidando-o, em nome do candidato, para um encontro em um hotel em Brasília. Para a surpresa de Roberto Rodrigues, que nunca estivera com Lula, quando chegou ao hotel, percebeu que seria uma reunião com mais de vinte pessoas, entre empresários e líderes sindicais e outros líderes do PT, como Palocci, Dirceu, Mercadante, Marta Suplicy e Eduardo Suplicy. Segundo Rodrigues, Lula abriu a conversa nos seguintes termos: "A essa altura, já podemos dizer que muito provavelmente vamos vencer a eleição. Então precisamos fechar um programa de governo e, para isso, quero ouvir a sugestão de cada um de vocês".

O empresário conta que se seguiram instantes de silêncio após a provocação de Lula, e ele decidiu falar. Primeiro, fez uma sucinta análise sobre a realidade do agronegócio e sua visão para a política do setor. Sugeriu também a criação de conselhos que reunissem governo, empresários e trabalhadores, a exemplo do que existia em vários países — ideia que se materializou com a criação do Conselho de Desenvolvimento Econômico e Social, que ficou conhecido como o Conselhão. Por fim, veio a parte mais ousada da fala: "Lula, acho a sua visão de agricultura inconsistente. Você coloca em contraposição o grande e o pequeno. O pequeno de hoje, se bem-sucedido, pode ser o grande de amanhã". Lula, segundo Rodrigues, não polemizou.

Por ter exposto ao então candidato uma posição que considerava diametralmente oposta, Rodrigues supunha que jamais viria a ser ministro da Agricultura no governo do PT. No entanto, o que ouviu foi o contrário: "Roberto eu te chamei aqui porque eu quero te convidar para ser meu ministro da Agricultura". Em seguida, Lula expôs ao convidado um panorama de como estava a formação dos ministérios até aquele momento: "Ainda não convidei ninguém. O Palocci pode ir para Fazenda, o Planejamento ou para a Saúde. O Zé Dirceu pode ir para a Fazenda. Mas, se o Palocci for para a Fazenda, o Zé vai para a Casa Civil. O Mercadante pode ir para a Fazenda ou ficar no Senado".

"Não posso aceitar, presidente", foi a resposta.

"Por quê?

"Porque não votei no senhor, presidente."

"Eu sei, eu vi você fazendo campanha para o Serra na televisão."

"Pois é."

"Mas não te chamei para pedir voto ou falar de eleição. Eu quero você no Ministério pelo que você representa, para você realizar o que sonha."

Roberto Rodrigues pediu um tempo para pensar.

"Eu preciso decidir logo", avisou Lula.

Já sinalizando a disposição de aceitar, respondeu:

"Se eu aceitar, quero ter autonomia para indicar todo o segundo escalão do Ministério."

Lula não disse nem que sim nem que não, mas pareceu um pouco incomodado com a condição imposta. Até que abriu o jogo:

"Mas você vai convidar tucano?"

"Não."

"Vai convidar gente do PFL?"

"Não. Quero gente técnica para tocar o Ministério."

"Olha, mas não comenta com ninguém que te perguntei isso, não. Agora, eu gostaria de participar da escolha do presidente da Embrapa."

Lula propôs então que José Graziano, o responsável pelo Programa Fome Zero, preparasse uma lista de sugestões para que, juntos, Lula e Roberto Rodrigues, escolhessem o futuro presidente da estratégica Empresa Brasileira de Pesquisa Agropecuária. O futuro ministro concordou, e a conversa se encerrou com mais uma recomendação de Lula para que tudo permanecesse em sigilo.

Em 8 de dezembro, no início da noite, o empresário Luiz Fernando Furlan, da Sadia, entrou sigilosamente pela garagem de um hotel em São Paulo, um dos locais usados por Lula e seus principais colaboradores durante a campanha e também durante a transição. Dois dias antes, Furlan havia sido procurado pelo senador eleito Aloizio Mercadante, o portador do convite para encontrar-se com Lula no domingo. "Não diga não. Pense, consulte a família e vá conversar com o Lula", atalhou Mercadante antes que Furlan dissesse alguma coisa, ao perceber que, pela expressão facial do interlocutor, havia pouca disposição do empresário a compor o governo do PT.

Dias antes, Furlan havia participado de um evento no jornal *Gazeta Mercantil*, em que se debatiam as perspectivas do futuro governo petista. Na mesa, além de Furlan, estavam Antonio Palocci e o dono do jornal, Luiz Fernando Levy. Segundo Palocci, o tom geral foi de duras críticas ao partido: "Foi pau puro". Mas, segundo seu relato, ao final do debate, ele se aproximou de Furlan e provocou: "Se está criticando tanto, por que não vem com a gente? Vem com a gente". Quando Mercadante o procurou, Furlan imediatamente se lembrou da conversa com Palocci e, com aquele diálogo na cabeça, foi ao encontro de Lula, cumprindo a recomendação de entrar pela garagem do hotel para que a imprensa não percebesse sua presença.

Roberto Rodrigues guardou segredo do convite de Lula até que, naquele mesmo domingo, recebeu um telefonema do amigo Luiz Fernando Furlan:

"Roberto, eu estive agora com o Lula e ele me disse que convidou você para ser ministro da Agricultura e que você aceitou."

"Furlan, ele me pediu sigilo, mas já que ele mesmo contou a você, não vou esconder isso do amigo. Me convidou e eu aceitei, sim."

"Então, isso muda toda a situação para mim", disse Furlan.

Assim como Roberto Rodrigues, Furlan impôs algumas condições para aceitar o convite. A principal delas era que o Banco Nacional de Desenvolvimento Econômico e Social (BNDES) permanecesse no Ministério de Desenvolvimento, pois já corriam rumores de que iria para o Planejamento, já reservado para um quadro petista.

Washington abre as portas
para Lula

EM WASHINGTON, O EMBAIXADOR DO BRASIL no governo Fernando Henrique, Rubens Barbosa, se dividia entre representar os interesses brasileiros nos Estados Unidos e acompanhar o cenário político nacìonal. Já no início de 2002, percebeu que o processo eleitoral se precipitava. Antes de assumir o posto na capital americana, Barbosa ocupara a embaixada do Brasil em Londres. Tinha por princípio que, em posições determinantes da representação brasileira, como era o caso dos Estados Unidos e do Reino Unido, era importante que o embaixador tivesse linha direta com o presidente da República, sem depender da mediação do ministro das Relações Exteriores, que na época era seu colega diplomata Luís Felipe Lampreia.

Qualquer que fosse a evolução da corrida eleitoral, a embaixada em Washington teria um papel importante a desempenhar, dada a relevância das relações Brasil-Estados Unidos. Foi com essas preocupações que decidiu telefonar para o presidente Fernando Henrique:

"Presidente, fui informado de que o Lula fará uma visita aos Estados Unidos. O Ciro Gomes também deve vir e acho que o Serra também deveria vir. Qual orientação o senhor tem a dar para a embaixada?"

"O que você acha?"

"Eu acho que não devemos nos antecipar e oferecer nada, mas atender a todos na medida em que formos solicitados."

O diálogo definiu qual seria o papel do embaixador durante o processo eleitoral e durante a transição. No caso de José Serra, Rubens Barbosa tomou a iniciativa de sugerir ao candidato que visitasse os Estados Unidos, inclusive o alertando de que seus dois principais competidores, Lula e Ciro, pretendiam ir a Washington antes das eleições. A projeção trazida por uma importante viagem ao exterior seria positiva para qualquer um dos candidatos junto ao eleitorado, isso sem contar que os mundos político, empresarial e financeiro dos Estados Unidos acompanhavam com interesse o desenrolar da sucessão presidencial no Brasil. Para que o país superasse o impacto da crise asiática de 1998, foi decisivo o apoio do então presidente Bill Clinton, conquistado graças à boa relação entre ele e Fernando Henrique. Com George W. Bush no poder, uma boa relação entre o Palácio do Planalto e a Casa Branca também seria importante para qualquer um que vencesse a eleição.

Quando, em fevereiro de 2002, recebeu a informação de que Lula iria aos Estados Unidos, Rubens Barbosa chegou a elaborar uma sugestão de agenda ao candidato e enviá-la ao Itamaraty. Porém, dos três principais candidatos, apenas Ciro fez a viagem antes da eleição de outubro. Embora Lula tenha optado por não ir, o PT soube aproveitar o canal aberto por Fernando Henrique para que o embaixador atendesse a todos conforme fosse demandado.

À medida que a campanha avançava e Lula subia nas pesquisas, os indicadores financeiros reagiam negativamente, e Rubens Barbosa era cada vez mais solicitado a dar explicações e informações sobre o cenário político brasileiro. No livro *O dissenso de Washington*, o diplomata relata o clima que se vivia nos Estados Unidos com a probabilidade cada vez maior de Lula vencer as eleições. "A embaixada brasileira em Washington passou a receber pedidos de informação por parte de parlamentares e da mídia sobre eventuais mudanças políticas e econômicas no caso da vitória de Lula. Em seminários e palestras nos *think tanks*, passei a esclarecer dúvidas sobre os possíveis rumos do novo governo."[1]

No início de junho de 2002, quando Lula e seu mais influente grupo de lideranças do PT davam acabamento final à Carta ao Povo Brasileiro, ainda uma operação sigilosa, Rubens Barbosa recebeu "um comunicado" de Stanley Gacek, alto dirigente da central sindical Federação Americana do Trabalho — Congresso de Organizações Industriais (AFL-CIO), de que Lula não iria mais aos Estados Unidos. Quem cumpriria o papel de abrir o diálogo seria o então presidente do PT, José Dirceu. Gacek, que mantinha estreitas relações com o PT, já havia facilitado uma aproximação entre Lula e o governo democrata de Bill Clinton em 1992, promovendo um encontro com o então subsecretário do Tesouro americano, Larry Summers. Mas, como dissera Dirceu a Lula, caso vencesse de fato as eleições, como se desenhava, ele teria que se entender com o governo republicano de George W. Bush. O democrata de Bill Clinton, em tese mais próximo ao que representava ideologicamente o PT, era passado. De forma pragmática, era preciso construir pontes com os republicanos ainda durante a campanha. Na avaliação de Dirceu, seria um erro esperar a confirmação da vitória para buscar o diálogo com o governo Bush.

Rubens Barbosa conta que as conversas na Casa Branca começaram tensas. Assim ele descreve a performance de Dirceu nos encontros em Washington: "Ele falava em nome do Lula, dizia que a Carta ao Povo Brasileiro seria cumprida. A firmeza com que ele falava indicava também que ele teria muito peso no governo Lula". E acrescentou: "Tendo acompanhado José Dirceu em todos os encontros, me dei conta de que ali estava um dos homens de maior confiança de Lula e que ocuparia papel de relevo no governo do PT".[2] Se a performance de José Dirceu deixou boa impressão junto às autoridades americanas, foi importante também para o trabalho de Rubens Barbosa na embaixada a partir de então. "Quem me ouviu e levou a sério o que eu disse se deu bem, ganhou muito em apostar que o Lula seria um governo responsável", afirmou ele.

Em seu livro *18 dias*, o professor Matias Spektor narra em detalhes talvez o momento mais simbólico da sucedida estratégia de aproximação de Lula do governo republicano de George W. Bush, resultado de uma ação que envolvia o governo Fernando Henrique, a embaixada brasileira em Washington, a embaixada dos Estados Unidos em Brasília e o apoio de Mario Garnero e, em menor escala, do ex-presidente José Sarney. O terreno já vinha sendo preparado desde a visita de José Dirceu a Nova York e Washington, em julho.

"Havia muita preocupação sobre o telefonema de Bush. Ninguém duvidava de que Bush ligaria para Serra se ele ganhasse, mas ele ligaria para Lula? O sentimento em Washington era o de que Bush não ligaria imediatamente, ele esperaria", disse a embaixadora Donna Hrinak a Matias Spektor. Ela conta ainda como havia insistido para que o presidente americano telefonasse ao presidente eleito. "Vocês precisam ligar. Liguem assim que possível porque isso vai significar muito aqui." Sinal de apoio e prestígio se viesse de imediato, a ligação não teria o mesmo peso simbólico caso demorasse.

Lula, como descreve Matias Spektor, "estava de terno, gravata e meias, mas sem sapatos", enquanto aguardava o telefonema de Bush ainda sem ter a certeza de que ocorreria ainda na manhã após a vitória. Bush estava percorrendo os Estados Unidos em campanha para as eleições legislativas. Estava no Air Force One, o avião presidencial, quando a Casa Branca completou a ligação. Além dos parabéns ao presidente eleito, Bush demonstrou interesse em receber Lula, que respondeu propondo um encontro ainda em 2002. Como notou Spektor, ele foi ousado ao propor um encontro com Bush antes de janeiro de 2003, pois não faz parte do protocolo da Casa Branca que o presidente dos Estados Unidos receba o eleito de outro país antes da posse. Lula agiu por pura intuição, não havia consultado ninguém sobre a proposta do encontro ainda em 2002.[3]

E assim foi que, 43 dias depois do telefonema, ele pousaria em Washington para encontrar-se com Bush, dar entrevista à imprensa americana e se reunir com líderes sindicais, numa agenda intensa organizada pelo embaixador Rubens Barbosa em coordenação com a equipe de transição. Em 10 de dezembro, ele foi recebido pelo presidente Bush no Salão Oval da Casa Branca para uma conversa que durou cerca de 45 minutos. Começaria ali uma ótima relação pessoal entre ambos, que duraria todo o período em que o presidente americano permaneceu no cargo.

No mesmo dia, Lula se reuniu com dirigentes da AFL-CIO e com Enrique Iglesias, presidente do BID. À noite, foi o centro de um jantar oferecido por Rubens Barbosa na residência do embaixador, onde o presidente eleito estava hospedado. A lista inicial de convidados, cerca de sessenta, foi crescendo ao longo do dia. "Tivemos de improvisar cadeiras para acomodar a todos. Cerca de oitenta pessoas", contou Barbosa. Lula foi também homenageado com um almoço no National Press Club, em um evento superconcorrido, com mais de trezentas presenças confirmadas.

Ao chegar à embaixada, Lula falou rapidamente sobre o encontro com o presidente americano, afirmando que se sentiu orgulhoso ao ser recebido por Bush:

> Eu sentei ali com a certeza que eu era o mais legítimo representante dos interesses do povo brasileiro e que, portanto, eu estava orgulhoso de estar ali defendendo as coisas que o meu povo acredita que eu deva defender. Para mim, isso foi motivo de orgulho, ou seja, se tivesse tocado o Hino Nacional eu teria chorado, porque é emocionante você estar falando com o presidente da economia mais forte do mundo, defendendo os interesses do povo do nosso país.[4]

O Banco Central de Lula

NO DIA 4 DE DEZEMBRO DE 2002, depois de retornar de uma viagem ao Chile, Lula colocou um ponto-final nas especulações sobre a permanência de Arminio Fraga no BC, um desejo de Palocci, não seu, nem de José Dirceu e de outros líderes do partido. "Para o Palocci era muito bom ter o Arminio, pois cabia a ele acalmar o mercado, afastar as incertezas e com o Arminio isso se daria com facilidade. Mas manter o Arminio seria demais para a nossa militância", Dirceu explicou quinze anos depois. Ainda no aeroporto de Guarulhos, Lula aproveitou a presença dos jornalistas para dar o recado mais importante do dia: "Não tenho nada contra ninguém. Acho o Arminio uma figura competente, mas nós nos elegemos prometendo mudança na política econômica e um outro rumo para o país".[1]

Enquanto Lula dava a entrevista em Guarulhos, Arminio Fraga estava em Washington, em uma reunião no Federal Reserve. Era mais uma das inúmeras viagens de Fraga aos Estados Unidos no decorrer de 2002 para obter apoio junto ao governo americano, ao FMI, ao Banco Mundial e aos principais banqueiros para que o financiamento externo ao Brasil não sofresse interrupção por conta das incertezas que dominaram o cenário político e econômico daquele ano.

Quando a fala de Lula bateu na tela dos computadores pelo serviço de informação em tempo real das agências de notícias, todos que estavam na sala de reunião se entreolharam em silêncio. O diretor de Assuntos Internacionais do BC, Beny Parnes, um dos presentes na sala, conta que quem quebrou o silêncio foi o próprio Arminio: "Vamos trabalhar". E não se fez qualquer comentário sobre a declaração de Lula.

A iniciativa de Lula de encerrar em definitivo a hipótese de continuidade de Arminio tem uma explicação: no dia seguinte, dia 5 de dezembro, uma quinta-feira, ele teria o primeiro encontro com o presidente do Banco Central. Preferiu, então, se antecipar e encerrar qualquer especulação de que a conversa pudesse ter outro objetivo que não o processo natural de transição de governo.

O encontro exigiu um esforço de logística das assessorias de ambas as partes. Lula estava em São Paulo e iria para Brasília. Arminio, depois da reunião em Washington no dia anterior, pegou um voo à noite para Brasília, com chegada prevista para o final da manhã. Por conta disso, a reunião acabou acontecendo no hangar de uma empresa aérea. Quando Lula chegou, o presidente do BC já o aguardava havia cerca de uma hora.

No início da tarde, Arminio chegou à sede do Banco Central e relatou a conversa com seus diretores: "Gostei do presidente. Me pareceu muito interessado em se inteirar da situação, fez muitas perguntas, ouviu com atenção. Foi uma boa conversa". Naquele primeiro encontro, Arminio expôs o quadro geral da economia, nada muito diferente do que vinha dizendo nas entrevistas à imprensa e nos encontros com investidores e personalidades do mundo financeiro, do Brasil e do exterior. Segundo o relato de Arminio, os demais participantes daquele encontro — José Dirceu, Marco Aurélio Garcia e Luiz Gushiken — pouco falaram. Dirceu lhe pareceu um homem frio, ao contrário de Lula. Enquanto Arminio alertava para a necessidade de resgatar a confiança dos mercados e reafirmar compromissos com a responsabilidade fiscal e o controle da inflação, Gushiken dizia repetidas vezes: "É isso mesmo, é isso mesmo".

A partir desse momento, a escolha de um nome para o BC, que já era urgente e muito cobrada pelos agentes econômicos, passou a ser uma questão crucial, dramática até. O destino do governo Lula seria decidido na economia. Se perdesse a batalha nesse campo, todo o restante ficaria comprometido. O fantasma De la Rúa, jamais admitido em público, ainda assombrava.

Formalmente, a equipe econômica estava indefinida. Nem mesmo Antonio Palocci estava confirmado para o Ministério da Fazenda. Como se tratava de um médico, e não de um economista de renome, como de costume, seria imperioso contar com alguém de peso no Banco Central. Quando Lula descartou Arminio como alternativa, o dólar subiu quase 1%, fechando a 3,72 reais. Os jornais já registravam que a indefinição provocava desgaste ao futuro governo do PT. Havia também uma questão formal importante: os nomes do presidente do BC e dos demais diretores que Lula quisesse indicar teriam que passar pela sabatina da Comissão de Assuntos Econômicos do Senado (CAE) e, se aprovados, passar também pela aprovação do plenário da Casa — um ritual que, em circunstâncias normais, pode demorar semanas, e os parlamentares entrariam em recesso em 20 de dezembro.

No dia 7 de dezembro, levado por Palocci, Arminio Fraga teve um segundo encontro com o presidente eleito. Dessa vez, foi em um café da manhã no Sofitel da capital paulista. Palocci, com uma indisposição, pouco falou. Arminio se recorda de como foi a conversa com o presidente: "Cobrimos o básico: tripé [macroeconômico], agenda micro [previdência, trabalho, tributária, abertura etc.]. Passei meu entusiasmo com as perspectivas, apesar do clima de crise, que a meu ver só tinha fundamento político. De memorável, um comentário de Lula para Palocci quando falei de temas ligados ao mercado de trabalho. Lula olhou para Palocci e disse: 'Me lembra quando chegar a hora de chamarmos alguém como nós'. Eu perguntei: 'Como assim?'. 'Alguém de sindicato do setor privado.' Ou seja, não de governo ou estatais. Na época me impressionou muito", revelou Arminio mais tarde.

Por iniciativa de Lula, o tema da presidência do BC voltou a ser discutido. De acordo com Palocci, o presidente eleito indagou se, na eventualidade de não se encontrar um nome a tempo de ser aprovado pelo Senado, Arminio se disporia a colaborar, permanecendo temporariamente no cargo. Segundo o relato de Palocci, Arminio se colocou "à disposição para ajudar", mas, ao mesmo tempo, ponderou que isso seria negativo para o novo governo. "Melhor vocês terem um nome e anunciar, mesmo que não dê tempo para ser aprovado pelo Senado", teria dito Arminio, de acordo com o futuro ministro da Fazenda.

Palocci chegou a consultar Arminio sobre a possibilidade de "uma solução interna", que seria a indicação, ainda que provisória, de um dos integrantes da diretoria em exercício. Certa manhã, fazendo uma caminhada pelas quadras da Asa Sul de Brasília com o colega de apartamento e diretor de Política Econômica, Ilan Goldfajn, Arminio indagou:

"Você toparia assumir?"

"Arminio, se eles não aceitaram você, por que iriam me aceitar? E eu também não posso aceitar."

A partir dali, as consultas de Palocci se intensificaram. E como acontece nessas situações de muita indefinição, as especulações prosperaram, e nomes foram surgindo na imprensa. Pelo menos três pessoas foram sondadas para o cargo: Pedro Bodin, do Banco Icatu; Paulo Leme, representante da Goldman Sachs para a América Latina; e Fábio Colletti Barbosa, que tinha larga experiência no mercado financeiro, tendo trabalhado no Citibank e dirigido a filial brasileira do banco ABN Amro.

Antes da viagem de Lula para Washington, autorizado pelo presidente eleito, Palocci telefonou para Murilo Portugal — nome sugerido por Malan, com quem já havia conversado em São Paulo —, convidando-o para o governo. Murilo ficou dividido, mas não havia muito tempo para pensar. Caso aceitasse o convite, talvez Lula anunciasse ainda em Washington a escolha. Seria um grande sinal para o mercado financeiro a indicação de um remanescente da equipe econômica anterior, com papel importante na costura do acordo com o FMI. Ele decidiu então se antecipar, já que não se sentia seguro para compor o governo do PT, de tão identificado que era com o governo Fernando Henrique. Ele contou que, quando o avião Legacy que levava a comitiva fez escala para abastecimento em Macapá, conseguiu completar uma ligação para Palocci. "Diga ao presidente que, infelizmente, não posso aceitar o convite", afirmou Murilo, alegando motivos pessoais para a recusa.

Em São Paulo, por volta das duas da manhã de 10 de dezembro, o deputado Ricardo Berzoini foi acordado por um telefonema de Antonio Palocci, que estava em Washington, integrando a comitiva do presidente eleito na capital americana.

"Você tem o telefone do Meirelles?"

Na manhã daquele mesmo dia, telefonou para o deputado eleito por Goiás.

"Meirelles, eu gostaria de saber se, quando eu voltar ao Brasil, você pode conversar comigo."

"Mas eu estou em Nova York", respondeu Meirelles.

"Então você pode vir a Washington?"

Henrique Meirelles, que estava nos Estados Unidos acompanhando o governador reeleito de Goiás, Marconi Perillo, deixou a comitiva do governador e voou para a capital americana. Na residência do embaixador Rubens Barbosa, houve uma longa conversa, na qual Palocci perguntou a Meirelles se, caso fosse convidado, aceitaria a presidência do Banco Central.

"Aceito se o Lula der autonomia para o Banco Central."

"Isso eu não posso garantir."

"Então não posso aceitar. É melhor vocês convidarem alguém do PT."

"Posso assegurar a você que eu, como ministro da Fazenda, vou apoiar suas decisões. Mas, quanto ao Lula, você tem que perguntar a ele."

Lula estava no salão da residência do embaixador, onde seria servido o jantar para cerca de oitenta convidados. O diálogo prosseguiu:

"Meirelles, eu não posso chamar o Lula aqui e você recusar o convite."

O deputado eleito ficou pensativo, em silêncio.

"Meirelles, na vida a gente tem que correr riscos."

"Então pode chamar o Lula."

O presidente eleito formalizou o convite e deu garantia a Meirelles de que ele teria liberdade para conduzir o BC, inclusive quanto à nomeação da diretoria. "E você não precisa se desfiliar do PSDB, não, porque eu estou te convidando por sua pessoa, não pelo partido", disse Lula. Se tivesse aceitado essa parte da oferta — e o PSDB, concordado —, Henrique Meirelles teria sido o único tucano admitido no ninho petista.

Palocci e Meirelles continuaram conversando depois que Lula saiu. Rubens Barbosa conta que, embora estando de excelente humor, Lula começou a demonstrar certa impaciência com a demora. E, virando-se para o embaixador, afirmou: "Essa conversa está demorando demais. Precisamos jantar, estou com fome. Vai lá chamar eles".

A captura do tucano

DEPOIS DE CHEGAR AO TOPO, o presidente mundial do BankBoston, Henrique Meirelles, decidiu se aposentar da exitosa carreira no mundo financeiro e entrar na vida política. Voltou ao Brasil e se candidatou a deputado federal pelo seu estado de nascimento, Goiás, onde foi o parlamentar mais bem votado na eleição de 2002. De acordo com seus planos, o mandato de deputado seria apenas um ponto de partida para ambições maiores, e ele sabia que, para ter êxito, era preciso ousar e não ter medo de desafios. Portanto, aceitar um convite do partido vencedor naquela corrida eleitoral não era inconsistente com a sua estratégia.

Assim que foi consultado sobre dirigir o Banco Central no governo do PT, Henrique Meirelles telefonou para o presidente Fernando Henrique Cardoso, então em Nova York, onde receberia, no dia 9 de dezembro, do Programa das Nações Unidas para o Desenvolvimento (PNUD), pelos avanços obtidos em sua gestão em vários indicadores sociais, o prêmio Mahbub ul Haq, batizado em homenagem ao economista paquistanês que criou o Índice de Desenvolvimento Humano (IDH). Fernando Henrique disse a Meirelles que ele não só deveria renunciar ao mandato, como também desfiliar-se do PSDB.

Para o presidente, foi uma surpresa apenas relativa. Poucos meses antes, na manhã de 21 de outubro —quando Meirelles já estava eleito deputado e Lula caminhava para a vitória no segundo turno, que se realizaria no dia 27 —, Fernando Henrique recebeu Meirelles no Palácio do Planalto. A certa altura, depois de falarem sobre a situação do Brasil e analisarem a visão do mercado financeiro internacional sobre o país, Meirelles indagou ao presidente se deveria ou não procurar Lula. "Você tem que dizer ao Lula que a melhor ajuda que ele pode dar ao país é agir corretamente, de tal maneira que você possa testemunhar lá fora que eles estão fazendo as coisas certas". Depois do encontro, Fernando Henrique registrou: "Todos ficam entre a cruz e a caldeirinha. A tentação de apoiar o governo, de ir para o governo, é sempre grande. Talvez seja a de Meirelles".[1]

Naquele mesmo dia, Meirelles tomou um voo para São Paulo. Quando já estava acomodado na primeira fila, viu um velho conhecido entrar no avião, o deputado petista Ricardo Berzoini. Eles se conheciam desde quando Meirelles dirigia o BankBoston, e Berzoini, o sindicato dos bancários. Mesmo em lados opostos nas mesas de negociação, tiveram nessa época uma relação amistosa. No avião, apenas se cumprimentaram. No desembarque, Berzoini surpreendeu-se quando percebeu que Meirelles o esperava logo depois da saída da aeronave.

"Vamos tomar um café?", convidou o ex-banqueiro e então deputado eleito pelo PSDB.

Os dois seguiram para a primeira lanchonete que encontraram no aeroporto de Congonhas.

"Diga ao Lula que estarei no Congresso para ajudar. Não tenho compromisso em fazer oposição raivosa."

"Topa ajudar em outra área?", perguntou Berzoini

Meirelles, segundo o petista, apenas sorriu e deixou a pergunta no ar. Berzoini conta que, antes da eleição, ele e Aloizio Mercadante tiveram um encontro com Meirelles na capital paulista. Estavam preocupados com as incertezas do mundo financeiro em relação a um possível governo Lula.

"O Lula vai ganhar a eleição, e depois tudo se acalma", Meirelles procurou tranquilizar.

Em 12 de dezembro, um dia depois do retorno da viagem aos Estados Unidos, Lula anunciou o trio dos mais poderosos nomes do início do seu governo: José Dirceu na Casa Civil, Antonio Palocci no Ministério da Fazenda e Henrique Meirelles no Banco Central. Pouco antes do anúncio, ligou para o presidente Fernando Henrique informando sobre a escolha do deputado eleito pelo PSDB para compor o governo do PT.

Cumprida a etapa considerada mais estratégica para o novo governo, a montagem do restante da equipe ministerial ganhou ritmo. No dia seguinte, uma sexta-feira, Lula anunciou mais três nomes: os empresários Roberto Rodrigues para a Agricultura, Luiz Fernando Furlan para o Desenvolvimento e o diplomata e embaixador do Brasil em Londres, Celso Amorim, para as Relações Exteriores. Somente em 23 de dezembro, depois de 57 dias de muita especulação, Lula completou o time que assumiria com ele no dia 1º de janeiro.

Mas, no caso do Banco Central, para que a posse acontecesse, era preciso correr contra o tempo. O nome de Meirelles ainda precisava ser aprovado pelos senadores. No dia seguinte ao anúncio, 13 de dezembro, uma sexta-feira, o presidente Fernando Henrique Cardoso, a pedido de Lula, enviou a indicação ao Senado. Como é da tradição, um governo eleito sempre conta com a boa vontade do Congresso. Assim, já na terça-feira, Henrique Meirelles foi sabatinado e aprovado tanto na CAE e como no plenário. Na presidência da Comissão estava o senador Lúcio Alcântara, eleito governador do Ceará pelo PSDB. Para facilitar o caminho de Meirelles, Alcântara indicou a si mesmo para relator, dando parecer favorável à indicação.

Mais difícil foi contornar a resistência ao nome do indicado dentro do próprio PT, em mais uma amostra das contradições do partido quando o tema era política econômica. A senadora Heloísa Helena declarou que não votaria em Meirelles "nem no pau de arara", usando como justificativa as ligações dele com o "sistema financeiro internacional".[2] A posição da senadora exigiu uma medida de força da direção partidária, que não admitia abrir uma dissidência em um tema delicado para a montagem do governo e para o necessário ajuste da economia. Ainda pela manhã, o presidente do PT, José Genoino, com o respaldo de Lula, se reuniu com Heloísa Helena e apresentou a solução para o impasse:

ela se ausentaria da comissão na hora da sabatina e seria substituída pelo senador José Eduardo Dutra, de Sergipe. Ficou também acertado que ela não compareceria à sessão de votação em plenário. Aos prantos, a senadora afirmou: "Foi encontrada uma fórmula entre os limites éticos de consciência intransponíveis e a unidade partidária".[3] O presidente do PT justificou o rigor do partido na aplicação do princípio da fidelidade partidária: "Nós não podemos brincar com fogo. Temos a opinião pública toda nos olhando. Vamos governar o Brasil, temos de ter responsabilidade".

Para não "brincar com fogo", Meirelles assumiu, em nome do governo, alguns compromissos públicos, acertados com Lula e Palocci, que provocariam fortes reações de muitos parlamentares do PT. Aos senadores, Meirelles sinalizou que o novo governo aprovaria lei dando autonomia ao Banco Central e concedendo mandatos fixos ao presidente e diretores, conforme lhe fora prometido quando aceitou o cargo. Com três afirmações sucintas, Meirelles tranquilizou os que temiam mudanças no eixo da política econômica e desapontou aqueles que no PT acreditavam que, conquistada a eleição, a Carta ao Povo Brasileiro iria para um arquivo morto: (1) "Convém haver um aumento [do superávit primário]"; (2) "O sistema de câmbio flutuante é o mais adequado para o país"; (3) "Este governo honrará os contratos. Faremos o que for necessário para retomarmos a credibilidade sobre o regime de metas inflacionárias".

O senador Jefferson Peres (PDT-AM) questionou então se não estaria havendo uma promessa de continuidade da política implementada por Arminio Fraga, a quem Meirelles sucederia. Afinal, foi sob o comando de Arminio que foram introduzidos o sistema de metas de inflação e o câmbio flutuante, que junto com a política de metas de superávit fiscal compunham o chamado tripé macroeconômico. Além disso, Arminio era defensor da autonomia legal do BC. "Se isso for continuidade, então, sim, vou dar continuidade à política de Arminio Fraga", foi a resposta.[4]

Na Câmara, a bancada do PT reagiu. Reunidos no dia seguinte à sabatina para discutir a indicação do deputado eleito João Paulo Cunha para a presidência da Câmara, o debate derivou para o que Meirelles havia dito no Senado. Lindbergh Farias, eleito deputado pelo Rio de

Janeiro, estabeleceu o tom: "Dar autonomia ao Banco Central é abrir mão da política econômica. Essa questão não é simples e exige uma discussão ampla no partido".

Se a fala de Meirelles foi tranquilizadora para o mundo financeiro, mas chocou importantes correntes do PT, coube a Lula e Palocci dissipar o efeito negativo da reação de parte da bancada do PT. Lula, que estava na Granja do Torto, se posicionou procurando acalmar os petistas, sem assustar o mercado financeiro. Por meio do porta-voz André Singer, afirmou:

> O presidente eleito me informou que essa decisão [mandatos fixos no BC] será de governo, a ser tomada quando o novo governo estiver constituído. [...] A decisão ainda não foi tomada. Quero reiterar que o presidente eleito afirmou que isso ocorrerá quando o governo estiver empossado.[5]

Palocci, que estava no escritório da equipe de transição, a quilômetros do Torto, disse que ainda em 2003 o governo enviaria ao Congresso projeto de lei propondo a autonomia do BC. Essa condição imposta por Meirelles para aceitar o convite de Lula jamais seria cumprida.

Horst, o amigo alemão de Lula

FALTAVAM TRÊS SEMANAS PARA LULA assumir a Presidência da República. Àquela altura, com a equipe econômica já escolhida, o nervosismo do mercado financeiro, no Brasil e no exterior, havia arrefecido um pouco. Mas ainda levaria tempo para que o governo do PT consolidasse junto aos investidores a confiança necessária para estabilizar de fato a economia e o país se livrasse da intensa volatilidade que dominara 2002.

Aquele encontro, marcado para as onze horas da manhã de 7 de dezembro, um sábado, era um teste importante para o presidente eleito. Um erro, uma afirmação infeliz ou mesmo uma eventual tibieza em relação à diretriz econômica a ser estabelecida a partir de janeiro poderia custar caro na construção da imagem que se pretendia criar. Assim, a chegada do diretor-gerente do FMI, o alemão Horst Köhler, ao Sofitel, em São Paulo, era cercada de grande expectativa. Correspondentes da imprensa estrangeira disputavam espaço com os jornalistas brasileiros.

O acordo de 30 bilhões de dólares assinado com o Fundo em agosto, acertado pelo governo Fernando Henrique, previa a liberação de 24 bilhões de dólares a partir de 2003. Estava implícito nessa cláusula o pressuposto de que o novo governo, para receber a ajuda, deveria preservar a política macroeconômica da gestão anterior. Não existia margem para flexibilização, mas também não havia condicionalidades adicionais. Ciente do quanto seria importante aquele primeiro encontro do presidente eleito com o diretor do FMI, Murilo Portugal, participante ativo das negociações para o fechamento do socorro ao Brasil, preparou um roteiro para a conversa, contendo os pontos que, na sua visão, seriam importantes o presidente mencionar. Enviado a Antonio Palocci, o documento foi entregue dias antes a Lula.

Murilo conta que, para elaborar o roteiro, leu o programa de governo do PT, outros documentos do partido e os discursos de Lula e teve o cuidado de incluir temas como geração de emprego, redução das desigualdades sociais, prioridade à educação e crescimento econômico. O pressuposto era de que Lula deveria, sim, reafirmar o compromisso de manter o sistema de metas de inflação, o câmbio flutuante e as metas de superávit das contas públicas, um arranjo macroeconômico do governo Fernando Henrique e que tinha o apoio do FMI, conforme consignado no acordo assinado em agosto. No entanto, deveria fazer isso a seu modo, incorporando princípios caros ao programa do PT. "Pois não é que o Lula usou muito bem aquele roteiro? Claro que à maneira dele, na linguagem dele", disse Murilo Portugal ao relembrar, anos depois, o clima daquela conversa.

O resultado, para Lula, não poderia ter sido melhor. A reunião, que estava prevista para durar uma hora e meia, começou pontualmente às onze horas e terminou às 13h15. Köhler tinha outros encontros agendados em São Paulo, com lideranças empresariais das quais também procuraria extrair uma visão prospectiva do país que dali a menos de um mês seria governado pelo PT. Ao sair do encontro, na entrevista aos jornalistas, relatou que havia sido "uma boa conversa". E sobre a duração além do previsto, indicou que teria sido um bônus e não um problema para ele. "Isso [a conversa] era prioridade para mim." Disse que Lula havia concordado com o superávit de 3,75% nas contas públicas, compromisso que constava do acordo com o FMI. Ainda segundo ele, também teria sinalizado concordância com a proposta de um Banco Central independente. Ao ser perguntado se havia ficado seguro com os compromissos assumidos pelo presidente Lula, afirmou: "Não sei o que significa ser totalmente seguro neste mundo. Acho que temos de viver sempre com algum tipo de risco". E afirmou que Lula havia dado "indicação muito forte" de que o seu governo iria concentrar esforços para reduzir a desigualdade social do país, mas sem esquecer os compromissos com os fundamentos de uma política econômica sustentável — ou seja, austeridade na economia e políticas sociais ativas eram estratégias que se somavam. Por fim, a frase que mais deve ter agradado Lula: "Fiquei com a impressão de que ele é um líder do século XXI".

Menos de dois meses depois, o diretor-gerente do FMI voou de Washington a Paris para o segundo encontro com Lula, então já empossado. A conversa foi numa sala reservada da residência do embaixador brasileiro, no dia 28 de janeiro, e foi usada para Köhler expressar a disposição do Fundo de apoiar o novo governo. O embaixador do Brasil em Paris naquela época, Marcos Azambuja, conta que o presidente pediu uma sala reservada para a reunião. O que estava em discussão naquele momento era o aumento da meta de superávit primário das contas públicas, que era de 3,75% do PIB, como constava do acordo assinado com o Brasil. Se no encontro no início de dezembro Lula se pautou pela sobriedade, em Paris, o presidente foi pura emoção. Começou a narrar sua história de vida, do pai que abandonou a família, da mãe analfabeta que assumiu a responsabilidade de migrar com os filhos do interior de Pernambuco para São Paulo, e de como dona Lindu dizia que era preciso "manter a cabeça erguida".

Murilo Portugal, uma das poucas testemunhas, conta que, a certa altura, tocado pela fala de Lula, Horst Köhler aproximou-se e perguntou: "Presidente, posso dar um abraço no senhor?". Lula o acolheu num abraço demorado e, segundo Portugal, ambos choraram. O embaixador Marcos Azambuja atenua um pouco a cena: "Eu não diria que choraram, mas quase choraram. Penso que para um alemão como Horst Köhler, vivendo no mundo abstrato das finanças mundiais, aquela fala emocional de Lula, narrando a própria experiência familiar com a fome, causou-lhe grande impacto e o marcou muito".

Ao fim do encontro, as declarações foram pouco além das protocolares. Sobre a questão da meta fiscal, Köhler afirmou: "Eu acho que isso é um passo muito bom, porque demonstra que o Brasil vai cumprir o prometido em relação à disciplina fiscal". O aumento na meta de superávit das contas públicas era uma questão econômica, mas também política. Se durante a campanha Lula e o PT criticaram a porcentagem fixada no acordo com o FMI pelo governo Fernando Henrique, sob o argumento de que era um limitador para o crescimento da economia e para os investimentos públicos, seria um contrassenso que, ao tomar posse, o governo Lula aumentasse ainda mais o esforço fiscal. O ministro da Fazenda, Antonio Palocci, tangenciou quando questionado se, afinal, Lula havia concordado com o aumento do superávit nas contas públicas. "Não estamos buscando o maior número possível. Não queremos fazer bravatas com números."

Depois da conversa com Lula na residência do embaixador, Köhler e Portugal foram jantar. No restaurante, o diretor-gerente do FMI ainda era pura emoção. Repassava com Murilo a fala confessional de Lula e dizia: "Esse cara é um líder popular importante, temos de apoiá-lo". Mas externava um temor: "Acho que ele é um pouco ingênuo, tenho medo de que seja triturado pelo sistema político".

Durante o jantar, Palocci telefonou para Murilo Portugal. "O presidente me autorizou informar que o superávit será aumentado para 4,25%", avisou ele. Ao receber a informação, Köhler não se conteve e voltou a repetir: "Ele é um líder, temos que apoiá-lo".

Naquele mesmo dia, o secretário do Tesouro, Joaquim Levy, estava em Washington em reunião com a número dois do FMI, Anne Krueger, revisando o acordo com o Brasil. Tinha acabado de acertar com ela, numa dura negociação, que a meta de superávit primário seria elevada para 4,15% do PIB. Lula, acatando a sugestão de Palocci, já havia se decidido por um esforço ainda maior. "O Levy ficou puto", conta Palocci.

No dia seguinte, de volta ao Brasil, ainda durante o voo, Lula estava angustiado com as lágrimas da véspera. E manteve o seguinte diálogo com Palocci na cabine presidencial:

"Que merda que eu fiz chorar diante do presidente [sic] do FMI. Ficou parecendo fraqueza minha, que eu sou submisso a esse cara."

"Lula, você chorou pela sua mãe, não por ter se submetido ao FMI."

O encontro de Paris não foi o último entre Lula e o diretor-gerente do FMI, cuja simpatia por Lula seria manifestada ainda em outras ocasiões. Pouco mais de um mês depois da conversa em Paris, Köhler, em discurso durante evento organizado pelo Banco Mundial sobre desenvolvimento e combate à pobreza, voltou a elogiar a política econômica em curso no Brasil. Afirmou que o país já havia feito "esforços suficientes para emergir da crise em que se encontra". Para uma plateia que reunia cerca de cem parlamentares de todo mundo, Köhler reservou para o presidente o mais eloquente dos elogios, destacando que Lula tinha "verdadeira honestidade". E acrescentou: "O FMI e o Banco Mundial vão fazer todo o esforço possível para apoiar o Brasil e o seu presidente. Não é um acidente da história o fato de que Lula foi eleito prometendo se ocupar da igualdade social".

No início de março de 2004, a oposição de centro-direita da Alemanha chegou a um acordo para eleger Horst Köhler presidente do país, aproveitando-se da dificuldade do primeiro-ministro Gerhard Schröder de viabilizar um candidato da coalizão governista. Poucos dias antes, em 29 de fevereiro, já seguro de que seu destino era voltar a seu país, Horst Köhler desembarcou em Brasília para um último encontro com o presidente Lula como diretor-gerente do FMI. Era um domingo, e seu primeiro compromisso foi no Ministério da Fazenda, com Palocci e Henrique Meirelles. De lá, foram para a Granja do Torto, onde Lula os aguardava para um farto churrasco. A assessoria do presidente informou que o almoço foi regado a vinho chileno e cerveja brasileira. Segundo Murilo Portugal, Köhler tinha gostado mesmo da cachaça que Lula serviu. A caipirinha genuinamente brasileira também o agradou. "Parecia mesmo um encontro entre amigos, todos em traje esporte." No final do almoço, Köhler disse aos jornalistas: "Eu fiquei impressionado novamente com a determinação que o presidente nos mostrou sobre a implementação de sua agenda. O FMI calcula que o Brasil retornará a um forte crescimento este ano".[1]

Palocci em dois tons e a pedra
de João Cabral de Melo Neto

EM 30 DE DEZEMBRO DE 2002, no penúltimo dia do governo de Fernando Henrique Cardoso e a dois da posse de Lula, o *Diário Oficial* publicou a mensagem nº 1243, dirigida ao presidente do Senado Federal. O Congresso havia aprovado uma medida provisória que alterava alguns critérios de cálculo do PIS-Pasep, cujos efeitos teriam impacto sobre a arrecadação de 2003, com perda estimada em 220 milhões de reais por ano. Os vetos fechavam as brechas para essa queda de receita. A assinatura da mensagem era de Fernando Henrique, mas a decisão, do governo que tomaria posse em 1º de janeiro.

Foi um caso raro, talvez único, em que um presidente ainda no cargo assinou uma decisão a pedido de um governo que ainda não havia assumido. O gesto demonstrava não apenas a boa vontade de Fernando Henrique na transição, mas também uma harmoniosa integração entre a equipe econômica prestes a sair com aquela que se preparava para assumir o controle formal do país.

O problema com a possível perda de arrecadação, que recairia sobre o mandato de Lula, foi identificado por Bernard Appy, naquele momento já escolhido para ocupar a secretaria-executiva do Ministério da Fazenda, mas ainda na condição de integrante da equipe de transição definida por Lula e nomeada por Fernando Henrique. As ponderações de Appy foram aceitas pelo Ministério da Fazenda de Pedro Malan. Consultado, Pedro Parente, ministro-chefe da Casa Civil e encarregado de conduzir a transição, também concordou e se comprometeu a levar o assunto ao presidente Fernando Henrique. Faltava redigir os vetos para que Fernando Henrique assinasse. "Eu fui pessoalmente à Casa Civil, ao gabinete do Pedro Parente, e, ali mesmo, usei um computador ao lado da mesa dele para redigir os vetos com as justificativas." No texto assinado por Fernando Henrique e publicado no *Diário Oficial*, está registrada a coautoria:

> Senhor presidente do Senado Federal,
> Comunico a vossa excelência que, nos termos do § 1º do art. 66 da Constituição Federal, decidi vetar parcialmente, por contrariar o interesse público, o Projeto de Lei de Conversão nº 31, de 2002 (MP n.º 66/02), que "dispõe sobre a não cumulatividade na cobrança da contribuição para os Programas de Integração Social (PIS) e de Formação do Patrimônio do Servidor Público (Pasep), nos casos que especifica; sobre o pagamento e o parcelamento de débitos tributários federais, a compensação de créditos fiscais, a declaração de inaptidão de inscrição de pessoas jurídicas, a legislação aduaneira, e dá outras providências". Ouvidos, o Ministério da Fazenda e a Equipe de Transição assim se manifestaram quanto aos dispositivos a seguir vetados.[1]

Três dias antes da publicação do veto no *Diário Oficial*, em 27 de dezembro, havia acontecido o ato formal de encerramento do processo de transição. Na residência da Granja do Torto, que Fernando Henrique havia colocado à disposição de Lula, o presidente eleito reuniu-se com a equipe ministerial que assumiria em 1º de janeiro. Estava presente também o vice-presidente eleito, José Alencar. Parte da reunião foi aberta, transmitida ao vivo pelas emissoras de rádio e TV. Lula exerceria ali o seu talento para ser uma espécie de grande maestro de uma orquestra de governo. Ditava o ritmo, dava o tom emocional para cada momento da apresentação, irradiava para o ambiente todo a energia do vencedor. Era um clima que combinava ar de festa e preocupação com o trabalho, organização, improviso e, sobretudo, muito cálculo político.

Coube a Antonio Palocci fazer a apresentação do resultado do trabalho realizado em estreita cooperação com o ministro Pedro Malan, a equipe econômica e Pedro Parente. O encontro teve grande repercussão na mídia, não pelo que Palocci falou sobre o que seria o governo Lula a partir de 1º de janeiro, mas sobre o que disse a respeito do governo Fernando Henrique. O discurso do futuro ministro da Fazenda causou surpresa tanto na forma como no conteúdo. O de Lula, feito na sequência, chamou a atenção pela contundência, mas era coerente com o que ele costumeiramente dizia sobre o governo do PSDB, com raros momentos de distensão. Já o tom de Palocci era uma novidade. Desde que assumira a coordenação de campanha de Lula, no início do ano, e durante a campanha e todo o período de transição, ele primava pela conciliação, mais disposto a ouvir do que a falar, incorporando ideias e visões para além do PT — características, aliás, que o credenciaram ao cargo que assumiria, como um médico na liderança de uma equipe de economistas.

Edmundo Machado de Oliveira, que continuava colaborando com Palocci desde a elaboração da Carta ao Povo Brasileiro, também trabalhou durante a transição, embora ainda mantivesse seu vínculo com *O Estado de S. Paulo*. Ele conta que, quando os trabalhos de transição caminhavam para o seu fim, passou algumas madrugadas trabalhando noite adentro, redigindo o que entendia ser uma espécie de memória, reflexão e síntese da situação do país, um documento elaborado por iniciativa própria, sem destinação específica. Quando Palocci, às vésperas do ato final de encerramento da transição, lhe pediu que escrevesse um discurso para a ocasião, bastou fazer alguns ajustes no que já estava pronto. O texto passou também pelas mãos de Glauco Arbix, que, de acordo com Edmundo, acrescentou apenas algumas frases. Uma delas aparecia logo no quarto parágrafo do discurso de Palocci e se tornaria manchete das matérias de jornais, como a da *Folha de S.Paulo* do dia seguinte, de autoria da então diretora da sucursal do jornal em Brasília, Eliane Cantanhêde: "PT rompe 'lua de mel' e vê 'apagão' do Estado sob FHC".[2] A frase lida por Palocci dizia:

A questão que mais chamou a atenção da equipe de transição governamental: o planejamento atingiu um nível de esvaziamento brutal quanto às funções de definição de desenho institucional e construção de sistemas de gestão e coordenação. Não apenas nas estruturas do Ministério do Planejamento, mas no conjunto das áreas estratégicas responsáveis por articular o desenvolvimento do país. Não seria exagero afirmar, no que se refere ao planejamento estratégico, que o Estado brasileiro vive um prolongado "apagão".

Além das críticas duras ao governo Fernando Henrique, o discurso do futuro ministro se comprometia com metas ambiciosas. "Para superar a atual dissociação entre estabilidade e crescimento, o Brasil precisará realizar, nos próximos anos, uma criteriosa, responsável e cuidadosa transição do quadro econômico e social deixado pelo atual governo." E acrescentava:

Nesse sentido, o pressuposto deste relatório é que a busca de metas voltadas para taxas de crescimento anual acima de 5% ao ano do PIB não pode ser reduzida a apenas um objetivo de governo: deve representar, sim, um esforço de todo o país, de todas as camadas sociais, reunidas pela solidariedade cívica de todos os brasileiros, a qual vem se mostrando especialmente abundante desde as últimas eleições.

No texto-base de Edmundo Machado de Oliveira, o jornalista dava especial ênfase a um aspecto: o de que a retomada da economia não deveria se dar a qualquer custo, sob pena de se obter apenas resultados passageiros. O trecho sobre o tema foi expresso da seguinte maneira no discurso de Palocci:

Por isso mesmo, temos insistido com todo o didatismo possível que em nosso governo não haverá medidas exóticas, quebra de contratos ou condescendência com a irresponsabilidade fiscal. Também temos dito que não pretendemos provocar bolhas de crescimento econômico a partir de uma permissividade perigosa com a inflação.

A palavra "didatismo" se destinava ao público interno do PT, à ampla militância e a várias correntes do partido para as quais os compromissos assumidos por Lula na Carta ao Povo Brasileiro foram medidas necessárias para ganhar a eleição, não para governar. Outro ponto do discurso do futuro ministro destacado no noticiário foi a crítica de que, em seu governo, Fernando Henrique não dera devida prioridade às questões sociais: "Estamos recebendo hoje [sic] um país que não conseguiu avançar na superação da velha dicotomia entre economia e sociedade, em que as políticas sociais aparecem como adereços e apêndices do esforço de controlar a economia". O futuro ministro da Fazenda também dedicou um parágrafo à corrupção, um tema caro à sociedade brasileira:

> O fortalecimento da solidariedade social é o único remédio contra o individualismo desmesurado que, rapidamente, pode derivar para o exibicionismo e o egoísmo social. Este é o caldo de cultura da política da esperteza, responsável pela pequena e pela grande corrupção que infestam as relações de indivíduos e empresas com os poderes públicos. Combater a corrupção significa enterrar de vez a percepção de que a lei vale para uns e não vale para outros em nosso país. É necessário combater resolutamente a ideia de que a ascensão social pode ocorrer sem que o cidadão seja avaliado pelo seu trabalho, conhecimento ou mérito.

O discurso de oito páginas, recheado de críticas ao governo Fernando Henrique, terminava, no entanto, em tom mais ameno:

> O clima em que transcorreram os trabalhos de transição demonstra, sr. presidente, a solidez das instituições republicanas de nosso país. A democracia é hoje um valor consolidado e perene. O governo que se encerra e o governo que se inicia souberam, cada um a seu modo, valorizar esse momento de grandeza democrática.[3]

Na sequência, a palavra coube a Lula, que falou por dezessete minutos. E o que falou diante de seus ministros foi o que mereceu mais destaque no noticiário. A reportagem da *Folha de S.Paulo* a respeito teve como título "Lula elogia tolerância de Palocci com FHC". Para ele, portanto, o futuro ministro da Fazenda poderia ter sido ainda mais duro com Fernando Henrique e seu governo. O primeiro parágrafo da matéria, assinada pelos repórteres Raimundo Costa e Fábio Zanini, dizia: "No mais duro ataque à administração Fernando Henrique Cardoso desde a campanha, o presidente eleito, Luiz Inácio da Silva, afirmou ontem que não aceitará responsabilidade por erros cometidos pelo atual governo — eles serão denunciados ao país à medida que forem aparecendo".[4]

Lula exerceu, com reconhecida habilidade, sua arte de atacar dizendo estar evitando o ataque, criticar como se estivesse evitando criticar. Começou dizendo:

> Daqui a quatro dias, eleito, diplomado e empossado, eu, hoje, tenho a convicção que nós tivemos um acerto excepcional quando escolhemos o companheiro Antonio Palocci para coordenar a equipe de transição. Possivelmente outro que não o Palocci, mas para não falar de ninguém, falar de mim mesmo, com base em tudo o que sei que está naquelas caixas vermelhas e brancas [as 27 caixas contendo os relatórios de transição das diversas áreas de governo] poderia ter produzido um documento muito mais agressivo do ponto de vista político ao atual governo.

Depois da mordida, o sopro: "Entretanto, a sabedoria política nos ensina que em determinados momentos a briga eminentemente verbal não ajuda ninguém, pode satisfazer apenas nossos desejos pessoais". Na sequência, bateu de novo, com uma frase forte que foi destacada pelo noticiário: "Como nós temos a responsabilidade de dirigir essa imensa nação pelos próximos quatro anos, e não tem outro jeito, vamos pegá-la tal como ela está. Eu acho que a situação não é boa em quase nenhum aspecto, a não ser na consolidação do processo democrático".[5]

As falas de Lula e Palocci no evento que encerrava o processo de transição, com ataques frontais em relação ao que consideram o estado real da nação, foram a senha para que, na sequência, se cunhasse a expressão "herança maldita", que viria a ser martelada por anos a fio por lideranças do PT quando se referiam ao governo que se encerrava.

Fernando Henrique, Pedro Malan e Arminio Fraga viram no gesto uma representação da fábula do sapo e do escorpião.

Na noite daquela sexta-feira, Fernando Henrique e a primeira-dama Ruth Cardoso receberiam o casal Lula da Silva e Marisa Letícia no Palácio da Alvorada. Mas a forte repercussão das críticas ao seu governo no decorrer do dia levou o presidente a se manifestar. Primeiro, Fernando Henrique falou por intermédio do porta-voz da Presidência, Alexandre Parola. O presidente disse "ter certeza de que com poucos meses de trabalho efetivo a retórica de palanque será substituída por atitude mais séria, para fazer jus à confiança que o eleitorado depositou neles".[6] A tréplica coube a José Dirceu, que refutou a afirmação e acrescentou que o racionamento de energia de 2001 era a prova de que houvera "apagão de planejamento". À noite, pouco antes do jantar com Lula, Fernando Henrique abordaria diretamente as críticas numa entrevista previamente marcada no *Jornal da Record*: "O Brasil está acostumado a isso, quem chega critica quem está saindo. A gente não deve levar muito ao pé da letra". E acrescentou: "Com relação ao social, meu Deus! Depois do que a ONU disse que foi o país que mais celeremente atendeu a área social, o que mais vou dizer? [...] Acho que nós não devemos estar acirrando polêmica, acho que o que o Brasil precisa é de paz. Se o próximo governo puder fazer melhor que o meu, vou bater palmas". Na entrevista, o presidente disse que a troca de farpas durante o dia não afetaria o clima do jantar. "O povo votou, eu respeito o voto. O presidente eleito está aí, vou recebê-lo daqui a pouco em minha casa com muita fraternidade, como ele faz comigo também."

Dois dias depois, em 29 de dezembro, um domingo, Lula e Marisa que receberam na Granja do Torto o casal Fernando Henrique e Ruth Cardoso para um jantar. Estavam presentes também a filha do presidente, Beatriz, com seus dois filhos e alguns poucos convidados de Lula. O jantar durou três horas e meia e transcorreu num descontraído clima de despedida.

No cardápio, costela, arroz, feijão e farofa. Como no encontro de quatro anos antes no Palácio da Alvorada, em dezembro de 1998, depois da vitória de Fernando Henrique na eleição daquele ano, a conversa entre ambos foi temperada por generosas doses de uísque. De acordo com registros da época do futuro secretário de imprensa do governo Lula, o jornalista Ricardo Kotscho, o anfitrião e o convidado, que se conheciam desde a década de 1970, relembraram o passado, discutiram a rotina e o funcionamento da Presidência da República. Esse clima fraterno que prevaleceu nos dois jantares era apenas um aperitivo ao que viria depois, no dia 1º de janeiro, quando a emoção dos dois líderes ficaria evidente na solenidade de posse.

No dia 2 de janeiro de 2003, Antonio Palocci fez seu segundo discurso em menos de uma semana ao assumir formalmente o cargo de ministro da Fazenda. O local escolhido foi o auditório da sede do Banco Central, amplo o suficiente para acolher duas centenas de convidados, entre banqueiros, empresários e economistas. Ambiente novo, plateia distinta, novo discurso, além de um novo colaborador na preparação da fala inaugural do ministro da Fazenda do governo do PT: saiu o jornalista Edmundo Machado de Oliveira, um quadro do partido, e entrou o jovem economista Marcos Lisboa, então com 38 anos.

O discurso começou de forma direta, num tom oposto ao do dia 27, que criticava o governo Fernando Henrique no encerramento do processo de transição: "A troca de governo que hoje se processa em nosso país, com o toque de civilidade e profissionalismo que a caracterizou durante toda a transição e, em particular, com as atitudes do presidente Fernando Henrique Cardoso e do presidente Luiz Inácio da Silva, é um motivo de grande orgulho para todos nós brasileiros". No decorrer da fala, o ministro alternou diagnósticos sobre a situação da economia com propostas de soluções e reafirmou o compromisso de controle da inflação, cumprimento de contratos, livre flutuação do dólar e controle dos gastos públicos — princípios já expressos na Carta ao Povo Brasileiro. Também prometeu reformar a Previdência e enviar ao Congresso um projeto de lei dando autonomia ao BC para conduzir a política de juros. E justificou por que se sentia na obrigação de reforçar a mensagem de pacificação no discurso de posse:

[...] quero pedir minhas desculpas se não temos sido suficientemente claros. Vamos voltar aos nossos temas, com a insistência e o didatismo que tais questões exigem. Temos consciência de que, assim como na conquista do amor profundo e da amizade verdadeira, a credibilidade de um projeto político exige paciência, persistência, diálogo permanente e ambiente de confiança.

Ao final da última das oito páginas do discurso, fez uma referência direta ao ministro que estava sucedendo e a sua política:

> O governo que ontem se encerrou teve como mérito um ajuste, ainda que parcial, das contas públicas brasileiras. O tratamento transparente e objetivo das dívidas do nosso passado permite hoje um enfrentamento claro dos nossos desafios. A seriedade e responsabilidade na gestão da coisa pública é uma herança inegável da condução da política econômica do ministro Pedro Malan e sua equipe.

E acrescentou: "E essa herança teremos a satisfação de preservar e entregá-la ainda mais consolidada no futuro". Antes, porém, havia surpreendido a atenta e silenciosa plateia declamando um poema de João Cabral de Melo Neto. A menção à "carnadura concreta", de "A educação pela pedra", para ilustrar o fim de um percurso político tão cheio de vozes e ruídos, da eleição à posse, soou um pouco exótica para aquela plateia de banqueiros e economistas, aflita com a inflação, juros e dólar. Mas o ministro justificou bem a citação do poeta, pernambucano como Lula: "Hoje, nos orgulhamos de ter um presidente que foi educado pela pedra e que, apesar de toda a dureza de seu aprendizado, destacou como aspecto central de sua campanha o encontro com a generosidade, com a construção de um país mais justo".[7]

Tudo igual, tudo diferente

OS DIRETORES DO BANCO CENTRAL remanescentes do governo Fernando Henrique chegaram apreensivos ao Palácio do Planalto para a primeira reunião da Câmara de Política Econômica da era Lula. No governo Fernando Henrique, a câmara reunia, toda terça-feira, os ministros da Fazenda, Planejamento, da Casa Civil, o presidente do BC e alguns membros de sua diretoria. A câmara não tinha caráter deliberativo — era uma reunião informal para avaliar a conjuntura e discutir problemas mais urgentes. Uma regra básica para que se assegurasse total liberdade de discussão era de que daquelas reuniões não saíssem comunicados à imprensa nem fossem repassadas informações em off.

Henrique Meirelles preferiu não participar, mas recomendou prudência aos diretores, aconselhando que ocupassem posições mais discretas à mesa e que evitassem polêmicas naquele que seria o primeiro encontro dos três diretores do BC com a equipe do governo recém-empossado. Eles ocuparam as cadeiras em uma fila secundária, atrás das que estavam no entorno da mesa. A reunião tinha um comando claro: o do ministro-chefe da Casa Civil, José Dirceu. Na gestão Fernando Henrique, os participantes de alguma forma se igualavam, independentemente da hierarquia, dado o caráter livre do debate e pelo fato de a câmara não tomar decisões. O próprio presidente às vezes entrava na sala para participar da conversa. O tema posto em discussão por José Dirceu eram as medidas que o novo governo deveria encaminhar ao Congresso tão logo os trabalhos parlamentares fossem abertos, o que justificava a presença de vários parlamentares do PT. Os três diretores mantiveram-se calados, só observando.

Embora fisicamente nada na sala tivesse sido mudado, os personagens eram muito diferentes. Ilan Goldfajn descreveu as primeiras sensações do grupo remanescente do governo Fernando Henrique: "A sensação era muito estranha. Na cadeira onde antes eu via Malan, agora estava Palocci. Na cadeira antes ocupada por Pedro Parente estava sentado José Dirceu. No lugar do Guilherme Dias estava Guido Mantega. Tinha à minha frente Luiz Gushiken onde dias antes eu via Euclides Scalco. Eu estava acostumado a ir àquelas reuniões com o Arminio Fraga. O Henrique Meirelles nem apareceu".

Era uma espécie de choque cultural. Ilan Goldfajn, Beny Parnes e Luiz Fernando Figueiredo perceberam que não haveria segurança quanto ao caráter reservado das discussões. A câmara da gestão anterior não discutia taxa de juros, uma prerrogativa do Comitê de Política Monetária do BC. E foi sobre juros uma das mais delicadas discussões. Os novos ministros não contestavam a necessidade de aumentar a taxa Selic, mas era visível o desconforto que o tema causava. Pragmático e objetivo, o ministro Luiz Gushiken sugeriu: "Por que não aumentar tudo o que tem de aumentar de uma vez só?". O pressuposto era de que, elevando o juro de uma pancada só, se controlaria a inflação com uma dose única do remédio. Mas a lógica da política monetária não funciona dessa forma. O aperto progressivo e previamente sinalizado pelo Banco Central antecipa os efeitos da alta dos juros sobre os agentes econômicos, em tese reduzindo o custo para a economia.

Entre o primeiro e o segundo turno da eleição, no dia 14 de outubro, o BC de Arminio Fraga tinha aumentado a taxa de juros de 18% para 21% numa reunião do Copom. Em novembro, nova alta, para 22%, e mais uma, em 18 de dezembro, desta vez para 25% ao ano. Mesmo assim, as pressões inflacionárias, decorrentes da escalada das cotações do dólar durante a campanha, ainda eram preocupantes. O aperto monetário, com aumento de juros, teria de prosseguir — uma tarefa sem dúvida desagradável para um governo que dava os seus primeiros passos.

Sentados discretamente no fundo da sala, como havia recomendado Henrique Meirelles, Beny Parnes, Ilan e Figueiredo tomaram um susto quando um parlamentar do PT, Walter Pinheiro, sem se dar conta da presença deles, afirmou em tom elevado: "É preciso demitir os diretores do Banco Central. Esses caras são vendidos ao sistema financeiro, eles não nos representam". Uma enérgica intervenção do ministro José Dirceu, que comandava a reunião, surpreendeu os três diretores e os demais presentes na reunião: "Eles nos representam, sim, merecem a nossa confiança e estão no governo para nos ajudar. Não admito ataque a eles", disse, apontando para os diretores. "Ali ficou claro que Dirceu tinha poder de mando e o exercia sem sutilezas. Ninguém contestou o ministro. Foi uma intervenção muito dura. Disse que quem fosse contra iria se ferrar com ele", relembra Figueiredo.

Calorosos também foram os debates sobre a necessidade de aumentar o superávit das contas públicas, até então em 3,75% do PIB. O aumento ajudaria a sacramentar o acordo com o FMI, assinado no ano anterior. De acordo com Beny Parnes, o ministro do Planejamento, Guido Mantega, que nunca fora simpático a metas elevadas de superávit, surpreendeu com uma sugestão ousada: "Por que não aumentamos para 4,5%?". O que estava em discussão era um aumento menor, para 4,25%. Com um carregado sotaque do interior de São Paulo, Antonio Palocci, sempre o mais sereno naqueles debates, provocou o colega: "O Guido agora 'imporgô'".

Ainda durante a transição, em uma reunião na sede do Banco Central com Meirelles e Palocci, os três diretores, àquela altura já convidados a permanecer nos cargos no governo Lula, dramatizaram a necessidade de rigor no controle da inflação e do endividamento público, que teria de ser contido com austeridade nos gastos do governo. Beny Parnes, que nas reuniões costumava usar de grande liberdade verbal, afirma: "Eu toquei terror mesmo, disse que a situação não era para brincadeira e que se o governo não demonstrasse seriedade desde o início seria a maior cagada, ia dar a maior merda. O Palocci e o Meirelles ficaram ouvindo com olhos arregalados".

O BC vivia novo período de tensão. Antes da eleição, a crise era decorrente das incertezas sobre que política econômica prevaleceria a partir de 2003. A partir de janeiro, das contradições de um governo se ajustando a uma realidade desafiadora. Henrique Meirelles tinha aceitado o convite de Lula para ser presidente do Banco Central com a promessa de que o governo do PT enviaria ao Congresso projeto de lei concedendo autonomia operacional para a autoridade monetária. A promessa jamais foi cumprida, o que obrigou Meirelles, desde o início, a se equilibrar entre as pressões originadas do Palácio do Planalto e de outras lideranças petistas.

Pressão na largada

JOAQUIM LEVY ACEITOU O CONVITE de Antonio Palocci para assumir a Secretaria do Tesouro Nacional do governo petista. No entanto, avisou ao futuro chefe que não iria à posse dele nem à do presidente Lula. Ainda tinha muitas dúvidas sobre como seria a convivência em equipe num governo que, desde a sua formação, vinha professando conceitos e ideias muito diferentes das suas e, especialmente, da gestão anterior, à qual pertencera. Mas não era esse o motivo pelo qual se ausentaria da histórica chegada de Lula e do PT ao poder. Quando decidiu aceitar o convite do ministro da Fazenda, Levy teve de abrir mão de uma confortável posição em Washington, para onde iria em janeiro.

Com tudo acertado para retornar ao FMI, ele ficaria no departamento responsável por dois países, Áustria e Dinamarca. "Eu sabia que, durante as visitas de rotina a esses dois países, especialmente à Áustria, era costume receber convites para assistir a concertos de música clássica. Já estava com isso na cabeça", contou Levy, num tom de autoironia sobre a troca de roteiros que aceitou fazer para 2003. Então, para não entrar direto na rotina de governo em Brasília, decidiu compensar a perda da posição em Washington e as promessas culturais da Europa com uma viagem no réveillon com a família. O destino, mais modesto, foi um cruzeiro pela costa brasileira.

Tudo corria muito bem, num clima de descanso e descontração, até que no dia 3 de janeiro, um garçom chegou até ele com a bandeja estendida em sua direção e sobre a qual um bilhete. "Por favor, ligar urgente para Brasília e falar com o ministro Antonio Palocci." Ele conta que completar a ligação foi uma façanha. O navio estava na costa do estado do Rio de Janeiro, e o telefone celular, naquela época com tecnologia rudimentar comparada à que teria quinze anos depois, não completava ligação alguma.

A saída foi dirigir-se à cabine do comandante e, pelo sistema de rádio, conseguir saber o que se passava em Brasília naquele terceiro dia de mandato do presidente Lula. Não havia alternativa: Levy tinha de interromper o cruzeiro e voltar logo à capital federal. "O comandante dirigiu-se para Búzios, a cidade mais próxima. Tiveram que providenciar um escaler, e lá estava eu correndo de volta a Brasília", conta ele.

O caso era mesmo complicado e inspirava preocupações políticas com riscos econômicos. A recém-empossada governadora do Rio de Janeiro, Rosinha Garotinho, havia entrado com uma ação cautelar no STF para que o governo federal não executasse o bloqueio de 85,8 milhões de reais de receitas do ICMS do estado. O bloqueio havia sido determinado pela Secretaria do Tesouro Nacional ao Banco do Brasil no dia 31 de dezembro, nas horas finais da gestão de Fernando Henrique Cardoso e Pedro Malan. O Rio, governado à época por Benedita da Silva, eleita senadora pelo PT, não havia honrado parcelas da dívida com a União. Nesse caso, a lei determinava o bloqueio automático das receitas do ICMS, que transitavam numa conta do BB.

Rosinha e Anthony Garotinho, ex-governador e candidato presidencial derrotado naquela eleição, haviam apoiado Lula no segundo turno. E Benedita da Silva era vice-governadora na chapa composta pelo PT. Com a eleição de Rosinha, em 2002, o casal Garotinho volta ao governo do Rio. Tratava-se de um complexo enlace familiar-partidário que só tornava mais complicado o problema e, em tese, aumentava o poder de fogo da governadora na pressão com o governo federal recém-empossado.

No ataque à decisão do bloqueio das contas, Rosinha Garotinho qualificou de irresponsável o governo Fernando Henrique, mas, para não fechar portas, poupou os nomes daqueles com quem teria de negociar e, a princípio, encontrar uma solução: Lula, Dirceu e Palocci. No entanto, as consequências do não pagamento recairiam sobre o governo recém-empossado, empenhado em firmar credibilidade em relação ao cumprimento de contratos e ao pagamento da dívida pública.

O enrosco político era apenas parte do problema. O bloqueio era um ritual de garantia ao cumprimento de um contrato entre a União, que assumiu uma dívida do Rio de Janeiro, e o governo estadual, que havia feito uma renegociação com prazos e condições mais favoráveis em comparação às condições das dívidas originais em 1999, na gestão de Anthony Garotinho. O débito de 26 bilhões de reais foi então parcelado em trinta anos. O que a governadora Rosinha Garotinho pedia ao Supremo, portanto, era o não cumprimento de uma cláusula do contrato. E isso no terceiro dia de mandato de Lula, que havia escrito a Carta ao Povo Brasileiro, na qual assegurava que, no seu governo, os contratos seriam respeitados.

O calote em dívidas estaduais já havia deixado trauma profundo, quatro anos antes, no dia 6 de janeiro de 1999, quando o então recém-empossado governador de Minas Gerais e ex-presidente Itamar Franco precipitou a convulsão da desvalorização do real ao anunciar moratória de noventa dias da dívida do estado com a União. Não que essa tenha sido a causa da traumática desvalorização do real que ocorreria uma semana depois, mas seu impacto ajudou a encorpar as ondas de choque que abalaram a economia naquele período.

Foi sob a presidência de Itamar Franco que seu ministro da Fazenda, Fernando Henrique Cardoso, havia construído o Plano Real, em 1994. Como governador, porém, converteu-se num desafiador adversário político, capaz de ações desestabilizadoras para a economia. Rosinha Garotinho, com a ação no STF para não honrar uma dívida com o governo federal, se candidatava a ser o Itamar de Lula. A condição de aliada que ameaçava se converter em adversária tornava a ação na justiça ainda mais sensível política e economicamente. Até na retórica, ela reproduzia o estilo Itamar: "Eu vou lutar na Justiça. Aí eles vão estar declarando guerra ao estado do Rio e não a mim", declarou ela.[1] O governador mineiro, quatro anos antes, tinha sido ainda mais bélico:

"Ameaças de retaliação por parte do governo federal não nos intimidam e não nos preocupam. Se elas se concretizarem, nós saberemos como nos comportar".[2]

No campo das implicações políticas, Lula, Dirceu, e outros líderes petistas tinham recursos para lidar com os Garotinho. Na noite do dia 3, com o assunto dominando o noticiário em tempo real, o ministro José Dirceu procurava se equilibrar entre a necessidade de afagar Rosinha e acalmar o mercado financeiro, àquela altura acompanhando com lupa cada ação do novo governo. Dirceu declarou que o governo federal estava disposto a encontrar uma "saída adequada", que havia "disposição e boa vontade", mas arrematava: "Todo mundo sabe que é preciso cumprir o acordo da dívida". O senador Aloizio Mercadante seguia no mesmo tom, afirmando que os contratos tinham que ser honrados e transferindo a responsabilidade ao governo anterior, que, segundo ele, deixara o país uma situação fiscal e financeira difícil.[3]

No front econômico, do ponto de vista operacional, Palocci não sabia por onde começar a batalha para conter o estrago potencial que se armava contra a política econômica do novo governo. Bernard Appy, secretário-executivo do Ministério da Fazenda, admitiu, anos depois de deixar o governo e o partido, que, quando assumiu o cargo, quase nada sabia da estrutura do governo federal e de como lidar com as questões formais e legais. "Sorte minha que o governo em geral também não sabia, o que me deu um tempo de carência para aprender", contou ele. Era daí que vinha a necessidade de resgatar Joaquim Levy de seu roteiro turístico nas águas azuis do Atlântico para o temporal que ameaçava o clima festivo daqueles dias iniciais do governo Lula.

Levy estava consciente de todas essas nuances políticas e econômicas, que representavam um desafio nada trivial. Era preciso construir um dique para evitar o rompimento da credibilidade que o novo governo buscava na gestão das finanças públicas e ao mesmo tempo evitar danos na aliança política. Nesse caso, pensou ele, o campo de batalha teria de ser o Judiciário. Ao Tesouro Nacional, caberia a tarefa intransferível de defender o cumprimento dos contratos, mas de modo a não gerar tensões no campo político, evitando respostas aos ataques da governadora Rosinha Garotinho. O interlocutor de Levy passou a ser o secretário de Fazenda do Rio, Mário Tinoco, um funcionário de carreira da Receita Federal que também atuava no campo político. Filiado ao PDT, Tinoco havia sido secretário de Fazenda e Planejamento do Distrito Federal no governo Cristovam Buarque, à época filiado ao PT e naquela altura nomeado ministro da Educação por Lula.

A batalha no Judiciário custou uma derrota inicial à estratégia de Joaquim Levy. No dia 7 de janeiro, o vice-presidente do STF, ministro Ilmar Galvão, concedeu liminar determinando o desbloqueio do ICMS do Rio de Janeiro. Porém, a Advocacia-Geral da União (AGU) já estava orientada a entrar com um recurso, que evitou a efetiva liberação do dinheiro. No dia 26 de janeiro, o Supremo, por unanimidade, manteve o bloqueio e, três dias depois, Ilmar Galvão reconsiderou sua decisão liminar de 7 de janeiro.

A disputa foi encerrada em favor do Tesouro Nacional, contando pontos a favor do governo Lula, pois, conforme se sabia, a estratégia tinha a sustentação política do Palácio do Planalto. "Houve um clima de confiança, todo mundo apoiou", revelou Levy. Ele ainda contou que, para construir a relação de confiança em um governo com lideranças que não conhecia e com o qual tinha evidentes diferenças de visão, aplicou o que chamou de princípio da lealdade, dividido em três pontos: não jogar contra, dizer sempre a verdade e não deixar que decisões erradas fossem tomadas. Naquele início de governo, ante a necessidade de manter a austeridade e conquistar credibilidade, Lula "engoliu" até mesmo a decisão de segurar o reajuste do salário mínimo, o que, na visão de Levy, era algo muito mais difícil, pois "falava mais ao coração, ao emocional" do presidente.

Todavia, nem tudo era harmonia naquele time. Levy logo começou a sofrer restrições das áreas do governo que não comungavam da política de elevados superávits nas contas públicas. O secretário do Tesouro passou a ser chamado jocosamente de "mãos de tesoura", o que lhe teria custado alguns momentos de duro embate e até constrangimento em reuniões no Palácio do Planalto — chegou a ser acusado pela assessora especial da presidente, e anos depois ministra do Planejamento no governo Dilma, Miriam Belchior, de estar escondendo receitas para evitar gastos. "Quem tem que decidir não é o senhor. Essa decisão tem que ser tomada aqui no Planalto, por quem teve 50 milhões de votos", teria dito ela, segundo um dos participantes da reunião. Levy argumentava que não era apenas uma questão de decidir gastar mais, que eram necessários projetos. "Se os projetos forem bons, o dinheiro aparece."

Juros e desaforos

O MOVIMENTO DE APOIO e pressão de Lula sobre a equipe econômica seria uma constante no mandato — pressionava por resultados, mas terminava dando apoio em momentos decisivos. Em determinadas ocasiões, no entanto, isso exigia da equipe nervos de aço. Foi assim quando, já no início do governo, o Banco Central aumentou a taxa de juros e Palocci segurou os gastos.

Quando os resultados apareciam, a pressão diminuía. Em maio, a inflação começou a ceder, e foram captados alguns sinais de reação das vendas no comércio. Em 26 de junho, Lula tinha um compromisso de enorme força simbólica: comemoraria os primeiros seis meses de seu governo em São Bernardo do Campo, berço de sua luta sindical e política. Encorajado pelos relatos que lhe foram apresentados por Palocci e Meirelles, o presidente fez um discurso empolgado para uma plateia de 350 metalúrgicos do ABC paulista. "Outro dia eu disse num debate que mês de julho seria o mês do espetáculo de crescimento. Estou convencido de que esse mês é o mês que a gente vai começar a fazer a curva que deveríamos fazer", afirmou.[1]

Essa declaração lhe custaria caro nos meses seguintes, quando os dados da economia não confirmaram o prometido espetáculo do crescimento. As cobranças aumentavam, e a irritação de Lula chegava ao limite. Gilberto Carvalho, então chefe de gabinete da Presidência e pessoa de absoluta confiança de Lula, testemunhou um momento ilustrativo do estado de ânimo do presidente quando os números de julho não confirmaram a promessa do espetáculo anunciado em junho. "Foi quando a economia estava naquele rame-rame, não ia para um lado nem para o outro. Eu abri a porta do gabinete com uns papéis para o presidente assinar. Eu me lembro porque ouvi muito bem. O Lula estava sentado e o Palocci de pé diante dele. O presidente gritava: 'Porra, Palocci, eu já fiz o diabo, tudo o que você e Meirelles me pediram que eu fizesse e cadê essa porra do crescimento, Palocci? Crescimento porra nenhuma, Palocci!'. Palocci permanecia calado, a cabeça um pouco inclinada para baixo, o Lula continuava: 'Porra, Palocci, e esse Meirelles fica me dizendo que tá bombando. Tá bombando porra nenhuma, Palocci! Só se for no cu da mãe dele, Palocci!'."

Desde o primeiro mês no comando do Banco Central, Meirelles vivia sob constante pressão de Lula, José Dirceu e outras lideranças do PT que não concordavam com o rigor no controle dos gastos e o freio imposto pela taxa de juros. Às vésperas da primeira reunião do Copom, ainda em janeiro de 2003, Meirelles levou aos diretores do BC um convite para uma reunião com Lula no Palácio do Planalto. Ainda inexperiente para perceber certas armadilhas do poder, Meirelles transmitiu o convite, certo de que seria aceito. "Meirelles, não se faz reunião do Banco Central com presidente da República em véspera de Copom. Se quiser podemos marcar para depois da reunião do Copom, quando a gente já tiver decidido sobre os juros", disse, em tom firme, o diretor Ilan Goldfajn. Naquela reunião, a taxa básica de juros subiu de 25% para 25,5%. "Lula sempre procurava tensionar, mas naquela altura terminava optando pela posição do Palocci", relembra Clara Ant, a fiel e mais próxima secretária do presidente.

Conforme a reunião de fevereiro do Copom se aproximava, o Palácio do Planalto vazava notas para as colunas de jornais dizendo que Lula não concordaria com um novo aumento da Selic. Numa reunião dos ministros da Fazenda do Mercosul, em Montevidéu, Palocci se aproximou do diretor de Liquidação do BC, Gustavo do Vale, e perguntou em voz baixa:

"Vai ter novo aumento da taxa de juros?"

"Acho que é inevitável", respondeu Vale.

"Vai ser muito difícil segurar o Lula e administrar isso", acrescentou Palocci.

Pressionado por Lula, Palocci tentou uma abordagem com a diretoria do Banco Central, na qual estavam os votos que definiriam a taxa de juros. Convidou Meirelles para um café da manhã na residência oficial do Ministério, no Lago Sul, e pediu que levasse todos os diretores. Quando Meirelles transmitiu o convite, Ilan Goldfajn, mais uma vez, se opôs: "Meirelles, podemos aceitar esse convite. Mas para depois da nossa reunião". O convite não foi renovado, e o café com Palocci jamais aconteceu.

Quando a reunião enfim estava acontecendo, em 19 de fevereiro, a pressão chegou ao 20º andar da sede do Banco Central, a sala reservada na qual os integrantes do Copom discutem e decidem a calibragem do juro. Meirelles foi chamado pela secretária para atender a um telefonema urgente em seu gabinete, contíguo à sala de reuniões. Voltou com ar preocupado. "Vai ser politicamente difícil aumentar a taxa de juros", afirmou. O telefonema era de Antonio Palocci, relatando as inquietações do presidente e de outros ministros do PT sobre a iminente alta da Selic.

O diretor Carlos Eduardo de Freitas, funcionário de carreira do BC e que ao longo de décadas assumiu posições importantes em vários governos, abriu uma brecha no impasse que se desenhava: "Presidente, dado o adiantado da hora sugiro que façamos um intervalo para o almoço e depois retomamos a reunião". Meirelles aceitou a sugestão. Durante a refeição, servida numa sala ao lado, sem a presença de Meirelles, os diretores discutiram o que fariam caso o presidente forçasse a mão para abortar a alta da taxa de juros. Luiz Fernando Figueiredo, outro remanescente da gestão de Arminio Fraga, sugeriu que nesse caso pedissem demissão. Quando a reunião foi retomada, Henrique Meirelles não falou mais em "complicações políticas", e a taxa de juros foi elevada para 26,5% ao ano, com um aperto adicional: o Banco Central elevou os depósitos compulsórios, retirando mais dinheiro do mercado — outra maneira de conter o consumo para impedir a alta dos preços.

Se a alta inicial dos juros em janeiro incomodou Lula, Dirceu e outros no PT, a segunda, em fevereiro, esticou a corda no limite da ruptura. A relação entre o titular da Fazenda e o ministro-chefe da Casa Civil azedou. Dirceu tinha muito mais peso no governo e no PT do que Palocci, que havia ascendido ao posto por ter construído ao longo da campanha uma ponte com o empresariado, em especial com o setor financeiro, o que mais temia Lula e o PT.

No seu livro de memórias, Dirceu narra um dos embates com Palocci. Percebendo que o conflito entre seus dois principais ministros ameaçava desestabilizar o governo, Lula convocou uma reunião fora da agenda. "O pau comeu. Fomos para a piscina do Alvorada, numa linda noite, tudo para ser uma reunião agradável e amigável. Havia petiscos e bebida. Mas acabou por ser uma dura discussão com queixas e acusações mútuas", relatou o ex-ministro.[2]

"O Palocci me acusou de deslealdade, dizendo que eu estava tornando públicas discussões sigilosas. Então eu respondi: 'Você não está cumprindo o que combinamos'", Dirceu declarou em entrevista a mim. O que estava combinado, segundo ele, era que todos haviam concordado em aumentar o superávit das contas públicas, segurando gastos, sob a condição de que a taxa de juros cairia. "Eles aumentavam o juro e ainda queriam mais superávit." Para Dirceu, era inaceitável que Palocci tivesse estabelecido com Lula o que ele chamou de "secretismo": as decisões da área da Fazenda, e especialmente as do Banco Central, não seriam debatidas com o núcleo político do governo, liderado por ele. Em suas memórias, Dirceu conta que Lula depois o chamou a seu gabinete e determinou: "'Chega, basta' [e] avisou que não queria mais 'ouvir você e o Palocci falando em pedir demissão'. Eu, na verdade, nunca usara esse recurso, não combinava comigo, mas Palocci, sim".[3]

No Ministério da Fazenda, Palocci se mostrava inquieto. Indagava com frequência seus assessores sobre indicadores que pudessem apontar a retomada da economia, paralisada em 2001 por causa do racionamento de energia e em 2002, sob o efeito das incertezas que o processo eleitoral projetava sobre a política econômica que viria a prevalecer no ano seguinte. No final de 2003, finalmente, a economia brasileira dava sinais de recuperação. Foi um alívio geral entrar em 2004 com a inflação em queda, economia crescendo, desemprego diminuindo.

O ano de 2005 prometia ser ainda melhor. Mas não foi. A volta do consumo provocou nova pressão sobre os preços. A inflação estava de volta. Foi nesse contexto que o BC de Henrique Meirelles, àquela altura renovado com a substituição, em 2003, de diretores remanescentes do governo Fernando Henrique, voltara a aumentar a taxa de juros a partir de setembro de 2004. Já era, portanto, um Banco Central 100% nomeado por Lula. E o presidente precisava mais do que nunca do crescimento da economia, geração de emprego, consumo de bens e serviços para atender a uma população que vinha sofrendo havia anos com crises frequentes. Lula e o PT tinham em mente que haviam vencido a eleição em 2002 por conta da instabilidade econômica do final do mandato de Fernando Henrique. Abortar o processo de crescimento em 2005 despertava temores sobre o processo eleitoral do ano seguinte, em que ele seria candidato à reeleição.

O vinho sem rótulo de
Antonio Palocci

A PRIMEIRA MANIFESTAÇÃO PÚBLICA de Pedro Malan sobre o governo Lula ocorreu em 8 de junho de 2003, pouco mais de cinco meses depois da posse. Naquela data, ele estreou como articulista no jornal *O Estado de S. Paulo*. O ex-ministro da Fazenda havia cumprido os quatro meses de quarentena — o período no qual ex-dirigentes do alto escalão ficam proibidos de exercer funções na iniciativa privada — lendo e viajando para o exterior.

"Falsos dilemas, difíceis escolhas..." era o título do artigo de Malan, que expunha uma avaliação e reflexões sobre o período inicial do governo Lula. O primeiro parágrafo já dava o tom do que viria na sequência:

> Nos últimos doze meses, o Brasil mostrou ao mundo que continua avançando em termos de maturidade política e nível do debate econômico — apesar das aparências em contrário. Foi revertido o clima negativo, beirando o quase pânico, que se instaurou, a partir de abril/maio de 2002, em mercados, como sempre, movidos por expectativas quanto ao curso futuro dos eventos.[1]

Ao fazer o corte temporal de doze meses, o ex-ministro colocou sob o mesmo foco de análise o período de junho de 2002, quando Lula assinou a Carta ao Povo Brasileiro, o período de transição de governo, de final de outubro a 31 de dezembro e os pouco mais de cinco meses do governo petista.

O "quase pânico" foi um eufemismo no texto de Malan. Houve pânico de verdade, com vários momentos no limite da ruptura e uma espécie de data-símbolo: o dia 10 de outubro de 2002, uma quinta-feira, quatro dias depois do primeiro turno da eleição presidencial e a dezessete dias do segundo turno que consagraria a previsível vitória de Lula, quando o dólar chegou a ser vendido a quatro reais. A sensação geral era de que não havia mais limite para alta da moeda americana. O artigo foi publicado em 8 de junho, um domingo. Na sexta-feira, dia 6, o dólar havia fechado a 2,88 reais, queda de quase 30% em relação a outubro do ano anterior. Quais teriam sido as causas da reversão do clima de pessimismo em relação ao Brasil, segundo o ex-ministro?

> Uma gradual mudança na postura e no discurso do então principal partido oposicionista a partir de junho de 2002; uma inédita e exemplar transição pós-eleitoral entre a administração que terminava e a que assumia; uma firme e coerente condução da política macroeconômica pelo governo desde sua posse, reafirmando, agora na prática, compromissos com a estabilidade e recusando voluntarismos e efeitos especiais. [...] O Brasil, mais uma vez, surpreendeu os céticos e os derrotistas, evitando um rumo por muitos erroneamente antecipado. O fato de este resultado positivo ter sido possível por avanços alcançados pela sociedade brasileira ao longo dos últimos anos não diminui, de forma alguma, os méritos do atual governo. Que, até o momento, na área macroeconômica, mostrou serenidade, pragmatismo e visão.

Malan evitou menções diretas o governo Fernando Henrique, do qual fizera parte durante seus oito anos como ministro da Fazenda. Talvez de forma calculada, para não soprar a brasa das relações conflituosas entre PT e PSDB que tão vivamente marcaram o período eleitoral. Preferiu falar em "avanços alcançados pela sociedade brasileira". Mas citou seu sucessor: "Tem razão o ministro Antonio Palocci quando diz que na maioria dos países de alguma expressão econômica do mundo 'ninguém mais questiona' se um governo, independentemente de sua coloração partidária, deve ou não ser fiscalmente responsável, preservar a inflação sob controle ou respeitar contratos e acordos". E situou o Brasil em patamar elevado, sob o ponto da responsabilidade na gestão pública, "como foram governos de esquerda na Espanha (Felipe González), na França (Mitterrand e Jospin), na Itália (D'Alema), como é o governo da concertação socialista do Chile de [Ricardo] Lagos. Como vem sendo, até agora, o governo Lula".

A partir daí, o artigo de Malan passa do louvor ao alerta:

> À primeira vista, poderia parecer, portanto, que este é um debate superado, ou em via de superação no Brasil. Mas o fato é que a imprensa registra um número crescente de vozes, inclusive do próprio governo, que se vêm referindo à política de reafirmação de compromisso com a estabilidade dos últimos cinco meses como uma espécie de "Plano A" ou uma curta "fase de transição" prestes a ser concluída, quando então — e só então — começaria de fato o "verdadeiro" governo Lula.

Quando o texto foi publicado, a inflação já estava em queda, cedendo ao aperto de juros do BC e respondendo também à confiança crescente na condução da economia pelo novo governo. Mas a atividade econômica ainda patinava, e o desemprego permanecia elevado.

No período de quarentena, de janeiro a abril de 2002, Pedro Malan manteve uma atividade discreta, fora do alcance da atenção da imprensa e da opinião pública. Foi uma espécie de conselheiro do seu sucessor, em conversas por telefone ou mesmo em encontros pessoais, quando Palocci viajava para o Rio de Janeiro. O mesmo tipo de relação se dava com o ex-presidente do BC, Arminio Fraga. Portanto, a defesa que o ex-ministro da Fazenda fazia do desempenho de Palocci, enaltecendo a forma como conduzia a economia do governo petista, não era apenas a de um observador à distância, que se afastara do poder depois que o governo a que servira havia sido derrotado — ele tinha clara noção das pressões a que Palocci estava sendo submetido.

Quanto a Lula, seu apoio a Palocci nas discussões internas do governo se mantinha. "No impasse, ele terminava decidindo em favor de

Palocci", relata Gilberto Carvalho. Mas o presidente pressionava por resultados imediatos, o que o ministro da Fazenda não tinha como atender. Ao mesmo tempo, Lula também era sensível às cobranças do PT, o que só reforçava a posição daqueles que, no partido, não concordavam com os que, de maneira simplista, achavam que Palocci estava dando continuidade à "política neoliberal" de Fernando Henrique.

O BC vinha mantendo a Selic em 26,5% ao ano desde a reunião de fevereiro do Copom. Àquela altura, início de junho, a pressão pela sua redução estava em nível máximo desde a posse de Lula. O primeiro corte de juros no governo petista ocorreu em 18 de junho, dez dias depois de publicado o artigo de Malan. Foi de apenas 0,5 ponto percentual, para 26% ao ano. Nessa reunião do comitê já não participou Ilan Goldfajn, que em maio anunciou sua decisão de deixar o cargo. Da equipe de Arminio, só restava o diretor da área internacional, Beny Parnes.

Na reunião seguinte, em julho, o corte na taxa de juros foi de 1,5 ponto percentual para 24,5%. Para Lula e o PT, sempre atentos aos comparativos de efeito político, esse número tinha especial valor simbólico: a Selic retornava a um nível abaixo daquele em que se encontrava ao fim do governo Fernando Henrique, que era de 25% ao ano. No entanto, a decisão tinha consistência técnica — afinal, a inflação também já estava em queda, o que tornava injustificável manter a taxa de juros tão elevada.

No Senado, o ministro da Fazenda de Lula encontrava apoio em vários parlamentares do PSDB, especialmente Tasso Jereissati, do Ceará, e Arthur Virgílio Neto, do Amazonas. Ambos integravam a poderosa Comissão de Assuntos Econômicos, responsável por sabatinar os nomes indicados pelo presidente da República para a presidência e diretorias do Banco Central. Nesse processo, enquanto alguns nomes sofriam críticas do PT, como as da senadora Heloísa Helena, outros tinham apoio da dupla tucana.

É também nessa Comissão que o presidente do BC comparece a cada seis meses para dar explicações sobre a condução da política monetária. Foi nessa instância, à qual também comparece o ministro da Fazenda, quando convidado, que se estreitaram as relações entre Palocci e os dois senadores do PSDB. Além do apoio à indicação de nomes para o Banco Central, os tucanos apoiaram várias medidas de reformas econômicas enviadas por Lula ao Congresso.

As conversas do ministro não se restringiam aos contatos periódicos no Senado e no gabinete na Fazenda, devidamente registrados na agenda e acompanhados pela imprensa. Os diálogos mais demorados ocorriam na sua residência, um endereço já bastante conhecido pelos dois senadores, pois era o mesmo onde residira o ex-ministro Pedro Malan. Pelo menos uma vez ao mês, Palocci recebia dois parlamentares de oposição para um jantar, que jamais constou da agenda oficial. Lula sabia e estimulava as conversas, mas o presidente e seu ministro da Fazenda combinaram manter sigilo. O senador Aloizio Mercadante, por exemplo, não sabia dos encontros.

Arthur Virgílio relata que eram conversas abertas e descontraídas, que serviam para uma análise da situação geral da economia. Para Palocci, reforçar a interlocução com lideranças do principal partido de oposição era importante para ajudar a conter a maré petista contra a política econômica que colocava em prática. "No jantar discutíamos estratégias de votação de matérias de interesse do governo, como apoiar o que julgávamos importante", afirma Tasso Jereissati. Dezesseis anos depois, ao relembrar aqueles jantares na casa de Palocci, Virgílio conta que um ritual se repetia a cada encontro:

"A comida era boa. Melhor ainda o vinho que o ministro colocava à mesa".

"Qual era o vinho?"

"Não sei. O vinho já chegava à mesa em um decanter. Nunca perguntamos e ele nunca nos disse qual era."

Palocci, também dezesseis anos mais tarde, para matar a curiosidade de Virgílio Neto, revelaria o segredo do vinho que servia para animar a conversa nos jantares com os dois senadores do PSDB: "Era sempre um Sassicaia [um vinho nobre e caro da Toscana]".

O início de 2005 parecia muito promissor para o governo Lula e Palocci. No dia 1º de março, o IBGE divulgou o resultado do PIB de 2004: crescimento de 5,2%, depois do modesto desempenho de 0,5% em 2003. "O melhor resultado desde 1994", registraram os jornais e os serviços de informação em tempo real. Os dados eram todos positivos. O consumo das famílias havia crescido 4,3%, os investimentos tiveram elevação de mais de 10% e as exportações fecharam com alta de 17,9%. Na indústria, o crescimento foi de 6,2%, e espalhado pelos mais diversos segmentos do setor, beneficiando consumidores e empresários.

O governo do PT entrava numa nova fase, e crescia a importância e o papel do ministro da Fazenda. O ex-deputado e ex-prefeito de Ribeirão Preto, ao seu modo sutil de quem serve o vinho, mas não mostra o rótulo, começou a lançar um olhar para o futuro não só na economia, mas também na política. Certa manhã, convocou uma reunião com seus principais colaboradores na Fazenda, e os surpreendeu com uma ideia ousada: "Estamos diante de uma oportunidade histórica. O PSDB ambiciona reconquistar o poder na eleição do ano que vem. E nós, do PT, queremos mantê-lo".

Na visão do ministro, se ambos os partidos aspiravam a governar o país a partir de 2007, era o momento então de somar forças para aprovar reformas econômicas que pudessem alavancar ainda mais a economia — garantindo um horizonte prolongado de crescimento, geração de emprego e de renda —, mas que se dessem no espaço da visão comum de ambos os partidos. A ideia do ministro era ousada porque o PT de Palocci tinha uma agenda que dialogava com a do PSDB, mas o de José Dirceu e outros não. E para que lado, nesse caso, penderia Lula? O ministro tinha razões para supor que, nessa questão, como em tantas outras, Lula acabaria ficando a seu lado.

A proposta central se resumia no seguinte: reduzir a zero, em dez anos, o déficit das contas públicas no seu conceito mais amplo — o de déficit nominal, que inclui, além das despesas correntes, os pesados encargos da dívida pública. Tanto para o PT como para o PSDB, seria conveniente assumir a presidência a partir de 2007 tendo à frente a redução progressiva da dívida, uma das razões dos ciclos de sobe e desce da economia brasileira.

O problema era que Lula reavivava dentro de si uma velha irritação com a taxa de juros. Desde setembro de 2004, o BC vinha aumentando a Selic a cada reunião mensal do Copom. Para a autoridade monetária, a economia estava entrando numa perigosa trajetória de superaqueci-mento, acumulando pressões inflacionárias que precisavam ser dissipa-das. Entre os economistas do setor privado, já se falava em crescimento de 3% em 2005. Era muito pouco para as ambições de Lula e para as correntes desenvolvimentistas do PT.

Um prêmio para dois

APÓS O CERIMONIAL DE TRANSMISSÃO do cargo, com a colocação da faixa presidencial ao eleito, em 1º de janeiro de 2003, Lula e Fernando Henrique Cardoso só voltariam a se encontrar em evento oficial no Brasil um ano depois. Mais precisamente, em 5 de janeiro de 2004, quando ambos receberam o prêmio Notre Dame para Atuação Destacada no Serviço Público na América Latina, concedido pelo Instituto Kellogg de Estudos Internacionais da Universidade de Notre Dame, em Indiana, nos Estados Unidos. O prêmio foi concedido a ambos como reconhecimento pelo processo de transição presidencial de Fernando Henrique para Lula.

O reverendo Edward Malloy, reitor da Universidade de Notre Dame, afirmou que ambos eram "exemplos para a América Latina". Ao explicar os critérios usados pelo Instituto para outorgar o prêmio, afirmou: "O prêmio Notre Dame se propõe a salientar a generosidade pessoal, a liderança hábil e a tenacidade no trabalho difícil que líderes realizam na vida pública na América Latina". E ainda acrescentou: "Os presidentes Lula e Fernando Henrique têm demonstrado que sustentar uma democracia requer uma liderança dedicada a princípios democráticos". No texto em que anunciava o resultado, o Instituto justificava a dupla premiação: "Apesar de representarem partidos políticos opostos, eles atuaram como estadistas para garantir uma eleição limpa, justa e altamente elogiada, por evitar divisões e demagogias".[1]

O prêmio da Universidade de Notre Dame para lideranças latino-americanas havia sido criado no ano 2000. Antes de Lula e FHC, já haviam sido agraciados o cardeal hondurenho Óscar Rodríguez Maradiaga, o ex-presidente do Chile, Patricio Aylwin, e o presidente do BID, o uruguaio Enrique Iglesias. A solenidade de entrega, com auditório lotado de convidados e jornalistas, ocorreu no Palácio Itamaraty. Havia vários ex-ministros do governo FHC presentes, como Pedro Parente, da Casa Civil, Francisco Weffort, da Cultura, e Paulo Renato Sousa, da Educação. Do governo Lula, dezoito ministros compareceram. A plateia era complementada com parlamentares do governo e da oposição, que não se misturaram, ocupando lados opostos no auditório.

O primeiro a falar foi Fernando Henrique, que começou dizendo que faria um discurso breve, sem improvisos. E colocando-se na condição de ex-presidente, afirmou: "Nada aborrece mais do que discursos longos que antecedem o principal orador", indicando que a fala principal, sobre a qual haveria maior expectativa, seria a do presidente Lula. Lembrou da convivência com Lula, desde a luta pelas Diretas Já, que levou milhões de brasileiros às manifestações de rua no início dos anos 1980. Mencionou também as lutas sindicais do ABC paulista, lideradas por Lula. Sobre a disputa política entre ambos, afirmou: "Há momentos em que é preciso acabar com as diferenças para fortalecer as instituições". Naturalmente, se referia ao processo de transição de um ano antes, mas também sinalizava abertura para o convívio dali para a frente, como revelou em conversa comigo treze anos depois.

No discurso do Itamaraty, afirmou ainda: "Passei o governo a um brasileiro que merece o meu respeito por sua luta e vocação democrática". Isso, segundo Fernando Henrique, apesar de a equipe de Lula ser formada por "pessoas que fizeram uma oposição tenaz" ao seu governo. Numa abordagem mais geral sobre o país, afirmou: "As incertezas econômicas, as dificuldades para fazer frente às necessidades de uma população ainda muito carente de meios de vida e de ocupação, a angústia gerada pela falta de segurança pública, a violência crescente impulsionada pelo crime organizado e pelas drogas, a repulsa pela impunidade e tantos outros problemas continuam a desafiar os esforços dos governos e da sociedade".

Ao contrário de Fernando Henrique, Lula disse que o momento era, sim, propício ao improviso. O presidente então soltou-se das amarras da formalidade para exercer seu modo de comunicação mais eficaz: a espontaneidade da fala, que evolui à medida que sente a reação da plateia, num improviso cativante. "Parabéns ao Brasil por este admirável exemplo de civilidade e participação cidadã. [...] Muitas vezes, as pessoas confundem o calor de uma disputa política com as questões pessoais. [...] A transição, da forma como foi feita, foi uma espécie de aviso ao mundo, que duvidava da nossa competência para exercer a democracia", afirmou o presidente.[2]

Lula ainda destacou a colaboração entre integrantes do governo Fernando Henrique e de seu futuro governo durante a transição. Fez questão de citar nominalmente Pedro Parente, ex-ministro-chefe da Casa Civil, e Pedro Malan, da Fazenda. Do lado do PT, mencionou o então ministro da Fazenda, Antonio Palocci, e Luiz Gushiken, ministro-chefe da Secretaria de Comunicação do governo.

Fernando Henrique recordou, treze anos depois, o clima de cordialidade daquele evento. Ele conta que, durante o coquetel antes da cerimônia, "um padre peruano, muito ligado à Teologia da Libertação, nos cumprimentou e falou da importância de termos um bom relacionamento". Lula disse que convidaria o ex-presidente para "tomar um café no Alvorada". Os dois fizeram um acordo, uma doação cruzada do prêmio de 10 mil dólares que cada um receberia: o de Fernando Henrique iria para o programa Fome Zero, do governo Lula, e o de Lula seria doado para o Comunitas, um programa conduzido pela ex-primeira-dama Ruth Cardoso. E lamentou: "O convite nunca chegou a ser feito. E a doação do prêmio não se materializou".

Treze anos depois do prêmio concedido a Lula e Fernando Henrique, outro brasileiro seria homenageado pela mesma universidade — dessa vez o juiz Sergio Moro, agraciado com o Notre Dame Award, concedido a pessoas que são consideradas "pilares de consciência e integridade, cujas ações beneficiaram seus compatriotas". Criada em 1992, essa premiação tem entre seus agraciados Madre Tereza de Calcutá e o ex-presidente norte-americano Jimmy Carter. Ao entregá-lo a Moro, o reitor da universidade, reverendo John I. Jenkins, afirmou: "No caso do dr. Moro, a universidade reconhece que ele está envolvido em nada menos que a preservação da integridade de sua nação, apesar de sua aplicação firme e imparcial da lei. Ao abordar os problemas prejudiciais da corrupção pública de uma maneira justa, mas zelosa, o dr. Moro fez diferença marcante para todos os brasileiros e para a humanidade em geral na nossa sede universal de justiça". Em nota, a universidade justificou a homenagem ao juiz: "Sergio Fernando Moro e sua equipe deram nova esperança aos brasileiros e a milhões de pessoas em todo o mundo que desejam honestidade no governo. Como resultado do bom trabalho do dr. Moro, o Brasil, em vez de ser infame pela corrupção, tornou-se um farol para o resto do hemisfério sobre como lutar contra isso".[3]

O prêmio foi entregue a Moro no dia 2 de outubro de 2017. Em 12 de julho do mesmo ano, o juiz havia proferido sentença condenando o ex-presidente Lula a nove anos e seis meses por corrupção no julgamento em que era acusado de receber um apartamento no Guarujá em troca de favorecimentos à construtora OAS junto à Petrobras. Em 7 de abril do ano seguinte, Lula seria preso por determinação de Moro. Por decisão do Tribunal Regional Federal da 4ª região (TRF-4), com sede em Porto Alegre, a pena havia sido aumentada para doze anos.

O desembarque na hora errada

NA MANHÃ DE 14 DE MAIO DE 2005, Murilo Portugal desembarcou no aeroporto do Galeão, no Rio de Janeiro, vindo de Washington. Acabara de encerrar sua missão de representante do Brasil no FMI e no Banco Mundial, funções que acumulava desde o governo Fernando Henrique Cardoso. Finalmente, depois de mais de dois anos, o então poderoso ministro Antonio Palocci havia convencido Portugal a deixar a prestigiada posição na capital americana para voltar ao Brasil e assumir um cargo no governo do PT: o de secretário-executivo do Ministério da Fazenda, como seu braço direito.

Doze anos depois, quando o entrevistei, Portugal ainda tinha viva na memória a imagem que o marcou antes mesmo de deixar o aeroporto: a capa da revista *Veja* trazendo o flagrante de um obscuro funcionário dos Correios, Maurício Marinho, recebendo, em seu gabinete na sede da empresa e colocando no bolso um pacote de notas de cinquenta reais que totalizavam 3 mil reais. "Quando vi aquela imagem pensei: isso não vai acabar bem", relembrou Portugal. Além da reportagem, com o título "O homem-chave do PTB", a revista disponibilizou em seu site um vídeo com o flagrante da entrega do dinheiro, em que Maurício Marinho detalhou um esquema de corrupção e o desvio de dinheiro dos

Correios que envolveria o presidente do Partido Trabalhista Brasileiro (PTB), deputado Roberto Jefferson.

O episódio deflagrou a mais grave crise do governo Lula. Acuado pelas acusações de que comandava o esquema de corrupção nos Correios, Jefferson revidou com a denúncia do chamado Esquema do Mensalão: a compra de votos em troca de apoio no Congresso, com cada deputado "comprado" recebendo 30 mil reais por mês para votar a favor das matérias de interesse do governo na Câmara. Em 1992, o mesmo parlamentar havia liderado o que ficou conhecido na época como "tropa de choque" em defesa do então presidente Fernando Collor de Mello durante o processo de impeachment que culminou no seu afastamento em dezembro daquele ano. Na linha de ataque a Collor, estava o PT, liderado por Lula e José Dirceu. Dez anos depois, com o PT no governo, Jefferson e Lula estavam do mesmo lado. Nos meios político e jornalístico, sempre se soube que confiar em Roberto Jefferson era uma aposta de alto risco.

A chegada de Murilo Portugal era parte de uma mexida importante no tabuleiro da equipe econômica do governo Lula. Tudo apontava para um fortalecimento da posição de Palocci no governo, principalmente depois que, nas semanas seguintes, começou a ficar evidente que a situação de Dirceu dificilmente se sustentaria em razão dos ataques de Roberto Jefferson. Portugal era o mais importante remanescente da equipe econômica do governo FHC e havia atuado em fina sintonia com Pedro Malan e Arminio Fraga durante as turbulências econômicas de 2002.

Para nomeá-lo como secretário-executivo, Palocci deslocou Bernard Appy — o único economista dos quadros do PT na Fazenda — para a Secretaria de Política Econômica, antes ocupada por Marcos Lisboa, que era alvo de fortes ataques da ala desenvolvimentista do governo e foi deslocado para a presidência do Instituto de Resseguros do Brasil, uma empresa estatal com antigo histórico de problemas de gestão. Outra mudança ocorreu no BC. Com o apoio de Lula, Palocci indicou o diretor de Estudos Especiais do Banco, Eduardo Loyo, para substituir Murilo Portugal como representante do Brasil no FMI. Loyo formava com outro diretor, Afonso Bevilaqua, a dupla que sustentava a linha dura da política monetária, determinada a conter com alta de juros qualquer ameaça de alta da inflação.

Os ventos da tempestade política pareciam soprar a favor de Palocci. A chegada de Murilo Portugal conferia mais peso à equipe econômica liderada pelo médico de Ribeirão Preto. E, com habilidade, sem criar arestas, soube se desvencilhar de Eduardo Loyo e Marcos Lisboa, nomes que respeitava e admirava, mas que lhe custavam desgastes com Lula e várias correntes do PT, contrárias à política econômica então vigente.

Na frente política, a situação se complicava a cada dia, desde que, no dia 14 de maio, o *Jornal Nacional* exibiu as imagens, cedidas pela revista *Veja*, de Maurício Marinho recebendo a propina de 3 mil reais. Em 6 de junho, a *Folha de S.Paulo* publicou a entrevista de Roberto Jefferson à jornalista Renata Lo Prete, na qual o parlamentar denunciou o esquema de compra de votos no Congresso que ele mesmo batizou como "mensalão".[1]

Era uma resposta de Jefferson à acusação de que comandava o esquema de corrupção nos Correios e que Maurício Marinho agia sob sua orientação. A entrevista à *Folha* foi apenas o primeiro tiro contra o PT e, especialmente, contra José Dirceu. Em 14 de junho, em depoimento ao Conselho de Ética e Decoro Parlamentar da Câmara dos Deputados, transmitido ao vivo pelas emissoras de rádio e TV, Roberto Jefferson manejou como nunca a arma de sua preferência: atacar para se defender, ainda que, para atribuir credibilidade às suas acusações, tivesse de confessar seu próprio delito — como, por exemplo, admitir que havia recebido, em nome do seu partido, 4 milhões de reais do publicitário Marcos Valério. Em gesto teatral, contou que pegou o dinheiro em mãos com o publicitário, descreveu como eram os pacotes de notas e arrematou em entrevista à imprensa: "Recebi os 4 milhões e não vou dizer nunca a quem distribuí".

Em uma estratégia bem calculada, isentava Lula da responsabilidade pelo mensalão, jogando toda carga sobre Dirceu. Aos colegas deputados, narrou assim sua versão da conversa com Lula:

A reação do presidente foi a de uma facada nas costas. "O que que é isso [mensalão]?" Contei, e as lágrimas desceram dos olhos dele. Ele levantou e me deu um abraço. Sei que, de lá para cá, secou [o esquema]. Os passarinhos estão todos de biquinho aberto. As coisas pararam aqui nesta Casa [as votações não avançam]. É síndrome de abstinência. O presidente Lula é inocente nisso.

Na sequência, se defendia, dizendo que as denúncias contra ele vinham do PT: "Eu percebi que o governo quis botar um cadáver podre, que atinge o sr. Delúbio Soares, que atinge o sr. Sílvio Pereira, que atinge o sr. Zé Dirceu... Estão dizendo que eu sou réu...". Nessa mesma reunião do Conselho de Ética, Jefferson, olhando para a câmera, atirou contra Dirceu, até então o mais poderoso ministro do governo Lula, percebido com uma espécie de primeiro-ministro: "Zé Dirceu, se você não sair daí rápido, você vai fazer réu um homem inocente, o presidente Lula. Rápido, saia daí rápido, Zé, para você não fazer mal a um homem bom, correto e de quem tenho orgulho de ter apertado a mão".[2]

Em 2 de agosto, quando José Dirceu depunha no Conselho de Ética, lá estava Roberto Jefferson para atacá-lo. A certa altura, olhando para Dirceu, soltou uma frase que foi analisada mais do ponto de vista da psicanálise do que da política: "Tenho medo de vossa excelência. Porque vossa excelência provoca em mim os instintos mais primitivos".[3]

Se Lula estivera alheio ao que o deputado denunciava, tendo até chorado ao tomar conhecimento, por que a permanência de José Dirceu na Casa Civil poderia "fazer réu um homem inocente"? Jefferson tinha consciência do poder da ambiguidade que lançava ao ar e chegava a milhões de telespectadores, ouvintes e leitores dos serviços de informações que acompanhavam seu depoimento e que seriam reproduzidas exaustivamente nos dias seguintes. No jogo do deputado, era impossível identificar as linhas que separavam a realidade e a fabulação calculada para obter os efeitos políticos que pretendia.

Em seu depoimento de 14 de junho, Roberto Jefferson citou a fábula do sapo e o escorpião para ilustrar aquela que, segundo sua própria narrativa, era a sua relação e do seu partido, o PTB, com o PT de José Dirceu:

> Essa gente não tem coração, só tem cabeça. Essa gente do PT não é leal. Nos usa como um sapo para atravessar o rio, e sempre nos dá uma ferroadinha. Paralisa o sapo. A gente nada mais dez metros, outra ferroadinha, mais uma dosezinha de veneno, só que essa é tão forte que pode levar o

sapo para o fundo do rio. Mas vai levar esses escorpiões da cúpula junto, não tenho dúvida disso.[4]

Em 16 de junho, portanto dias depois da frase "sai daí Zé", José Dirceu pediu demissão da Casa Civil. Roberto Jefferson colhia assim o troféu da estratégia do "afundamento solidário" que havia exposto na Comissão de Ética. Lula não fez qualquer movimento para proteger Dirceu e evitar sua queda. No Palácio do Planalto, diante do presidente, o ato de despedida foi tomado por profunda comoção. Dirceu fez um longo, emocionado e assertivo discurso:

> Nosso governo tem um programa econômico que está, neste momento, tendo sucesso, e nós precisamos apoiá-lo e sustentá-lo. O nosso governo, o nosso partido e eu temos um patrimônio ético que a sociedade conhece, e eu vou defender esse patrimônio. [...] Quero agradecer, mais uma vez, a todos aqueles que, na Casa Civil, me apoiaram. [...] A luta continua. [...] Não me envergonho de nada do que fiz no governo do presidente Lula. [...] Saio de cabeça erguida do ministério.

E acrescentou: "Continuo no governo, como deputado da base de sustentação do governo, e continuo no governo porque sou PT".[5]

O desejo não se cumpriu. José Dirceu nunca mais voltou a ser o parlamentar influente e atuante que um dia fora no Congresso, mesmo quando o PT era oposição. O processo na Comissão de Ética resultou em denúncia no plenário da Câmara. No dia 30 de novembro, em votação secreta, José Dirceu foi cassado com o voto de 293 deputados. Apenas 192 votaram pela preservação de seu mandato. Com a decisão dos colegas parlamentares, perdeu os direitos políticos por oito anos e só poderia voltar a se candidatar nas eleições de 2016. Quando esse momento chegou, as chamas do mensalão ainda estavam acesas, e ele não se candidatou.

O mandato de Roberto Jefferson já havia sido cassado pelo Congresso em setembro. Dias antes da votação, numa conversa no Salão Verde da Câmara, ele fez uma afirmação a um pequeno grupo de jornalistas: "Seremos cassados apenas eu e o Dirceu". Jefferson já tinha conhecimento que um pacto de mútua proteção estava sendo fechado entre os demais acusados para que, no plenário, ao abrigo da votação secreta, cada um tivesse a missão de salvar os demais. O acordo previa a sua cassação e a de Dirceu.

As articulações para a escolha do substituto do antigo ministro-chefe da Casa Civil começaram quando ele ainda se despedia do Palácio do Planalto. A imprensa divulgou três nomes prováveis: Marcelo Déda, então prefeito de Aracaju, Jorge Viana, governador do Acre, e Patrus Ananias, ministro do Desenvolvimento Social — todos quadros de perfil moderado e históricos do PT. Outra possibilidade seria o deslocamento de Antonio Palocci para o cargo. Nesse caso, Murilo Portugal seria o ministro da Fazenda, em uma configuração que reforçaria a posição de Palocci. Com a saída de Dirceu, seu adversário interno, ele estaria no controle dos dois polos de poder no governo: o político-administrativo, na Casa Civil, e a economia, com o seu braço direito Murilo Portugal na Fazenda. No entanto, Palocci, conhecedor de como Lula era cioso de seu poder e sabia descartar hipóteses que não lhe convinham, preferiu não insistir para emplacar a dobradinha com Murilo Portugal na Fazenda e ele na Casa Civil. Em conversa comigo, em 2019, afirmou: "Na hora H, o Lula poderia me nomear para Casa Civil e não nomear o Murilo para a Fazenda. Seria um desastre".

Lula fez tudo diferente. Descartou as várias opções que tinha dentro do PT e escolheu a então ministra de Minas e Energia, Dilma Rousseff, para a Casa Civil. Ela só havia se filiado ao PT em 2001, um ano antes da eleição. Com Dilma na Casa Civil, turbinada em poderes por Lula, Palocci logo sentiu saudades de José Dirceu como adversário. Muito tempo depois, Lula guardaria dentro de si um arrependimento profundo por ter escolhido Dilma. Na eleição de 2014, quando o próprio ex-presidente estimulou o movimento Volta Lula, que pressionava para que Dilma não concorresse à reeleição, desabafou com o ex-ministro da Fazenda Delfim Netto: "Ela sequer teve a dignidade de me telefonar para dizer que seria candidata". Fosse Lula o candidato em 2014, certamente seria eleito, como Dilma foi, e ainda teria a prerrogativa de se candidatar a uma segunda reeleição em 2018.

A fraqueza do homem forte

O DEBATE SOBRE A REDUÇÃO DO DÉFICIT público até a sua completa eliminação em dez anos estava no contexto de uma visão de longo prazo para o Brasil. Seu êxito não dependia apenas do esforço do ministro da Fazenda — a proposta precisava ter o amparo do presidente da República. Nesse caso, Antonio Palocci havia recebido sinal verde de Lula para que levasse adiante a discussão.

Na visão daqueles que a defendiam, a conjuntura econômica oferecia uma oportunidade de ouro para que o Brasil se livrasse do peso histórico de sua dívida pública. Desde o final de 1998, ainda no primeiro mandato de Fernando Henrique Cardoso, prevalecia a política de geração de superávits primários nas contas públicas, que levam em conta apenas a diferença entre receitas e despesas correntes, sem incluir na conta os juros da dívida. Em 2005, esse superávit havia sido de 4,84% do PIB. Se o superávit for menor do que a despesa de juros que incide sobre a dívida, a dívida cresce, porque a parcela de juros não paga é incorporada ao montante. Se o superávit cobrir toda a despesa com os juros, a tendência é que a dívida, calculada em termos de proporção do PIB, caia ao longo dos anos. Basta que a economia cresça. Um país com dívida menor tem menor despesa com juros, e, nesse caso, a taxa de juros em geral tende a diminuir — bom para o Tesouro, que passa a gastar menos com juros, bom para as empresas e as famílias na contratação de empréstimos bancários. Um arranjo dessa natureza favorece o crescimento da economia, que se traduz em mais impostos arrecadados, mais produção no setor privado, mais empregos e melhores salários.

Na avaliação dos economistas envolvidos na discussão, que incluía colaboradores de fora do governo, a taxa de juros real — aquela calculada descontando a inflação — poderia cair para 2% ao ano. A arrecadação de impostos já havia aumentado por conta do crescimento da economia. A eliminação do déficit nominal, que inclui os encargos da dívida, não exigiria, em tese, sacrifícios adicionais na execução do orçamento: bastaria preservar a política de superávits primários e adotar algumas medidas que contivessem a expansão dos gastos. No governo, Palocci contava com o apoio do então ministro do Planejamento, Paulo Bernardo, também um quadro do PT, mas sabia que a ideia enfrentaria resistências dentro da chamada ala desenvolvimentista do partido. Portanto, considerava vital a ponte que já havia construído com algumas lideranças do PSDB, como Tasso Jereissati e Arthur Virgílio.

Fora do quadro político-partidário, Palocci contava também com a colaboração do ex-ministro da Fazenda e Planejamento do regime militar, Antônio Delfim Netto, outro entusiasta da ideia de eliminar o déficit orçamentário do país. Havia dois outros economistas que também tinham estudos sobre a redução do déficit: Paulo Levy e Fabio Giambiagi, ambos do Instituto de Pesquisa Econômica Aplicada (Ipea), órgão vinculado ao Ministério do Planejamento, de Paulo Bernardo.

Em 6 de junho de 2005, Levy e Giambiagi chegaram animados ao aeroporto Santos Dumont, no Rio de Janeiro. Tomariam um voo rumo a Brasília para uma primeira reunião com Palocci. Ao passarem diante de uma banca de revistas, tomaram um susto ao verem na capa da *Folha de S.Paulo* cuja manchete era "PT dava mesada de R$ 30 mil a parlamentares, diz Jefferson".[1] O jornal trazia a entrevista do deputado Roberto Jefferson à jornalista Renata Lo Prete, na qual o parlamentar denunciava o esquema de compra de votos no Congresso. Na página interna do jornal, o título que chamava a entrevista adicionava mais nitroglicerina ao ambiente político: "Contei a Lula do 'mensalão', diz deputado".

"Vai dar merda", murmurou Giambiagi a Levy ao correr o olhar sobre o texto da capa do jornal. Em Brasília, a conversa com Palocci durou dez minutos numa sala no Palácio do Planalto. Não havia clima para falar sobre o tema da reunião. A entrevista-denúncia de Roberto Jefferson absorvia todas as atenções do governo, do Congresso e da imprensa.[2]

Era a primeira crise grave do governo Lula. Dez dias depois, em 16 de junho, José Dirceu pediu demissão. O arranjo político na formação do primeiro ministério Lula passaria por uma transformação importante. Aparentemente, a saída de Dirceu favoreceria Palocci. O ministro-chefe da Casa Civil o apoiava em alguns momentos, mas o pressionava em outros. O foco da tensão entre ambos, no entanto, era político. Dirceu já via em Palocci um potencial competidor para a posição de liderança numa etapa pós-Lula — e, no horizonte mais longo, para a sua sucessão. Não tinha interesse, portanto, que outro nome do PT crescesse a ponto de ameaçar seu plano estratégico.

Com a saída de Dirceu, a discussão sobre a proposta do déficit zero parecia ter caminho aberto pela frente. O ex-presidente do PT era uma liderança forte e se alinhava à corrente desenvolvimentista, e Dilma, até então, não tinha peso político nem no governo, nem no partido. Por iniciativa de Palocci, Lula foi a um jantar na residência oficial do ministro da Fazenda para uma conversa com Delfim Netto. O ex-ministro do regime militar era o mais próximo e influente conselheiro econômico de Lula, que conhecera quando era ministro do Planejamento do governo do general João Batista Figueiredo. Lula atribuiu a Delfim, junto com Palocci, o papel de coordenar o plano de zerar o déficit público. "Eu estava defendendo um choque de austeridade. Com ele, a taxa de juros desceria de elevador", disse Delfim anos depois.[3]

Lula estava sob fogo cruzado. A crise do mensalão lançava dúvidas sobre a capacidade de sobrevivência política do presidente. Na CPMI dos Correios, criada para apurar as denúncias de corrupção na estatal, estava ficando claro que a queda de José Dirceu não fora capaz de estancar a sangria. Em agosto, o publicitário Duda Mendonça, que havia criado o Lulinha Paz e Amor da campanha de 2002, prestou depoimento devastador para a Comissão Parlamentar Mista de Inquérito. Para estarrecimento geral, diante das câmeras, em transmissão ao vivo, revelou que havia recebido 10,5 milhões de reais da campanha de Lula em uma conta no exterior, dinheiro que não havia declarado à justiça eleitoral, em uma explicitação do caixa dois, o financiamento de campanha não registrado na contabilidade do partido e de origem não declarada. Duda confessara, portanto, um crime eleitoral na eleição de Lula. Parte da oposição viu na revelação a oportunidade de abrir um processo de impeachment do presidente.

A ideia de afastar Lula não avançou — entre outras razões, porque o principal partido de oposição na época, o PSDB, não a encampou. Nesse aspecto, foi decisiva a posição do ex-presidente Fernando Henrique Cardoso, contrário à abertura do processo contra Lula por entender que seria traumático afastar um presidente de origem popular. Era melhor deixar que as urnas o julgassem na eleição do ano seguinte.

Mais uma vez, Antonio Palocci fez a ponte entre Lula e o PSDB. Seguindo orientação do presidente, o então ministro da Fazenda manteve vários encontros com FHC em São Paulo e inúmeras conversas por telefone durante a crise. Outro interlocutor de Lula junto ao ex-presidente foi o então ministro da Justiça, Márcio Thomaz Bastos. Palocci procurava também o prefeito de São Paulo, José Serra, que havia sido o adversário de Lula na eleição de 2002. "Às vezes eu ficava até de madrugada no gabinete do Serra, sem constar da agenda dele."

No Palácio do Planalto, Lula vivia sob tensão máxima. O noticiário estava dominado pelas revelações da CPI dos Correios, cada vez mais comprometedoras para Lula, para o PT e outros partidos da base aliada. Foi nesse clima que, certo dia, Dilma Rousseff entrou no gabinete de Lula e sugeriu que ele renunciasse. "Vocês não me conhecem", disse o presidente, encerrando a conversa, presenciada também por outros ministros.[4]

Mesmo com toda turbulência que ameaçava o mandato de Lula ou pelo menos sua reeleição, Palocci prosseguiu nas articulações para viabilizar o pacto pelo déficit zero nas contas públicas. Ainda fazia sentido o raciocínio de que, se o PT tinha o desejo de manter o poder, e o PSDB pretensões de reconquistá-lo na eleição do ano seguinte, manter as contas públicas em ordem era de interesse de ambas as forças políticas. O que ainda não havia entrado nos cálculos do ministro da Fazenda era que Lula estava entrando em fase de mutação depois da denúncia de Roberto Jefferson, embora a essa altura ninguém ainda a notasse.

Desde o segundo semestre de 2004, o BC vinha aumentando a taxa Selic, desagradando o presidente. Com a denúncia de Jefferson, caíram a popularidade de Lula e os índices de aprovação do governo. Essa combinação de juro alto, na casa de 19,75% ao ano, com o abalo de sua imagem o fazia temer por seu desempenho na disputa pela reeleição no ano seguinte. Embora isso nunca tenha sido afirmado de forma explícita, a urgência eleitoral no horizonte de curto prazo começou a pesar mais nas preocupações do presidente do que o futuro distante do déficit zero.

Quando os economistas coordenados por Palocci e Delfim chegaram a um consenso sobre a proposta, apresentaram-na numa reunião no Palácio do Planalto, com a presença de Dilma Rousseff. Tudo parecia caminhar na direção prevista. Hábil politicamente, Palocci preferiu que Paulo Bernardo se encarregasse de defendê-la, para se proteger das primeiras reações da ala desenvolvimentista do PT, que, como ele sabia, certamente atuaria contra. No entanto, apesar de seu faro apurado para os movimentos internos do partido, que lhe permitia antecipar prováveis tensões, Palocci foi surpreendido quando, na manhã de 9 de novembro de 2005, leu a entrevista de Dilma Rousseff para *O Estado de S. Paulo*, publicado sob o título "Plano de ajuste de longo prazo é rudimentar". Na entrevista, a ministra-chefe da Casa Civil atacava não apenas a proposta específica de zerar o déficit público nominal, mas toda a política econômica executada por Palocci e sua equipe de economistas de visão liberal recrutados fora dos quadros do PT.

De acordo com a fórmula adotada por Palocci, o governo deveria controlar gastos e gerar superávits para os juros caírem e a economia crescer de forma sustentável ao longo do tempo, sem as restrições do endividamento. Já na visão de Dilma, o BC deveria reduzir a taxa de juros, o que levaria a um gasto menor com o financiamento da dívida pública, e a economia, sob o impacto de juros mais baixos, cresceria. Além disso, ela defendia que o governo aumentasse os gastos para gerar mais crescimento e atender demandas sociais.[5]

Era a primeira vez que Palocci havia sido desautorizado publicamente por alguém do primeiríssimo escalão do governo. A conclusão sobre o que havia levado Dilma a atacar daquela maneira era óbvia e inequívoca: ela não faria isso sem a autorização do presidente Lula, que, até então, embora cobrasse seu ministro da Fazenda, vinha dando suporte à política de austeridade fiscal. Dilma explicitou a opção por abrir logo o cofre. Desgastado pelo escândalo de corrupção, Lula já percebia que a ampliação dos gastos aliviaria a pressão popular sobre o seu governo. De acordo com esse discurso, o período de aperto fiscal teria cumprido o seu papel: evitar o descontrole da inflação e assegurar a volta do crescimento.

Nesse caso, se a autoridade vinha de Lula, quem seria capaz de se contrapor à chefe da Casa Civil? A discussão morreu ali, e a frase "despesa é vida" se impôs como um marco de inflexão de Lula. Até então, o Ministério da Fazenda comandado por Palocci tinha por estratégia manter controle sob os gastos a fim de evitar o crescimento da dívida pública. No decorrer do tempo, o presidente foi abandonando essa preocupação com o controle dos gastos. Se a proposta de Palocci e Paulo Bernardo tivesse sido aprovada, o déficit teria sido zerado em 2015, o primeiro ano do segundo mandato de Dilma.

Palocci absorveu a derrota imposta por Lula por intermédio da Casa Civil entendendo que havia perdido uma batalha importante, mas não a guerra. A economia, apesar das queixas e pressões do presidente em relação à elevada taxa de juros do BC, exibia sinais positivos naquele final de 2005 — o ano terminaria com crescimento de 3,2%, abaixo dos 5,8% de 2004. Era um bom resultado, porém Lula queria mais.

No decorrer de 2005, o presidente vivia angustiado pela consciência de que sua reeleição corria risco. Só mesmo um bom resultado na economia poderia mudar o quadro. No entanto, as promessas de Palocci e Henrique Meirelles de que a política econômica estava no rumo certo não lhe pareciam convincentes. Uma das últimas audiências do presidente naquele fim de ano, pouco antes do Natal, foi com Delfim Netto, um conselheiro influente na área econômica. Na conversa, além de Lula e Delfim, estava o ministro de Relações Institucionais, Jaques Wagner. Delfim encontrou um Lula pouco animado com a perspectiva eleitoral do ano seguinte, ainda externando as mesmas preocupações expostas a Palocci um mês antes. Porém, o experiente economista e professor soube reverter o estado de espírito do presidente e, ao final da conversa, Lula estava revigorado. "Não sei o que o Delfim disse, mas eles saíram da reunião mais alegres do que pinto no lixo", disse um assessor da presidência acerca do encontro, sobre o qual nada foi divulgado oficialmente.

Depois do diálogo com Lula e Jaques Wagner, me encontrei com Delfim Netto no restaurante de sua preferência em Brasília, o Piantella, muito frequentado por políticos desde a década de 1980. Enquanto almoçávamos, ele me revelou o que havia mudado o humor de Lula: "Eu disse ao presidente que no ano que vem, quando chegar a eleição, todos os indicadores econômicos do governo dele — inflação, crescimento, emprego e taxa de juros — estarão melhores comparativamente aos números do segundo mandato do Fernando Henrique e que isso pode ser decisivo para a reeleição".

A previsão se confirmou. A taxa de juros em 2006 caiu para 13,75% — ainda alta, mas bem abaixo do aperto promovido por Meirelles em 2005. A economia cresceu 4%, exibindo forte aceleração no segundo semestre, portanto, com impacto positivo junto à população justamente no período eleitoral. E o melhor resultado foi justamente naquilo que é mais sensível para o consumidor e eleitor: a inflação foi de apenas 3,14%, bem abaixo da meta, que era de 4,5%. Já a inflação medida em doze meses, de novembro de 2005 a outubro de 2006, quando foi realizada a eleição, foi de apenas 2,33%, e inflação baixa significa ganho real de salários.

Lula foi reeleito no segundo turno com 60,83% dos votos válidos, contra 39,17% de Geraldo Alckmin, do PSDB. Quanto a Palocci, a tempestade veio de onde não se imaginava.

Palocci, o candidato de Lula

O DIA 28 DE MARÇO DE 2006 marcou em definitivo a inflexão da política econômica do governo Lula. Foi também um dia de emoção e pesar para o presidente. No salão nobre do Palácio do Planalto, ele deu posse ao economista Guido Mantega, que havia sido seu assessor nos anos anteriores à eleição de 2002. Saía de cena o médico Antonio Palocci, o ministro da Fazenda improvável, que deixava um legado robusto. Ele havia resistido, com o apoio de Lula, às pressões de setores do PT contrários à política econômica, por considerá-la uma continuidade "da política econômica neoliberal do governo FHC". Além disso, havia construído uma excelente relação com setores do PSDB, especialmente com os senadores Tasso Jereissati e Arthur Virgílio, que foi decisiva para a aprovação de importantes medidas econômicas no Congresso, algumas delas com resistência do próprio PT.

Assim que terminou a solenidade, Lula recolheu-se a seu gabinete e desabafou com Gilberto Carvalho: "Perdemos o ministro por uma coisinha à toa. Um homem tão inteligente e tão jeitoso". Palocci, conforme já citado, surgiu no vácuo deixado no PT com a morte do prefeito de Santo André, Celso Daniel, em janeiro de 2002, e foi conquistando espaços na campanha, tomou a iniciativa de dialogar com segmentos do setor privado que não tinham interlocução com o PT, hábito que manteve como ministro da Fazenda. "O Dirceu nunca foi um homem do Lula. Na cabeça do Lula, o sucessor dele seria o Palocci", afirmou Gilberto Carvalho. Daí o pesar do presidente com a saída do ministro que fora decisivo para o sucesso econômico de seu governo e que tinha especial habilidade no trato político. O discurso improvisado de Lula na despedida de Palocci transbordava em emoção e reconhecimento, e foi concluído com as seguintes palavras:

> Eu posso terminar dizendo, Palocci, uma coisa que eu já falei a vida inteira e vou dizer para você: todo mundo tem família, em toda família tem briga. Eu digo sempre o seguinte: nem todo irmão da gente é um grande companheiro, até porque você não escolhe irmão, mas companheiro você escolhe. E eu posso te dizer, Palocci, que se é verdade que nem todo irmão é um grande companheiro, é verdade que um bom companheiro é um grande irmão. É por isso que posso te dizer, Palocci, independente [sic] deste momento que estamos vivendo agora, eu posso lhe dizer: a nossa relação é de companheiro, possivelmente mais do que a relação de irmão. Muito obrigado, querido.[1]

Lula de fato sentiu muito a saída de Palocci. Porém, foi pragmático e concluiu que não seria mais possível mantê-lo no cargo com tantas denúncias se avolumando. Poucos dias antes da saída do ministro, em Santa Catarina, ao visitar as obras de modernização do Porto de São Francisco do Sul, ao lado do governador Luiz Henrique, do PMDB, e da senadora Ideli Salvatti, do PT, o presidente assim se referiu ao titular do Ministério da Fazenda, que não estava presente ao evento: "Devo muito, mas muito de tudo que nós fizemos a um homem chamado Antonio Palocci. Ele não é economista, é médico, mas exatamente por isso ele ganhou respeitabilidade no mundo inteiro pela sobriedade e pela seriedade no trato das questões econômicas". Uma frase que, lida a posteriori, já continha um tom de despedida.

O discurso de Palocci, redigido, sem improvisos, tinha também uma forte carga emotiva, mas o que sobressaía era a racionalidade. Já nos primeiros dois parágrafos, colocou-se de modo assertivo:

Durante três anos e 86 dias ocupei com muita honra o posto de ministro de Estado da Fazenda do governo do presidente Luiz Inácio Lula da Silva. Hoje, saio com a consciência tranquila e a certeza de um dever honesta e corretamente cumprido em benefício do Brasil. [...] Para quem enfrentou, como eu enfrentei nestes últimos meses, o círculo infernal das suspeições e dos prejulgamentos, a tentação talvez fosse a de dizer como o poeta italiano: *lascia dir le genti, e sigue il suo corso* [siga o seu curso e não olhe para trás]. Certamente, o verso do poeta serve para um sentimento que nutro. O de não levar mágoa nem ódio no coração. Nem mesmo contra alguns que, até bem próximos de nós, aceitam palavras que não são as nossas quanto a fatos recentes que, ou são pura acusação, ou são ilações e denúncias sem substância, sem materialidade em fatos. Jamais patrocinei nesses três anos malfeitorias com os recursos públicos, nem atentei, de nenhuma forma, contra a democracia e as instituições de meu país".

Palocci foi além do que disse Lula, que reconheceu nele o papel essencial na condução da economia em seu governo mesmo antes de assumir, durante a campanha e a transição. Ao parafrasear o verso do Canto v do "Purgatório" d'*A divina comédia,* de Dante, Palocci procurou transmitir a ideia de que, passada a turbulência que inviabilizara sua permanência no governo, a vida voltaria ao seu curso normal e ele poderia cuidar de seu futuro com tranquilidade.

Uma semana antes, em palestra na Câmara Americana de Comércio, para uma plateia de empresários e banqueiros, o ministro, fustigado pelas denúncias que o atormentavam, já havia citado a mesma obra ao dizer que, enquanto a economia caminhava para o paraíso, ele se sentia abandonado "ali entre o terceiro e o quarto círculos do inferno de Dante".

Por não ser economista, a obra de Palocci no governo Lula foi essencialmente política, mesmo sendo ele o ministro da Fazenda. Como médico, ciente de que não tinha o conhecimento suficiente para formular sobre economia, cercou-se de especialistas na área, ouviu empresários e banqueiros e se valeu do conhecimento de pessoas que nada tinham a ver com o PT ou que até mesmo eram odiadas pelo partido. Como político fundador do PT, sabia lidar e soube se defender da oposição interna, contando sempre com o apoio de Lula.

No discurso diante de uma plateia comovida no Palácio do Planalto, citou os avanços na economia, mas voltou a prevalecer a mensagem política:

O que mais me encheu de confiança é a certeza de ter procurado um novo caminho para a convivência serena e civilizada entre contrários. Uma nova trilha para o exercício da tolerância e da colaboração. O Brasil tem uma longa, longuíssima, tradição de oposições ferozes, de pactuações sempre recusadas. E em que pesem as nossas tradições de cidadãos cordiais, no plano social, nossas instituições políticas estão cravadas de rancores. E isso tem criado grandes dificuldades para o avanço institucional do país.

E concluiu:

Talvez eu tenha falhado nesta minha crença da convivência pacífica. Talvez ela seja ingênua. Talvez ela não tenha ainda lugar em nosso tempo. Mas eu, mesmo assim, prefiro ter uma visão otimista de que isso é possível num país que tem abismos sociais tão grandes a superar. Minha fé no Brasil e nas pessoas continua inabalável.[2]

Na carta de demissão enviada ao presidente Lula no dia anterior, Palocci refutou todas as acusações que recaíam sobre ele, afirmou que já dera todos as explicações ao Congresso e à imprensa, e justificou assim o seu pedido de demissão: "Estou convencido [...] de que minha permanência no Ministério da Fazenda, neste momento de exacerbado conflito político, e quando sou alvo de todo tipo de maldades e acusações, não mais contribui para o avanço da obra do governo de vossa excelência, nem serve ao melhor interesse do Brasil". Ao se despedir do governo, Palocci apontou como causa a disputa política: a eleição de 2006 se aproximava, Lula havia se desgastado por conta do escândalo do mensalão e também das denúncias contra ele. A oposição, naquela época liderada pelo PSDB, de fato via na crise política do governo Lula uma oportunidade de reconquistar o poder.[3] No Senado, os parlamentares de oposição que haviam dado apoio às iniciativas de Palocci, votando a favor de medidas econômicas de interesse do governo Lula, mudaram de posição quando foram trazidas a público as informações prestadas pelo caseiro Francenildo Costa, que cuidava de uma casa no Lago Sul frequentada pelo ministro da Fazenda. A situação foi se complicando à medida que evoluíam as investigações da CPI dos Bingos, que apurava denúncias de corrupção no governo Lula. O senador Arthur Virgílio justificou a mudança de posição: "No início, avaliei que aquilo pudesse ser uma crise restrita ao âmbito conjugal, mas depois começaram a aparecer as histórias das caixas de dinheiro".

Palocci pediu demissão em 27 de março de 2006, a sete meses da eleição, por perceber que sua permanência na Fazenda ficara insustentável a partir do momento em que o presidente da Caixa Econômica Federal, Jorge Mattoso, um quadro do PT, disse em depoimento à Polícia Federal que havia entregado nas mãos de Palocci o envelope contendo o extrato bancário de Francenildo Costa. À CPI dos Bingos, Francenildo havia dito que o ministro da Fazenda frequentava a casa na qual ele trabalhava recebendo setecentos reais por mês e que era alugada por dois amigos e ex-assessores de Palocci na prefeitura de Ribeirão Preto, Vladimir Poleto e Rogério Buratti. A residência, segundo as denúncias, era usada para atividades de lobby junto ao governo federal e para o encontro com garotas de programa.

Em meio às apurações, foi descoberto que Francenildo procurava uma casa para comprar. Teria recebido dinheiro para depor contra Palocci? Essa era a suspeita entre os petistas. Do gabinete de Palocci, surgiu a ideia de vasculhar a conta bancária de Francenildo na Caixa Econômica Federal. Bingo: ele tinha 38 860 reais na conta. A suposta evidência desmoronou em 24 horas. A Polícia Federal descobriu que parte do dinheiro na conta do caseiro, 25 mil reais, havia sido depositada por seu pai biológico, um empresário do Piauí, como resultado de um acordo informal entre ambos. A história do pai biológico era um segredo guardado entre mãe e filho, porque a paternidade de Francenildo jamais foi legalmente reconhecida. A quebra do sigilo incorria em dois problemas graves: a violação de privacidade em si e a expressão de preconceito implícita no ato. Como se tratava de um trabalhador humilde, com baixo salário, foi pressuposto que os quase 40 mil reais depositados na sua conta só poderiam ter origem ilegal. O incidente manchava a reputação do Partido dos Trabalhadores, uma agremiação com profunda inserção nas camadas mais pobres da população, já que Francenildo era um desses milhões de trabalhadores que o PT representava.

A saída de Palocci encerrou, em definitivo, o breve período de cooperação, na área econômica, entre o governo do PT e o PSDB. Em seu livro *Sobre formigas e cigarras*, Palocci apresenta como causa de sua queda os ataques da oposição, PFL e PSDB, que viam nele o potencial candidato na eleição de 2006 caso Lula de fato resolvesse não se candidatar. Em julho de 2005, Gilberto Carvalho já especulava com Palocci sobre a possibilidade de vir a ser o candidato à sucessão de Lula caso o presidente decidisse não concorrer à reeleição. Por se tratar de um dos mais próximos e fiéis auxiliares de Lula, era pouco provável que Carvalho abordasse o assunto com o ministro da Fazenda sem a anuência e a orientação do presidente.[4]

Em novembro daquele ano, Lula chamou o ministro para uma conversa reservada na Granja do Torto:

"Olha aqui, Palocci, eu não tenho condições de me candidatar. Nosso candidato será você. Ou então o Ciro Gomes."

"Presidente, então pode conversar com o Ciro, porque eu não serei candidato."

"Por quê, Palocci?"

"Porque no dia em que me tornar candidato eu deixo de ser ministro da Fazenda."

Palocci explicou que, a partir do momento que se percebesse que ele seria o candidato à sucessão de Lula, passaria a ser alvo de ataques políticos de adversários nas eleições do ano seguinte e de setores do próprio PT. E emendou outro raciocínio:

"Lula, se você não for o candidato, isso já será o reconhecimento da derrota do nosso governo. Então, como podemos vencer, se você já está se apresentando como derrotado, sem condições de se candidatar?"

E completou:

"O candidato tem que ser você. É a nossa chance de ganhar. E, se for para perder, melhor perder com você."

O presidente apenas ouviu, sem emitir sinais de que concordava ou não com a análise de seu ministro da Fazenda. Palocci, porém, era um interlocutor próximo de Lula não só em assuntos econômicos, mas também políticos, como nos tempos de coordenador de campanha. Em 29 de dezembro de 2005, o ministro, que já não estava mais em Brasília e tinha viajado para passar o réveillon com a família, recebeu um telefonema do presidente: "Palocci, acabei de me foder de verde e amarelo". O presidente acabara de gravar uma entrevista com o jornalista Pedro Bial, da Rede Globo, que iria ao ar no domingo, dia 1º de janeiro de 2006, no *Fantástico*. Lula relatou ao ministro que as perguntas haviam sido muito duras, e que se dera muito mal nas respostas. O resultado, quando a entrevista fosse ao ar, seria um desastre, de acordo com o presidente. Palocci tentou cumprir o papel de um confidente que procura aliviar a angústia do amigo, ponderando que seria melhor aguardar que o material fosse ao ar para então avaliar o seu real impacto.

A chamada da entrevista, feita pela então apresentadora do *Fantástico*, Renata Ceribelli, cumpria bem o papel de criar expectativa para o que seria apresentado no programa: "O repórter Pedro Bial pergunta ao presidente Lula tudo o que o Brasil quer saber". Uma entrevista exclusiva com um presidente da República tem sempre relevância. Na situação política em que se encontrava o país, o governo e seu presidente, mais ainda. A ênfase nas perguntas feitas ao presidente e não nas repostas era um sinal de qual seria o tom da conversa. Lula, ao mesmo tempo que reconhecia que o PT e alguns de seus dirigentes haviam cometido erros graves e que se sentia "traído", se defendia dizendo que jamais tivera conhecimento dos deslizes éticos que admitia terem ocorrido. A certa altura, afirmou:

> O PT cometeu um erro, que é de uma gravidade incomensurável. Todo mundo sabe — e sabe o PT hoje, e sabe quem cometeu os erros — que o PT cometeu um erro que será de difícil reparação pelo próprio PT. O PT vai sangrar muito para poder se colocar diante da sociedade outra vez com uma credibilidade que ele conquistou ao longo de vinte anos.[5]

Dias depois de a entrevista ser levada ao ar, Palocci recebeu o resumo de uma pesquisa qualitativa que mostrava a reação dos espectadores, com resultado surpreendente para o ministro e mais ainda para o angustiado Lula. No geral, as pessoas acharam que as perguntas tinham sido muito agressivas, que o presidente teria reconhecido os seus erros e que ele tinha sido convincente ao dizer que não sabia dos atos praticados por seus companheiros da direção do PT.

Quando, três meses depois, Palocci pediu demissão do cargo de ministro da Fazenda, Lula tinha todos os motivos para estar pesaroso com a saída daquele que havia não só liderado com êxito a área econômica como também se revelara um lúcido conselheiro político. Conforme ele havia previsto naquela conversa nos últimos dias de 2005, no final de março de 2006, a vida de Lula já estava bem melhor — a economia estava em franca aceleração, com o desemprego caindo, a inflação sob controle e as pesquisas indicando recuperação da popularidade do presidente, o que o recolocava em boas condições de competir na eleição daquele ano.

No dia da demissão, Palocci ainda testemunhou mais um ato de habilidade de Lula para lidar com as disputas de poder dentro do PT, afastando do caminho quem não estivesse no roteiro de suas estratégias e interesses ou até mesmo por simples idiossincrasia pessoal. Na edição do dia 26 de março, a véspera do pedido de demissão do ministro da Fazenda, a *Folha de S.Paulo* trazia reportagem de Kennedy Alencar dando como certa a sua saída, com o seguinte título: "Mercadante ganha força como substituto de Palocci". Segundo o texto:

> A *Folha* apurou que Mercadante é o preferido de parte da cúpula do governo e do PT. Tem a proximidade com o presidente Luiz Inácio Lula da Silva que Mantega também possui, e que é considerada o critério principal para a troca de Palocci. A favor do senador contam o maior peso e traquejo político para missão espinhosa e o melhor trânsito com o empresariado nacional.

O jornalista acrescentava que o então presidente do BNDES, Guido Mantega, da ala desenvolvimentista do PT, continuava cotado, mas "com menos força do que até anteontem à noite".[6] Lula, no entanto, já havia feito sua escolha.

No final do dia 27, quando já era público o pedido de demissão de Palocci, o senador Aloizio Mercadante foi chamado pelo presidente ao

Palácio do Planalto. Cresceu entre aqueles que o defendiam como sucessor de Palocci a expectativa de que ele seria afinal escolhido. Guido Mantega, porém, já estava lá. Mercadante foi um mero participante da reunião que, simbolicamente, sacramentou a escolha do novo ministro da Fazenda. Além de Mercadante e Mantega, estavam com Lula os ministros Jaques Wagner, das Relações Institucionais, Ciro Gomes, da Integração Nacional, e Dilma Rousseff, ministra-chefe da Casa Civil. Às 20h50, o presidente Lula decidiu tornar pública a sua escolha, que já estava amadurecida desde a semana anterior, quando havia telefonado para o presidente do BNDES e o alertado de que ele seria o substituto de Palocci: "Mercadante, desce lá e anuncia que o ministro da Fazenda vai ser o Guido".

Nesse mesmo dia, o secretário-executivo da Fazenda, Murilo Portugal, também pediu demissão. O perfil da equipe econômica entrava em fase de mudanças. Dois meses depois, o secretário do Tesouro, Joaquim Levy, outro remanescente do governo Fernando Henrique, também solicitou seu desligamento. Levy chegara à conclusão de que não tinha ambiente na equipe de Guido Mantega, e decidiu ligar diretamente para o presidente para dizer que decidira sair. Lula foi seco no diálogo, encerrando com um "Muito obrigado, querido".

Na substituição de Palocci, Lula moveu as peças no tabuleiro de forma a parecer que prestigiava o senador Mercadante, ao mesmo tempo que o descartava. Não era a primeira vez, nem seria a última. Ao perceber a manobra de Lula, Palocci se recordou da tarde de novembro de 2002, quando o então presidente eleito aproveitou um vacilo de Mercadante para anunciar que o ministro da Fazenda seria Palocci, um gesto justificado mais tarde com ácida ironia: "O ônibus passa e o cara vai fazer xixi?", o presidente eleito comentou com Palocci. Lula ainda complementou: "Mercadante jamais será ministro do meu governo". Nos bastidores do Palácio do Planalto, o que se dizia era que Lula ficara aborrecido com uma declaração de véspera do senador Mercadante quando, indagado sobre a possibilidade de substituir Palocci na Fazenda, afirmou estar pronto para assumir qualquer função que o presidente Lula lhe atribuísse. A versão oficial foi que era importante mantê-lo como líder do PT no Senado.

Logo depois que o senador anunciou o substituto de Palocci, o escolhido Guido Mantega também falou com os jornalistas. Em síntese, disse que nada mudaria na política econômica. Em várias ocasiões, havia criticado decisões do BC sobre os juros e defendido metas mais flexíveis para a inflação, pois, no seu entender, metas mais rigorosas inibiriam o crescimento da economia. No seu discurso de posse, no dia seguinte, afirmou que daria continuidade ao trabalho de Palocci. Ao mesmo tempo, porém, indicou mudanças que teriam grande impacto no final do ciclo de treze anos do PT no governo: "O Brasil já conseguiu controlar a inflação e isso nos permite uma redução sistemática dos juros", disse o ministro. Embora afirmasse que o Banco Central tinha autonomia para decidir sobre a taxa de juros, o ministro disse que iria "interagir" com o Copom. E acrescentou: "O governo fará todo o esforço para que os juros sejam reduzidos cada vez mais, a fim de viabilizar o desenvolvimento sustentável".[7]

O ciclo de crescimento estava apenas começando. Alcançaria o ápice em 2010, último ano do segundo mandato de Lula. Mantega continuaria no cargo no governo Dilma, se tornando o ministro da Fazenda que permaneceu no cargo por mais tempo: oito anos e nove meses. Quando deixou o Ministério, em 31 de dezembro de 2014, a economia iniciava o ciclo da mais longa recessão da história do país, vivida nos dois anos seguintes, com uma queda acumulada no biênio de mais de 7% do PIB.

O jantar esfriou

NO DIA 30 DE SETEMBRO DE 2009 o então presidente do Banco Central, Henrique Meirelles, retornou à vida partidária, mas sem deixar o comando da autoridade monetária nacional. Em festa organizada pelo PMDB em Goiânia, Meirelles filiou-se ao partido de olho na eleição do ano seguinte: mirava a candidatura à Presidência da República, mas calculava também, caso não fosse possível voo tão alto em 2010, uma posição de vice. Meirelles fora filiado ao PSDB até a eleição de 2002, quando deixou o partido ao aceitar o convite de Lula para assumir o BC. A opção de não voltar ao antigo partido fazia parte de um cálculo político. Nos bastidores da política em Brasília, já se sabia que o partido preferencial de Lula para compor a chapa com a candidatura do PT em 2010 era o PMDB.

Com um respeitável currículo de dirigente de grandes bancos e quase nove anos no comando do Banco Central, Meirelles tinha conhecimento e experiência de sobra para avaliar riscos financeiros e econômicos. No entanto, não se revelaria tão hábil na avaliação de riscos no escorregadio terreno da política. A angústia e o suspense sobre ficar no BC ou se lançar candidato duraram até 1º de abril de 2010, dois dias antes do prazo final estabelecido pela legislação eleitoral para que deixasse o cargo. Ele esticou a corda o quanto pôde, e só anunciou a decisão quando viu que não havia a menor possibilidade de ser escolhido para compor a chapa com Dilma Rousseff, àquela altura confirmada como a escolhida por Lula como o nome para sucedê-lo.

"O Meirelles está pedindo uma coisa que eu não posso dar. Não tem como ele ser vice na chapa da Dilma. O PMDB não quer", disse o presidente a um ministro com assento no Palácio do Planalto uma semana antes do anúncio, quando a luta pela vaga ainda estava aberta. Meirelles supunha ter cacife para impor seu nome ao partido em razão da bem-sucedida gestão no Banco Central, que lhe rendeu grande visibilidade. Seu cálculo político estava errado porque não incluía uma variável: os velhos caciques do PMDB, presidido por Michel Temer, não abririam espaço para um recém-chegado. No final do jogo deu o óbvio: Temer foi o indicado, em acordo com Lula, a vice de Dilma.

Ao anunciar a decisão de permanecer no cargo, numa entrevista coletiva na sede do BC, ao lado de todos os diretores, Meirelles afirmou: "Ficarei no Banco Central visando garantir a estabilidade da economia brasileira em um ano cheio de desafios. Resolvi atender a um pedido do presidente e um apelo da direção do banco. Nunca tive ambições políticas".[1] Meirelles tinha posição vulnerável aos humores de Lula, desde o início do mandato, quando o presidente não conferiu ao BC a prometida autonomia. Entre abril e maio de 2005, o noticiário falava constantemente sobre possíveis mudanças na equipe econômica. Informações em off do Palácio do Planalto afirmavam que Meirelles pensava em se candidatar a uma vaga ao Senado nas eleições de 2006, e que, nesse caso, Murilo Portugal poderia ser o substituto. Mas ele não cogitava se lançar como parlamentar — afinal, em 2002, já havia renunciado ao mandato de deputado conquistado nas eleições daquele ano justamente para assumir um cargo de maior destaque.

Para Lula e o PT, a alta dos juros promovida por Meirelles no BC em 2005 não só era injustificável como constituía uma ameaça real para os dois anos finais de mandato, pois interrompia o tão festejado crescimento de 2004. Durante um dos despachos no Palácio do Planalto, que raramente constavam da agenda oficial da Presidência, Lula cobrou Meirelles pela alta da Selic. Em 2004, a economia havia crescido

5,2% e estava em aceleração —era o melhor resultado desde 1994, ano de lançamento do Plano Real, que viabilizara a candidatura, a eleição e a reeleição de Fernando Henrique em confronto direto com Lula. A explicação do presidente do BC foi que era necessário desacelerar um pouco a economia para não pressionar a inflação. Segundo Meirelles, teria se dado o seguinte diálogo:

"Presidente, está indo tudo muito bem, não estamos com problema, não, fique tranquilo."

"Mas, Meirelles, nós vamos perder a eleição!"

"Iiih, eleição? Tem eleição este ano?"

"Larga de gozar, Meirelles, eleição é no ano que vem!"

"Presidente, nós temos muuuuiiiito tempo, fica tranquilo, até lá a economia estará estabilizada, inflação baixa. Preocupa com isso, não. A economia vai crescer, haverá aumento de emprego."

Segundo Meirelles, o presidente não gostou do que ouviu. No final de 2005, a situação era preocupante para Lula. O escândalo do mensalão havia elevado os seus índices de rejeição para acima de 40%, nível a partir do qual os especialistas avaliam que dificilmente um candidato consegue sair vencedor. A taxa de juros, depois de atingir 19,75% no decorrer do ano, havia caído um pouco, mas ainda estava no elevadíssimo patamar de 18%, mais do que suficiente para manter a economia travada. O crescimento naquele ano, conforme seria divulgado no final de fevereiro pelo IBGE, foi de apenas 2,3%, número mais tarde revisto para 3,2%.

O presidente do BC ainda enfrentaria um segundo e ainda mais delicado momento de estresse na relação com Lula. A previsão de Meirelles, Palocci e Delfim Netto de que a economia ganharia tração e cresceria no decorrer de 2006 se confirmou. A melhoria dos indicadores foi fator preponderante para que Lula fosse eleito em outubro daquele ano. Justamente depois da posse do segundo mandato, porém, o presidente voltou a pressionar Meirelles, e a relação entre ambos esfriou. Em janeiro de 2007, Lula lançou o Programa de Aceleração do Crescimento (PAC), um programa de estímulo que previa alavancar recursos públicos para projetos de infraestrutura e tudo o mais que pudesse turbinar a economia.

O ministro da Fazenda, Guido Mantega, na apresentação do lançamento do programa, fez projeções otimistas. Diante de Lula, diversos ministros e uma plateia composta de empresários e trabalhadores, Mantega provocou Meirelles, afirmando que só faltava o Banco Central cumprir a sua parte — ou seja, era necessária uma redução de juros. Meirelles, que estava no evento, se manteve impassível, mas sentiu que a alfinetada tinha o aval do presidente, o que se confirmou dois dias depois, uma quarta-feira, pouco antes da primeira reunião do ano do Copom. Lula, que até então pressionava Meirelles de forma indireta quando estava contrariado com a política do BC, dessa vez agiu sem intermediários ou insinuações, pedindo à secretária que ligasse para a presidência do Banco Central. Segundo Meirelles, houve o seguinte diálogo:

"Meirelles, nós precisamos atingir um crescimento de 5% este ano. E para isso nós precisamos que o Banco Central reduza mais rápido esse juro. Estão me dizendo que desse jeito só vai crescer 3%. E aí não dá, Meirelles."

"Presidente, o senhor fique tranquilo porque nós vamos tomar a decisão que for melhor para o país. Como sempre tomamos nossas decisões com muito critério."

O Banco Central de fato reduziu a taxa de juros, mas apenas em 0,25 ponto percentual, para 13%. "Tomamos a decisão que ele não queria", explicou Meirelles ao revelar qual foi a reação de Lula:

"Naquela noite mesmo, depois do Copom, nós embarcamos para Davos. Ele entrou no avião muito bravo. Foi a única viagem dele, que eu me lembre, que ele se trancou sozinho lá naquela sala da frente [do avião presidencial], eu sentado ao lado do Mantega, e ele sozinho lá. Não entrou ninguém. Ficou lá, sozinho, bravo."

Quando desembarcaram em Davos, Lula foi cercado pelos jornalistas, que perguntaram sobre o PAC e, principalmente, sobre a decisão do BC de reduzir a taxa de juros em apenas 0,25%. Henrique Meirelles recorda a reação de Lula: "Fala com o Meirelles! Meirelles, explica aí, Meirelles!".

"Aí eu vi que ele estava bravo mesmo, que no avião estava muito bravo mesmo, não falou com ninguém, se trancou lá dentro e quando desceu, ainda estava bravo", contou Meirelles. Lula e o presidente do Banco Central ficaram sem se falar por dois meses. "Aí um belo dia eu vejo uma notinha n'*O Globo*, na coluna do jornalista Ilimar Franco. Estava a notinha lá embaixo na coluna, curtinha assim: 'A raiva passou'. Dizia que o Lula tinha ficado zangado comigo, mas que agora tinha passado, estava tudo bem. Passou uns dias, pedi uma audiência a ele. Nunca mais tocou no assunto. Mas foi um momento de tensão."

Já em 2008, tudo corria bem para o presidente e o seu governo. A economia estava em franca aceleração, inflação sob controle, desemprego em queda e popularidade em alta. A taxa Selic, que havia chegado a 26,5% no início do primeiro mandato, se encontrava no nível mais baixo, em 11,25% ao ano. Lula tinha motivos de sobra para estar contente com seu presidente do Banco Central. Pelos cálculos de Lula, no entanto, era a oportunidade ideal para se livrar de Meirelles. O presidente já vinha dando sinais de que combate à inflação e taxa de juros já não combinavam com o ritmo que decidira imprimir ao seu segundo mandato. O PAC era a grande vitrine do governo, que animava empresários e sindicalistas. Em abril daquele ano, Lula chamou ao Palácio da Alvorada Antonio Palocci, que voltara à política com a conquista de um mandato de deputado federal na eleição de 2006.

"Palocci, eu vou demitir o Meirelles e vou fazer isso logo, esta semana."

"Está bem, mas por que você me chamou aqui?"

"Eu queria te avisar porque foi você que convidou o Meirelles e ele foi legal com a gente. E eu queria que você soubesse."

"Tá bom, mas você não poderia fazer uma coisa mais elegante? Ele ajudou a gente durante seis anos. Podemos trabalhar para que ele peça demissão."

"Se você puder fazer isso eu preferiria, mas eu não tenho como."

O diálogo entre o presidente Lula e seu ex-ministro da Fazenda foi breve, pois havia outras pessoas no salão principal do Alvorada, e Palocci não quis se estender em assunto tão delicado na presença de outros convidados. No dia seguinte, o ex-ministro foi ao Palácio do Planalto conversar com Lula. A conversa começou com uma tentativa de convencer o presidente a mudar de ideia:

"Você está cometendo um erro em mexer no Banco Central agora. Está tudo muito tranquilo."

"Mas o Guido não se dá com o Meirelles. Fica um contra o outro. Vamos tocar em frente."

Palocci conta que fez ao menos quatro reuniões com Meirelles. "Eu ficava ali procurando assunto. Um dia, ele falou de eleição." O ex-ministro aproveitou a deixa para sugerir a Meirelles que ele se candidatasse ao governo de Goiás. Apesar de nunca ter achado que essa fosse uma boa opção para Meirelles, induzi-lo a se credenciar como possível candidato a governador seria melhor do que submetê--lo a uma humilhante demissão. Lula, inclusive, já havia autorizado Guido Mantega a encontrar um substituto, que seria o economista Luiz Gonzaga Belluzzo.

O argumento de Palocci parecia sedutor: "Por que você não aproveita agora que está em alta e pede demissão? Eu nunca consegui sair em alta, o certo é sair em alta". Meirelles não se entusiasmava com a ideia, pois seu sonho sempre fora concorrer à Presidência, ainda que antes tivesse que passar pelo cargo de vice. Porém, ele sentia que o clima entre ele e Lula não estava nada bom, e aquela conversa de Palocci sobre eleição em Goiás era um mau sinal.

Além disso, Meirelles já havia recebido outro indício de Lula de que seu cargo estava por um fio. Ao final de um despacho com Lula, quando já se despedia, foi surpreendido pelo presidente:

"Meirelles, você nunca convidou eu e a Marisa para jantar na sua casa."

"Perfeitamente, presidente, está convidado."

Quando chegou em casa, Meirelles informou à esposa, Eva Missine, do desejo de Lula.

"Uai, mas por que isso de repente?"

"Despedida."

"Despedida?"

"É, despedida."

O jantar foi marcado para dali a três dias, às oito e meia da noite, na residência de Meirelles, no Lago Sul de Brasília. Por volta das três horas, chegaram os seguranças da Presidência. "Ocuparam a minha casa, parte do lago, tinha até lancha da Marinha aqui em frente", conta Meirelles. Lula costumava se atrasar para os compromissos. Meirelles era pontual. A demora o impacientava. "Oito e meia nada. Nove horas nada. Nove e meia nada. Eu então ligo para o chefe de gabinete, Cezar Alvarez, e pergunto: 'Alvarez, cadê o presidente?'. 'Ih, Meirelles... O presidente e a dona Marisa estão trancados lá em cima, na ala íntima do Palácio, e não sai de lá, não fala com ninguém, não atende telefone'."

A espera se estendeu até as dez e meia. Meirelles voltou a ligar para o chefe de gabinete:

"Alvarez, você quer tirar a segurança aqui da minha casa, por favor, que eu preciso dormir!"

"O que é isso, o que houve?", quis saber a esposa de Meirelles.

"Desistiu."

Perguntei a Meirelles sobre o que foi feito com a comida que não foi servida a Lula. "Eu comi no dia seguinte. Eu, minha mulher e alguns convidados amigos. Estava bom", contou ele.

Os dias foram passando, sem que Lula o demitisse. Até que em maio, numa sexta-feira, Lula telefonou para Palocci:

"O Meirelles esteve aqui ontem. Foi uma ótima conversa. Então eu queria te agradecer porque você foi muito correto e habilidoso no que propôs. Eu achei que você estava me enrolando, mas ficou perfeito, porque ele veio, conversamos e ficou tudo certo, muito bom."

"Tá bom, mas eu fiz isso apenas para não ficar ruim. Continuo achando que você está fazendo uma bela de uma cagada..."

Lula o interrompeu:

"Não, eu estou ligando por um segundo motivo: eu desisti de fazer."

"Mas por que você desistiu?"

"Na conversa eu senti que o Meirelles é o cara certo para ficar lá no Banco Central."

Dias depois, Guido Mantega procurou Lula para dizer que já havia encontrado o nome para o BC. Lula reagiu:

"Nome pra quê?"

"Para substituir o Meirelles, você me autorizou..."

O presidente não quis sequer continuar a conversa:

"Você tá louco?"

O que teria levado Lula a reconsiderar uma decisão que dissera estar tomada? Não foram os argumentos de Palocci, nem a conversa com Meirelles naquela quinta-feira de maio. No dia 30 de abril, a agência de classificação de risco Standard & Poor's concedeu ao Brasil o grau de investimento, classificando-o como um país de baixo risco e portanto mais atrativo para investidores externos. Era um reconhecimento de que a situação econômica nacional estava mais sólida, e que sua política econômica estava na direção correta. O assunto foi manchete nos jornais, e motivo de muita comemoração da parte de Lula.

Palocci nunca revelou a Meirelles a conversa na qual o presidente dissera que o demitiria. E Meirelles não contou a Lula que ele havia feito gestões nos bastidores financeiros para que a elevação da classificação de risco do Brasil, já no radar nas agências de *rating*, fosse antecipada. A melhoria do *rating* do Brasil, que tanta satisfação causou a Lula, levou o presidente a recuar da decisão de demitir naquele momento o presidente do Banco Central.

Mas Henrique Meirelles resolveu testar o presidente em um momento que entendia ser positivo em sua gestão no Banco Central. No início do segundo semestre de 2008, quando a economia se encontrava em crescimento acelerado, a inflação estava baixa e o Brasil tinha recebido grau de investimento das demais agências de classificação de risco, o presidente do BC aproveitou uma audiência para provocar Lula: "A economia vai muito bem, com crescimento, emprego... Acho que já cumpri a minha missão". O presidente ficou de analisar, mas as semanas foram passando sem resposta. Até que Meirelles, num despacho com Lula, insistiu no assunto:

"Presidente, e aquele negócio que a gente falou, da minha saída?"

"Meirelles, esquece esse troço, não fala mais nisso."

Mas o segundo semestre reservaria momentos desafiadores para Meirelles. Em setembro, com a quebra do banco Lehman Brothers, que provocou a mais grave crise da economia mundial desde 1929, ele precisou se articular com o Federal Reserve e com o Tesouro dos

Estados Unidos para evitar que a crise arrastasse a economia brasileira para uma longa e profunda recessão. A economia de fato encolheu em 2009, mas em 2010 se recuperou rapidamente e cresceu 7,5%, dando ao presidente um fecho glorioso para os seus oito anos de mandato. Lula deixou o cargo com popularidade recorde e a façanha de ter elegido uma sucessora, Dilma Rousseff, que jamais havia se candidatado a um mandato eleitoral.

"Presidente, vamos contratar
uma psicóloga"

OS DIAS FINAIS DE MANDATO FORAM TAMBÉM os mais gloriosos para Lula. Dilma Rousseff, sua ex-ministra de Minas e Energia e da Casa Civil, se preparava para tomar posse. Primeira mulher eleita presidente da República, Dilma fora uma escolha pessoal e exclusiva de Lula, apenas referendada pelo PT. Ela jamais havia disputado uma eleição, portanto os 55,7 milhões de votos recebidos nas eleições de outubro de 2010 foram os primeiros de sua vida.

Na cultura política brasileira, costuma-se dizer que um líder popular tem poder de eleger quem quiser como seu sucessor, pela capacidade de transferência de votos. Elege até um poste, segundo o bordão. Que Dilma Rousseff havia vencido a eleição com os votos de Lula, era fato incontestе. No entanto, a imagem de poste não combinava com a sua personalidade forte, um traço que sempre fora do agrado de Lula. A candidatura dela só fora oficializada pelo PT no dia 13 de junho de 2010. Mas, já em fevereiro, ela havia concedido uma entrevista para a revista *Época* na qual claramente já assumia a postura de candidata. "Você acha que eu sou um poste?", perguntou ela aos jornalistas Eumano Silva, Guilherme Evelin e Helio Gurovitz quando provocada a comentar a imagem de que ela poderia ser apenas um títere de Lula. O questionamento da então ministra aos jornalistas deu título à entrevista.

Sobre as críticas de que não tinha experiência suficiente para assumir a Presidência da República, afirmou: "Duvido. Duvido que os grandes experientes em gestão tenham o nível de experiência que eu tenho. Duvido". Sobre a possibilidade de Lula vir a se candidatar novamente em 2014, o que implicaria abrir mão da reeleição em favor de seu criador político, Dilma afirmou: "Sem sombra de dúvida, ele pode. O presidente chegou a um ponto de liderança pessoal, política, nacional e internacional que o futuro dele é o que ele quiser".[1]

As pesquisas de opinião realizadas em dezembro de 2010, dias antes de Lula encerrar seu mandato de oito anos, de fato mostravam que o então presidente alcançara índices de aprovação jamais vistos. Os números indicavam uma quase unanimidade. Era possível dizer que o candidato de oposição José Serra fora derrotado mais por Lula do que por Dilma. Uma pesquisa Ibope, encomendada pela Confederação Nacional da Indústria (CNI) e divulgada no dia 16 de dezembro, mostrava que Lula tinha 87% de popularidade. A aprovação ao seu governo havia chegado a 80%, também um recorde. No Nordeste, a avaliação pessoal do presidente chegava a impressionantes 95%. A pesquisa Datafolha, divulgada no dia 20 de dezembro, mostrava números semelhantes. A popularidade do presidente chegava a 83%. Apenas 4% consideravam seu governo ruim ou péssimo. Sua gestão era bem avaliada em todas as áreas, especialmente no quesito combate à pobreza.

O final apoteótico de Lula lhe conferia um grau de satisfação e realização extraordinário, especialmente se confrontado com a situação de cinco anos antes, quando enfrentou a crise do mensalão e chegou a ter aprovação de apenas 28% — quando chegou a pensar em não se candidatar à reeleição no ano seguinte. Um ano depois, seria reeleito com folga, numa nova disputa com o PSDB, dessa vez com o ex-governador de São Paulo, Geraldo Alckmin.

A militância e a filiação partidária de Dilma a partir da redemocratização do país haviam sido no Partido Democrático Trabalhista (PDT), de Leonel Brizola. Sua migração para o PT foi tardia, depois de um racha do PDT do Rio Grande do Sul. Porém, isso não foi impedimento para que Lula lapidasse cuidadosamente Dilma para ser sua sucessora. A estratégia foi dar cada vez mais poder e visibilidade para sua ministra-chefe da Casa Civil. Já em 2008, os sinais de que ela seria a ungida por Lula eram captados pelas demais lideranças do PT, inclusive entre pretendentes à sucessão de Lula. Foi o caso do então ministro da Justiça, Tarso Genro. Em entrevista à Agência Brasil, ele disse que Lula já havia escolhido Dilma, embora afirmasse que jamais ouvira do presidente que já tivesse feito a opção. Em agosto de 2009, numa viagem à Colômbia, o então ministro do Desenvolvimento, Miguel Jorge, manteve o seguinte diálogo com Lula, dentro do avião presidencial:

"Com a saída do Zé Dirceu e do Palocci o senhor terá dificuldade para escolher um candidato para o ano que vem..."

"Eu já tenho esse nome, vai ser a Dilma."

"Por que ela?"

"Por três coisas: é mulher, boa gestora e honesta."

Aos poucos, Lula foi sendo cada vez mais explícito. Em reuniões com a presença de outros ministros, ele às vezes dizia: "Ê Dilma, e se você for candidata a presidente?". Quando apenas Dilma estava presente, Lula não tocava no assunto. E ela nada perguntava. Foi a forma usada por Lula para ir disseminando sua preferência, desencorajando outros pretendentes e ao mesmo tempo inoculando em Dilma o vírus da candidatura. Com satisfação, Lula observava que a estratégia estava funcionando. Certa vez comentou com um ministro: "A bichinha tá gostando...".[2]

A popularidade crescente de Lula tornou o presidente o dono do jogo e da bola. Ele não fez consultas aos demais líderes do PT sobre a construção da candidatura Dilma. O descontentamento silencioso, no entanto, foi quebrado pelo menos uma vez, pelo mais próximo auxiliar de Lula, o então ministro Gilberto Carvalho. "Quando o Lula bateu o martelo e me disse que a candidata seria mesmo a Dilma, eu falei: 'Presidente, nesse caso vamos também contratar uma psicóloga, porque essa mulher é doida'. O presidente apenas sorriu", contou ele.

O rótulo de doida seria colado em Dilma em pelos menos duas outras ocasiões e por outros personagens proeminentes do PT. Logo no início de 2011, Dilma demonstrou sua antipatia pelo vice-presidente Michel Temer, um nome escolhido por Lula para compor a chapa com ela na eleição do ano anterior. O ministro-chefe da Casa Civil era Antonio Palocci, que se elegera deputado federal mesmo depois do desgaste com a saída do ministério da Fazenda em 2006. Palocci foi uma peça colocada no Palácio do Planalto por Lula com o objetivo de ser uma espécie de moderador dos impulsos de Dilma, que o ex-presidente tão bem conhecia. Para surpresa do ministro, Dilma o chamou a seu gabinete com uma decisão já tomada e uma ordem expressa: "Vou romper com aquele filho da puta do Temer. Chame ele aqui que eu vou romper com ele e com o PMDB. E vamos conversar com o Fernando Henrique para ter apoio do PSDB".

Palocci cumpriu a ordem de convocar Temer para conversar com Dilma no dia seguinte. Mas, preocupado com as implicações políticas da decisão, telefonou para o ex-presidente Lula contando o que se passava no Palácio do Planalto. E sugeriu: "Presidente, segura a doida, fale com ela". Na tarde do dia seguinte, quando Michel Temer chegou ao Palácio do Planalto para falar com Dilma, Lula já havia conversado com a presidente e acalmado "a doida". Palocci, que o recebeu na Casa Civil, não havia dito a Temer qual era o motivo da convocação. E como já sabia através de Lula que Dilma havia desistido da ruptura, não sabia muito bem o que dizer ao vice-presidente. Então, foi deixando o tempo passar, conversando sobre temas variados, até que, a certa altura, disse que a agenda da presidente estava sobrecarregada e que era melhor marcar a conversa para outro dia.

O terceiro momento em que o rótulo de doida foi colado em Dilma aconteceu no final de agosto de 2013, quando o seu governo já enfrentava sérias dificuldades: a sua popularidade, que havia subido em 2011, estava em queda, e as ruas haviam sido tomadas por manifestações de protesto em junho. O ex-ministro Luiz Gushiken, talvez o líder do PT mais influente junto a Lula, estava sendo derrotado pelo câncer. Numa espécie de ritual de despedida, passou a receber grupos de amigos no hospital Sírio-Libanês, entre eles José Dirceu e Aloizio Mercadante. "No final da visita, eu percebi que ele queria falar alguma coisa comigo. Quando finalmente ficamos a sós, ele pegou no meu braço e disse: 'Zé, vai dar tudo errado. Não tem chance de dar certo. Ela é doida'", contou Dirceu.

O dia 1º de janeiro de 2011 foi o ápice da relação entre o criador e a criatura. O ato simbólico de transferência da faixa presidencial no Palácio do Planalto coroava a trajetória política de Lula. Depois de perder três disputas presidenciais, em 1989, 1994 e 1998, ele alcançava a terceira vitória consecutiva, vencendo como candidato em 2002 e 2006 e em 2010, com a candidatura de Dilma. E o jogo ainda não havia acabado. No seu plano estratégico, ao conduzir Dilma à presidência na eleição de 2010, ele estaria assegurando seu retorno em 2014 para um terceiro mandato. Bastaria que Dilma fizesse um governo correto do ponto de vista da gestão e lhe oferecesse por gratidão a oportunidade de se candidatar, renunciando à reeleição.

Segundo um ministro com gabinete no Palácio do Planalto, ao escolher Dilma, Lula ainda fez um segundo cálculo político. Se empenharia para Dilma vencer, mas, caso isso não ocorresse, ele estava seguro de que voltaria ao poder, vencendo em 2014 quem saísse vitorioso em 2010. O que ele não queria era abrir espaço para algum quadro histórico do PT que já tivesse passado pelo crivo das eleições, pois imaginava que alguém com esse perfil certamente não abriria mão de se candidatar em 2014 caso vencesse em 2010.

A hipótese de Dilma não vencer era muito pouco provável, mas não de todo absurda. O concorrente era o governador de São Paulo, José Serra. Pesquisas Datafolha realizadas nos dias 15 e 16 de abril de 2010 atribuíam a Serra 38% das intenções de votos e a Dilma 28%, uma diferença de dez pontos percentuais. Na simulação para o segundo turno, Serra tinha 50% das intenções de voto, contra 40% da adversária. A diferença foi diminuindo à medida que Dilma foi sendo identificada pelo eleitor como a candidata apoiada por Lula. No resultado final, Dilma venceu com 56,05% contra 43,95% do tucano.

Os primeiros meses foram de harmonia na relação entre Lula e Dilma. Pelo menos uma vez por mês, ela o visitava no Instituto Lula, em São Paulo. Era um momento íntimo para que discutissem ações de governo e também uma espécie de prestação de contas. O clima começou a azedar com a sequência de quedas de ministros de seu governo que tinham forte ligação com o ex-presidente. Palocci foi o primeiro deles, atingido por uma série de denúncias de que prestara consultoria a grupos privados, beneficiando-se do seu trânsito político. Desgastado pela exposição na mídia, com denúncias de que teria aumentado seu patrimônio em vinte vezes, o ministro deixou a Casa Civil no dia 7 de junho de 2011.

Lula fez de tudo para convencer Dilma a mantê-lo no cargo. Alas do PT mais próximas à presidente, no entanto, pressionavam para que fosse afastado. Num último esforço, Lula sugeriu que ele fosse deslocado para o Ministério da Saúde. Com a saída de Palocci, o Palácio do Planalto ganhou uma configuração completamente nova, sob o comando de três mulheres: Dilma na Presidência, Ideli Salvatti na Secretaria de Relações Institucionais, a área responsável pelo relacionamento com o Congresso, e Gleisi Hoffmann na Casa Civil, substituindo Palocci.

No dia 6 de julho, caiu o ministro dos Transportes, Alfredo Nascimento, um remanescente do governo Lula, depois de uma série de denúncias sobre supostas cobranças de propina em obras sob a responsabilidade do Ministério. Enquanto as denúncias eram publicadas, a assessoria da presidente passava informações aos jornalistas de que ela estava descontente com o ministro.

No mês seguinte, quem deixou o governo foi outro ex-integrante do governo Lula, o ministro da Justiça, Nelson Jobim. No dia 4 de agosto, Jobim estava no Amazonas e foi chamado a Brasília pela presidente Dilma. O jornal *Folha de S.Paulo* havia antecipado trechos de uma entrevista que ele concedera à revista *piauí*, na qual dizia que Ideli Salvatti era "fraquinha" e que Gleisi Hoffmann "nem sequer conhece Brasília".[3] A relação de Jobim com a presidente já vinha em crescente tensão. De personalidade forte, o ministro não se intimidava diante do estilo imperativo da presidente. Em junho, durante um evento em São Paulo que reuniu quinhentas pessoas em homenagem aos oitenta anos do ex-presidente Fernando Henrique Cardoso, Jobim, como um dos oradores, fez um discurso forte. Entre elogios ao ex-presidente, disse a certa altura: "Hoje, os idiotas perderam a modéstia".[4]

No dia 17 de agosto, caiu o quarto ministro de Dilma, dessa vez o da Agricultura, Wagner Rossi, um nome muito ligado ao vice-presidente Michel Temer. Ele entregou o cargo depois de denúncias de corrupção no Ministério e de perceber que não tinha apoio da presidente. Dessa vez, foi Temer quem ameaçou romper com Dilma e o seu governo. Palocci e Lula foram os bombeiros de uma crise iminente.

A queda dos ministros desagradava Lula, fosse porque Dilma se livrava de ministros ligados a ele ou porque, pragmático que era, sabia que o descarte de aliados poderia ter seu preço mais tarde, se traduzindo em perda de governabilidade. Nas horas difíceis, Lula sabia que não se discute a qualidade de quem lhe dá sustentação política. Foi assim na crise do mensalão, em 2005, quando correu o risco de sofrer um processo de impeachment.

O que para Lula era um dano, para Dilma foi um dividendo político. À medida que os ministros iam caindo, a imprensa, alimentada pela assessoria do Palácio do Planalto, registrava que a presidente estava promovendo uma "faxina" no governo. O contraponto a Lula era claro. Em 22 de julho, Dilma recebeu no Palácio da Alvorada para um jantar o jornalista Jorge Bastos Moreno, d'*O Globo*. Seria uma conversa, não uma entrevista. Mas, a certa altura, o experiente repórter perguntou: "Até onde vai a faxina?". Dilma respondeu: "A faxina não tem essa coisa de limite. O limite é mudar o Ministério dos Transportes. É transformar o Ministério dos Transportes naquilo que é o seu próprio papel: a base da infraestrutura do país. Mas também é bom que todos saibam que não estamos agindo politicamente contra um partido. A ação é sobre pessoas que agiram de forma errada, e nem todas as pessoas são de um mesmo partido. Isso precisa ser esclarecido". Pela primeira vez Dilma incorporava ao seu vocabulário a palavra "faxina" para caracterizar o descarte de ministros herdados de Lula e esclarecia que a saída deles era um ato administrativo seu. Se a demissão de ministros remanescentes ou indicados por Lula era uma faxina, então era o antigo inquilino, no caso o ex-presidente, quem havia deixado lixo no salão. Indagada por Jorge Bastos Moreno se estava provando a chamada "solidão do poder", Dilma foi assertiva: "Passei a conviver, isto sim, com a decisão solitária. Presidente da República tem que decidir e ser responsável pela decisão".[5]

E como na política o curso da história está sujeito a desvios causados por acidentes imprevistos, o ano de 2011 ainda reservaria um duro golpe na vida do ex-presidente. No final de outubro daquele ano, ele recebeu o diagnóstico de um câncer na laringe. O tratamento só terminou em setembro de 2013, quando Lula se submeteu à última sessão de radioterapia no Hospital Sírio-Libanês, em São Paulo. Ainda permaneceu mais um tempo em repouso em casa, por recomendação médica. No período de tratamento, naturalmente reduziu atividades políticas, ficando distante de Brasília. E perdeu também o tempo político. A natureza da relação com Dilma já era outra. Enquanto o presidente se tratava, ela consolidou seu estilo de governo, imprimiu suas próprias ideias, tocou o governo a seu modo. No início de 2012, a popularidade da presidente, segundo o Datafolha, havia chegado a 59% de ótimo e bom, acima do índice alcançado por Lula ao final do primeiro ano de seu primeiro mandato, quando obtivera 42%, em dezembro de 2003. Aos seus olhos, Dilma havia ficado maior do que Lula.

A relação entre Lula e Dilma chegou ao nível de tensão máxima em abril e maio de 2014. A popularidade da presidente agora estava em baixa, a economia já exibia sinais de que caminhava para a recessão. Em São Paulo, Lula se reunia com lideranças políticas e empresariais, todos pedindo que ele se candidatasse. O movimento ficou conhecido como "Volta Lula". O próprio ex-presidente não poupava Dilma das mais duras críticas. Porém, como convencê-la a ceder a vez para o ex-presidente? Ela ignorava todo o movimento em torno de Lula. Certa vez, o então ministro Gilberto Carvalho propôs ao ex-presidente: "Lula, eu sou ministro dela. Abro a porta do gabinete e digo: 'Dilma, está resolvido, você não será candidata'. Vai dar um rolo danado, mas revolvemos isso". Segundo o relato de Carvalho, Lula respondeu: "Gilbertinho, enfia essa sua língua no cu e não fala nada com a Dilma, que eu resolvo".

O tempo foi passando e o movimento Volta Lula crescia, mas o impasse continuava. O ex-ministro Delfim Netto, amigo do ex-presidente e com quem se encontrava pelo menos uma vez por mês no Instituto Lula, certa vez sugeriu: "Lula, por que você não chega para a Dilma e diz: 'Dilma, está resolvido, eu serei o candidato e pronto, está resolvido?'". A resposta foi: "Ah, Delfim, eu não quero brigar com a Dilma".

A última tentativa de Lula sair candidato foi no dia 2 de maio de 2014, no XIV Encontro Nacional do PT, no Centro de Convenções do Anhembi, em São Paulo. O movimento Volta Lula o estava desgastando.

Chegara o momento de decidir por um ou outro candidato, e não era recomendável esperar a convenção do partido, marcada para junho. Lula foi para o encontro com discurso de candidato redigido, mas, antes de o evento começar, ele se encontrou brevemente com Dilma numa sala reservada, sem testemunhas. Quando ela saiu da conversa e entrou no auditório, a militância, representada por cerca de oitocentas pessoas, já estava orientada pelo presidente do PT, Rui Falcão, a erguer os crachás vermelhos e aclamar Dilma candidata. Quando chegou sua vez de falar, Lula nem de longe lembrava o orador vibrante, capaz de empolgar plateias. Tinha em mãos o discurso escrito, leu alguns parágrafos aleatórios e terminou se perdendo num improviso carregado de rancores contra a mídia e os adversários políticos.

Como teria sido a conversa entre eles? Na versão de Dilma, contada a um ministro logo depois do encontro: "Eu disse a ele tudo que eu queria, e ele não me disse que queria ser candidato". Ao mesmo ministro, dias depois, Lula deu sua versão: "Ela não me deixou falar". Com Delfim Netto, ele desabafou: "Ela sequer teve a dignidade nem de me telefonar para dizer que seria candidata".

Lula entrou na campanha de Dilma sem entusiasmo. Chegou a dizer a alguns amigos que seria até melhor se ela perdesse. "Para Marina Silva, o Lula perderia rindo. Mas para o Aécio não, ele não confiava no Aécio", afirma Antonio Palocci. O presidente se engajou na campanha do segundo turno, o que pode ter sido decisivo para a vitória de Dilma. Era a quarta vitória presidencial de Lula. Porém, a obtida em outubro não ensejou tempos de alegria e comemoração. No dia 14 de novembro, a Polícia Federal havia deflagrado mais uma fase da Operação Lava Jato, batizada de Juízo Final, em que foram presos Renato Duque, um ex-diretor da Petrobras indicado pelo PT, e executivos de oito empreiteiras. Na Austrália, onde participava da reunião do G20, Dilma comentou: "Isso eu acho que mudará para sempre as relações entre a sociedade brasileira, o Estado brasileiro e as empresas privadas".[6]

Quatro dias depois, já de volta a Brasília, Dilma teve uma longa reunião com Lula e outros ministros na Granja do Torto. Tendo começado no início da tarde e terminado à noite, teve como pauta oficial a discussão da formação da futura equipe econômica. O noticiário ainda reverberava o impacto da operação Juízo Final. Segundo um ministro que participou da reunião, a certa altura, Lula virou-se para Dilma e disse:

"Sabe qual é a lição que devemos tirar dessa eleição?"

"É que somos nós contra eles, e nós somos maioria, presidente."

"Não, Dilma, é que nós estamos fodidos."[7]

O economista Luiz Gonzaga Belluzzo, amigo de Lula e que fora professor de Dilma na Unicamp, certa vez perguntou ao ex-presidente:

"Lula, por que você escolheu a Dilma para a sua sucessão?"

"Ah, Belluzzo, é que ela fazia tudo que eu pedia."

O verbo no passado se referia ao tempo em Lula era presidente e Dilma sua ministra. Na Presidência, Dilma deixou de fazer o que o ex-presidente gostaria.

Elogio, ciúme e intriga

NO INÍCIO DE 2011, a relação de Fernando Henrique Cardoso com o governo do PT parecia entrar em nova fase. O ex-presidente jamais escondeu seu desapontamento com Lula por ele nunca o ter convidado para conversar enquanto exercia seu mandato. Os contatos frequentes e amistosos durante a transição de governo não mais ocorreram durante os oito anos em que Lula governou.

A postura inicial da sua sucessora era francamente simpática a Fernando Henrique. O primeiro gesto de aproximação ocorreu logo no segundo mês de mandato, em 19 de fevereiro, quando ambos compareceram ao evento de comemoração dos noventa anos de fundação do jornal *Folha de S.Paulo*. Na edição do dia 23, o jornal registrava detalhes do encontro: "Depois de um caloroso cumprimento na área VIP e de uma troca de beijinhos em pleno auditório da Sala São Paulo, a presidente Dilma Rousseff convidou o ex-presidente Fernando Henrique Cardoso para uma conversa. Ao se despedir [...], FHC sussurrou no ouvido de Dilma pedido de audiência do grupo The Elders".* A presidente teria

---

* Fundada por Nelson Mandela em 2007, The Elders [Os anciãos] é uma organização para promoção da paz no mundo e pela resolução pacífica de conflitos, reunindo líderes mundiais, como Jimmy Carter, ex-presidente dos Estados Unidos, e Kofi Annan, ex-secretário-geral da ONU. (N. A.)

respondido: "Será uma honra contar com tão qualificada companhia". A presidente ainda teria acrescentado: "Mas vá [também] sozinho".[1]

No dia 19 de março de 2011, portanto um mês depois do encontro em São Paulo, mais um gesto de aproximação de Dilma a Fernando Henrique. Ele era um dos convidados de Dilma para um almoço no Palácio Itamaraty que tinha como convidado principal o presidente dos Estados Unidos, Barack Obama, em sua primeira visita ao Brasil. Os demais ex-presidentes José Sarney, Itamar Franco e Fernando Collor de Mello também estavam presentes. Apenas Lula recusou o convite, suscitando a circulação de várias versões sobre sua ausência. A explicação de sua assessoria dizia que Lula estava em "quarentena" e preferiu não comparecer ao almoço para "não ofuscar" Dilma. Outra versão era a de que Lula ainda se ressentia dos desentendimentos com Obama por conta das relações com o Irã. Lula e o então presidente da Turquia, Recep Tayyip Erdoğan, haviam negociado com Teerã um acordo sobre o programa nuclear iraniano que foi desautorizado pelos Estados Unidos e outros países da Europa. Além disso, Obama não havia visitado o Brasil durante o mandato de Lula. Uma terceira hipótese seria que Lula preferiu não dividir as atenções com os demais ex-presidentes, especialmente com Fernando Henrique. O então governador do Rio Grande do Sul e ex-ministro da Justiça e da Educação de Lula, Tarso Genro, explicou de outra forma a ausência: "Foi uma forma de evitar dupla representação". Para Genro, Lula não era um ex-presidente, continuava sendo um chefe de Estado.

Os jornais do dia seguinte registraram o desagrado de Dilma com a ausência de Lula e a satisfação de Fernando Henrique por ter sido convidado. Seja como for, Lula cometeu um ato de descortesia ao não comparecer ao almoço — com Dilma, com os demais ex-presidentes e, especialmente, com Obama, que em seu discurso no evento lhe fez elogios.

Fernando Henrique era o único ex-presidente com postura de oposição ao governo, já que Sarney, Collor e Itamar eram da base de apoio ao governo petista. Ao final do almoço, abordado pelos jornalistas, disse que Dilma havia sido "extremamente gentil" ao convidá-lo. Provocado a comentar o fato de Lula jamais o ter chamado para evento semelhante em oito anos de mandato, respondeu com certa ironia: "É que o Lula é meu amigo de tantos anos que achou que não era necessário". Ao elogiar a iniciativa de Dilma, Fernando Henrique afirmou: "Temos que ter uma relação civilizada. Isso não quer dizer nada na relação política com PSDB, mas não é necessário tratar o outro como se um é o Deus e outro é o demônio. Aí não dá".[2]

A ausência de Lula continuaria sendo objeto de comentários nos meios políticos nos dias seguintes. A presidente Dilma registrou seu desagrado junto a assessores no Palácio do Planalto e fez questão de tornar público seu descontentamento. Na edição do dia 23 de março, o jornal *O Globo* trouxe reportagem com o título: "Dilma não gostou da ausência de Lula no almoço para Obama e vai marcar diferenças". Citando como fonte o "núcleo político do Palácio do Planalto", a reportagem informava que Dilma continuaria fazendo afagos ao ex-presidente mas, ao mesmo tempo, procuraria "cada vez mais imprimir uma marca pessoal a seu governo, e não vai pautar suas ações e decisões de olho no que pode melindrar ou não o antecessor". Até mesmo o fato de Dilma ter erguido um brinde a Fernando Henrique foi registrado como algo indicativo da independência de Dilma em relação a Lula.[3]

Em junho, a relação entre Fernando Henrique e a sucessora de Lula viveria o seu momento mais caloroso. No dia 18 daquele mês, o ex-presidente completaria oitenta anos, o que ensejou uma série de eventos comemorativos. O mais festivo foi um jantar na Sala São Paulo, no dia 10, organizado para quinhentos convidados. Dilma Rousseff não compareceu, mas respondeu ao convite de Fernando Henrique com uma afetuosa carta, entregue em mãos pelo então ministro da Justiça, Nelson Jobim. Afirmava a presidente:

Em seus oitenta anos há muitas características do senhor Fernando Henrique a homenagear. O acadêmico inovador, o político habilidoso, o ministro-arquiteto de um plano duradouro de saída da hiperinflação e o presidente que contribuiu decisivamente para a consolidação da estabilidade econômica.

Mas quero aqui destacar também o democrata. O espírito do jovem que lutou pelos seus ideais, que perduram até os dias de hoje. Esse espírito, no homem público, traduziu-se na crença do diálogo como força motriz da política e foi essencial para a consolidação da democracia brasileira em seus oito anos de mandato. Fernando Henrique foi primeiro presidente eleito desde Juscelino Kubitschek a dar posse a um sucessor oposicionista igualmente eleito.

Não escondo que nos últimos anos tivemos e mantemos opiniões diferentes, mas, justamente por isso, maior é minha admiração por sua abertura ao confronto franco e respeitoso de ideias.

Querido presidente, meus parabéns e um afetuoso abraço!

Dilma Rousseff
Presidenta da República Federativa do Brasil[4]

Uma semana depois, em entrevista ao jornal *Correio Braziliense*, o ex-presidente registraria a satisfação por ter recebido a carinhosa mensagem de Dilma. Ao mesmo tempo, acusava a frustração por jamais ter recebido de Lula um gesto de aproximação enquanto ocupava o cargo. "Ele [Lula] deve ter algum problema psicológico, tem dificuldades de fazer gestos comigo", afirmou.[5]

Quando a carta de Dilma foi entregue a Fernando Henrique, a rotina no Palácio do Planalto vinha de uma semana agitada, com uma mudança importante que alteraria o perfil do governo Dilma. Depois de semanas exposto na mídia, Antonio Palocci pediu demissão do cargo de ministro-chefe da Casa Civil no dia 7 de junho. E havia sido justamente ele o encarregado por Dilma a redigir a mensagem a Fernando Henrique, que elaborou junto com seu assessor de imprensa, Thomas Traumann. Quando entregou o texto à presidente, Palocci alertou: "Presidenta, a senhora faça os ajustes que julgar necessários". Quando Dilma cobrou de seu assessor Giles Azevedo o envio da mensagem, Palocci já não estava mais no Palácio do Planalto. Depois de uma troca de telefonemas com o ex-ministro, Giles e Traumann, o texto foi localizado e enviado a São Paulo pelas mãos do ministro Nelson Jobim. "Acho que ela não leu, porque não fez qualquer alteração", afirma Palocci.

No dia 25 de outubro de 2011, quase nove anos depois de ter transmitido o cargo de presidente a Lula, Fernando Henrique voltaria ao Palácio da Alvorada. Atendendo ao pedido do ex-presidente, Dilma recebeu o grupo The Elders para um jantar de duas horas. Entre os convidados estrangeiros, estavam o ex-presidente dos Estados Unidos, Jimmy Carter, a ex-primeira-ministra da Noruega, Gro Brundtland, e a indiana Ela Bhatt.

Mas a relação entre a presidente e Fernando Henrique sofreria uma reviravolta no ano seguinte. O gatilho para a mudança foi um artigo do ex-presidente publicado nos jornais *O Globo* e *O Estado de S. Paulo* em 2 de setembro de 2012, no qual o ex-presidente afirmava que Dilma havia recebido "uma herança pesada de Lula".[6] Citava, além das questões econômicas, o que considerava um problema moral, referindo-se ao escândalo do mensalão e à demissão dos ministros herdados do governo Lula e afastados por Dilma. Na prática, Fernando Henrique criticava Lula e elogiava a faxina de Dilma. A presidente, porém, reagiu com surpreendente veemência, encerrando o ciclo de troca de afagos com Fernando Henrique. Em nota divulgada em 3 de setembro, afirmou:

> Citada de modo incorreto pelo ex-presidente Fernando Henrique Cardoso, em artigo publicado neste domingo, nos jornais *O Globo* e *O Estado de S. Paulo*, creio ser necessário recolocar os fatos em seus devidos lugares.
>
> Recebi do ex-presidente Lula uma herança bendita. Não recebi um país sob intervenção do FMI ou sob a ameaça de apagão.
>
> Recebi uma economia sólida, com crescimento robusto, inflação sob controle, investimentos consistentes em infraestrutura e reservas cambiais recordes.
>
> Recebi um país mais justo e menos desigual, com 40 milhões de pessoas ascendendo à classe média, pleno emprego e oportunidade de acesso à universidade a centenas de milhares de estudantes.
>
> Recebi um Brasil mais respeitado lá fora graças às posições firmes do ex-presidente Lula no cenário internacional. Um democrata que não caiu na tentação de uma mudança constitucional que o beneficiasse. O ex-presidente Lula é um exemplo de estadista.
>
> Não reconhecer os avanços que o país obteve nos últimos dez anos é uma tentativa menor de reescrever a história. O passado deve nos servir de contraponto, de lição, de visão crítica, não de ressentimento. Aprendi com

os erros e, principalmente, com os acertos de todas as administrações que me antecederam. Mas governo com os olhos no futuro.

Dilma Rousseff
Presidenta da República Federativa do Brasil[7]

Três dias depois, a presidente voltaria à carga. Em pronunciamento em cadeia de rádio e TV em comemoração ao Sete de Setembro, ao defender seu programa de concessões à iniciativa privada, afirmou:

Ao contrário do antigo e questionável modelo de privatização de ferrovias, que torrou patrimônio público para pagar dívida, e ainda terminou por gerar monopólios, privilégios, frete elevado e baixa eficiência, o nosso sistema de concessão vai reforçar o poder regulador do Estado para garantir qualidade, acabar com os monopólios e assegurar o mais baixo custo de frete possível.[8]

O colunista da *Folha de S.Paulo* Fernando Rodrigues observou: "É no mínimo incomum que a presidente da República use uma rede nacional de TV para festejar o 7 de Setembro e ataque tão duramente o governo passado de um partido adversário". E finalizou: "Está em jogo, é claro, a sucessão de 2014".[9]

A essa altura, Dilma voltava para o campo político de Lula, que seria decisivo para a reeleição em outubro de 2014.

A herança maldita

NO DIA 10 DE OUTUBRO DE 2002, a duas semanas da realização do segundo turno da eleição presidencial que sagraria Lula vencedor, o presidente Fernando Henrique editou decreto determinando aos ministérios que reunissem todas as informações relevantes que pudessem ser úteis ao período de transição e mesmo depois da posse do novo governo. O conjunto dessas informações foi editado em forma de livro, que seria entregue aos representantes do candidato a ser eleito que comporiam, junto com representantes do governo Fernando Henrique, a comissão de transição. Conhecido como o livro branco da transição, o título da edição de 276 páginas era a síntese de sua ambição e propósito: *Transição e democracia*.

Não havia precedente na história brasileira de um presidente em exercício organizar, de forma transparente e articulada com o futuro governante, o ritual de passagem de governo antes da posse, com a prestação de informações estratégicas, até mesmo de caráter reservado, para uma equipe indicada pelo candidato eleito. O gesto teve relevância administrativa, mas especialmente política. Do ponto de vista da gestão, o conhecimento prévio e detalhado das questões de Estado permitiria ao novo governo tomar decisões com base em informações seguras. Ficara marcado na memória de Fernando Henrique o impacto de quando assumira, em maio de 1993, o Ministério da Fazenda, nomeado pelo então presidente Itamar Franco: "Recebi uma mesa limpa, as prateleiras vazias, não havia praticamente informação alguma disponível, nem as mais prosaicas, nem muito menos as mais complexas".[1]

Do ponto de vista político, a transição do governo Fernando Henrique para o de Lula revestiu-se de forte simbologia histórica: era a primeira vez, em 42 anos, que um presidente eleito passava a faixa presidencial ao seu sucessor — importância realçada ainda pelo fato de que se dava em processo de alternância de poder, com a passagem de poder para um candidato de oposição. O fato de a iniciativa de Fernando Henrique de organizar a forma como se daria a transição ter começado quase com um ano de antecedência desagradou Serra, pois no seu entender, ao falar tão antecipadamente em transição, o presidente já estaria dando sinais de que não trabalhava com a hipótese de vitória do candidato do governo. Em público, Serra não reclamou. "Mas ele não gostou nada daquilo, ficou puto", revelou Pedro Parente.

A decisão de Fernando Henrique de elaborar um modelo de transição de governo que servisse não apenas para quem o sucedesse, mas que ficasse como um marco para futuras alternâncias de poder, foi tomada em reunião ministerial no dia 6 de fevereiro de 2002 — bem antes, portanto, que se tivesse clareza de tendência sobre quem sairia vencedor em outubro. Na mesma ocasião, o presidente atribuiu a Pedro Parente o papel de coordenador dos trabalhos e que, a partir daí, procurasse levantar exemplos de como essa questão era tratada em outras democracias.

A experiência de países com regimes parlamentaristas não se aplicaria muito bem ao Brasil. Pedro Parente então concentrou a análise no modelo americano. Entre os dias 23 e 25 de setembro, a dez dias do primeiro turno da eleição, permaneceu nos Estados Unidos conversando com várias autoridades em Washington. A "Agenda 100", capítulo do livro da transição, foi inspirada nos Estados Unidos. Trata-se da listagem de todos os atos e compromissos previstos para os cem primeiros dias do novo governo — uma forma de evitar que, por falta de informações precisas, o novo governo deixe de tomar decisões ou, sem o histórico necessário de informações, atue de forma inadequada. Nessa agenda, quando a comissão de transição encerrou seus trabalhos no final de dezembro, havia mais de mil anotações.

O livro branco da transição trazia a descrição de toda a estrutura de governo, com suas respectivas atribuições. Listava também as ações inconclusas do governo que se encerrava, para que pudessem ser avaliadas pelo governo que assumia. Também foi elaborado um glossário de termos técnicos, sempre tão extensos na burocracia estatal, para facilitar o entendimento dos novos gestores

No dia 25 de outubro, antevéspera do segundo turno, foi editada uma medida provisória criando cinquenta cargos em comissão no governo Fernando Henrique — portanto, posições remuneradas, que seriam preenchidas com nomes indicados pelo presidente eleito. Uma área de oitocentos metros quadrados em um centro de treinamento do Banco do Brasil, situado próximo à praça dos Três Poderes, já fora reservada para os trabalhos da comissão, que, por decisão de Lula, foi presidida por Antonio Palocci. Do lado do governo Fernando Henrique, o coordenador era o ministro Pedro Parente. A nomeação da comissão dava a cada um dos escolhidos pelo presidente eleito não somente as condições materiais para cumprir a tarefa de fazer a transição para o novo governo. Seus integrantes, uma vez nomeados por Fernando Henrique, tinham também respaldo legal para acessar informações sensíveis do governo.

O convívio entre os nomes indicados por Lula e a equipe coordenada por Pedro Parente foi o melhor possível. Futuro ministro-chefe da Casa Civil, José Dirceu conta que a relação com seu antecessor foi de empatia imediata. Por mais de uma vez, ao final de um longo dia de trabalho, Parente e Dirceu iam assistir a apresentações no Clube do Choro de Brasília, uma instituição tradicional da capital federal especializada em apresentações de músicos do gênero.

Mas as relações cordiais se esgarçariam ao longo do tempo. Já na apresentação do resultado final dos trabalhos da comissão, dias antes da posse, na reunião de Lula com seu futuro gabinete ministerial, quando o presidente eleito e seu futuro ministro da Fazenda fizeram duras críticas ao legado de Fernando Henrique, houve o primeiro mal-estar. No entanto, a expressão que ficaria gravada como um selo de avaliação de Lula e do PT sobre o governo Fernando Henrique foi dita pela primeira vez por José Dirceu e repetida ao longo dos anos por ele, Lula e outras lideranças do partido: "herança maldita", uma expressão que, em síntese, procurava transmitir a ideia de que o sucesso do governo Lula havia sido construído a partir dos escombros da gestão anterior, o que, para Fernando Henrique, Pedro Malan, Arminio Fraga e outros, sempre soou não apenas injusto, mas também ingrato.[2]

O percurso desses homens foi se entrecruzando ao longo dos anos — ora em situação conflituosa, ora em aproximação. Outro personagem, que não existia no cenário de 2002, entraria em cena a partir de 2014 para desarticular a polarização entre PT e PSDB, que vinha prevalecendo desde a eleição de 1994: o juiz Sergio Moro, que comandou a Operação Lava Jato.

Quando fiz a primeira das três entrevistas com José Dirceu para este livro, no dia 22 de junho de 2017, ele havia acabado de sair de seu primeiro período de prisão em Curitiba. Nem de longe parecia o mesmo de 1º de janeiro de 2003, quando assumiu, com amplos poderes, o cargo de ministro-chefe da Casa Civil. Tinha o ar cansado, a voz pausada, ainda que mantivesse a altivez nas declarações. Como se percebesse minha curiosidade no olhar ao notar que plugava um equipamento na tomada elétrica, me esclareceu sem que eu o indagasse: "Isso aqui é a tornozeleira do Moro. Nessa vida a gente se acostuma com tudo".

A imagem de Moro ainda faria sombra em duas circunstâncias durante a entrevista que realizei para elaboração deste livro. Em 12 de julho de 2017, fui recebido pelo ex-ministro Gilberto Carvalho, na sede do PT em Brasília, no edifício Toufic, no Setor Comercial Sul da capital federal. Além do próprio Carvalho, só notei a presença de uma secretária, em um contraste agudo com o ambiente tomado por militantes e dirigentes partidários das outras vezes em que estivera ali. Encerrada a conversa, fui almoçar com o então assessor de imprensa do BC, Gustavo Paul Kurrle, em um restaurante a poucos metros da sede do banco. Quando pedimos a conta, eu abri o celular para me atualizar do noticiário. O portal G1 exibia em manchete: "Lula é condenado na Lava Jato a nove anos e seis meses de prisão no caso do triplex".

A terceira vez que a sombra de Sergio Moro reapareceu foi quando entrevistava Fernando Henrique, na sede da Fundação FHC, em São Paulo, no dia 23 de maio de 2017. A conversa foi interrompida por uma secretária visivelmente preocupada. Ela exibiu ao ex-presidente um documento, que ele assinou e devolveu. E sem que eu perguntasse do que se tratava, contou: "Sabe o que é isso? Uma intimação para que seja testemunha de defesa de Lula. Eu vou. Só estou pedindo para mudar a data, porque tenho uma viagem marcada".

Ciclo encerrado

O DIA 2 DE FEVEREIRO DE 2017 foi agitado na Câmara dos Deputados. Estava em jogo a presidência da casa em uma circunstância política especial. No ano anterior, a presidente Dilma Rousseff havia sido afastada por um processo de impeachment autorizado pelo Congresso. Michel Temer, o vice de Dilma, que assumira em seu lugar, já enfrentava denúncias que, em tese, também poderiam levá-lo a um mesmo processo. Àquela altura, o afastamento do presidente era uma hipótese difusa nos meios políticos. Se viesse a ocorrer, quem assumiria em seu lugar seria o presidente da Câmara, que por sua vez convocaria em trinta dias uma eleição indireta para escolher quem, entre os deputados, completaria, em 31 de dezembro de 2018, o mandato da chapa eleita em 2014.

Concorreram seis candidatos. O eleito foi Rodrigo Maia (DEM-RJ), com 293 votos. Em último lugar, Jair Bolsonaro, com apenas quatro votos — o seu e de mais três outros colegas. Menos do que os votos em branco, que foram cinco. Bolsonaro, que estava em seu sétimo mandato, já havia concorrido à presidência da Câmara em 2005 e 2011, sempre com votações inexpressivas. Sua postulação era sempre vista mais como um anedotário do cotidiano do parlamento. Mesmo quando assumia posições radicais, agressivas, ninguém o levava a sério.

Na tarde daquela quinta-feira agitada, dois episódios ilustraram a percepção de que a insistência de Bolsonaro em concorrer à presidência da Câmara não era para valer. Com atuação apagada no parlamento, com pouca interlocução entre os colegas, a candidatura era uma forma de chamar a atenção para o seu nome, nada além disso. O deputado repetiu naquele dia o que já vinha dizendo desde 2015: que pensava em se candidatar a presidente da República na eleição de 2018. Indagado se concorreria na eleição indireta, caso Temer viesse a ser afastado, afirmou: "Aqui [na Câmara] ninguém gosta de mim. Vou ter meia dúzia de votos. E olhe lá. É mais fácil ganhar lá fora [em eleição direta]!".

Com o avanço das novas mídias, flagrar mensagens trocadas pelo celular entre autoridades havia passado a ser um filão para fotógrafos e cinegrafistas que cobriam o poder em Brasília. O recurso do zoom de câmeras permitia ao profissional da imagem "colar o olho" no personagem sem que ele se desse conta. O uso inadvertido de celulares e laptops permitia flagrantes curiosos, às vezes, comprometedores. E foi isso o que aconteceu com o deputado Jair Bolsonaro naquele dia. Solitariamente, depois da votação, ele ocupava uma cadeira no plenário já vazio da Câmara. Percebendo que o deputado estava compenetrado numa troca de mensagens pelo celular, o fotógrafo Lula Marques captou o diálogo do pai, Jair, com o filho, Eduardo, também deputado federal, que não comparecera à sessão de votação, tornando ainda mais humilhante o resultado.

A sequência de mensagens captada foi a seguinte:

"Papel de filho da puta que você está fazendo comigo. Tens moral para falar do Renan [outro filho de Bolsonaro]?"

A cobrança continua:

"Mais ainda, compre merdas por aí. Não vou te visitar na Papuda [presídio de Brasília]."

E há ainda um tom de ameaça:

"Se a imprensa te descobrir aí, e o que está fazendo, vão comer seu fígado e o meu. Retorne imediatamente."

Eduardo enfim responde ao pai:

"Quer me dar esporro tudo bem. Vacilo foi meu. Achei que a eleição só fosse na semana que vem. Me comparar com o merda do seu filho, calma lá."

Onde estaria e o que estaria fazendo Eduardo Bolsonaro? Dias depois, Jair Bolsonaro disse que o filho estava na Austrália no dia da votação. "Para botar pilha em mim, ele disse que ia comprar um fuzil nos Estados Unidos, mas não foi nada disso", afirmou.[1]

O voto de apenas três colegas, além do seu próprio, em um colégio eleitoral de 513 deputados, refletia a falta de prestígio e influência de Bolsonaro na Câmara. O "sonho", como ele se referia à possibilidade de se candidatar a presidente da República, não era levado a sério. No entanto, o ambiente para a construção de uma candidatura fora dos quadros partidários principais estava sendo formado. Para entender 2018, o ano da eleição, é preciso voltar pelo menos a 2011, quando Dilma Rousseff, sustentada pela popularidade de Lula, foi eleita presidente do Brasil sem ter antes disputado uma eleição sequer.

O primeiro ano da primeira mulher eleita presidente do Brasil foi animador sob os mais variados aspectos. Começou cortando gastos no orçamento, aparando os excessos cometidos no segundo mandato de Lula, decisivos para sua tranquila eleição sobre o candidato José Serra. A economia cresceu 7,5% em 2010, gerando um estado de satisfação poucas vezes visto. Os ministros envolvidos em denúncias de corrupção foram afastados, mas, já no final de 2012, quando a economia exibiu sinais de que perdia força, a presidente começou uma escalada de intervenções na economia que, ao final de seu ciclo na Presidência, resultaram na maior recessão da economia brasileira até então registrada.

Em 2011, as primeiras pesquisas de avaliação de seu governo davam a Dilma índices de aprovação confortáveis. O Datafolha registrava 47% de ótimo e bom em pesquisa realizada entre os dias 15 e 16 de março, e apenas 7% consideravam seu governo ruim ou péssimo. Um ano depois, o mesmo Datafolha apontava os mesmos 7% de ruim ou péssimo. No entanto, o percentual de ótimo e bom havia subido para 65%, reforçando a legitimidade de Dilma para governar e, em tese, força política para aprovar no Congresso os projetos de seu interesse. Em junho de 2013, com as manifestações de rua que começaram como um protesto contra aumento de tarifas de transporte urbano, a avaliação positiva do governo Dilma caiu para menos da metade: 30% segundo o mesmo Datafolha. Mesmo assim, a presidente conseguiu se recuperar e se reeleger no ano seguinte, contando com 42% de aprovação no final de 2014.

O segundo mandato de Dilma, no entanto, foi de crise permanente. Quando foi eleita, em outubro de 2014, a economia já se encontrava em recessão, embora seu impacto ainda não tivesse se refletido no mercado de trabalho. A taxa de desemprego continuava em níveis muito baixos, pouco abaixo de 5%, segundo estatísticas do IBGE. Mas a mudança de percepção por parte da população foi rápida, numa espécie de condenação fulminante. A inflação vinha subindo desde 2012. Os preços de combustíveis e de energia elétrica, represados nos anos anteriores, passaram a sofrer aumentos sucessivos. O desemprego começou a mostrar sua face. Para completar, as denúncias de corrupção na Petrobras traziam novos e chocantes capítulos quase todos os dias.

A primeira pesquisa Datafolha, realizada entre os dias 16 e 17 de março de 2015, menos de três meses depois da posse, já registrava números preocupantes para a presidente: o índice de aprovação ao seu governo já caíra para 13%, e os que consideravam seu governo ruim ou péssimo chegavam a 62%. Em agosto, no seu oitavo mês do segundo mandato, a situação piorou ainda mais: a aprovação caiu para 8%, e o índice de ruim e péssimo subiu para 71%. Com essa avaliação, Dilma superou em rejeição Fernando Collor de Mello, que em setembro de 1992, durante processo de impeachment, tinha 62% de desaprovação.[2]

Em abril de 2016, Dilma foi afastada pela Câmara. O impeachment foi ratificado pelo Senado no dia 31 de agosto. As forças políticas que se uniram para votar o impeachment de Dilma constituíram-se também na base de apoio congressual a Temer. Com essa base, o novo presidente imprimiu uma agenda de reformas econômicas de cunho liberal, em uma inflexão radical na política econômica que vinha sendo conduzida pelo governo do PT, especialmente no período Dilma.

A agenda no Congresso ganhou velocidade. Uma reforma da Previdência estava para ser aprovada quando, em 17 maio de 2017, um áudio de uma gravação de uma conversa do empresário Joesley Batista com Michel Temer no Palácio do Jaburu, sua residência oficial, deflagrou uma nova crise política. A suspeita era de que Temer teria apoiado iniciativa de Joesley para supostamente evitar que o ex-presidente da

Câmara, Eduardo Cunha, aceitasse fazer uma delação premiada que poderia comprometer o presidente.

Em seu período como presidente da Câmara, Cunha havia sido o responsável por colocar em votação o pedido de impeachment contra Dilma. Mas, àquela altura, em maio de 2017, o algoz da ex-presidente já tivera seu mandato cassado e se encontrava preso em Curitiba por sentença proferida pelo juiz Sergio Moro, condenado a quinze anos de prisão por corrupção passiva, lavagem de dinheiro e evasão fraudulenta de divisas.

Temer foi pressionado a renunciar, mas tinha apoio de uma sólida base no Congresso e resistiu no cargo até o último dia de mandato, 31 de dezembro de 2018. Em 26 de junho de 2017, o então procurador-geral da República, Rodrigo Janot, apresentou denúncia contra o presidente por corrupção passiva no STF. Michel Temer jamais teve apoio popular. Seu governo começou com 14% de aprovação, 31% de ruim e péssimo e 42% de regular. De acordo com pesquisa Datafolha realizada nos dias 6 e 7 de junho de 2018, a três meses da realização do primeiro turno da eleição presidencial, a avaliação positiva havia se reduzido a 3%, e a reprovação subido a 82%, superando o recorde anterior de Dilma.

Quanto a Lula, foi preso no dia 7 de abril de 2018, condenado a doze anos e um mês de prisão por lavagem de dinheiro e corrupção passiva no caso da compra de um apartamento triplex no Guarujá, litoral de São Paulo. Foi solto 580 dias depois, em 7 de novembro de 2019, por decisão do STF.

Quando os votos da eleição do dia 7 de outubro de 2018 foram apurados, os números expressaram a resultante de um processo de desgaste das duas forças políticas que, desde 1994, vinham disputando o poder, o PT e o PSDB. A eleição de 1989 foi um caso à parte, quando o recém-fundado PSDB ficou em terceiro lugar e apoiou Lula no segundo turno, contra Fernando Collor de Mello. Assim como Collor, Bolsonaro colheu os votos dos inconformados. No vácuo político, ambos prometeram uma forma inaugural de dirigir o país. Vestiram a velha política com o figurino do novo, mas sem mudar em nada sua essência. Bolsonaro obteve 46,03% dos votos válidos. Fernando Haddad, do PT, foi para a disputa no segundo turno com 29,28%, quando foi derrotado por Bolsonaro, que obteve 57,8 milhões de votos contra 47 milhões do petista. No primeiro turno, Ciro Gomes, concorrendo pela terceira vez, ficou em terceiro, com 12,47%. Geraldo Alckmin, do PSDB, que havia sido eleito em primeiro turno para o governo de São Paulo em 2014 e disputado com Lula em 2006 a eleição presidencial, ficou com apenas 4,76% dos votos.

O desempenho de dois outros candidatos merece registro pela importância no cenário político. Henrique Meirelles, presidente do Banco Central durante os oitos anos do governo Lula e ministro da Fazenda de Temer, obteve apenas 1,2% dos votos. Marina Silva ficou apenas com 1% dos votos válidos, em sua terceira disputa presidencial. Em 2014, ela chegou a obter vantagem sobre Dilma Rousseff em simulação para o segundo turno, mas acabou em terceiro naquele pleito. Marina Silva era um quadro histórico do PT e fora ministra do Meio Ambiente no primeiro mandato do presidente Lula. Em agosto de 2009, porém, saiu do partido. Em carta, alegou que faltaram "condições políticas [...], ou seja, de fazer a questão ambiental alojar-se no coração do governo e do conjunto das políticas públicas".

Na disputa de 2018, três outros candidatos, além de Geraldo Alckmin, eram egressos do PSDB: Ciro Gomes, que em 1994 chegou a ocupar o cargo de ministro da Fazenda, o senador Alvaro Dias e Henrique Meirelles, eleito deputado federal por Goiás em 2002, mas que renunciou ao mandato ao aceitar convite do presidente Lula para a presidência do Banco Central.

Na votação do impeachment em 2016, em que perdeu o mandato presidencial, Dilma Rousseff foi beneficiada por acordo dos bastidores políticos com uma peculiar interpretação do texto constitucional: perdeu o mandato, mas não os direitos políticos por oito anos, como havia ocorrido com Fernando Collor de Mello em 1992. Dessa forma, pôde concorrer a um mandato de senadora por seu estado, Minas Gerais. O que parecia ser a oportunidade para o resgate da legitimidade política terminou em fracasso: ela ficou em quarto lugar. Havia sido justamente Minas Gerais que lhe garantira os votos para a vitória em 2014 sobre o também mineiro Aécio Neves — o então senador pelo PSDB só não venceu a eleição presidencial de 2014 porque perdeu para Dilma em seu estado.

Em 2018, Aécio era mais um político tombado pelos escândalos políticos daquele período. Caiu numa gravação do mesmo Joesley Batista, protagonista do áudio envolvendo Temer, numa suspeita negociação financeira. Em 2018, não teve fôlego para tentar a reeleição para o Senado. Contentou-se com uma disputa para a Câmara. Na eleição para presidente em 2014, Aécio conquistara 51 milhões de votos, contra 54,5 milhões de Dilma. Na eleição para deputado, quatro anos depois, os mineiros deram a ele apenas 106 mil votos, E ficou em 19º lugar. Quando chegou ao local de votação, no bairro de Lourdes, em Belo Horizonte, já perto do fechamento das urnas, Aécio foi vaiado por eleitores. Sem reagir, ouviu vaias e insultos: "ladrão", "traidor" e "golpista". Aécio era réu na Operação Lava Jato.

O TRABALHO DE CONVENCER O FMI e o Tesouro americano de que os candidatos de oposição — especialmente Lula, que liderava as pesquisas de intenção de voto — não representavam uma ameaça real de ruptura na economia contou com um recurso inusitado. O então ministro da Fazenda, Pedro Malan, determinou a dois assessores, João Batista Magalhães e José Ricardo Alves, que selecionassem as declarações públicas de todos eles que soassem mais palatáveis aos desconfiados dirigentes daquelas instituições. As que sinalizavam mudanças radicais nos discursos de Lula, Ciro Gomes e Anthony Garotinho foram descartadas. Os trechos escolhidos foram então traduzidos para o inglês e enviados para o representante do Brasil no FMI e no Banco Mundial, Murilo Portugal, que se encarregou de distribui-los a interlocutores em Washington. Os textos em português, com suas respectivas traduções, foram mantidos por Malan, que os disponibilizou para a edição deste livro.

CANDIDATO LUIZ INÁCIO LULA DA SILVA (PT/ PCdoB/ PL/ PMN/ PCB)

"Nosso governo vai preservar o superávit primário o quanto for necessário, de maneira a não permitir que ocorra um aumento da dívida interna em relação ao PIB, o que poderia destruir a confiança na capacidade do governo de cumprir seus compromissos."

"Não há governo petista nos estados e nos municípios que não esteja comprometido com a responsabilidade fiscal e a estabilidade das contas públicas. O nosso governo não vai romper contratos nem revogar regras estabelecidas. Compromissos internacionais serão respeitados. Mudanças que forem necessárias serão feitas democraticamente, dentro dos marcos institucionais."

(Fonte: Parágrafo 27 do Programa de Governo do PT, "Crescimento, emprego e inclusão social — O desafio é ter uma economia menos vulnerável".)

"Premissa dessa transição será naturalmente o respeito aos contratos e obrigações do país."

"Ninguém precisa me ensinar a importância do controle da inflação. Iniciei minha vida sindical indignado com o processo de corrosão do poder de comprar dos salários dos trabalhadores. Quero agora reafirmar esse compromisso histórico com o combate à inflação."

"Vamos preservar o superávit primário o quanto for necessário para impedir que a dívida interna aumente e destrua a confiança na capacidade do governo de honrar os seus compromissos."

(Data: 22/06/2002.
Fonte: Carta ao Povo Brasileiro.)

"A equipe econômica do PT está reunida com Dirceu para analisar o documento. Depois o partido se pronunciará a respeito. Nós já tínhamos assumido o compromisso na Carta ao Povo Brasileiro, feita em junho, de que o superávit primário e as metas de inflação estarão mantidos."

(Data: 04/09/2002.
Fonte: "Lula diz que foi informado ontem sobre detalhes do acordo com FMI", AEN, Broadcast, 16h31.)

"Como já havíamos expresso na Carta ao Povo Brasileiro, em 22 de junho passado, ocasião em que firmamos o compromisso de honrar contratos e controlar a inflação, com o rigor fiscal necessário, estamos conscientes da gravidade da situação e dispostos a dialogar com todos os segmentos da sociedade de modo a evitar que ela traga mais aflição ao povo brasileiro."

(Data: 19/08/2002.
Fonte: "Confira a íntegra do documento entregue por Lula a FHC –
1ª Parte", AEN, Broadcast, 14h59.)

"Como já afirmamos na 'Carta ao Povo Brasileiro', temos consciência da gravidade da crise financeira que afeta o Brasil. Faremos tudo o que estiver ao nosso alcance para evitar o aprofundamento dessa crise, que significaria mais sofrimento para a população na forma de aumento do desemprego, queda na renda e crescimento da pobreza."

"[...] entendemos que este acordo permite tranquilizar o mercado e, com isso, dar uma chance, se forem tomadas as medidas corretas, de o país voltar a crescer."

"Na 'Carta ao Povo Brasileiro' assumimos dois compromissos para nossa estratégia de transição rumo a um novo modelo: o de honrar todos os contratos, internos e externos, e o de preservar o superávit primário o quanto for necessário para impedir que a dívida interna aumente e destrua a confiança na capacidade de o governo honrar seus compromissos."

(Data: 08/08/2002.
Fonte: Nota oficial sobre o acordo que o governo brasileiro fechou com o FMI
e matéria "Lula diz que acordo com o FMI foi inevitável diante dos erros
cometidos pelo governo", publicada no site do PT, <http://www.pt.org.br>.)

"Nós afirmamos na 'Carta ao Povo Brasileiro', lançada em junho, e estamos reafirmando agora — e nós inclusive temos aprovado no Congresso Nacional — a questão do superávit."

O PT é contra as metas de superávit primário para 2004 e 2005?

Não. O que o PT está dizendo é que o PT vai fazer um esforço muito grande, aumentando a capacidade de produção deste país, aumentando a capacidade da indústria, da agricultura, diminuindo o déficit que nós temos no turismo, que é de US$ 1,5 bilhão, diminuindo o déficit que nós temos no frete, que é de US$ 4,7 bilhões, para evitar que a gente continue tendo o superávit primário de 3,75%.

O acordo também definiu novas metas de inflação para o ano que vem. O senhor concorda?

Obviamente nós temos interesse em manter a inflação no mais baixo índice possível, porque isso vai resultar em ganhos para aqueles que vivem de salário. Vamos ter que trabalhar a economia não apenas para manter a inflação no mais baixo nível possível, como para fazer a economia crescer no mais alto nível possível.

(Data: 08/08/2002.
Fonte: "Lula: 'Não aceitamos imposição de modelo econômico'", publicado no site do PT,
<http://www.pt.org.br>.)

"A palavra do PT sobre o cumprimento de todos os contratos e a manutenção do superávit primário de pelo menos 3,75% do PIB nos próximos três anos já é mais do que suficiente."

(Data: 13/08/2002.
Fonte: "PT endurece discurso e rejeita 'jogo de cena'", publicado na
Folha de S.Paulo em 14/08/2002.)

"Cada partido vai poder dizer mais claramente o seu programa. Esse empréstimo, de certa forma, pode mudar o teor da campanha. [...] Isso tranquiliza um pouco o Brasil, o sistema financeiro, o mercado, e permite que as campanhas passem a discutir os problemas sociais profundos do Brasil."

(Data: 08/08/2002.
Fonte: "Pela manhã, Lula disse aguardar termos do acordo",
publicado no site do PT, <http://www.pt.org.br>.)

"Eu aprovo a ideia de o Brasil ter que pegar dinheiro, porque a situação exigia que o Brasil pegasse dinheiro. [...] Em julho o partido já havia declarado em uma carta aberta ao povo brasileiro que as negociações com o FMI não eram um problema para o PT. [...] Esse empréstimo de certa forma pode mudar o teor da discussão da campanha, na medida em que a gente não vai ficar discutindo mais se o Brasil vai ficar em uma situação delicada ou não."

(Data: 08/08/2002.
Fonte: Entrevista à rádio CBN noticiada pela agência Reuters às 10h02 com
o título "Lula aprova acordo com FMI e diz que ele tranquiliza o país".)

"O deputado Aloizio Mercadante (PT-SP) reafirmou que seu partido defende um superávit primário equivalente a 3,75% do Produto Interno Bruto (PIB) em 2003. Essa meta consta da Lei de Diretrizes Orçamentárias de 2003 e teve o voto favorável do PT."

(Data: 08/08/2002.
Fonte: "Mercadante: PT defende superávit primário de 3,75%
do PIB em 2003", Broadcast, 13h49.)

"O economista do PT [Guido Mantega] garantiu aos investidores que um governo Lula irá respeitar os contratos e descartou uma reestruturação da dívida do país. [...] Mantega disse também aos investidores que um governo petista pretende elevar o crescimento do PIB a 4,5% por ano e manter um superavit primário de 3,75%."

(Data: 08/08/2002.
Fonte: "Londres: Mantega não diminuiu temores da City sobre o PT", Broadcast, 14h40.)

Senador José Alencar (PL-MG): "O acordo vai permitir ao próximo governo superar as dificuldades conjunturais [...] o crédito não é do atual governo, mas um compromisso do país que terá de ser mantido".

(Data: 08/08/2002.
Fonte: "Governo avisou candidatos antes do anúncio do acordo",
publicado no *Jornal do Brasil*.)

Senador José Alencar (PL-MG): "o acordo dá fôlego para que o próximo governo possa administrar. [...] O compromisso com o acordo não é de Fernando Henrique e nem do seu sucessor, mas do Brasil, e terá de ser cumprido".

(Data: 08/08/2002.

Fonte: "Vice de Lula apoia e Ciro mantém crítica", publicado na *Gazeta Mercantil*.)

"Vamos acabar com o efeito cascata do PIS e Cofins, mas também vamos exigir que as pessoas paguem corretamente. Assim será possível fazer crescer a arrecadação [...] o leão do Imposto de Renda vai ser mais feroz".

(Data: 07/08/2002.

Fonte: "Leão será mais feroz com sonegadores, garante Lula", publicado no site do PT, <http://www.pt.org.br>.)

O líder do PT na Câmara, deputado federal João Paulo Cunha (SP) sobre a votação do projeto de lei 6665/02, que prevê o fim da cumulatividade do PIS-Pasep: "Somos favoráveis a esse projeto porque entendemos que o PIS incide de forma cumulativa na produção. Precisamos de um novo formato para o tributo de forma a desonerar o setor produtivo. [...] Estamos insistindo para que projetos dessa mesma natureza sejam votados".

(Data: 06/08/2002.

Fonte: "PT será a favor do fim da cumulatividade do PIS", publicado no site do PT, <http://www.pt.org.br>.)

O assessor econômico do PT, Guido Mantega: "Se o governo achar necessário fechar um acordo com o FMI que envolva outros partidos, cabe ao presidente da República nos convidar oficialmente para dizer do que se trata. [...] Não podemos trabalhar sobre especulações ou informações que não têm base real [...] se o governo brasileiro achar necessário conversar conosco, estamos de portas abertas".

(Data: 06/08/2002.

Fonte: "PT aceita discutir com governo acordo com FMI, diz Mantega", publicado no site do PT, <http://www.pt.org.br>.)

Prefeita Marta Suplicy, de São Paulo: o Partido dos Trabalhadores "defende a estabilidade da moeda, o respeito aos contratos, a responsabilidade fiscal, a procura do superavit primário, o controle da inflação e a abertura da nossa economia".

(Data: 12/06/2002.
Fonte: "PT escala Marta para ler declaração à nação
e tentar acalmar o mercado", GloboNews, 12/06/2002, 12h22.)

* * *

"Our government will maintain the primary surplus at the level needed to prevent domestic debt from rising as a percentage of GDP, which could destroy confidence in the government's capacity to honor its commitments."

"There is not a simple PT government at state or municipal level that isn't committed to fiscal responsibility and stability in public accounts. Our government is not going to break contracts or revoke established rules. International commitments will be honored. Such changes as are necessary will be made democratically within existing institutional frameworks."

(Source: Paragraph 27 of the PT Government Program,
"Growth, Employment, and Social Inclusion: The Challenge
of Making the Economy Less Vulnerable".)

"The transition will naturally be premised on honoring the country's contracts and obligations."

"I don't need anyone to teach me the importance of controlling inflation. I began my union career outraged at the erosion of purchasing power in workers' wages. I now want to reaffirm that historical commitment toward fighting inflation."

"We will preserve the primary surplus as necessary to prevent domestic debt from increasing and destroying confidence in the government's capacity to honor its commitments."

(Date: 22/06/2002.
Source: "Open Letter to the Brazilian People".)

"As we noted in our 'Open Letter to the Brazilian People' of June 22, in reaffirming our commitment to honor contracts and control inflation, with the necessary degree of fiscal stringency, we are mindful of the gravity of the situation and we are prepared to engage in dialogue with all segments of society to prevent the crisis from creating further hardship for the Brazilian people."

(Date: 19/08/2002.
Source: "Check Full Text of Document Delivered by Lula to FHC – Part 1," AEN, Broadcast, 14h59.)

"As we stated in our 'Open Letter to the Brazilian People,' we are aware of the seriousness of the financial crisis affecting Brazil. We will do everything in our power to prevent the crisis from worsening, as that would mean more suffering for the population in terms of higher unemployment, lower income, and increased poverty."

"[...] We understand that this agreement makes it possible to soothe market nerves, and thus give the country a chance to resume growth, provided the correct measures are taken."

"In the 'Open Letter to the Brazilian People' we made two commitments in our strategy for transition to a new model: namely to honor all contracts, whether domestic or external; and to preserve the primary surplus as necessary to prevent domestic debt from rising and undermining confidence in the government's capacity to honor its commitments."

(Date: 08/08/2002.
Source: Official note on the agreement that the Brazilian Government signed with the IMF; and PT website posting "Lula Says the Agreement with the IMF Was Inevitable Given the Government's Mistakes", <http://www.pt.org.br>.)

"We stated [our position] on the surplus in our 'Open Letter to the Brazilian People' published in June, and we are restating it now — we have even approved it in the National Congress."

Is the PT against the primary surplus targets for 2004 and 2005?

No. What we are saying is that the PT is going to make a tremendous effort to increase this country's production capacity — increase the capacity of industry and agriculture; reduce our deficit in tourism, which amounts to US$ 1.5 billion; reduce our freight sector deficit of US$ 4.7 billion — in order to remove the need for us to maintain a primary surplus of 3.75 percent.

The agreement also set new inflation targets for the coming year. Do you agree with them?

Obviously we're keen to keep inflation as low as possible, as that will produce gains for wage earners. We'll need to work not only to keep inflation at a minimum, but also to achieve the highest possible rates of economic growth.

> (Date: 08/08/2002.
> Source: PT website posting "Lula: 'We Do Not Accept an Economic Model Imposed on Us'",
> <http://www.pt.org.br>.)

"The PT's promise to honor all contracts and maintain a primary surplus of at least 3.75 percent of GDP over the next three years is already more than adequate."

> (Date: 13/08/2002.
> Source: "PT Takes a Harder Line and Rejects Window-Dressing," as published in the
> *Folha de S.Paulo* of 14/08/2002.)

"Each party will be able to state its program more clearly. In a sense, this loan may change the tone of the campaign. [...] It will calm things down somewhat — the financial system, the market — and allow the campaigns to debate Brazil's deep-rooted social problems."

> (Date: 08/08/2002.
> Source: PT website posting "This Morning Lula Said He Would Wait to See the Terms of the
> Agreement", <http://www.pt.org.br>.)

"I approve of the idea of Brazil having to borrow money, because the situation required it. [...] In July the party had stated in an open letter to the Brazilian people that negotiations with the IMF were not a problem for the PT. [...] In a sense, the loan may alter the tone of debate in the campaign, as people will no longer be discussing whether or not Brazil is going to end up in a mess."

(Date: 08/08/2002.
Source: Interview given to CBN radio, reported by the Reuters news agency at 10h02 under the title "Lula Approves Agreement with IMF and Says It Soothes the Country's Nerves".)

"Deputy Aloizio Mercadante (PT-SP) reaffirmed his party's support for a primary surplus of 3.75 percent of gross domestic product (GDP) in 2003. This target forms part of the 2003 Budgetary Guidelines Act, which was supported by the PT."

(Date: 08/08/2002.
Source: "Mercadante: PT Supports Primary Surplus of 3.75 Percent of GDP for 2003",
Broadcast, 13h49.)

"The PT's economic spokesman, Guido Mantega, reassured investors that a Lula would respect contracts and he rejected restructuring of the country's debt. [...] He also told investors that a PT government intended to raise GDP growth to 4.5 percent per year and maintain a primary surplus of 3.75 percent."

(Date: 08/08/2002.
Source: "London: Mantega Fails to Ease City Worries over PT," Broadcast, 14h40.)

Senator José Alencar (PL-MG — Vice Presidential Candidate): "The agreement will enable the next government to overcome short-term difficulties. [...] The loan is not just the present government's, but a commitment by the country that will have to be maintained".

(Date: 08/08/2002.
Source: "Government Informed Candidates Before Announcing the Agreement", published in *Jornal do Brasil.*)

Senator José Alencar (PL-MG): "The agreement gives breathing space to enable the next government to govern. [...] The agreement does not just commit Fernando Henrique or his successor; it is a commitment by Brazil as a whole, and will have to be fulfilled".

(Date: 08/08/2002.
Source: "Lula's Deputy Expresses Support While Ciro Remains Critical", published in *Gazeta Mercantil.*)

346

"We're going to put an end to the cascade effect of the PIS and Cofins taxes, but we're also going to force people to pay what they should. This way it will be possible to increase revenue. [...] The income tax hound is going to grow fiercer."

(Date: 07/08/2002.
Source: PT website posting "Tax Inspector to Treat Evaders More Severely,
Guarantees Lula", <http://www.pt.org.br>.)

The leader of the PT in the Chamber of Deputies, Federal Deputy João Paulo Cunha (SP), talking about voting on Bill 6665/02, which will end the cumulative nature of PIS-Pasep contributions: "We support this bill because we realize PIS contributions have a cumulative effect on production. We need to find a new tax modality to ease the burden on the productive sector. [...] We're insisting that Bills of this type are voted on".

(Date: 06/08/2002.
Source: PT website posting "PT Will Support an End to the
Cumulative Nature of PIS", <http://www.pt.org.br>.)

PT economic adviser, Guido Mantega: "If the government considers it necessary to make a deal with the IMF that involves other parties, the President of the Republic should officially invite us to explain what it is about. [...] We can't operate on the basis of speculation or information without foundation in reality [...] if the Brazilian Government thinks it needs to talk to us, the door is open".

(Date: 06/08/2002.
Source: PT website posting "PT Happy to Discuss IMF Agreement
with Government — Says Mantega", <http://www.pt.org.br>.)

São Paulo Mayor, Marta Suplicy: The Workers' Party "supports currency stability, honoring contracts, fiscal responsibility, pursuit of a primary surplus, control of inflation, and opening up our economy".

(Date: 12/06/2002.
Source: "PT Uses Marta to Read Statement to the Nation
in an Attempt to Calm Market Nerves", GloboNews, 12/06/2002, 12h22.)

AGRADECIMENTOS

SEI POR ONDE COMEÇAR, mas não como terminar meus agradecimentos. Muitas foram as pessoas que colaboraram para a composição do conteúdo deste livro — muitas delas decisivas. Dos principais personagens citados, obtive a generosa disposição de me receber, em alguns casos mais de uma vez, para dar seus depoimentos, elucidar fatos, reproduzir diálogos e fornecer documentos exclusivos.

O ex-presidente Fernando Henrique Cardoso me recebeu nas três ocasiões solicitadas. De Arminio Fraga, recebi incentivo e colaboração sempre que precisei obter mais detalhes, documentos, e abrir portas para acessar outras fontes de informação. Fui beneficiado com a preciosa memória do ex-ministro Pedro Malan, capaz de lembrar datas, detalhes e circunstâncias que a muitos teriam perdido nitidez com o distanciamento no tempo.

Tenho muito a agradecer aos ex-ministros José Dirceu, Antonio Palocci, Gilberto Carvalho, ao ex-governador Cristovam Buarque, a Clara Ant, Glauco Arbix e Edmundo Machado de Oliveira. Foram valiosíssimas as informações, as impressões e as reminiscências daquele período tão rico e intenso da democracia brasileira, no qual duas forças antagônicas não recusaram o diálogo como forma de fazer uma travessia complexa, na qual havia riscos envolvidos, em favor do melhor resultado que a nação deles esperava. Henrique Meirelles, Murilo Portugal, Ilan Goldfajn, Amaury Bier e Roberto Rodrigues contribuíram com informações preciosas.

Agradeço especialmente a Luiz Fernando Figueiredo, que, além de incentivador, franqueou-me rico e bem organizado arquivo sobre os fatos mais relevantes concernentes ao Banco Central naquele período. A Pedro Parente, encarregado por Fernando Henrique de coordenar o processo de transição e que permitiu ao governo que assumiu em janeiro de 2003 ter todas as informações sobre as mais diversas áreas.

Ao embaixador Rubens Barbosa, por valiosas informações sobre como a embaixada brasileira em Washington trabalhou em favor do Brasil em 2002, colaborando indistintamente com as várias candidaturas e não apenas com a do candidato do governo, o que a candidatura de Lula tão bem soube aproveitar. Ao empresário Mario Garnero, que, com seu depoimento, me ajudou a reconstituir os encontros entre Dirceu e depois Lula com a embaixadora dos Estados Unidos no Brasil, Donna Hrinak, que, na sequência, resultou na bem planejada viagem de José Dirceu a Nova York e Washington em julho de 2002. A Marcos Troyjo, intérprete de Dirceu nas conversas com autoridades e personalidades americanas, das quais me relatou detalhes preciosos. A Anchieta Hélcias, que me apontou a surpreendente ponte que havia entre Dirceu e Garnero.

A Ribamar Oliveira, amigo eterno, eterno amigo, que, com sua generosidade e acuidade, leu os primeiros capítulos deste livro e muito me ajudou com suas observações e seu apoio entusiástico. Com ele e com a amiga Claudia Safatle, escrevemos *Anatomia de um desastre* (Portfolio-Penguin, 2016), e este *Eles não são loucos* escrevi como uma espécie de extensão do primeiro. Ao longo de décadas, compartilhamos, os três, angústias e esperanças, incertezas e crenças renovadas em novos amanhãs.

Ao meu amigo Gustavo Paul Kurrle, por suas observações e sugestões.

Agradeço à Companhia das Letras e especialmente à editora Fernanda Pantoja, por sua atenção, pelo rigor, pela paciência em lidar com minhas falhas.

A Daniela Abreu e Isabela Calzolari, responsáveis pela valiosíssima pesquisa inicial para o livro.

UÍSQUE NO ALVORADA [pp. 21-6]

1   Fernando Henrique Cardoso, *Diários da Presidência: 1997-1998*. São Paulo: Companhia das Letras, 2016, v. 2, p. 788.
2   Ibid., p. 726.

LULA VÊ A CRISE E O PT ENSAIA O "FORA FHC" [pp. 27-35]

1   Fernando Henrique Cardoso, *Diários da Presidência: 1999-2000*. São Paulo: Companhia das Letras, 2017, v. 3, pp. 32-3.
2   Fernando Henrique Cardoso, *Diários da Presidência: 1997-1998*, p. 679.
3   Ibid., p. 708.
4   "Leia discurso de FHC sobre o país e a crise". *Folha de S.Paulo*, 24 set. 1998. Disponível em: <www1.folha.uol.com.br/fsp/brasil/fc24099808.htm>. Acesso em: 21 abr. 2022.
5   Bob Woodward, *Maestro: Como Alan Greenspan comanda a economia americana e mundial*. Rio de Janeiro: Campus, 2001, pp. 244-62.
6   Ibid.
7   "Leia discurso de FHC sobre o país e a crise". *Folha de S.Paulo*, 24 set. 1998.
8   Fernando Henrique Cardoso, *Diários da Presidência: 1997-1998*, p. 718.
9   Tarso Genro, "Por novas eleições presidenciais". *Folha de S.Paulo*, 25 jan. 1999. Disponível em: <www1.folha.uol.com.br/fsp/opiniao/fz25019908.htm>. Acesso em: 21 abr. 2022.

10 "Lula critica renúncia de FHC proposta por Tarso Genro". *Folha de Londrina*, 27 jan. 1999. Disponível em: <www.folhadelondrina.com.br/geral/lula-critica-renuncia-de-fh-c-proposta-por-tarso-genro-flash-119439.html>. Acesso em: 21 abr. 2022. "Lula diz que proposta de renúncia de FHC foi 'precipitada'". *Folha de S.Paulo*, 27 jan. 1999. Disponível em: <www1.folha.uol.com.br/fol/pol/ult270199126.htm>. Acesso em: 21 abr. 2022.

11 "Proposta de renúncia é 'ingênua', diz Dirceu". *Folha de S.Paulo*, 27 jan. 1999. Disponível em: <www1.folha.uol.com.br/fsp/brasil/fc27019919.htm>. Acesso em: 21 abr. 2022.

TROCANDO DE PILOTO NA TURBULÊNCIA [pp. 36-46]

1 "Jornais destacam moratória mineira". *Folha de S.Paulo*, 9 jan. 1999. Disponível em: <www1.folha.uol.com.br/fsp/brasil/fc09019910.htm>. Acesso em: 21 abr. 2022.

2 Fernando Henrique Cardoso, *Diários da Presidência: 1999-2000*, pp. 38, 46.

3 Ibid., p. 47.

4 Ibid., p. 37.

5 Flávia Barbosa, "FMI: O socorro que correu risco". *O Globo*, 1 jul. 2014. Disponível em: <oglobo.globo.com/economia/fmi-socorro-que-correu-risco-13087053>. Acesso em: 21 abr. 2022.

6 Fernando Henrique Cardoso, *Diários da Presidência: 1999-2000*, p. 51.

7 "Malan tece elogios a Francisco Lopes". *Folha de Londrina*, 2 fev. 1999. Disponível em: <www.folhadelondrina.com.br/geral/malan-tece-elogios-a-francisco-lopes-121140.html>. Acesso em: 21 abr. 2022.

8 Flávia Barbosa, "FMI: O socorro que correu risco".

9 Fernando Henrique Cardoso, *Diários da Presidência: 1999-2000*, p. 66.

10 Ibid., p. 88.

11 Dados obtidos pela ferramenta de pesquisa do Sistema Expectativas de Mercado do Banco Central do Brasil. Disponível em: <www3.bcb.gov.br/expectativas2/#/consulta-SeriesEstatisticas>. Acesso em: 25 jul. 2022.

PLEBISCITO PARA NÃO PAGAR A DÍVIDA [pp. 47-52]

1 Murilo S. R. Krieger, "O Grande Jubileu do ano 2000". Agnus Dei, 25 jan. 1999. Disponível em: <agnusdei.50webs.com/jubil1.htm>. Acesso em: 21 abr. 2022.

2 Carlos Alberto de Souza, "Malan critica plebiscito sobre dívida externa em rádio gaúcha". *Folha de S.Paulo*, 29 set. 2000. Disponível em: <www1.folha.uol.com.br/folha/dinheiro/ult91u3878.shtml>. Acesso em: 21 abr. 2022.

3 Frei Betto, "Plebiscito da dívida externa". *Folha de S.Paulo*, 2 set. 2000. Disponível em: <www1.folha.uol.com.br/fsp/opiniao/fz0209200010.htm>. Acesso em: 21 abr. 2022.

4 "Manifestação em Aparecida reúne 85 mil". *Folha de S.Paulo*, 8 set. 2000. Disponível em: <acervo.folha.com.br/leitor.do?numero=14732&anchor=712342&origem=busca&originURL=&pd=1645d94e6c6d3c7b6cc20ac7c7aa09e4>. Acesso em: 25 jul. 2022.

5   Carolina Vila Nova, "90% dos votantes de plebiscito da CNBB pedem auditoria da dívida". *Folha de S.Paulo*, 14 set. 2000. Disponível em: <www1.folha.uol.com.br/folha/brasil/ult96u6279.shtml>. Acesso em: 21 abr. 2022.

6   Resoluções do XII Encontro Nacional do Partido dos Trabalhadores. Olinda, dez. 2001. Disponível em: <https://fpabramo.org.br/csbh/wp-content/uploads/sites/3/2017/04/02-resolucoes-xii-encontro.pdf>. Acesso em: 21 abr. 2022.

A RUPTURA NECESSÁRIA [pp. 53-7]

1   Resoluções do XII Encontro Nacional do Partido dos Trabalhadores, p. 2.
2   Ibid., p. 20.
3   Ibid., p. 33.
4   Ibid., p. 34.
5   Ibid., p. 18.
6   Ibid., p. 18.
7   Ibid., p. 19.

APAGÃO ACENDE A LUZ AMARELA [pp. 58-63]

1   Patrícia Zimmermann, "Volume de chuvas de março é o pior da média histórica". *Folha Online*, 1 abr. 2014. Disponível em: <www1.folha.uol.com.br/folha/dinheiro/ult91u18735.shtml>. Acesso em: 3 out. 2022.

2   Eduardo Cucolo, "Apagões de racionamento serão avisados com antecedência". *Folha Online*, 26 abr. 2001. Disponível em: <www1.folha.uol.com.br/folha/dinheiro/ult91u20339.shtml>. Acesso em: 3 out. 2022.

3   "Aneel não vê risco de racionamento de energia". *Diário de Cuiabá*, 13 maio 2001. Disponível em: <www.diariodecuiaba.com.br/economia/aneel-nao-ve-risco-de-racionamento-de-energia/36771>. Acesso em: 3 out. 2022.

4   Fabíola Salani, "Apagões vão fechar os cruzamentos de SP". *Folha de S.Paulo*, 11 maio 2011. Disponível em: <www1.folha.uol.com.br/fsp/dinheiro/fi1105200112.htm>. Acesso em: 3 out. 2022.

A MÁGOA DE MALAN [pp. 64-8]

1   *Correio Braziliense*, 19 ago. 2001, p. 1.

2   Giuliano Guandalini, "PT lança campanha 'Xô Corrupção', criada por Duda Mendonça". *Folha de S.Paulo*, 11 maio 2001. Disponível em: <www1.folha.uol.com.br/folha/brasil/ult96u19699.shtml>. Acesso em: 21 abr. 2022.

3   *Correio Braziliense*, 19 ago. 2001, p. 1.

4 Renata Lo Prete, "Malan afirma que 'o Brasil não é fácil'". *Folha de S.Paulo*, 2 set. 2001. Disponível em: <www1.folha.uol.com.br/folha/brasil/ult96u24261.shtml>. Acesso em: 21 abr. 2022.

5 "Prezado Lula". *O Globo*, 14 abr. 2002, p. 4.

UMA CRISE TERMINA, OUTRA COMEÇA [pp. 69-74]

1 "Leia íntegras das notas do tucano e do pefelista". *Folha de S.Paulo*, 4 mar. 2002. Disponível em: <www1.folha.uol.com.br/fsp/brasil/fc0403200207.htm>. Acesso em: 21 abr. 2022.

2 Maurício Lima, "A candidata afundou!". *Veja*, 13 mar. 2002, p. 39; Otávio Cabral, "Roseana vê 'complô político' e acusa Serra". *Folha de S.Paulo*, 2 mar. 2002. Disponível em: <www1.folha.uol.com.br/folha/brasil/ult96u29716.shtml>. Acesso em: 1 jul. 2022.

3 "Presidente diz que mantém equilíbrio nos entendimentos com o PFL". Agência Brasil, 4 mar. 2002. Disponível em: <memoria.ebc.com.br/agenciabrasil/noticia/2002-03-04/presidente-diz-que-mantem-equilibrio-nos-entendimentos-com-pfl>. Acesso em: 21 abr. 2022.

4 "PFL atende Roseana e rompe aliança de 8 anos com FHC". *Folha de S.Paulo*, 7 mar. 2002. Disponível em: <www1.folha.uol.com.br/fsp/brasil/fc0703200202.htm>. Acesso em: 21 abr. 2022.

5 "Fax era cópia do mandado de busca, diz FHC". *Folha de S.Paulo*, 7 mar. 2002. Disponível em: <www1.folha.uol.com.br/fsp/brasil/fc0703200216.htm>. Acesso em: 21 abr. 2022.

6 "Veja a íntegra do discurso de Roseana Sarney". *Folha de S.Paulo*, 13 abr. 2002. Disponível em: <www1.folha.uol.com.br/folha/brasil/ult96u31345.shtml>. Acesso em 1 jul. 2022.

PARA DEIXAR DE SER SAPO [pp. 79-81]

1 Vera Rosa, "PT começa hoje a definir perfil para 2002". *O Estado de S. Paulo*, 16 set. 2001. Disponível em: <https://acervo.estadao.com.br/pagina/#!/20010916-39415-nac-5-pol-a5-not>. Acesso em: 21 abr. 2002.

2 Resoluções do XII Encontro Nacional do Partido dos Trabalhadores.

UM RAIO CAIU [pp. 82-4]

1 "FHC pede à PF que apure se morte de Celso Daniel foi 'política'". *Folha de S.Paulo*, 22 jan. 2002. Disponível em: <www1.folha.uol.com.br/folha/brasil/ult96u28613.shtml>. Acesso em: 21 abr. 2022.

2   "Prefeito de Ribeirão pode substituir Celso Daniel na campanha Lula". *Folha de S.Paulo*, 22 jan. 2002. Disponível em: <www1.folha.uol.com.br/folha/brasil/ult96u28600.shtml>. Acesso em: 21 abr. 2022.

"À ESQUERDA DE LULA" [pp. 85-8]

1   "Senador do PL quer Arminio no BC e condena o MST". *Folha de S.Paulo*, 25 fev. 2002. Disponível em: <www1.folha.uol.com.br/folha/brasil/ult96u29511.shtml>. Acesso em: 21 abr. 2022.

2   "Senador do PL quer Arminio no BC e condena o MST". *Folha de S.Paulo*, 25 fev. 2002. Disponível em: <www1.folha.uol.com.br/folha/brasil/ult96u29511.shtml>. Acesso em: 21 abr. 2022.

3   Eugênia Lopes, "José Alencar avisa que está 'à esquerda de Lula'". *O Estado de S. Paulo*, 20 fev. 2002, p. 7

4   Vera Rosa, "Debate sobre aliança racha cúpula do PT". *O Estado de S. Paulo*, 26 fev. 2002. Disponível em: <https://acervo.estadao.com.br/pagina/#!/20020226-39578-na-c-6-pol-a6-not/>; "Dirceu diz que PT já é partido de centro". *O Estado de S. Paulo*, 19 fev. 2002. Disponível em: <https://politica.estadao.com.br/noticias/geral,dirceu-diz-que-pt-ja-e-partido-de-centro,20020219p55408>. Acessos em: 1 jul. 2022.

5   "Aproximação com PL racha Executiva do PT". *O Estado de S. Paulo*, 25 fev. 2002. Disponível em: <https://politica.estadao.com.br/noticias/geral,aproximacao-com-pl-racha-executiva-do-pt,20020225p55496>. Acesso em: 29 ago. 2022.

6   "PT faz concessões inéditas na 4ª tentativa de Lula à presidência". *Folha de S.Paulo*, 29 jun. 2002. Disponível em: <www1.folha.uol.com.br/fsp/brasil/fc2906200212.htm>. Acesso em: 21 abr. 2022.

A TEMPESTADE SE APROXIMA [pp. 89-93]

1   Plínio Fraga, "Lula lidera e Roseana sobe entre tucanos". *Folha de S.Paulo*, 6 jan. 2002. Disponível em: <www1.folha.uol.com.br/fsp/brasil/fc0601200218.htm>. Acesso em: 21 abr. 2022.

2   "PFL comemora subida de Garotinho". *O Estado de S. Paulo*, 28 jan. 2002. Disponível em: <https://politica.estadao.com.br/noticias/geral,pfl-comemora-subida-de-garotinho, 20020128p55004>. Acesso em: 21 abr. 2022.

MERCADO MARCADO [pp. 94-7]

1   Vera Brandimarte e Claudia Safatle, "O operador das horas de vendaval". *Valor Econômico*, 23 jun. 2006.

O PRIMEIRO PASSO EM DIREÇÃO A BUSH [pp. 104-8]

1   Rubens Valente, "De Golbery a Dirceu: A política brasileira nos telegramas dos EUA". *Folha de S.Paulo*, 25 nov. 2012. Disponível em: <www1.folha.uol.com.br/fsp/ilustrissima/79896-de-golbery-a-dirceu.shtml>. Acesso em: 9 maio 2022.

MALAN SE PREPARA PARA CONVERSAR COM O PT [pp. 112-4]

1   Kennedy Alencar, "FHC quer reforma e candidato em janeiro". *Folha de S.Paulo*, 16 set. 2001. Disponível em: <www1.folha.uol.com.br/fsp/brasil/fc1609200109.htm>. Acesso em: 12 maio 2022.
2   Ney Hayashi da Cruz, "Malan e Mercadante batem boca sobre acordo com FMI". *Folha de S.Paulo*, 13 set. 2001. Disponível em: <www1.folha.uol.com.br/folha/brasil/ult96u24661.shtml>. Acesso em: 12 maio 2022.
3   "Líder petista bate boca com Malan". *Folha de S.Paulo*, 18 out. 2000. Disponível em: <www1.folha.uol.com.br/fsp/brasil/fc1810200018.htm>. Acesso em: 12 maio 2022.

"LULA, VOCÊ QUER PERDER A QUARTA ELEIÇÃO?" [pp. 115-20]

1   Medida Provisória nº 1716, 8 set. 1998. Disponível em: <www.planalto.gov.br/ccivil_03/mpv/Antigas/1716.htm#:~:text=1716&text=MEDIDA%20PROVIS%C3%93RIA%20No%201.716%2C%20DE%208%20DE%20SETEMBRO%20DE%201998.&text=Altera%20e%20acresce%20dispositivos%20%C3%A0,que%20lhe%20confere%20o%20art.>. Acesso em: 15 maio 2022.
2   Antonio Palocci, *Sobre formigas e cigarras*. Rio de Janeiro: Objetiva, 2007, pp. 25-7.
3   João Almeida Moreira, "O cabrito, a *realpolitik* e a crise". *piauí*, n. 107, ago. 2015. Disponível em: <https://piaui.folha.uol.com.br/materia/o-cabrito-a-realpolitik-e-a-crise/>. Acesso em: 30 ago. 2022.
4   Luiz Inácio Lula da Silva, Carta ao Povo Brasileiro. Disponível em: <https://pt.org.br/ha-16-anos-lula-lancava-a-carta-ao-povo-brasileiro/>. Acesso em: 15 maio 2022.

A CARTA CHEGA AO COLORADO [pp. 124-7]

1   Sonia Racy, "'Problema do país é 100% político', diz Greenspan". *O Estado de S. Paulo*, 24 jun. 2002. Disponível em: <http://economia.estadao.com.br/noticias/geral,problema-do-pais-e-100-politico-diz-greenspan,20020624p32411>. Acesso em: 15 maio 2022.

ELE FUGIU DE HELICÓPTERO [pp. 128-33]

1   Clóvis Rossi, "Fernando de la Rúa renuncia e peronistas devem tomar o poder". *Folha de S.Paulo*, 21 dez. 2001. Disponível em: <www1.folha.uol.com.br/fsp/especial/fj2112200101.htm>. Acesso em: 15 maio 2022.

VAMOS FAZER O QUE NÃO GOSTAMOS [pp. 134-40]

1   "O que o PT dizia...". *Folha de S.Paulo*, 13 fev. 2004. Disponível em: <www1.folha.uol.com.br/fsp/brasil/fc1302200410.htm>. Acesso em: 15 maio 2022.

2   "Para Mantega, BC causou a turbulência". *O Estado de S. Paulo*, 9 jun. 2002. Disponível em: <https://economia.estadao.com.br/noticias/geral,para-mantega-bc-causou-a-turbulencia,20020609p31432>. Acesso em: 15 maio 2022.

3   Julianna Sofia e Sílvia Mugnatto, "Malan cobra coerência do PT e nega risco do 'efeito tango'". *Folha de S.Paulo*, 14 jun. 2002. Disponível em: <www1.folha.uol.com.br/folha/brasil/ult96u33557.shtml>. Acesso em: 15 maio 2022.

4   "Argentina anuncia moratória e pacote para reerguer economia", *O Globo*, 24 dez. 2001, p. 1.

5   Fábio Alves, "Eleição presidencial volta a afetar mercado". *O Estado de S. Paulo*, 4 jun. 2002. Disponível em: <https://acervo.estadao.com.br/pagina/#!/20020604-39676-nac-4-pol-a4-not>. Acesso em: 15 maio 2022.

6   Sérgio Dávila, "Em Nova York, Mantega ressalta as afinidades entre petista e FHC". *Folha de S.Paulo*, 15 jun. 2002. Disponível em: <www1.folha.uol.com.br/folha/brasil/ult96u33594.shtml>. Acesso em: 1 jul. 2022.

7   Vera Rosa, "Lula teme o 'voto do medo' nas eleições". *O Estado de S. Paulo*, 15 jun. 2002. Disponível em: <https://acervo.estadao.com.br/pagina/#!/20020615-39687-nac-8-pol-a8-not>. Acesso em: 1 jul. 2022.

8   "Brasil tem 2º maior risco-país do mundo". *Folha de S.Paulo*, 21 jun. 2002, p. 1. Disponível em: <https://acervo.folha.com.br/leitor.do?numero=15383&anchor=5935562&origem=busca&originURL=&pd=ab048f1134ef889d773d411ac79ac8cf>. Acesso em: 1 jul. 2002.

9   Priscilla Murphy e Fábio Alves, "Classificação de crédito do País é rebaixada". *O Estado de S. Paulo*, 21 jun. 2002. Disponível em: <https://acervo.estadao.com.br/pagina/#!/20020621-39693-nac-17-eco-b1-not>. Acesso em: 1 jul. 2022.

10 Sergio Lamucci, "Dólar atinge a maior cotação do Plano Real". *O Estado de S. Paulo*, 22 jun. 2022. Disponível em: <https://acervo.estadao.com.br/pagina/#!/20020622-39694-nac-22-eco-b1-not>. Acesso em: 1 jul. 2022.

11 Ana Paula Ragazzi, "Dólar só sobe e tem o maior preço do real". *Folha de S.Paulo*, 22 jun. 2002. Disponível em: <https://acervo.folha.com.br/leitor.do?numero=15384&anchor=42004&origem=busca&originURL=&pd=899f8a1e3c79738fa39712ca986c88e7>. Acesso em: 1 jul. 2022.

A CARTA CHEGA A NOVA YORK [pp. 141-6]

1 "Standard & Poor's rebaixa nota da dívida do Brasil". *O Estado de S. Paulo*, 2 jul. 2002. Disponível em: <https://economia.estadao.com.br/noticias/geral,standard-e-poors-rebaixa-nota-da-divida-do-brasil,20020702p32989>. Acesso em: 15 maio 2022.

HORA DE CONVERSAR COM O ADVERSÁRIO [pp. 147-9]

1 Sérgio Dávila, "'Mercado exagera no risco' diz Fraga". *Diário de Cuiabá*, 9 jul. 2002. Disponível em: <www.diariodecuiaba.com.br/imprime.php?cid=106616&sid=7>. Acesso em: 15 maio 2022.
2 Marcio Aith, "FMI e Tesouro elogiam política econômica do Brasil". *Folha de S.Paulo*, 11 jul. 2002. Disponível em: <https://acervo.folha.com.br/leitor.do?numero=15403&anchor=100538&origem=busca&originURL=&pd=f5733d372f2a9ea144e4c15e56685ea8>. Acesso em: 26 jul. 2022.
3 Teté Ribeiro, "FMI está pronto para ajudar o Brasil, diz Arminio Fraga". *Folha de S.Paulo*, 11 jul. 2002. Disponível em: <www1.folha.uol.com.br/folha/bbc/ult272u12557.shtml>. Acesso em: 15 maio 2022.
4 Marcio Aith, "FMI e Tesouro elogiam política econômica do Brasil".

MERCADANTE VAI AO BANCO CENTRAL [pp. 150-3]

1 "Ciro se encontra com presidente do Banco Central". *Folha de S.Paulo*, 24 jul. 2002. Disponível em: <www1.folha.uol.com.br/fsp/brasil/fc2407200203.htm>. Acesso em: 30 maio 2022.

NEM UM CENTAVO A MAIS [pp. 154-8]

1 Sergio Lamucci, "Dólar vai a R$ 3,47 mesmo com intervenções do BC". *O Estado de S. Paulo*, 1 ago. 2002. Disponível em: <https://acervo.estadao.com.br/pagina/#!/20020801-397 34-nac-19-eco-b1-not>. Acesso em: 26 jul. 2022.
2 Marcio Aith, "Agora O'Neill diz que apoia socorro ao Brasil". *Folha de S.Paulo*, 2 ago. 2002. Disponível em: <https://acervo.folha.com.br/leitor.do?numero=15425&anchor=126177&origem=busca&originURL=&pd=90f994f342ca8fbfb8544c68d227e7cd>. Acesso em: 26 jul. 2022.
3 Paulo Sotero, "Acordo com FMI vai requerer apoio da oposição". *O Estado de S. Paulo*, 2 ago. 2002. Disponível em: <https://acervo.estadao.com.br/pagina/#!/20020802-39735-nac-22-eco-b3-not>. Acesso em: 26 jul. 2022.

4 "Leia a íntegra da nota do FMI sobre o acordo com o Brasil". *Folha de S.Paulo*, 8 ago. 2002. Disponível em: <www1.folha.uol.com.br/folha/dinheiro/ult91u53110.shtml >. Acesso em: 26 jul. 2022.

5 Lu Aiko Otta e Sheila D'Amorim, "'Espetacular e sem custo', define Arminio Fraga". *O Estado de S. Paulo*, 9 ago. 2002. Disponível em: <https://acervo.estadao.com.br/pagina/#!/20020809-39742-nac-19-eco-b3-not/>. Acesso em: 26 jul. 2022.

O FATO SEM FOTO [pp. 159-62]

1 Vera Rosa, "'Ninguém quer ver o circo pegar fogo', afirma Dirceu". *O Estado de S. Paulo*, 19 ago. 2002. Disponível em: <https://acervo.estadao.com.br/pagina/#!/20020819-39752-nac-6-pol-a6-not>. Acesso em: 30 maio 2002.

2 "Leia a íntegra da carta que Lula entregou a FHC". *Exame*, 9 out. 2008. Disponível em: <https://exame.com/economia/leia-a-integra-da-carta-que-lula-entregou-a-fhc-m0060832/>. Acesso em: 30 maio 2022.

O MELHOR DE LULA, SEGUNDO MALAN [pp. 163-6]

1 Clóvis Rossi, "Oposição reage a acordo com FMI e rompe trégua com FHC". *Folha de S.Paulo*, 6 set. 2002. Disponível em: <www1.folha.uol.com.br/fsp/brasil/fc0609200211.htm>. Acesso em: 30 maio 2022.

2 Ibid.

"TRÊS VIVAS PARA O BRASIL" E O OTIMISTA SOLITÁRIO [pp. 169-71]

1 Joseph Stiglitz, "Três vivas para o Brasil". *Valor Econômico*, 12 ago. 2002.

A LÁGRIMA DE SERRA [pp. 175-9]

1 "Aécio reúne 420 prefeitos mineiros em ato pró-tucano". *Folha de S.Paulo*, 22 out. 2002. Disponível em: <www1.folha.uol.com.br/folha/brasil/ult96u40899.shtml>; "Serra reúne prefeitos em Minas". *Folha de Londrina*, 21 out. 2002. Disponível em: <www.folhadelondrina.com.br/politica/serra-reune-prefeitos-em-minas-420790.html>. Acessos em: 30 maio 2022.

2 Ricardo Mignone, "Aécio e Lula conversam em encontro no aeroporto de Brasília". *Folha de S.Paulo*, 16 out. 2002. Disponível em: <www1.folha.uol.com.br/folha/brasil/ult96u40545.shtml>. Acesso em: 30 maio 2022.

3 Wladimir Gramacho e Andréa Michael, "Comitê tucano atrasa pagamento de dívidas". *Folha de S.Paulo*, 22 out. 2002. Disponível em: <www1.folha.uol.com.br/folha/brasil/ult96u40900.shtml>. Acesso em: 30 maio 2022.

4   "Para deputado, queixas agravam o problema para saldar as dívidas". *Folha de S.Paulo*, 27 out. 2002. Disponível em: <www1.folha.uol.com.br/folha/brasil/ult96u40901.shtml>. Acesso em: 30 maio 2022.

A VEZ DE LULA, SEGUNDO SERRA [pp. 180-3]

1   "Lula chega à eleição com 48%; Garotinho e Serra disputam 2º lugar". *Folha de S.Paulo*, 5 out. 2002. Disponível em: <www1.folha.uol.com.br/folha/brasil/ult96u39272.shtml>. Acesso em: 30 maio 2022.

2   Renato Franzini, "Eleitor considera FHC o melhor presidente que o Brasil já teve". *Folha de S.Paulo*, 19 dez. 2002. Disponível em: <www1.folha.uol.com.br/fsp/especial/fj1912200202.htm>. Acesso em: 30 maio 2022.

O DISCURSO DA VITÓRIA ANTES DA ELEIÇÃO [pp. 184-91]

1   "Lula chega à eleição com 48%; Garotinho e Serra disputam 2º lugar". *Folha de S.Paulo*, 5 out. 2002.

2   *O Globo*, 10 out. 2002, pp. 28, 30.

REUNIÃO EXTRAORDINÁRIA [pp. 192-4]

1   Fernando Henrique Cardoso, *Diários da Presidência: 2001-2002*. São Paulo: Companhia das Letras, 2019, v. 4, p. 878.

2   "Lula critica economia; FHC acusa 'sapato alto'". *Folha de S.Paulo*, 18 out. 2002. Disponível em: <www1.folha.uol.com.br/folha/brasil/ult96u40677.shtml>. Acesso em: 30 maio 2022.

NOITE DA VITÓRIA, VÉSPERA DE TRABALHO [pp. 195-7]

1   "Leia a íntegra do primeiro discurso de Lula como presidente eleito". *Folha de S.Paulo*, 27 out. 2002. Disponível em: <www1.folha.uol.com.br/folha/brasil/ult96u41590.shtml>. Acesso em: 1 jul. 2002.

2   "'Brasil votou para mudar', discursa Lula". *Folha de S.Paulo*, 29 out. 2002. Disponível em: <www1.folha.uol.com.br/fsp/brasil/fc2910200209.htm>. Acesso em: 30 maio 2022.

CONTINUIDADE COM LULA, SEGUNDO FHC [pp. 198-9]

1   "'Eleição de Lula mostra que há mobilidade social no Brasil'". *Folha de S.Paulo*, 29 out. 2002. Disponível em: <www1.folha.uol.com.br/fsp/brasil/fc2910200212.htm>. Acesso em: 30 maio 2022.

ARMINIO, A CARTADA DE PALOCCI [pp. 207-11]

1   "Mar está 'revuelto', diz Dirceu ao descartar Arminio no BC". *Folha de S.Paulo*, 21 nov. 2002. Disponível em: <www1.folha.uol.com.br/fsp/brasil/fc2111200202.htm>. Acesso em: 1 jul. 2022.

A HORA DO EMPRESÁRIO [pp. 216-21]

1   "Disputa no PSDB antecede reunião com Lula". *Folha de S.Paulo*, 26 nov. 2002. Disponível em: <www1.folha.uol.com.br/folha/brasil/ult96u42802.shtml>. Acesso em: 1 jul. 2022.
2   Ibid.
3   Raymundo Costa e Plínio Fraga, "Lula afirma ter tido encontro 'entre amigos' com governadores tucanos". *Folha de S.Paulo*, 25 nov. 2002. Disponível em: <www1.folha.uol.com.br/folha/brasil/ult96u42796.shtml>. Acesso em: 30 maio 2022.

WASHINGTON ABRE AS PORTAS PARA LULA [pp. 222-6]

1   Rubens Barbosa, *O dissenso de Washington: Notas de um observador privilegiado sobre as relações Brasil-Estados Unidos*. Rio de Janeiro: Agir, 2011, p. 95.
2   Ibid., p. 97.
3   Matias Spektor, *18 dias: Quando Lula e FHC se uniram para conquistar o apoio de Bush*. Rio de Janeiro: Objetiva, 2014.
4   "Lula: Encontro com Bush abriu novo ciclo de relações entre o Brasil e os EUA". Agência Brasil, 11 dez. 2002. Disponível em: <https://memoria.ebc.com.br/agenciabrasil/noticia/2002-12-10/lula-encontro-com-bush-abriu-novo-ciclo-de-relacoes-entre-brasil-e-os-eua>. Acesso em: 4 set. 2022.

O BANCO CENTRAL DE LULA [pp. 227-31]

1   Julia Duailibi e José Alberto Bombig, "Lula volta a rejeitar Arminio; nome do BC segue indefinido". *Folha de S.Paulo*, 5 dez. 2002. Disponível em: <www1.folha.uol.com.br/fsp/brasil/fc0512200202.htm>. Acesso em: 30 maio 2022.

NOTAS

A CAPTURA DO TUCANO [pp. 232-6]

1 Fernando Henrique Cardoso, *Diários da Presidência: 2001-2002*, p. 886.
2 Raquel Ulhôa, "Senadora ataca Dirceu e nega apoio a Meirelles". *Folha de S.Paulo*, 14 dez. 2002. Disponível em: <www1.folha.uol.com.br/fsp/brasil/fc1412200222.htm>. Acesso em: 30 maio 2022.
3 Fábio Zanini, "Acordo exclui senadora da sabatina e evita racha no PT". *Folha de S.Paulo*, 18 dez. 2002. Disponível em: <www1.folha.uol.com.br/fsp/brasil/fc1812200206.htm>. Acesso em: 30 maio 2022.
4 Gustavo Patú e Ney Hayashi da Cruz, "Lula dará mandato fixo para direção do BC, diz Meirelles". *Folha de S.Paulo*, 18 dez. 2002. Disponível em: <https://acervo.folha.com.br/leitor.do?numero=15563&anchor=34334&origem=busca&originURL=&pd=d9749cf32d4dfe38ddc695572dd948b9>. Acesso em: 26 jul. 2022.
5 Fábio Zanini, "PT diverge sobre mandato fixo para o BC". *Folha de S.Paulo*, 19 dez. 2002. Disponível em: <www1.folha.uol.com.br/fsp/brasil/fc1912200211.htm>. Acesso em: 30 maio 2022.

HORST, O AMIGO ALEMÃO DE LULA [pp. 237-41]

1 "FMI acredita em crescimento elevado do Brasil este ano". Invertia (via Perfil News), 1 mar. 2004. Disponível em: <www.perfilnews.com.br/fmi-acredita-em-crescimento-elevado-do-brasil-este-ano/>. Acesso em: 1 jul. 2022.

PALOCCI EM DOIS TONS E A PEDRA DE JOÃO CABRAL DE MELO [pp. 242-50]

1 *Diário Oficial da União*, mensagem nº 1243, 30 dez. 2002.
2 Eliane Cantanhêde. "PT rompe 'lua de mel' e vê 'apagão' do Estado sob FHC". *Folha de S.Paulo*, 28 dez. 2002. Disponível em: <www1.folha.uol.com.br/fsp/brasil/fc2812200202.htm>. Acesso em: 1 jul. 2022.
3 "Política social de FHC é 'adereço', diz Palocci". *Folha de S.Paulo*, 28 dez. 2002. Disponível em: <www1.folha.uol.com.br/fsp/brasil/fc2812200208.htm>. Acesso em: 1 jul. 2022.
4 Raymundo Costa e Fábio Zanini, "Lula elogia tolerância de Palocci com FHC". *Folha de S.Paulo*, 28 dez. 2002. Disponível em: <www1.folha.uol.com.br/fsp/brasil/fc2812200204.htm>. Acesso em: 1 jul. 2022.
5 "A situação não é boa em quase nenhum aspecto". *Folha de S.Paulo*, 28 dez. 2002. Disponível em: <www1.folha.uol.com.br/fsp/brasil/fc2812200205.htm>. Acesso em: 1º jul. 2022.

6   "FHC afirma que críticas do PT são 'retórica de palanque'". *Diário do Grande ABC*, 27 dez. 2002. Disponível em: <www.dgabc.com.br/2017/Noticia/230060/fhc-afirma-que-cri-ticas-do-pt-sao-retorica-de-palanque->. Acesso em: 1 jul. 2022.

7   "Leia íntegra do discurso de posse de Antonio Palocci". *Exame*, 9 out. 2008. Disponível em: <https://exame.com/economia/leia-integra-do-discurso-de-posse-de-antonio-palocci-m0064923/>. Acesso em: 30 maio 2022.

PRESSÃO NA LARGADA [pp. 255-60]

1   Fernanda da Escóssia e Murilo Fiuza de Melo, "Rosinha recorre à Justiça contra blo-queio de recursos do ICMS". *Folha de S.Paulo*, 4 jan. 2003. Disponível em: <www1.folha. uol.com.br/folha/brasil/ult96u44414.shtml>. Acesso em: 30 maio 2022.

2   "Itamar decreta moratória de 90 dias". *Folha de S.Paulo*, 7 jan. 1999. Disponível em: <www1.folha.uol.com.br/fsp/brasil/fc07019908.htm>. Acesso em: 30 maio 2022.

3   Ana Paula Grabois, "Dirceu quer entendimento com Rosinha sobre dívida do Rio com União". *Folha de S.Paulo*, 3 jan. 2001. Disponível em: <www1.folha.uol.com.br/folha/ brasil/ult96u44403.shtml>. Acesso em: 1 jun. 2022.

JUROS E DESAFOROS [pp. 261-5]

1   "Lula volta a pedir paciência". *Jornal da Globo*, 26 jun. 2003. Disponível em: <g1.glo-bo.com/jornaldaglobo/0,,MUL899529-16021,00-LULA+VOLTA+A+PEDIR+PACIEN CIA.html>. Acesso em: 30 maio 2022.

2   José Dirceu, *Zé Dirceu: Memórias. Volume 1*. São Paulo: Geração Editorial, 2018.

3   Ibid.

O VINHO SEM RÓTULO DE ANTONIO PALOCCI [pp. 266-72]

1   Pedro Malan, "Falsos dilemas, difíceis escolhas...". *O Estado de S. Paulo*, 8 jun. 2003. Dis-ponível em: <https://acervo.estadao.com.br/pagina/#!/20030608-40045-nac-2-opi-a2-not>. Acesso em: 1 jul. 2022.

UM PRÊMIO PARA DOIS [pp. 273-6]

1   "Lula e FHC recebem Prêmio Notre Dame nesta segunda". *Folha de S.Paulo*, 5 jan. 2004. Disponível em: <www1.folha.uol.com.br/folha/brasil/ult96u56895.shtml>. Acesso em: 30 maio 2022.

2   "Lula e FHC trocam elogios ao receberem prêmio pela transição política". *Folha de S.Paulo*, 5 jan. 2004. Disponível em: <www1.folha.uol.com.br/folha/brasil/ult96u56914.

shtml>; Gabriela Athias, "Lula e FHC recebem prêmio em meio a farpas e elogios". *Folha de S.Paulo*, 6 jan. 2004. Disponível em: <www1.folha.uol.com.br/folha/brasil/ult96u56914.shtml>; Tânia Monteiro e Rosa Costa, "Após um ano, Lula e FHC se elogiam pela transição". *O Estado de S. Paulo*, 6 jan. 2004. Disponível em: <https://acervo.estadao.com.br/pagina/#!/20040106-40257-nac-5-pol-a5-not>. Acessos em: 30 maio 2022.

3   "Sergio Moro recebe honraria de universidade americana por atuação na Lava Jato". G1, 2 out. 2017. Disponível em: <g1.globo.com/pr/parana/noticia/sergio-moro-recebe-honraria-de-universidade-americana-por-atuacao-na-lava-jato.ghtml>. Acesso em: 30 maio 2022.

O DESEMBARQUE NA HORA ERRADA [pp. 277-82]

1   Renata Lo Prete, "Contei a Lula do 'mensalão', diz deputado". *Folha de S.Paulo*, 6 jun. 2005. Disponível em: <www1.folha.uol.com.br/fsp/brasil/fc0606200504.htm>. Acesso em: 30 maio 2022.

2   "Confira as principais afirmações feitas por Roberto Jefferson na Câmara". *Folha de S.Paulo*, 14 jun. 2005. Disponível em: <www1.folha.uol.com.br/folha/brasil/ult96u69670.shtml>. Acesso em: 30 maio 2022.

3   *O Globo*, 2 ago. 2005. Disponível em: <https://acervo.oglobo.globo.com/frases/vossa-excelencia-deputado-jose-dirceu-desperta-em-mim-os-instintos-mais-primitivos-170 79412>. Acesso em: 30 maio 2022.

4   "Confira as principais afirmações feitas por Roberto Jefferson na Câmara". *Folha de S.Paulo*, 14 jun. 2005.

5   "'Tenho as mãos limpas, o coração sem amargura'". *Folha de S.Paulo*, 17 jun. 2005. Disponível em: <www1.folha.uol.com.br/fsp/brasil/fc1706200504.htm>. Acesso em: 30 maio 2022.

A FRAQUEZA DO HOMEM FORTE [pp. 283-9]

1   Renata Lo Prete, "PT dava mesada de R$ 30 mil a parlamentares, diz Jefferson". *Folha de S.Paulo*, São Paulo, 6 jun. 2005. Disponível em: <https://acervo.folha.com.br/leitor.do?numero=16464&anchor=5252126&origem=busca&originURL=>. Acesso em: 30 maio 2022.

2   Claudia Safatle, João Borges e Ribamar Oliveira, *Anatomia de um desastre: Os bastidores da crise econômica que mergulhou o país na pior recessão da história*. São Paulo: Portfolio-Penguin, 2016, p. 21.

3   Ibid., p. 22

4   Ibid., p. 26

5   Suely Caldas, Patrícia Campos Melo e Renée Pereira, "'Plano de ajuste de longo prazo é rudimentar'". *O Estado de S. Paulo*, 9 nov. 2005. Disponível em: <https://economia.

estadao.com.br/blogs/a-economia-no-novo-governo/plano-de-ajuste-de-longo-prazo-e-rudimentar-e-nao-esta-em-debate/>. Acesso em: 30 maio 2022.

PALOCCI, O CANDIDATO DE LULA [pp. 290-9]

1 "Confira a íntegra do discurso de Lula na posse de Mantega". *Folha de S.Paulo*, 28 mar. 2006. Disponível em: <www1.folha.uol.com.br/folha/brasil/ult96u77079.shtml>. Acesso em: 30 maio 2022.

2 Tânia Monteiro, "A íntegra do discurso de Palocci". *O Estado de S. Paulo*, 29 mar. 2006. Disponível em: <www2.senado.leg.br/bdsf/bitstream/handle/id/317551/complemento_2. htm?sequence=3>. Acesso em: 30 maio 2022.

3 "Em carta, Palocci diz que sai com 'tranquilidade'". *Folha de S.Paulo*, 28 mar. 2006. Disponível em: <www1.folha.uol.com.br/fsp/brasil/fc2803200606.htm>. Acesso em: 30 maio 2022.

4 Antonio Palocci, *Sobre formigas e cigarras*.

5 Entrevista exclusiva concedida pelo Presidente da República, Luiz Inácio Lula da Silva, ao programa *Fantástico*, da tv Globo. Secretaria de Imprensa e Porta-Voz. Palácio do Planalto, 1 jan. 2006. Disponível em: <www.biblioteca.presidencia.gov.br/ presidencia/ex-presidentes/luiz-inacio-lula-da-silva/entrevistas/1o-mandato/2006/ 01-01-2006-entrevista-exclusiva-concedida-pelo-presidente-da-republica-luiz-inacio-lula-da-silva-ao-programa-fantastico-da-tv-globo/view>. Acesso em: 30 maio 2022.

6 Kennedy Alencar, "Mercadante ganha força como substituto de Palocci". *Folha de S.Paulo*. São Paulo, 26 mar. 2006. Disponível em: <www1.folha.uol.com.br/fsp/brasil/ fc2603200602.htm>. Acesso em: 30 maio 2022.

7 Martha Beck, "Mantega afirma: 'Política econômica não muda'". *O Globo*, 28 mar. 2006. Disponível em: <acervo.oglobo.globo.com/consulta-ao-acervo/?navegacaoPorData= 200020060328>. Acesso em: 30 maio 2022.

O JANTAR ESFRIOU [pp. 300-8]

1 Camila Campanerut, "'Nunca tive ambições políticas', diz Meirelles ao avisar que fica no BC". UOL Notícias, 1 abr. 2010. Disponível em: <noticias.uol.com.br/politica/ultimas-noticias/2010/04/01/nunca-tive-ambicoes-politicas-diz-meirelles-ao-avisar-que-fica-no-bc.htm>. Acesso em: 30 maio 2022.

"PRESIDENTE, VAMOS CONTRATAR UMA PSICÓLOGA" [pp. 309-18]

1 Eumano Silva, Guilherme Evelin e Helio Gurovitz, "Dilma: 'Você acha que sou um poste?'". *Época*, 20 fev. 2010. Disponível em: <revistaepoca.globo.com/Revista/Epoca/0,,

EMI122895-15223-1,00-DILMA+VOCE+ACHA+QUE+SOU+UM+POSTE.html>.
Acesso em: 30 maio 2022.

2   Claudia Safatle, João Borges e Ribamar Oliveira, *Anatomia de um desastre*, pp. 265-6.

3   "Leia trecho da entrevista de Jobim à 'Piauí'". *Folha de S.Paulo*, 4 ago. 2011. Disponível em: <www1.folha.uol.com.br/poder/954690-leia-trecho-da-entrevista-de-jobim-a-piaui.shtml>. Acesso em: 30 maio 2022.

4   Luciana Marques, "Dilma manda Nelson Jobim se explicar sobre 'idiotas'". *Veja*, 1 jul. 2011. Disponível em: <veja.abril.com.br/politica/dilma-manda-nelson-jobim-se-explicar-sobre-idiotas/>. Acesso em: 30 maio 2022.

5   Jorge Bastos Moreno, "A faxina não tem limite". *O Globo*, 23 jul. 2011. Disponível em: <www2.senado.leg.br/bdsf/bitstream/handle/id/427890/noticia.htm?sequence=1>. Acesso em: 30 maio 2022.

6   "Lava Jato mudará o Brasil 'para sempre', afirma Dilma". *Veja*, 16 nov. 2014. Disponível em: <veja.abril.com.br/politica/lava-jato-mudara-o-brasil-para-sempre-afirma-dilma/>. Acesso em: 30 maio 2022.

7   Claudia Safatle, João Borges e Ribamar Oliveira, *Anatomia de um desastre*, p. 304.

ELOGIO, CIÚME E INTRIGA [pp. 319-24]

1   Catia Seabra, "Dilma convida FHC para conversar, e ele solicita audiência para líderes mundiais". *Folha de S.Paulo*, 23 fev. 2011. Disponível em: <www1.folha.uol.com.br/fsp/poder/po2302201112.htm>. Acesso em: 30 maio 2022.

2   Regina Alvarez e Demétrio Weber, "FHC diz que Dilma foi extremamente gentil ao convidá-lo para almoço com Obama". *O Globo*, 19 mar. 2011. Disponível em: <oglobo.globo.com/politica/fhc-diz-que-dilma-foi-extremamente-gentil-ao-convida-lo-para-almoco-com-obama-2809207>. Acesso em: 30 maio 2022.

3   Maria Lima e Gerson Camarotti, "Dilma não gostou da ausência de Lula no almoço para Obama e vai marcar diferenças". *O Globo*, 21 mar. 2011. Disponível em: <oglobo.globo.com/politica/dilma-nao-gostou-de-ausencia-de-lula-no-almoco-para-obama-vai-marcar-diferencas-2807921>. Acesso em: 30 maio 2022.

4   Augusto Nunes, "Na carta a FHC, Dilma saúda 'o presidente que contribuiu decisivamente para a consolidação da estabilidade econômica'". *Veja*, 10 out. 2014. Disponível em: <veja.abril.com.br/coluna/augusto-nunes/na-carta-a-fhc-dilma-sauda-8216-o-presidente-que-contribuiu-decisivamente-para-a-consolidacao-da-estabilidade-economica-8217/>. Acesso em: 30 maio 2022.

5   "FH diz que Lula deve ter problema psicológico". *O Globo*, 17 jun. 2011. Disponível em: <oglobo.globo.com/politica/fh-diz-que-lula-deve-ter-problema-psicologico-2874192>. Acesso em: 30 maio 2022.

6   Augusto Nunes, "'Herança pesada', um artigo de Fernando Henrique Cardoso". *Veja*, 3 set. 2012. Disponível em: <veja.abril.com.br/coluna/augusto-nunes/8216-heranca-pesada-8217-um-artigo-de-fernando-henrique-cardoso/>. Acesso em: 30 maio 2022.

7   Dilma Rousseff, nota oficial da presidenta da República Federativa do Brasil, 3 set. 2012. Disponível em: <www.biblioteca.presidencia.gov.br/presidencia/ex-presidentes/dilma-rousseff/notas-oficiais/notas-oficiais/nota-oficial>. Acesso em: 30 maio 2022.

8   Paulo de Tarso Lyra e João Valadares, "Embate inflama petistas e tucanos". *Correio Braziliense*, 8 set. 2012. Disponível em: <www2.senado.leg.br/bdsf/bitstream/handle/id/56114/noticia.htm?sequence=1&isAllowed=y>. Acesso em: 30 maio 2022.

9   Fernando Rodrigues, "Dilma ataca governo FHC em discurso". UOL, 6 set. 2012. Disponível em: <fernandorodrigues.blogosfera.uol.com.br/2012/09/06/dilma-ataca-governo-fhc-em-discurso/>. Acesso em: 1 jul. 2022.

A HERANÇA MALDITA [pp. 325-9]

1   Fernando Henrique Cardoso, *Transição e democracia: Institucionalizando a passagem de poder*. Brasília: Casa Civil da Presidência da República, 2002, p. 16.

2   "Dirceu insiste na 'herança maldita' de FHC". *Folha de S.Paulo*, 28 out. 2003. Disponível em: <www1.folha.uol.com.br/fsp/brasil/fc2810200308.htm>; "Lula diz que herança é mais que maldita e promete cargos". *Folha de S.Paulo*, 30 abr. 2004. Disponível em: <www1.folha.uol.com.br/fsp/brasil/fc3004200402.htm>. Acessos em: 30 maio 2022.

CICLO ENCERRADO [pp. 330-6]

1   "No WhatsApp, Bolsonaro diz que não irá visitar filho na Papuda". *Veja*, 9 fev. 2017. Disponível em: <veja.abril.com.br/brasil/no-whatsapp-bolsonaro-diz-que-nao-ira-visitar-filho-na-papuda/>; Felipe Bächtold, "Polêmica com filhos é ponto comum a Bolsonaro em eleições da Câmara". *Folha de S.Paulo*, 29 jan. 2019. Disponível em: <www1.folha.uol.com.br/poder/2019/01/candidaturas-de-bolsonaro-na-camara-tiveram-critica-a-maia-e-raros-votos.shtml>. Acesso em: 30 maio 2022.

2   "Reprovação ao governo Dilma atinge 62% e é mais alta desde Collor". Instituto de Pesquisas Datafolha, 18 mar. 2015. Disponível em: <datafolha.folha.uol.com.br/opiniaopublica/2015/03/1604505-reprovacao-ao-governo-dilma-atinge-62-e-e-mais-alta-desde-collor.shtml>. Acesso em: 30 maio 2022.

p. 1 (acima): CPDOC Jornal do Brasil

p. 1 (abaixo): Jorge Araújo/ Folhapress

p. 2: Correio Braziliense/ DA Press

pp. 3, 4, 8, 9 e 12: acervo pessoal do autor

p. 5 (acima): Alcy M. da Silva/ Folhapress

p. 5 (abaixo): Alan Marques/ Folhapress

pp. 6 (acima), 10 (acima), 11 (abaixo), 13-4 (acima), 16 (acima): Getúlio Gurgel

p. 6 (abaixo): Ed Ferreira/ Estadão Conteúdo

p. 7 (acima): Estadão Conteúdo

p. 7 (abaixo): Roberto Stuckert Filho/ Agência O Globo

p. 10 (abaixo): Dida Sampaio/ Estadão Conteúdo

p. 11 (acima): José Paulo Lacerda/ Estadão Conteúdo

p. 14 (abaixo): Lula Marques/ Folhapress

p. 15 (acima): Clayton de Souza/ Estadão Conteúdo

p. 15 (abaixo): Filipe Araujo/ Estadão Conteúdo

p. 16 (abaixo): Roberto Stuckert Filho/ Presidência da República

TIPOLOGIA Miller e Akzidenz
DIAGRAMAÇÃO Osmane Garcia Filho
PAPEL Pólen Soft, Suzano S.A.
IMPRESSÃO Gráfica Bartira, novembro de 2022